MANIPURA

STEFANIE LEILANI AIREN

© 2023 Stefanie Leilani Airen
Satz & Layout: Marco Mertins (Buchtüte.de)
Lektorat: Lara Riedel (lr-online-marketing.de)
Covergestaltung: Nina Hirschlehner (nh-buchdesign.com)
Korrektorat: Christin Lumpe
Illustrationen: Stefanie Leilani Airen
Druck und Distribution im Auftrag des Autors/der Autorin:
tredition GmbH, Halenreie 40-44, 22359 Hamburg, Deutschland
ISBN Softcover: 978-3-347-92421-5
ISBN Hardcover: 978-3-347-92422-2

Lesen ist wie träumen mit offenen Augen,
wandern gehen in ferne Welten,
fliegen zu neuen Sternen.

Deshalb widme ich dieses Buch allen meinen Lesern,
die Abenteuer und fesselnde Geschichten lieben.

Das hier ist für euch.

Auf dass ihr dieses Buch genauso liebt wie ich,
als ich es geschrieben habe.

Eure Stefanie Leilani

TRÄNEN IM SCHNEE

Eine dicke Schneeschicht und klirrende Kälte herrschten über die verschneite Landschaft, während der Frost ein eisiges Glitzern auf die Schneedecke zauberte. Verhüllt von einem dicken Umhang und einer schützenden Kapuze, kämpfte sich eine schmächtige Gestalt durch das nächtliche Schneegestöber. Der eisige Wind, gegen den sie sich stemmte, schnitt ihr erbarmungslos ins Gesicht. Endlich erreichte sie ihr Ziel: ein schlichtes Haus am Ende der abgelegenen Ortsrandstraße. Die letzten Schritte bis zur Pforte waren die schwersten. Eine silberne Träne fiel aus dem Schatten der weiten Kapuze und erstarrte noch im Fall zu Eis, als ein ersticktes Wimmern die Stille der Nacht für einen Moment durchbrach. Behutsam kam ein Weidenkorb unter dem Umhang zum Vorschein. Die verhüllte Gestalt starrte mit wehmütigem Blick auf das Bündel in ihren Händen hinab. Dabei löste sich eine geschwungene kastanienbraune Locke aus dem Schutz der Kapuze und wurde vom schneidenden Nordwind zerpflückt. Ihre aufgesprungenen Lippen waren durch die Kälte ganz blau. Sanft beugte sie sich in den Korb hinab und küsste das zappelnde Geschöpf, das darin von warmen Decken geschützt verborgen lag. Es war die schwerste Entscheidung, die sie jemals zu treffen hatte. Sie konnte ihre Verzweiflung und

Hilflosigkeit nicht länger zurückhalten. Kaum zu einem klaren Gedanken fähig, stellte sie ihr Mitbringsel vor der Tür des Hauses ab. Sie hatte keine Wahl. Es war die einzige Möglichkeit, um vielleicht ihrer beider Leben zu retten. Ein Schleier aus Tränen vernebelte ihren Blick und ließ alles um sie herum verschwommen und gespenstisch wirken. Zitternd drückte sie auf den verschneiten Klingelknopf neben der Tür. Es dauerte eine Weile, bis sich Schritte aus dem Inneren des Hauses näherten. Sie musste verschwinden, bevor man sie erwischte, aber sie wollte nicht, konnte nicht ... und dann tat sie es doch. Wie ein Dieb stolperte sie durch die Dunkelheit davon, ohne sich ein letztes Mal umzudrehen.

Gähnend schlurfte er in Pantoffeln zur Eingangstür und rieb sich dabei nachdenklich über die x-förmig gekreuzte Narbe auf der rechten Wange. Sie war eines der wenigen Dinge, die von seiner einst glanzvollen Vergangenheit übrig geblieben waren. Wer mochte ihn zu so später Stunde noch besuchen? Als er am Garderobenspiegel vorbeikam, erschrak er. Ein übermüdet wirkender Mittvierziger mit leicht ergrauten Haaren und schlecht rasiertem Kinn blickte ihm entgegen. Seufzend wandte er sich ab und begann in Gedanken versunken das Schloss zu entriegeln. Doch außer schneidendem Wind und Schneegestöber war da nichts. Verwirrt blieb er im Halbdunkel vor der Tür stehen. Es war ungewöhnlich still draußen, beinahe friedlich. Der Schnee schluckte alle Geräusche, die sonst von der Innenstadt bis hierher drangen. Er trat einen weiteren Schritt in die frostige Kälte hinaus und stolperte dabei fast über einen Weidenkorb. Mit zusammengekniffenen Augen suchte er in der Dunkelheit nach Spuren des Überbringers dieses seltsamen Präsents. Da war aber niemand. Argwöhnisch beugte er sich hinab und versuchte die Schrift auf dem Kuvert zu entziffern, das obenauf lag. Als er näher heranging, erkannte er die markante Signatur. Er zitterte. Die eisige Kälte und die Aufregung fuhren ihm wie Dolche in die

Glieder. Kurzentschlossen nahm er die mysteriöse Hinterlassenschaft mit in sein beheiztes Wohnzimmer. Dort angekommen, lehnte er sich an seinen warmen Kachelofen und riss das Kuvert auf. Ein Brief in verzerrter, krakeliger Schrift kam zum Vorschein. Er hielt die Luft an. Wenngleich er sie eleganter und schwungvoller in Erinnerung hatte, so erkannte er diese Handschrift doch sofort wieder. Keuchend sank er auf der Bank vor dem Ofen zusammen und versuchte, die verschwommenen Buchstaben auf dem vom Schnee aufgeweichten Papier zu entziffern. Manche Worte waren bereits unleserlich. Er begann, den Inhalt halblaut vor sich hin zu murmeln: »*Lieber Paps, es tut mir so leid, dass ich nicht auf dich gehört und dir so viele Sorgen bereitet habe-*«

Ein leises Wimmern, das aus dem Flechtkorb drang, schreckte ihn auf. Er legte den Brief kurz zur Seite. Argwöhnisch zog er das Körbchen ein Stück näher zu sich und hob die oberste Decke an. Ein wenige Tage altes Baby blinzelte ihm gähnend entgegen. Vollkommen entgeistert glotzte er auf das hilflose Geschöpf zu seinen Füßen hinab, bevor er mit rasendem Puls erneut den Brief zur Hand nahm.

Es tut mir so leid, Pa, dass ich nicht auf dich gehört und dir so viele Sorgen bereitet habe, a.... ich hatte keine andere Wahl. Die .... des Neunten Zirkels verfolgen mich, weil ... an das Vermächtnis unserer ...milie zu kommen. Ich weiß nicht, ... lange ich ... untertauchen kann. Bitte kümmere ... an meiner Stelle gut um .... Versprich mir, dass ... alles in ... Macht stehende tust, um ... zu beschützen. Ich hab dich lieb.

Sarah

Sarah ... Zitternd strich er über die Buchstaben ihres Namens auf dem Papier. Sie war seine einzige Tochter, alles, was ihm geblieben war. Offenbar steckte sie in ernsteren Schwierigkeiten, als er geahnt hatte. Doch ihm blieb keine Zeit, um darüber nachzudenken. Das Baby zappelte lautstark schreiend in seinem kleinen Nest. Es hatte wohl inzwischen bemerkt, dass die stattliche Männergestalt vor ihm nicht seine Mutter war. Seufzend nahm er das weinende Kind aus den warmen Decken und versuchte, es in seinen kräftigen Armen zu trösten. »Schhhh, ist ja alles gut«, murmelte er, während er den außer Rand und Band geratenen Säugling etwas hilflos hin und her wiegte.

14 Jahre später

SEELENJAGD

Endlich! Verdammte Hölle!«, fluchte Alex atemlos, bevor er vor dem Eingangsportal der Familie Maron erschöpft in die Knie ging. Mit zitternden Händen legte er seine Mitschülerin in der Dämmerung auf dem Boden ab. Zum Glück war Finn nur eine halbe Portion, sonst wäre es unmöglich gewesen, sie die ganze Strecke bis hier hochzutragen. Die Aktion hatte ihn fast seine gesamte Kraft gekostet. Sie rührte sich immer noch nicht! Nervös checkte er ihren Puls und fand zum Glück schnell ein Lebenszeichen. Er rappelte sich auf, stolperte die letzten zwei Treppenstufen zur Eingangstür hinauf und klingelte Sturm. Doch bis auf wildes Hundegebell hinter der Tür blieb es dunkel und still.

»So eine Scheiße!«, fluchte Alex und wummerte verzweifelt gegen die Tür. Er musste mit Finn schnellstmöglich hier weg, irgendwo in Sicherheit. Mit einem Seufzer ließ er sich auf die Eingangsstufen fallen und raufte sich durchs Haar. Dabei kam ihm eine Idee! Hastig zog er sich zurück auf die Beine und durchsuchte Finns Jackentasche. Es dauerte nur einen kurzen Augenblick, bis er fündig wurde. Erleichtert eilte er mit dem Schlüssel, den sie bei sich getragen hatte, zur Tür. Doch schon während er das Schloss mit zittrigen Händen entriegelte, hörte er, wie das Gebell im Haus immer aufgeregter wurde. Sein Puls raste. Das Vieh da drinnen klang wie ein Ungeheuer! Mit feuchten Händen und hämmerndem Herzen drückte er die Tür auf. Sofort baute sich ein riesiger, silbergrauer Rüde mit auffällig langen Beinen und ungewöhnlich großen Ohren vor ihm auf. Alex stolperte einen Schritt rückwärts und hielt die Luft an. Mit diesem Vieh wollte er sich lieber nicht anlegen. Seine honigbraunen Augen taxierten Alex von Kopf bis Fuß. Überraschenderweise verstummte sein wildes Gebell sofort, als er Finn am unteren Treppenabsatz entdeckte. Augenblicklich drängte der riesige Köter an Alex vorbei und stürmte winselnd zu seiner Herrin. Alex seufzte erleichtert.

»Hey, alles gut. Zurück ins Haus mit dir, ich kümmere mich schon um sie.« Er scheuchte den Hund von ihr weg, um sie nach drinnen zu tragen. Es war ein eigenartiges Gefühl, hier so ungebeten einzudringen. Alex kannte Finn nur flüchtig, obwohl sie dieselbe Klasse besuchten. Mit angespannter Miene versuchte er dem riesigen Vierbeiner auszuweichen, der ihm winselnd auf Schritt und Tritt folgte. Nachdem er das Wohnzimmer der Marons gefunden hatte, lud er Finn auf der Couch ab, bevor er die Haustür verriegelte. Rastlos kontrollierte er sämtliche Zimmer im Erdgeschoss und schloss alle Fenster und Jalousien. Schließlich kehrte er zu seiner Mitschülerin ins Wohnzimmer zurück. Erledigt ließ er sich dort auf einen der Sessel fallen. Das Ungetüm von einem Hund hatte inzwischen neben Finns Sofa Stellung bezogen und wich ihr nicht mehr von der Seite. Alex starrte an die Decke. Er versuchte, seinen rasenden Puls zu beruhigen. Nachdem er sich ein paar dunkelblonde Strähnen aus dem Gesicht gestrichen hatte, nahm er einen tiefen Atemzug, schloss die Augen und ließ die Luft langsam aus den Lungen entweichen. Das Geräusch seines gleichmäßigen Atems beruhigte ihn mit der Zeit, bis er ein leises Stöhnen neben sich bemerkte. Nervös fuhr Alex hoch und linste zu Finn hinüber, die allmählich zu sich zu kommen schien. Einerseits war er extrem erleichtert, andererseits verkrampfte sich etwas in seinem Inneren. Was hatte sie durchmachen müssen? Wie viel hatte sie in der Dunkelheit gesehen? Eines war sicher: Sie würde Fragen stellen, auf die er selbst keine Antworten wusste. Was sollte er ihr sagen? Die Wahrheit hörte sich grotesk an. Seine Kehle wurde trocken und eiskalte Schauer jagten über seinen gesamten Körper, als er sich an die letzten Geschehnisse erinnerte. Schnell schüttelte er die Bilder in seinem Kopf wieder ab, zog sich auf die Füße und holte eine Decke für seine Mitschülerin, bevor er die Platzwunde an ihrer Stirn genauer betrachtete. Er brauchte Verbandszeug und einen Arzt, das war mal sicher. Alex beugte sich zu ihr hinab und strich ein paar kastanienbraune Haare aus ihrer Wunde, doch dem Ungetüm von einem Hund schien das gar nicht zu passen. Knurrend machte er seinem Unbehagen Luft.

»Schon gut, schon gut, ich fass sie schon nicht an«, versprach er mit erhobenen Händen und entfernte sich rasch einen Schritt. Durch die Unruhe erwachte Finn endgültig. Ihre Augenlider flatterten, als sie mit der rechten Hand nach ihrer blutenden Verletzung tastete. Mit schmerzverzerrtem Gesicht öffnete sie die Augen.

»Alex ...? Was machst du denn hier? Wie ...?«, stammelte sie, bevor sie das Blut an ihrer Hand entdeckte. Ihr entfuhr ein erstickter Schrei. Mit hilflosem Blick suchte sie bei Alex eine Erklärung.

»Hey, beruhig dich«, beschwichtigte er sie.

»Du bist auf dem Weg zusammengebrochen. Ich habe dich gefunden und nach Hause gebracht. Leider war keiner da, also habe ich deinen Schlüssel benutzt, um reinzukommen. Habt ihr Verbandszeug?«

Finn musterte ihn mit einer Mischung aus Ungläubigkeit und Verwirrung, bevor sie ihre Stimme wiederfand.

»Ich ... ich kann mich an nichts erinnern.« Sie rieb sich ihren schmerzenden Schädel. Bald fielen ihr weitere Blessuren auf.

»Autsch!« Sie kniff vor Schmerz das linke Auge zusammen, als sie die geschwollene Platzwunde an ihrer Stirn berührte.

Alex legte den Kopf schief.

»Ich habe dich mit diesen Verletzungen unten am Waldweg gefunden. Die Gegend ist zu dieser Zeit ziemlich verlassen. Du warst nicht ansprechbar.«

»Soll das heißen, du hast mich bis hier hochgetragen?«

Die Blässe wich für einen Moment von ihren Wangen, während sie verdattert zu ihm emporblickte. Alex nickte.

»Jep. Verrätst du mir, wo ich bei euch den Medizinschrank finde? Du siehst aus wie ein Zombie! Wir sollten zumindest die schlimmsten Wunden ein wenig behandeln.«

Finn massierte sich nervös den Nacken.

»Ähm ... gleich den Gang runter, hinten rechts neben der Badezimmertür, befindet sich ein kleiner Schrank. In der mittleren Schublade müsstest du ein Erste-Hilfe-Set finden, wenn ich mich nicht irre.«

»Gut. Bin gleich wieder da.«

Sofort machte sich Alex auf die Socken und kehrte nach wenigen Minuten ins Wohnzimmer zurück. Dort musste er feststellen, dass seine Mitschülerin erneut weggedöst war. Der riesige Vierbeiner hatte sich inzwischen mit einer Körperhälfte der Länge nach neben Finn aufs Sofa gequetscht. Es wirkte beinahe, als wollte er verhindern, dass Alex sich ihr in irgendeiner Form nähern konnte. Wie befürchtet gab der Köter ein eifersüchtiges Knurren von sich, als Alex nur in die Nähe kam. Finn öffnete erschöpft die Augen.

»Schluss damit. Geh auf deinen Platz!« Sie zeigte auf eine Hundedecke neben der Couch. Ihr Hund glotzte sie nur verständnislos an, ohne sich vom Fleck zu bewegen.

»Los! Auf deine Decke, Großer!«, versuchte sie es energischer, doch ihr Hund schien nicht im Traum daran zu denken, das Feld kampflos zu räumen.

»Sorry Alex, er ist mir erst letzten Monat zugelaufen und Gehorsam ist nicht so sein Ding. Er war halb verhungert, als ich ihn fand. Jemand hatte ihn unter einer Brücke ausgesetzt. Aber du brauchst dich nicht zu fürchten. Er ist echt lieb, nur manchmal geht sein Beschützerinstinkt etwas mit ihm durch«, seufzte Finn.

»Ach wirklich.« Alex konnte den zweifelnden Unterton in seiner Stimme nicht ganz verbergen.

»Heißt das, ihr werdet ihn behalten?«

»Ja. Im Tierheim hat sich bis jetzt kein Besitzer gemeldet und die

8

Leute dort sind froh über jedes Tier, das gleich weitervermittelt wird. Du glaubst gar nicht, was für eine Arbeit es war, meine Eltern rumzukriegen.«

»Kann ich mir vorstellen. Wie heißt denn dein Flohtaxi?«

»Sein Name ist Diego«, verriet Finn und kraulte den Hund liebevoll zwischen den Ohren, was er sichtlich zu genießen schien.

»Schöner Name«, bemerkte Alex, bevor er an seinen pelzigen Widersacher gewandt fortfuhr: »Also Diego, ob es dir nun passt oder nicht: Ich muss Finns Verletzung versorgen. Sei ein braver Hund und mach Platz!« Diesmal schien er mehr Eindruck auf den Köter zu machen, der träge die Couch räumte. Allerdings tat er seinen Unmut über Alex' mangelnde Distanz zu seiner Freundin weiterhin durch unmissverständliches Brummen kund.

»Ich fürchte, in den wirst du noch ein bisschen Arbeit investieren müssen«, erklärte Alex mit breitem Grinsen und trug vorsichtig etwas Desinfektionssalbe auf Finns Wunden auf.

»Das befürchte ich auch«, entgegnete sie und schielte verlegen zur Seite.

Alex runzelte die Stirn, als er ihre Verletzungen genauer betrachtete.

»Ich glaube, die Wunde muss genäht werden. Vielleicht hast du sogar eine Gehirnerschütterung. Du brauchst dringend einen Arzt, aber inzwischen haben alle Praxen geschlossen. Da bleibt wohl nur die Notaufnahme übrig. Meine Mutter arbeitet dort, sie ist Ärztin. Kannst du deine Eltern erreichen?«

»Normalerweise schon, nur heute fürchte ich, dass sie ihre Handys auf lautlos haben, weil sie ein Konzert besuchen.«

»Dann rufe ich eben bei mir zu Hause an.«

»Kann das nicht bis morgen früh warten?«

Alex verschränkte die Arme vor der Brust und verzog die Mundwinkel zu einem spöttischen Grinsen.

»Hör mal, du siehst aus, als wärst du mit fünfzig km/h gegen die Wand gerannt. Daneben würde mir meine Mutter einen ordentlichen Arschtritt verpassen, wenn ich sie in dieser Situation nicht anrufen würde. Solltest du weiterhin ablehnen, rufe ich eben einen Rettungswagen. Du kannst es dir aussuchen.«

Finn verdrehte die Augen, zuckte jedoch wegen stechender Kopfschmerzen zusammen.

»Meinetwegen ruf bei dir zuhause an.«

»Gut, dann sind wir uns ja ausnahmsweise mal-« Alex wurde von Diegos jähem Knurren mitten im Satz unterbrochen. Der Hund war aufgesprungen, hatte die Nackenhaare aufgestellt und starrte unruhig zur Tür, die in den Gang hinaus führte. Sein Knurren hörte sich tief und bedrohlich an.

»Ruhig, Diego. Was hast-?«

»Schhhhh! Hörst du das?«, flüsterte Alex. Finn fixierte ihn aus weit aufgerissenen Augen. Inzwischen hörte sie es auch: Zuerst war es nur ein Scharren und Kratzen, bis unter lautem Gepolter eine Scheibe im Obergeschoss splitterte. Alex schluckte.

»Verdammt ... wir haben Besuch.«

»Was ist das?«, antwortete Finn verängstigt, als selbst das Licht nach kurzem Flackern erlosch. Ein seltsamer Zufall für einen Stromausfall.

»Still!« Alex hielt ihr den Mund zu.

»Er ist hier.« Seine Stimme zitterte. Schleunigst versuchte er, seine Augen an die Dunkelheit zu gewöhnen und zerrte Finn von der Couch herunter.

»Los, wir müssen schleunigst von hier verschwinden!«

»Alex, was geht hier vor?«

»Ich hab keine Zeit für Erklärungen! Versteck dich hinter dem Sofa, bis ich dich hole und nimm das hier. Es wird dir helfen, solltest du angegriffen werden! Ich sehe nach, ob er schon hier unten ist.«

»Aber-«

»Bleib ruhig und warte hier auf mich, verstanden?«

Alex drückte ihr etwas Glattes, Kühles in die Hand und ließ sie zitternd in ihrem Versteck zurück. Mit angehaltenem Atem und bis zum Hals hämmerndem Herzen tastete er sich in der Dunkelheit zur

Tür. Die unheimlichen Geräusche der Zerstörung im Haus kamen inzwischen immer näher.

Finn kauerte sich in den Spalt zwischen Couch und Mauerwerk und versuchte herauszufinden, was Alex ihr gegeben hatte. Allerdings konnte sie kaum die eigene Hand vor Augen erkennen. Hastig steckte sie den mysteriösen Gegenstand in ihre Tasche, um ihn nicht zu verlieren. Die geschlossenen Jalousien ließen kaum Licht herein. Finn zog sich weiter hinter das Sofa zurück und hoffte insgeheim, dass alles nur ein komischer Albtraum war, aus dem sie bald erwachen würde. Diego bezog knurrend vor ihrer Couch Stellung. Mit angehaltenem Atem fragte sie sich, was Alex vorhatte. Seine Kleidung raschelte in einiger Entfernung. Sie zuckte zusammen, bevor sie wenige Augenblicke später einen Aufschrei und das Geräusch von splitterndem Holz vernahm. Es folgten berstende Zerstörungsgeräusche und ein ersticktes Ächzen, als würde etwas oder jemand gegen die Kommode im Gang geschleudert werden.

»Alex?« Finn erhielt keine Antwort. Rasselnde Atemgeräusche und lautstarkes Schnüffeln näherten sich schleichend ihrem Versteck, das Diego mit immer bedrohlicherem Knurren verteidigte. Der alte Dielenboden knarzte schaurig unter dem Gewicht näherkommender Schritte. Finn schnappte nach Luft. Sie hörte das Blut in den Ohren rauschen und spürte, wie sich alle Muskeln ihres Körpers anspannten. Diegos Knurren wechselte zu wildem, angriffslustigem Gebell, bevor Kampfgeräusche den Raum erfüllten. Nach einem jämmerlichen Winsler herrschte auf einen Schlag gespenstische Stille im Zimmer. Finn presste die Hände auf den Mund und versuchte, die aufkommende Panik zu unterdrücken. Ihr Herz hämmerte, als wollte es sie jeden Moment durch seine lauten Schläge verraten. Mit angezogenen Knien kauerte sie in ihrem Versteck, bis sie von oben einen Luftzug wahrnahm. Sie stutzte, zu verstört, um zu begreifen. Zwei unheimlich schimmernde Pupillen fixierten sie über den Rand der Sofalehne hinweg. Waren das die Augen eines Dämons? Panisch versuchte sie sich aus ihrem engen Versteck zu befreien, um dem schaurigen Geschöpf zu entkommen. Doch sie war für einen Moment vor Angst wie gelähmt. Dann ging alles ganz schnell. Sie hörte ein eigenartiges Zischen. Der Raum wurde schlagartig in flackerndes orangegelbes Licht getaucht, bevor Dunkelheit und Kampfgeräusche jäh zurückkehrten. Finn zögerte nicht lange. Leicht wacklig auf den Beinen befreite sie sich aus ihrem engen Versteck und versuchte in der Finsternis etwas zu erkennen. Hier und da konnte sie einen Schimmer der unheimlichen Augen aufblitzen sehen. Irgendjemand schien die Aufmerksamkeit des Eindringlings auf sich zu ziehen. Die Dunkelheit machte es fast unmöglich, mehr als zwei wild miteinander ringende Schemen zu erkennen. Um sie herum zerbarsten Möbel in ihre Einzelteile. In letzter Sekunde brachte sie sich hinter einem Lehnstuhl in Sicherheit, den sie nur als schattenhaften Umriss wahrgenommen hatte. Sie wurde haarscharf von einem Gegenstand verfehlt, der neben ihr an der Wand zerschellte. Ihr Herz klopfte wie wild, nachdem sie erneut einen Blick riskiert hatte. Es war nicht schwer, die schimmernden Augen des unheimlichen Wesens zu finden, die während des Kampfes rastlos den Raum durchsuchten. Finn wurde das unangenehme Gefühl nicht los, dass es nach *ihr* Ausschau hielt.

»Finn! Finn, bist du noch da? Wenn du mich hörst, lauf so schnell du kannst und verschwinde von hier!«

»Alex? Bist du okay?«

Finn überschlug sich fast vor Sorge. Warum hörte sich seine Stimme so anders an? War er verletzt?

»Mach, dass du von hier verschwindest! Ich versuche, ihn aufzuhalten!«, rief er atemlos. Finn war so froh, ein Lebenszeichen von ihm zu hören, dass sie einen Augenblick innehielt, um sich nach ihm umzusehen.

»Zum Teufel, was stehst du da noch rum? Hau endlich ab!«, brüllte er und trieb sie zur Eile an. Wie benommen stolperte sie durch die Trümmer aus dem Zimmer. Im Gang türmten sich zerstörte

Möbel, über die sie zuerst klettern musste, um sich zur Haustür durchzukämpfen. Doch bevor Finn ihr Ziel erreichte, setzte die Kreatur ihr nach und räumte die störenden Trümmer mit spielerischer Leichtigkeit aus dem Weg. Finn warf einen gehetzten Blick über die Schulter und sah die glimmenden Augen geradewegs auf sich zustürzen. In Erwartung des bevorstehenden Angriffs riss sie schützend die Arme vors Gesicht. Dann passierte alles so schnell, dass sie es kaum realisierte. Sie nahm den Hauch einer Bewegung neben sich wahr, bevor sie angerempelt und zu Boden geschleudert wurde. Jemand rollte von ihr herunter, während Finn bemerkte, wie ein riesiger schwarzer Schemen knapp über ihr ins Leere hechtete. Es blieb keine Zeit, um nachzudenken, denn das Wesen setzte erneut zum Angriff an. Überstürzt wurde Finn auf die Beine gezogen und ins gegenüberliegende Eck des Raumes gezerrt.

»Verdammt, mach endlich, dass du von hier wegkommst! Hast du denn immer noch nicht kapiert, dass dieses Ding es auf dich abgesehen hat?«, keuchte Alex mit verzerrter Stimme und versuchte das Wesen mit einem flachen, runden Gegenstand mühsam auf Abstand zu halten. Finn erkannte in der Dunkelheit nur Umrisse, begriff aber schnell, dass es sich um eine Bratpfanne aus der Küche ihrer Mutter handeln musste. Sie schielte nervös zu Alex hinüber, der sich inzwischen schräg vor ihr positioniert hatte. Er versuchte mit aller Kraft, das Wesen auf Abstand zu halten. Dabei schwang er die Pfanne wie eine zu groß geratene Fliegenklatsche. Nach mehreren erfolglosen Versuchen landete er endlich einen Volltreffer. Finn hörte den Aufschrei der getroffenen Kreatur, die sich fauchend in eine Ecke des Gangs zurückzog. Selbst eine Bratpfanne tat höllisch weh, wenn man sie mit voller Wucht übergebraten bekam. Finn sog die Luft ein, als sie ohne Vorwarnung am Handgelenk gepackt und in Richtung Haustür gezerrt wurde. Ein energisches »LAUF!« war das Einzige, was Alex ihr auf den Weg mitgab, bevor er sie unsanft zur Tür hinaus schubste und mit aller Kraft versuchte, das scheußliche Wesen im Inneren des Hauses aufzuhalten. Gehetzt und atemlos stolperte Finn durch den Vorgarten bis auf die Straße. Sie war kaum fünfzig Meter weit gekommen, schon hörte sie das Geräusch von hektisch über den Asphalt schabenden Klauen hinter sich. Verzweifelt beschleunigte Finn ihre Schritte. Ihre Stimme überschlug sich. Obwohl sie aus Leibeskräften um Hilfe schrie, schien niemand in den Nachbarhäusern auf die unerbittliche Hetzjagd aufmerksam zu werden. Die meisten Häuser lagen in größerem Abstand zueinander, etwas zurückgesetzt von der Straße, und waren von dichten Hecken gesäumt. Im spärlichen Halbdunkel der beginnenden Nacht wagte Finn einen Blick über die Schulter. Dabei konnte sie die abstoßende Kreatur, von der sie verfolgt wurde, für einen Moment genauer erkennen. Sie besaß einen wulstig-aufgeblähten Körper und klauenbewährte Beine, fast zu dünn, um die Masse des riesigen Leibes zu tragen. Der dicke Hals ging übergangslos in einen Kopf mit geisterartiger Gesichtsfläche über. Finn keuchte vor Entsetzen auf, als sie die eingefallenen Augenhöhlen bemerkte, die sie gierig verfolgten. Anstelle einer Nase erkannte sie groteske Atemschlitze, die an einen Totenschädel erinnerten. Das Schaurigste war das riesige Maul auf Brusthöhe, weit unterhalb des Kopfes, das fast die gesamte Breite seines Körpers einnahm. Sie entdeckte fleischig rote Kiefer, besetzt mit spitzen Zahnreihen, von denen der Geifer in Schlieren triefte. Stumpfe, knöcherne Gebilde, die aus dem Nacken des Wesens wucherten und entfernt an deformierte Geweihe erinnerten, machten den Anblick noch verstörender. Es wirkte derart abstoßend, dass sich Finn am liebsten übergeben hätte. Mit aller Kraft versuchte sie, ihre Geschwindigkeit weiter zu steigern. Dabei stolperte sie über ihre eigenen Beine und stürzte mit einem Aufschrei zu Boden. Sie ignorierte den stechenden Schmerz und zog sich verzweifelt zurück auf die Füße. Das fremdartige Wesen hatte inzwischen weiter aufgeholt. Finn schrie erneut um Hilfe, war jedoch durch die Flucht so außer Atem, dass es nur für ein heiseres Krächzen reichte. In ihrem Inneren versuchte sie, die schreckliche Vorstellung zu verdrängen, dass Alex bei dem riskanten Versuch, ihr zu helfen, womöglich schwer verletzt worden war. Ihr angsterfüllter Gedankenzirkel endete abrupt, als das entsetzliche Geschöpf zum Sprung ansetzte und sie grob zu Boden riss. Finn blieb für einen Moment vor Schmerz die Luft weg. Auf dem harten Asphalt zwischen den Fängen der Kreatur liegend, kam sie benommen wieder zu sich. Gierig leckte sich das Wesen über seinen triefenden Mundspalt, bevor es das riesige Maul zu voller Größe aufriss. Wie ein schwarzes Loch klaffte der gefräßige Schlund vor Finn auf. Ihr war sofort klar, dass sie darin enden würde, wenn nicht ein Wunder geschah. Mit letzter Kraft versuchte sie sich hochzurappeln, doch das Wesen versetzte ihr einen harten Schlag mit seiner klauenartigen Greifhand. Halb bewusstlos blieb Finn auf der Erde liegen. Es war zu spät. Sie hatte bereits mit ihrem Leben abgeschlossen und der Schmerz lähmte längst ihre Gedanken, als sie mit verschwommenem Blick einen Schatten bemerkte, der auf die Kreatur zustürzte. Mit einem spitzen Schrei ging das Wesen auf Abstand. Finn traute ihren Augen kaum. Eine Gestalt, bewaffnet mit einer Bratpfanne, baute sich schützend vor ihr auf.

»Typisch Weiber! Erst hören sie nicht auf meine Ratschläge und dann kommen sie nicht schnell genug vom Fleck.«

In der Dunkelheit erkannte Finn nur eine blasse, schmächtige Silhouette. Sie hörte, wie der Kreatur ein abfällig klingendes Geräusch entfuhr, bevor sie die Jagd auf Finns Beschützer eröffnete.

»Alex ...?« Finn konnte sein Gesicht nicht eindeutig erkennen, doch sie hatte das komische Gefühl, dass er trotz der Kälte der Nacht kaum mehr als eine zerschlissene Shorts trug. Nach dieser seltsamen Erkenntnis zerfloss das Bild vor ihren Augen zu dunkler Schwärze. Als sie mit brummendem Schädel wieder zu sich kam, nahm sie ihr Umfeld durch einen verschwommenen Schleier wahr. In ihren Ohren rauschte das Blut. Leicht benebelt suchte Finn ihre Umgebung nach den beiden Kontrahenten ab. Im spärlichen Schein des Mondes sah sie in einiger Entfernung die Umrisse eines Jungen, der rücklings auf dem Boden lag, die scheußliche Kreatur mit weit geöffnetem Maul direkt über ihm. Aus seiner Kehle drangen erstickte Schreie, während er versuchte, sich mit Leibeskräften aus dem Würgegriff des Wesens zu befreien. Doch er hatte keine Chance. Sein Körper begann wie unter Stromstößen heftig zu zittern. Entgeistert nahm Finn einen seltsamen Sog aus dem Rachen des Ungeheuers wahr, der etwas aus dem Jungen herauszusaugen schien! Sie hatte keine Ahnung, was hier vor sich ging, aber es war nicht schwer zu erkennen, dass dieser Albtraum schrecklich ausgehen würde, wenn nicht sofort etwas passierte. Alex' Körper zuckte immer schwächer und seine Kräfte neigten sich dem Ende. Finns Herz raste, ihre Beine fühlten sich an wie Pudding. Sie versuchte aufzustehen, kippte aber gleich wieder um. Der Schlag des Monsters hatte gesessen. Wie sollte sie ihm in diesem Zustand helfen? Vielleicht genügte schon eine simple Ablenkung, um das Wesen davon abzuhalten, ihn zu töten.

»HEY!«, rief sie aus Leibeskräften, doch die Kreatur ließ sich nicht stören. Finn gab nicht auf.

»HEY, DU WIDERLICHES SCHEUSAL!«

Sie bot alles auf, was sie hatte, trotzdem wurde sie weiterhin ignoriert. Bald wusste sie sich keinen Rat mehr.

»Lass ihn gehen, BITTE!«, schluchzte sie.

Finn hörte Alex hilflos nach Luft ringen. Ihr blieb nichts anderes übrig, als mit anzusehen, wie er vor ihren Augen starb. Sie versuchte erneut, ihre nutzlosen Füße zu gebrauchen, doch es war vergebens. Immer wieder knickte sie ein. In ihrer Verzweiflung vergrub sie das Gesicht in den Händen. Ihr Kopf war ein einziges Chaos, bis eine Eingebung wie ein Lichtstrahl durch ihre verhedderten Gedanken blitzte. Hoffnungsvoll zog sie den Gegenstand aus der Hosentasche, den Alex ihr vor dem Angriff gegeben hatte. Bald bemerkte sie voller Enttäuschung, dass es nur irgendein komischer Stein an einem Lederband war. Wie sollte eine verdammte Kette sie vor diesem riesigen Monster retten? Wütend schleuderte sie das Amulett mit letzter Kraft der Kreatur entgegen. Wie durch ein Wunder traf der Stein das Wesen hart an seinem aufgedunsenen Schädel. Finn blinzelte überrascht. Der Effekt ihrer Verzweiflungstat stellte selbst ihre kühnsten Erwartungen in den Schatten. Das Monster stieß einen spitzen Schrei aus und wand sich unter Krämpfen. Aus seinem großen Maul drangen widerliche Gurgelgeräusche, wie aus einem schlecht ablaufenden Gully. Finn traute ihren Augen nicht, als die

Kreatur im nächsten Moment einen sanft silbern schimmernden Ätherschwall erbrach, der sich wie eine zweite Haut um den leblosen Jungen legte. Ähnlich wie ein Schwamm sog sein Körper die ätherische Substanz gierig auf. Mit angewiderter Miene und angehaltenem Atem beobachtete Finn, wie die Haut des Wesens an der Stelle, an der sie es getroffen hatte, dampfende Blasen warf. Sie schien sich wie durch eine chemische Reaktion aufzulösen. Die unheimlichen, gequälten Schreie des Monsters hallten wie ein übersteigertes Echo in Finns Ohren. Sie machte sich klein und schlang zitternd die Arme um ihre Brust. Wann würde es endlich aufhören? Wie ein tollwütiger Wolf preschte das Wesen an ihr vorbei und verschwand so überraschend, wie es aufgetaucht war in der Dunkelheit. Seine grausigen Schmerzensschreie entfernten sich immer weiter, bis die Stille der Nacht wieder so friedlich schien, als hätte es den rätselhaften Vorfall nie gegeben. Angespannt spähte Finn in die Finsternis, während ihr Herz wie wild in ihrer Brust hämmerte. Sie konnte zuerst nicht fassen, dass sie es wirklich geschafft hatte, das Monster zu vertreiben. Nachdem sich ihr Herzschlag allmählich verlangsamte und die Anspannung endlich von ihr abfiel, bemerkte sie, wie die Kräfte sie allmählich verließen. Obwohl sie mit aller Macht dagegen ankämpfte, sackte Finn kraftlos in sich zusammen.

EIN STILLER HELD

Bis auf die wenigen gedämpften Stadtgeräusche im Tal herrschte Stille. Der Mond war hinter einer Wolke verschwunden, als er erwachte. Erschöpft öffnete er die Augen und erwartete das Monster noch über sich. Aber da war nichts, außer der wolkenverhangene Sternenhimmel. Nachdem der Seelenfresser begonnen hatte, ihm die Seele auszusaugen, schien er das Bewusstsein verloren zu haben. Es grenzte an ein Wunder, dass er lebte! Doch was hatte das Monster daran gehindert, ihn zu töten? Erschöpft rollte er sich auf die Seite und spähte in die Dunkelheit. Wenn er noch am Leben war, bedeutete das etwa, dass Finn-? Sein Herz blieb für einen Moment stehen, sobald er ihren leblosen Körper in einiger Entfernung am Boden entdeckte. Sein Puls raste. Ächzend zog er sich auf die Beine und versuchte, seine Füße zum Gehen zu bewegen. Er strauchelte und ging nach ein paar Schritten schwer atmend neben Finn in die Knie. Ein dünnes Rinnsal Blut rann seinen Hals hinab. Es war ihm egal. Mit angehaltenem Atem und zitternden Fingern suchte er nach einem Lebenszeichen an ihrer Halsschlagader. Nachdem er ihren kaum fühlbaren Puls spürte, fiel vor Erleichterung alle Anspannung von ihm ab. Er seufzte und fuhr sich über seine zerschrammte Stirn, bevor er für einen Moment die Augen schloss.

»Verdammt, war das knapp!«

Unbeholfen ließ er sich neben Finn auf dem Asphalt nieder und kämpfte gegen die Übelkeit und den Schwindel in seinem Kopf an. Um ihn herum lauerte die Dunkelheit wie ein unsichtbarer Gegner, nur die Sterne am Himmel machten ihm Hoffnung. Leises Stöhnen riss ihn aus seiner Apathie. Finn wand sich neben ihm unruhig am Boden. Ihre Lieder flatterten.

»Alex ...? Das ... das Monster!«

»Schhhh ... Du brauchst keine Angst mehr zu haben. Es ist weg«, wisperte er, bevor sie erneut in dumpfe Ohnmacht fiel. »Hey, nicht aus den Latschen kippen!«

Vergeblich versuchte er, sie durch vorsichtiges Schütteln wieder zu Bewusstsein zu bringen. Ihm blieb auch nichts erspart! Er nahm all seine Kraft zusammen, um sie hochzuheben. Sie mussten schleunigst hier weg. Der Seelenfresser konnte jederzeit zurückkehren, sobald er sich regeneriert hatte. Ein erneutes Zusammentreffen mit der Kreatur würden sie ohne Hilfe nicht überleben. Davon abgesehen grenzte es ohnehin schon an ein Wunder, dass sie keine schlimmeren Verletzungen davongetragen hatten. Mühsam trug er sie zurück zu ihrem Elternhaus. Die kurze Strecke zog sich wie klebriger Kaugummi in die Länge und seine offenen Wunden brannten wie Feuer. Inzwischen konnte er sich kaum mehr auf den Beinen halten. Jeder Schritt war eine Zerreißprobe für seinen geschundenen Körper. Er holte tief Luft und versuchte durchzuhalten. Völlig entkräftet erreichte er nach einer gefühlten Ewigkeit die Haustür, die noch sperrangelweit offen stand. Mit knapper Not schleppte er sich und Finn die letzten Stufen zum Eingang empor und legte sie erschöpft im Eingangsbereich ab.

»Alex? Verdammt, wo steckst du?«, rief er atemlos. Lag sein Freund verletzt irgendwo zwischen den Trümmern, oder hatte er sich in Sicherheit gebracht? Er hatte den Gedanken kaum zu Ende gedacht, als er Alex' kleinlaute Stimme hörte.

»Ra, bist du das?«

Alex humpelte ihm durch die Bruchstücke der zerstörten

Einrichtung entgegen. Immer wenn er das rechte Bein belastete, verzog er schmerzhaft das Gesicht. Sein Freund lehnte sich inzwischen erschöpft gegen den Türrahmen der Eingangstür.

»Gott sei Dank, es geht dir gut! Ich hatte schon das Schlimmste befürchtet ...« Ra stöhnte gequält und hielt sich den Schädel, bevor er fortfuhr: »Der Seelenfresser ist weg, aber ich habe keine Ahnung, ob er zurückkommt. Ich brauche dein Handy, Finn hat es übel erwischt!«

»Du glaubst gar nicht, wie erleichtert ich bin, dass ihr entkommen konntet!«, entgegnete Alex und durchsuchte dabei hektisch seine Taschen nach seinem Mobiltelefon. Während er damit beschäftigt war, hörte er ein dumpfes Geräusch.

»Ra? Ra, verdammt!«

Atemlos stürzte Alex zu seinem Freund hinüber, der inzwischen ohnmächtig in sich zusammengesackt war.

»Shit! Shit! Shit! Erste Hilfe leisten, wie ging das noch mal ...«, murmelte er hektisch vor sich hin und brachte Ra vorsichtig in eine stabile Seitenlage. Gleich im Anschluss wählte er aufgeregt die Nummer des Notrufs und gab der Leitstelle die nötigsten Infos. Nachdem er aufgelegt hatte, war Finn an der Reihe. Er zog sich auf die Beine und humpelte zu ihr in den Eingangsbereich. Seine Glieder schmerzten bei jedem Schritt. Gleich beim ersten Zusammentreffen mit der Kreatur hatte er sich den rechten Fuß übel verdreht und den Kopf verletzt. Auf Finns angriffslustiges Riesenfellknäuel schien auch kein Verlass zu sein. Der übergroße Köter hatte offenbar nach dem ersten Treffer des Monsters vor Angst schleunigst das Weite gesucht. Alex ließ sich bei Finn umständlich auf den Boden sinken. Sie sah furchtbar aus. Neben der Platzwunde an der Stirn waren auch ihre Lippen an einer Seite blutig. Die unzähligen Schnitt- und Schürfwunden und ihre zerrissene Kleidung ließen erahnen, was sie durchgemacht hatte. Ra sah fast noch mitleiderregender aus. Alex versuchte sich zu beruhigen. Er lauschte dem leisen Sirenengeräusch, das aus dem Tal herannahte und blickte sich hastig in dem verwüsteten Haus um. Die Typen vom Rettungsdienst würden sicher eine Menge Fragen stellen. Dass die ganze Zerstörung und ihre

Verletzungen von einem abscheulichen Monster stammten, glaubte ihm garantiert keiner. Plötzlich kam ihm eine Idee. Mit zittrigen Händen wählte er die Nummer von Ra´s Vater.

»Arthur Kamon, hallo?«

Alex holte tief Luft.

»Hey Arthur, hier spricht Alex Rainhold. Es … es ist etwas Schlimmes passiert …«

Noch bevor er den Satz beenden konnte, wurde er unwirsch von ihm unterbrochen.

»Hat dieser Bengel etwa schon wieder etwas ausgefressen? Was ist es diesmal? Wo zur Hölle steckt er?« Die Stimme am anderen Ende der Leitung wurde immer aufgeregter. Alex konnte es Arthur nicht verübeln, nach allem, was Ra sich in letzter Zeit geleistet hatte.

»Hör zu, Ra ist in dieser Sache ausnahmsweise unschuldig. Er hat damit nichts zu tun … na ja … irgendwie doch, aber nicht so, wie du denkst …«

Alex hatte keine Ahnung, wie er es ihm am schonendsten beibringen sollte. Er kannte Arthur, dank seiner Freundschaft mit Ra, schon recht lange.

»Wie jetzt? Hat er nun was ausgefressen, oder nicht?«

Alex verdrehte die Augen. Offensichtlich war es Zeit für die Holzhammermethode.

»Arthur, hör mir bitte zu! Letzten Herbst hast du Ra und mich dabei erwischt, wie wir dich in dieser Sache mit dem Seelenfresser belauscht haben. Es ging um dieses Monster. Ob du es nun glaubst oder nicht, Finn wurde heute von einer Kreatur angegriffen, die genau auf deine Beschreibung von damals zutrifft. Ich konnte das Vieh dank meines Amuletts kurzzeitig verscheuchen und Finn in Sicherheit bringen. Aber das Biest ließ nicht locker und kehrte kurze Zeit später zurück. Es ist sogar ins Haus eingedrungen. Ra kam uns zu Hilfe, um das Wesen zu vertreiben. Allerdings sehen Finn und er ganz schön lädiert aus. Sie sind beide nicht ansprechbar, aber der Rettungswagen ist schon unterwegs.«

Inzwischen war es still am anderen Ende der Leitung geworden.

Anscheinend hatte die Nachricht wie eine Bombe eingeschlagen. Arthurs Stimme klang tief und angespannt, nachdem er seine Sprache endlich wiedergefunden hatte.

»Wo seid ihr? Bei Finn zu Hause? Ich komme sofort zu euch!«

Es war mehr eine Ansage als eine Frage.

»Äh ... ja«, stammelte Alex, doch sein Gesprächspartner hatte bereits aufgelegt. Niedergeschlagen steckte er das Handy in seine Tasche. So ernst hatte er Arthur in all den Jahren noch nie erlebt. Seine eigentliche Frage, was er antworten sollte, wenn die Rettungskräfte ihn über die Umstände ihrer miserablen Situation befragten, war ihm vor lauter Aufregung entfallen.

»Scheiße!« Alex betete im Stillen, dass Arthur ihn noch vor dem Eintreffen der Einsatzkräfte erreichte.

ZWISCHEN WAHRHEIT UND LÜGEN

E twas Kaltes auf ihrer Stirn und leises Geflüster war zunächst alles, was sie wahrnahm.

»... sie wacht auf!«

»Gott sei Dank!« Finn hörte die aufgeregten Stimmen ihrer Eltern in der Nähe. Es roch fremd, ein wenig steril. Nur langsam realisierte sie, dass sie in einem Krankenbett lag.

Ihr Schädel brummte, als hätte ihr jemand eine übergezogen. Sie ertastete einen frostigen Eisbeutel, der mitten auf ihrer Stirn lag. Er war so kalt, dass sie fürchtete, ihr würde bald das Hirn einfrieren. Finn blinzelte und versuchte, sich im Raum zu orientieren. Ihre Eltern, die direkt neben ihrem Bett saßen, rückten in ihr Blickfeld. Daneben bemerkte sie kahle weiße Wände und gedämpftes Licht.

»Ma, Paps ...? Was ... Was ist passiert? Ich kann mich an nichts erinnern ...«

Ihre Mutter beugte sich besorgt über sie und fixierte sie aus ihren intensiv blau-grauen Augen. Für gewöhnlich umspielte ein Lächeln ihre Lippen, nur heute waren sie vor Sorge zu einem schmalen Spalt zusammengepresst.

»Hey Kleines, was machst du für Sachen? Wir sind so froh, dass du endlich aufgewacht bist! Du wurdest ins Klinikum gebracht. Es ist ein Unfall passiert ... Aber das besprechen wir ein anderes Mal, ja? Du brauchst jetzt dringend Ruhe. Bei den Untersuchungen haben sie neben zahlreichen Prellungen eine mittlere Gehirnerschütterung festgestellt. Und die Platzwunde an deiner Stirn musste genäht werden. Die Ärzte sagen, du hast nochmal Glück gehabt, es hätte schlimmer sein können.« Sie strich sich nervös eine Strähne ihres kinnlangen hellbraunen Haares hinter die Ohren. Finn versuchte, sich an die Geschehnisse zu erinnern, doch sie spürte eine unüberwindbare Blockade in ihrem Kopf. Irgendetwas stimmte nicht. Sie war aufgewühlt und machte sich Sorgen, aber warum und um wen? Bevor sie weiter darüber nachdenken konnte, drängte sich ihr Vater mit besorgtem Gesicht in ihr Blickfeld.

»Wie geht es dir? Hast du starke Schmerzen? Du siehst aus, als hättest du mit Wladimir Klitschko geboxt«, versuchte er zu scherzen. Seine buschigen Augenbrauen, die er mitleidig nach oben gezogen hatte, zeigten Finn, dass er sich insgeheim ernsthafte Sorgen machte. Sie ächzte.

»Könnte zwar besser sein, aber es geht einigermaßen. Sehe ich wirklich so schlimm aus?«

Ihr Vater legte den Kopf schief.

»Morgen bringe ich dir einen Spiegel mit, dann kannst du dich selbst begutachten-«

»Jetzt hör schon auf, Ed, das sieht sie noch früh genug!«

Ihre Mutter fiel ihm vorwurfsvoll ins Wort und verdrehte die Augen, doch ihr Vater ließ sich davon nicht aus der Ruhe bringen.

»Wieso regst du dich so auf, Loreen? Man wird ja wohl noch einen kleinen Spaß machen dürfen.«

»Das ist nicht witzig! Manchmal fehlt dir echt die Empathie«, beschwerte sich ihre Mutter, bevor sie sich zurück an Finn wandte.

»Hör nicht auf ihn und mach dir keinen Kopf. Die Ärzte sagen, das verheilt bald wieder.«

Eine Krankenschwester, die nach kurzem Klopfen das Zimmer betrat, unterbrach ihre Unterhaltung.

»Guten Abend! Sie sind sicher die Eltern der jungen Dame. Ich muss den Verband wechseln und den Blutdruck messen. Danach möchte ich Sie bitten, nach Hause zu gehen und sich und Ihrer Tochter ein bisschen Ruhe zu gönnen. Wegen ihrer Gehirnerschütterung braucht sie in nächster Zeit so viel Erholung wie möglich. Das bedeutet: Besuch nur in Maßen, keine Aufregung, kein Fernseher, kein Radio, kein Buch und kein Lärm.«

»Ja, natürlich-«

»Was? Ihr wollt schon gehen?«, unterbrach Finn ihre Eltern.

»Schätzchen, wir müssen los. Es ist weit nach Mitternacht. Die Schwestern hier auf der Station haben alle Augen zugedrückt, obwohl die Besuchszeit längst vorbei ist. Du brauchst jetzt dringend Schlaf.«

Finn nickte enttäuscht. Sie versuchte tapfer zu sein, aber am liebsten hätte sie sich gewünscht, dass jemand über Nacht an ihrer Seite geblieben wäre.

»Jetzt guck doch nicht so traurig. Wir werden dich morgen wieder besuchen, versprochen.«

Ihr Vater drückte ihr dank seines Dreitagebartes einen kratzigen Kuss zur Verabschiedung auf die Wange, während ihre Mutter Finn liebevoll übers Haar strich.

»Halt die Ohren steif, Kleines. Schlaf gut.«

»Ja, bis morgen«, entgegnete Finn kraftlos, als die beiden das Zimmer verließen. Vor Erschöpfung fielen ihr gleich die Augen zu. Das kurze Gespräch mit ihren Eltern hatte sie viel Energie gekostet.

»Nicht erschrecken. Es wird wieder kalt«, warnte die Krankenschwester, bevor sie den alten Kühlbeutel auf ihrer Stirn gegen einen neuen austauschte. Finn blinzelte. Ihre Augenlider fühlten sich schwer an.

»So, gleich hast du es geschafft. Sollten deine Schmerzen stärker werden, kannst du mich jederzeit über den Klingelknopf rufen«, bot die Schwester an, bevor sie ihr eine gute Nacht wünschte und aus dem Zimmer verschwand. Endlich hatte Finn genug Zeit, in Ruhe über die Geschehnisse dieses Abends nachzudenken. War wirklich ein Unfall passiert? Einzelne dunkle Erinnerungsschemen zogen verschwommen vor ihrem inneren Auge vorbei. Dunkelheit, Angst und ein Paar unheimlich fluoreszierender Pupillen waren vorerst alles, an das sie sich erinnerte. Während sie darüber nachdachte, fielen ihr die Augen zu.

Schweiß gebadet, mit rasendem Herzschlag und pochenden Kopfschmerzen schreckte Finn mitten in der Nacht hoch. Alles war dunkel und still. Fiebrig suchte sie den Raum nach den unheimlichen Augen ab, die sie in ihrem Alptraum verfolgt hatten. Sie zitterte am ganzen Körper. Schaudernd vergrub sie sich tiefer unter der Decke. Das drängende Gefühl, etwas Wichtiges vergessen zu haben, ließ sie nicht zur Ruhe kommen. Finn schlang fröstelnd die Arme um ihre Brust, als einzelne, verschüttete Bilder aus ihrem Gedächtnis auftauchten. Außer Atem fuhr sie von ihrem Kissen hoch und saß kerzengerade im Bett. Dumpfe Schmerzen pulsierten in ihrem Kopf. Allmählich lichtete sich der dunkle Schleier des Vergessens, bis zu den unfassbaren Ereignissen, die ihr Unterbewusstsein so hartnäckig zu verdrängen versucht hatte. Kalter Schweiß trat auf Finns Stirn. Das Monster! Sie schüttelte ungläubig den Kopf. Eine Illusion - all das musste ein Gespinst ihres lädierten Gehirns sein, oder ein seltsamer Traum. Ihre Eltern hatten schließlich von einem Unfall gesprochen, versuchte sie sich alles zurechtzubiegen, um der Wahrheit zu entkommen. Trotzdem blieb lähmende Unsicherheit zurück. Finn stellte sich vor, wie sie bald nach Hause in ihre liebgewonnene Normalität zurückkehrte. Der Gedanke daran beruhigte sie ein wenig. Sie spürte, wie ihr geschundener Körper unerbittlich nach Schlaf verlangte. Störrisch kämpfte sie mit aller Kraft gegen die Müdigkeit an, um weiteren Albträumen zu entrinnen, doch letztendlich kapitulierte sie vor Erschöpfung. Am nächsten Morgen fühlte sie sich, als wäre sie mit 100 km/h von einem Sechzigtonner überrollt worden. Ihre zugeschwollenen Augenlider konnte sie nur einen kleinen Spalt öffnen. Frustriert nagte Finn an einem belegten Brötchen, das ihr eine Schwester zum Frühstück gebracht hatte. Sie versuchte tunlichst zu vermeiden, an die surrealen Erinnerungsfragmente zu denken, die sie noch immer für einen abgefahrenen Albtraum hielt. Doch je länger sie wach war, desto klarer wurden ihre Erinnerungen. Finn würgte. Überstürzt schob sie das Tablett weg. Ihr war speiübel. Bisher nie dagewesene Ängste kämpften sich einen Weg aus ihrem Unterbewusstsein frei und ergriffen von ihr Besitz. Wurde sie langsam verrückt oder halluzinierte sie? Die schrecklichen Erlebnisse von gestern Abend brachen wie ein Tsunami über sie herein. Ächzend erbrach sie sich auf ihr Bettlaken. Das Blut rauschte wie ein vorbeifahrender Güterzug in ihren Ohren und alles drehte sich. Abgekämpft sank Finn zurück ins Kissen, wo sie eine gefühlte Ewigkeit wie betäubt liegen blieb.

»Um Himmels willen!«

Eine junge Schwester kam ins Zimmer geeilt und pellte Finn aus den beschmutzten Laken, nachdem sie das Frühstückstablett zur Seite geräumt hatte. Eine weitere Pflegerin und ein Arzt kamen dazu. Finn bekam von alldem nur Bruchstücke mit.

»Da hat es ihr sauber den Kreislauf runtergefahren. Sofort eine Infusion legen und die Beine hochlagern«, war alles, was bei ihr hängen blieb, bevor sie einen stechenden Schmerz in ihrer rechten Armbeuge spürte. Erst am frühen Nachmittag kam Finn wieder zu sich. Die Infusionslösung tropfte beruhigend monoton aus der Flasche in den dünnen Schlauch, der direkt zu ihrer Vene führte. Obwohl es ihr körperlich besser ging, fühlte sie sich antriebslos und müde. Vorsichtig drehte sie sich auf die Seite zum Fenster und entdeckte dort durch die Reflexion zum ersten Mal ihr verblasstes Spiegelbild. Erschrocken hielt sie für einen Moment die Luft an. Die blutunterlaufene Platzwunde an der Stirn war inzwischen zu einer riesigen Beule angeschwollen, und das Blut hatte sich über Nacht im Gewebe bis in die Wangen ausgebreitet. Dort hinterließ es starke Schwellungen und blau-grüne Verfärbungen. Nachdem der erste Schock über ihr lädiertes Antlitz überwunden war, fiel ihr Alex' Spruch von gestern ein, als er versucht hatte, ihre Verletzungen notdürftig zu versorgen.

»Du siehst aus wie ein Zombie!«, hörte sie ihn in ihren Gedanken abermals sagen. Hoffentlich ging es ihm gut. War er auch hier im Krankenhaus? Finn seufzte. Allmählich keimte der drängende Wunsch auf, endlich die ganze Wahrheit über den Vorfall zu erfahren. Innerlich aufgewühlt, lauschte sie den geschäftigen Geräuschen auf dem Gang. Schritte näherten sich ihrer Tür, bevor jemand klopfte. Verdutzt beobachtete Finn, wie ein älterer, großgewachsener Herr mit wirr abstehenden grauen Haaren den Raum betrat. Von weitem wirkte er wie eine wilde Mischung aus Sean Connery und Einstein.

»Arthur! Was machst du denn hier?«

Sie blinzelte überrascht, als er sich einen Stuhl an ihr Bett rückte.

»Hallo, Finn! Meine Güte, wie geht es dir? Deine Eltern haben mir erzählt, dass du im Krankenhaus bist.« Er zupfte besorgt an seinem kurzen Kinnbart.

»Naja ... könnte besser sein«, brummte Finn deprimiert.

Arthur schüttelte fassungslos den Kopf.

»Es tut mir furchtbar leid, was passiert ist. Es muss schrecklich gewesen sein.«

»Wie schön, dass man dir wenigstens alles genau erklärt hat und ich noch im Dunkeln tappe.« Finn verschränkte trotzig die Arme vor der Brust.

»Kannst du dich denn an gar nichts erinnern?«, forschte Arthur vorsichtig nach.

Für einen Moment wusste Finn nicht, was sie ihm darauf antworten sollte. Ein unangenehmes Gefühl stieg in ihr auf. Wie würde er reagieren, wenn sie ihm von dem Monster erzählte? Sie wich seinem Blick aus.

»Sag mal, wie lange kennen wir uns jetzt schon?«

Arthur runzelte nachdenklich die Stirn.

»Seit fast vierzehn Jahren, wieso?«

»Würdest du mir glauben, dass ...?«

»Dass was?«, hakte Arthur mit hochgezogener Augenbraue nach.

Finn holte tief Luft.

» ... dass ich mich noch immer an nichts erinnere?«

In letzter Sekunde entschied sie sich für eine Notlüge. Arthur blinzelte verwirrt.

»Warum sollte ich dir das nicht glauben?«

»Na ja, war nur so ein Gedanke.«

Ihr Besucher kratzte sich unschlüssig am Kopf.

»Hör zu, ich hoffe, du weißt, dass du mir immer alles sagen kannst, selbst wenn es sich noch so verrückt anhört.«

Finn schluckte. Ahnte er, dass sie etwas vor ihm verbarg? Arthur kannte sie, seit sie laufen konnte. Doch er forschte nicht weiter nach. Um von ihrer Unsicherheit abzulenken, wechselte sie schnell das Thema.

»Das ist echt bescheuert! Meine Eltern wollten mir nicht sagen, was passiert ist und aus den Schwestern konnte ich auch nichts herausbekommen.« Sie blickte ihn aus großen Augen an.

»Okay, verstehe. Das heißt also, du möchtest das ganze Drama *von mir* hören?«

Sie nickte hastig.

»Na schön. Alex meinte, dass ihr von Einbrechern überfallen wurdet. Er war bei dir, als es passierte. Die Polizei hat ihn schon befragt. Spätestens morgen bringen sie die Sache groß in der Lokalzeitung.«

»Oh nein! Wie geht es ihm? Ist er auch im Krankenhaus?«, platze es aus Finn heraus.

»Ich ... ich kann mich ganz dunkel an ihn erinnern«, fügte sie schnell hinzu, um nicht zu verraten, dass sie zuvor gelogen hatte. Arthur fuhr sich nachdenklich über die gekreuzte Narbe auf seiner Wange.

»Ja, ihr wurdet zusammen eingeliefert. Alex ist nur ein paar Zimmer weiter untergebracht. Soweit ich weiß, geht es ihm den Umständen entsprechend gut. Aber Genaueres kann ich erst später sagen. Ich werde ihn im Anschluss besuchen. ... Alles okay bei dir? Du bist ganz blass.«

»Ja-ja, ich versuche nur, meine Gedanken zu sortieren.« Mit jeder Faser ihres Herzens hoffte Finn, dass diese Version der Begebenheit der Wahrheit entsprach, ganz im Gegensatz zu ihren gruseligen Erinnerungsfetzen. Doch um herauszufinden, was Realität und was Einbildung war, musste sie Alex finden.

Finn gähnte und versuchte, die Augen offen zu halten.

»Was glaubst du, wann ich hier rauskomme?«

»Die werden dich sicher für eine Woche hierbehalten, denke ich. Mit einer Gehirnerschütterung sollte man nicht leichtfertig umgehen. Auf dein Jiu-Jitsu-Training wirst du wohl auch eine Weile verzichten müssen.«

»Schade, dann sehe ich dich ja länger nicht mehr«, meinte Finn enttäuscht. Sie gähnte erneut, was Arthur nicht entging.

»Ich sollte allmählich gehen. Ruh dich ein bisschen aus. Du brauchst viel Schlaf, um gesund zu werden.«

»Was? Jetzt schon?«

»Sei nicht enttäuscht, ich komme dich wieder besuchen, versprochen. Ich habe noch ein kleines Geschenk mitgebracht.«

Er zog eine herzförmige Pralinenschachtel aus seiner Jackentasche und reichte sie ihr.

»Oh! Vielen Dank! Die mag ich am liebsten!« Finn strahlte.

»Ich hatte gehofft, dass ich deinen Geschmack treffe. Lass es dir schmecken. Ich muss jetzt los. Deine Eltern werden sicher auch gleich kommen. Bis bald!«

»Danke, mach´s gut!«

Arthur winkte zum Abschied, bevor er das Zimmer verließ. Als die Tür hinter ihm ins Schloss fiel, hieß Finn die bleischwere Müdigkeit willkommen, die immer stärker über sie hereinbrach. Sie hoffte, im Schlaf ihren verstörenden Erinnerungen für eine kleine Weile entfliehen zu können.

EINE VERZWICKTE VATER-SOHN-GESCHICHTE

Ra schielte zur Tür, als es verhalten klopfte. Er fühlte sich elend und alles tat ihm weh. Er rechnete mit einer Schwester, die er um eine Schmerztablette bitten konnte. Doch entgegen seiner Erwartungen, stand sein Vater im Türrahmen. Er stutzte und wandte sich demonstrativ zum Fenster ab. Sein Freund Alex, im Bett nebenan, war mit seinen AirPods im Ohr eingeschlafen und schien nichts von ihrem Besucher mitzubekommen. Arthur ignorierte die abweisende Haltung seines Sohnes und steuerte mit besorgter Miene direkt auf ihn zu.

»Mein Gott, Ra, was machst du für Sachen? Du wurdest richtig übel zugerichtet ...«, krächzte er entsetzt und setzte sich zu ihm ans Bett.

»Finn und du wart beide nicht ansprechbar, aber Alex hat mir gestern in der Notaufnahme alles über den Angriff des Monsters erzählt. Du hast dich unglaublich tapfer geschlagen!«

Ra verschränkte trotzig die Arme vor der Brust.

»Hör auf, mir Honig ums Maul zu schmieren. Wir hatten einfach nur verdammtes Glück ...«

»Du Hornochs! Ohne dein Eingreifen wärt ihr nicht mehr am

Leben, also red keinen Blödsinn! Ich bin stolz auf dich.« Arthurs Stimme bröckelte, als er den Jungen umarmte.

»Ich bin so froh, dass euch nichts passiert ist. Zum Teufel noch mal, ihr hättet tot sein können!«

Mit weit aufgerissenen Augen schnappte Ra nach Luft. Es dauerte ein wenig, bis er seine Stimme wiederfand.

»Autsch! Mir tut alles weh!«, sträubte er sich vergeblich. Verlegen machte er sich von seinem alten Herrn los. Er konnte sich kaum daran erinnern, dass ihm sein Vater je gesagt hatte, dass er stolz auf ihn war.

»Tu nicht so, als würdest du dich auch nur annähernd für mich interessieren. Falls du damit erreichen willst, dass ich wieder zurückkomme, hast du dich geschnitten. Das Thema ist durch!«, fauchte Ra.

»Sag bloß, du bist immer noch sauer wegen diesem Scheiß? Hast du eine Ahnung, wo ich überall nach dir gesucht habe, bis ich herausfand, wo du dich versteckt hast?«

Arthur brach mit einem Seitenblick auf Alex ab, dessen Augenlider unruhig flatterten.

»Ra, hör zu, Junge! Lass uns den dummen Streit endlich vergessen. Wenn du hier raus bist, kommst du zurück nach Hause. Du kannst nicht ewig-«

»Kann ich wohl! Oder glaubst du im Ernst, es würde sich wirklich was ändern?«

»Schhhhh, nicht so laut!«

»Hast du etwa Schiss, dass jemand mitkriegt, was für ein beschissener Vater du bist?«

Arthur ballte die Hände zu Fäusten. Inzwischen war er wieder ganz der Alte.

»Rakin, es reicht! Werd bloß nicht frech! Weißt du, wen ich heute früh getroffen habe, als ich dein Krankenhausattest in der Schule abgegeben habe?«, fragte er herausfordernd.

»Woher soll ich das wissen?«, knurrte Ra postwendend.

»Es war Luin Alba, dein Klassenlehrer.«

»Scheiße!«

»Ja, allerdings ‚Scheiße‘! Er hat mich gefragt, was bei dir los ist, nachdem du ewig die Schule hast schleifen lassen! Nur zur Info: Deine Noten sind total im Keller, was mich zugegeben nicht stark verwundert, nach allem, was du dir geleistet hast. Was soll nur mal aus dir werden? Ich dachte immer, dein Traum wäre die Arkan Akademie, aber so kannst du dir das abschminken.«

Ra hatte die Arme erneut vor der Brust verschränkt und starrte mit finsteren Blicken zum Fenster hinaus. Jede seiner Muskelfasern war angespannt. Mit Mühe verkniff er sich einen Widerspruch und kaute stattdessen aufgewühlt auf der Unterlippe herum. Es entstand ein unangenehmes Vakuum im Raum, das erst von kleinlautem Räuspern im Bett nebenan durchbrochen wurde.

»Hi Arthur, hey Ra! Sorry, wenn ich gelauscht habe, ihr wart leider unüberhörbar. Ich verstehe zwar nicht ganz, was euer Problem ist, aber solange es um Ras Noten geht, könnte ich helfen«, schlug Alex vor. Im Anschluss wandte er sich direkt an Rakin.

»Wenn du dich reinhängst, kriegen wir das schon hin. Bis zu den Sommerferien stehen ja noch einige Prüfungen an.«

Arthur wirkte sofort begeistert, ganz im Gegensatz zu Ra.

»Nur über meine Leiche!«, knurrte er.

»Das würdest du tun, Alex? Du bist wirklich ein Goldjunge! Hast was gut bei mir!«, frohlockte Arthur und ignorierte Ras Einwände geradewegs, bevor er sich demonstrativ Alex zuwandte.

»Wie geht´s dir? Was machen die Prellungen?«

»Passt schon. Ich darf wahrscheinlich heute Nachmittag zurück nach Hause«, entgegnete er und schielte verunsichert zu Ra hinüber. Arthur schenkte ihm ein aufmunterndes Lächeln.

»Freut mich, zu hören. Du brauchst kein schlechtes Gewissen deswegen zu haben.«

Alex nickte dankbar.

»Keine Sorge, die Sache mit der Schule biegen wir bei Ra schon wieder hin. Allerdings würde mich allmählich echt interessieren, was hier vor sich geht? Solltest du nicht mal langsam mit der Sprache herausrücken, Arthur? Wie hast du das Monster damals noch genannt? Einen Seelenfresser?«

Arthur machte eine abwehrende Geste.

»Du weißt ganz genau, dass ich euch nichts darüber erzählen darf.«

»Und was ist, wenn es uns wieder angreift? Meinst du nicht, wir sollten wenigstens wissen, wie wir uns dagegen verteidigen können?«, warf Ra energisch ein.

Hin- und hergerissen raufte sich Arthur durch sein silbergraues Haar.

»Ihr müsst mir hoch und heilig versprechen, dass ihr das, was ich euch sage, niemandem erzählt, verstanden? Niemandem! Sonst stecke ich bis zum Hals in Schwierigkeiten. -Ach, was sag ich denn? Das tue ich eh schon. Schlimm genug, dass ihr mit eurer unbedarften Lauscherei noch andere verbotene Dinge über die Arkana herausgefunden habt. Wenn das dem Hohen Rat zu Ohren kommt, gibt es riesigen Ärger!«

Schuldbewusst zogen Ra und Alex die Köpfe ein. Arthur wirkte wie ein Häuflein Elend und runzelte angespannt die Stirn, bis sich kleine Kuhlen zwischen seinen Augenbrauen bildeten.

»Ich hoffe, ich werde das nicht irgendwann bereuen ... Aber ihr habt recht. Ihr müsst wissen, was ihr im Ernstfall gegen dieses Monster tun könnt.«

Die Mienen der beiden Jungen hellten sich sofort auf. Ein strenger Blick von Arthur genügte jedoch, um ihnen die Ernsthaftigkeit der Situation wieder ins Gedächtnis zu rufen. Er holte tief Luft, bevor er zu einer längeren Erklärung ansetzte:

»Wie der Name *Seelenfresser* schon besagt, sucht dieses Monster in der Dunkelheit nach unachtsamen Menschen, um deren Seelen zu fressen. Es jagt fast lautlos und hinterlässt in den meisten Fällen kaum Spuren an seinen Opfern. Mit jeder Seele, die dieses Wesen erbeutet, wächst und verändert es sich, darum macht mir die Situation momentan reichlich Sorgen.«

»Und das weißt du, weil du ein ehemaliges Mitglied der Arkana bist?«, fragte Ra misstrauisch. Arthur verzog verstimmt die Mundwinkel.

»Gut aufgepasst beim Lauschen, was? Wenn du nur in der Schule auch so aufmerksam zuhören würdest.« Sein Sohn zuckte entschuldigend mit den Schultern und grinste verlegen.

»Woher kommt dieses Wesen auf einmal?«, warf Alex ein, um Arthur vom Thema abzulenken. Sein langjähriger Kendo- und Jiu-Jitsu-Mentor ließ sich jedoch nicht beirren.

»Sorry, geheim. Aber ich kann dir verraten, wie ihr euch vor ihm schützen könnt.«

»Nun sag doch schon!«, drängelte Rakin, was Arthur erneut sauer aufstieß.

»Du frecher Lümmel! Bei deinem Benehmen könnte man nicht meinen, dass du vor einem halben Jahr noch ein teures Internat besucht hast.«

»Selbst schuld, ich wollte nie da hin!«, konterte Ra. Zum Glück schien sich Arthur inzwischen eines Besseren zu besinnen und ging nicht weiter darauf ein. Er rollte mit den Augen, bevor er sich demonstrativ Alex zuwandte.

»Wo war ich stehen geblieben? Ach ja, beim Seelenfresser ... Diese Kreaturen besitzen außergewöhnliche Regenerationsfähigkeiten. Selbst tiefere Wunden heilen innerhalb weniger Minuten. Ich war bereits Zeuge, wie diesen Viechern ganze Körperteile nachwuchsen! Das dauerte allerdings doch etwas länger. In den meisten Fällen flüchten die Monster dann und schlagen erst wieder zu, sobald sie sich vollständig regeneriert haben.«

»Kranker Scheiß!«

In den Augen der Jungen spiegelten sich Schaudern und Faszination gleichermaßen.

Arthur räusperte sich kurz, um ihre Aufmerksamkeit zurückzugewinnen.

»Tja, einen Seelenfresser zu erledigen, dürfte eure Fähigkeiten bei weitem übersteigen. Doch es gibt eine Möglichkeit, um sich vor dem Wesen zu schützen.«

Die Ohren der Jungen wurden immer größer.

»Was denn?«

»Vielleicht Feuer?«

»Oder Licht, weil es nur bei Nacht jagt?«, rätselten sie.

»Hey, das Amulett, das ich von meinem Großvater bekommen habe, schien ebenfalls eine Wirkung auf dieses Vieh zu haben. Es ist davor zurückgewichen wie ein Vampir vor 'ner Zwiebel Knoblauch, als ich Finn gestern bewusstlos in seinen Fängen fand«, erinnerte sich Alex.

Arthur wurde hellhörig.

»Was für ein Amulett?«

»Na ja, das Teil, das mir mein Opa vor seinem Tod geschenkt hat. Es war aus irgendeinem seltsamen, schwarzen Stein.«

Alex griff sich gedankenverloren an den Hals, fand jedoch nicht, was er suchte. Entsetzt pendelte sein Blick zwischen Rakin und Arthur hin und her.

»Ich habe es Finn gegeben. Hoffentlich ist es gestern in dem Chaos nicht verloren gegangen.«

»Keine Sorge, das bekommst du bestimmt wieder«, versuchte Arthur ihn zu beschwichtigen.

»Ich habe da so eine Theorie, was dein Amulett betrifft, aber dazu muss ich ein wenig ausholen.«

»Na, da bin ich gespannt.« Alex hing Arthur neugierig an den Lippen.

»Also hört zu, es gibt etwas, das Seelenfresser auf den Tod nicht ausstehen können.«

»Und was wäre das?«, drängte sein Sohn voller Neugier.

Arthur machte eine vielsagende Pause.

»Sie hassen Silberopale.«

Ras fragender Blick huschte zu Alex hinüber.

»Silber was? Noch nie gehört«, murmelte er nachdenklich.

»Ich auch nicht.«

Alex zuckte ahnungslos mit den Schultern, bevor bei ihm der Groschen fiel.

»Glaubst du etwa, dass mein Amulett daraus gefertigt ist?«

Arthur verzog die Lippen zu einem schiefen Lächeln.

»Es deutet zumindest alles darauf hin. Silberopale sind seltene dunkle Steine und erinnern durch ihre leichte Transparenz an glitzerndes Rauchglas.«

»Woher hatte mein Großvater das Teil, wenn sie so rar sind?«, wunderte sich Alex.

»Vielleicht ahnst du es schon. Der alte Knabe gehörte ebenfalls den Arkana an und wusste daher natürlich von der Wirkung dieser Steine. Wir kannten uns, er war ein großartiger Mann.«

»Das ist nicht dein Ernst!« Alex schwieg einen kurzen Moment, als müsste er alles erst einmal verdauen.

»Bevor er starb, hat er oft von seltsamen Dingen geredet, die ich nicht verstanden habe. Ich dachte, das hätte vielleicht etwas mit dem Alter zu tun, aber ... allmählich ergibt alles einen Sinn.«

Arthur nickte.

»Du warst sein Lieblingsenkel. Erinnerst du dich an den Brief, den du mir gestern nach dem Training gezeigt hast? Vielleicht ist dir jetzt auch klar, warum er sein Amulett ausgerechnet dir vererbt hat.«

»Ja, der Brief ...«

»Welcher Brief?«, fiel Ra aus allen Wolken. »Sag bloß, du hast auch eine Einladung zum Auswahltest der Arkan Akademie bekommen? Warum hast du mir nichts davon erzählt?« Seine Stimme klang vorwurfsvoll.

Alex warf ihm einen zerknirschten Seitenblick zu.

»Wie denn? Du bist seit Wochen nicht zur Schule gekommen und warst nicht erreichbar. Außerdem dachte ich, dieser Brief wäre ein schlechter Scherz.«

»Schon okay, ich bin dir wohl auch eine Erklärung schuldig.« Rakin realisierte erst jetzt die ganze Tragweite des Schreibens.

»Das heißt also, dein Großvater hat dich zu seinem Nachfolger bestimmt? Dann werden wir ja zusammen die Arkan Akademie besuchen!«

»Moment mal, Freundchen. Zuerst musst du den Aufnahmeschnitt schaffen, damit du überhaupt zum Auswahltest zugelassen wirst. Heißt also, da sind noch einige Hürden zu meistern, bevor du von der Anwärterschule der Arkana träumen kannst«, erinnerte Arthur ihn. »Und so wie es aussieht, hat Alex in dieser Hinsicht bei weitem die besseren Karten.«

»Vielen Dank, dass du mir das immer wieder unter die Nase reiben musst!«, schmollte Ra niedergeschlagen. Bevor die Stimmung zwischen den beiden erneut kippte, schaltete sich Alex ein. »Sag mal Arthur, angenommen wir bestehen den Test und schaffen es auf diese Akademie. Was genau lernen wir dort? Ich meine, mir ist schon klar, dass es mit den Arkana zu tun hat, aber so recht kann ich mir nichts darunter vorstellen.«

»Vergiss es«, seufzte Ra. »Das habe ich ihn schon hundert Mal gefragt, aber er rückt nicht damit raus.«

»Und das hat auch seinen guten Grund. Ich muss mich an gewisse Regeln halten. Geheimhaltung hat oberste Priorität, wenn ich keinen weiteren Ärger bekommen will. Hab eh schon genug Scherereien mit den Arkana. Nachdem ihr den Aufnahmetest bestanden habt, bekommt ihr mehr Informationen. Bis dahin müsst ihr euch noch gedulden«, erklärte Arthur mit vor der Brust verschränkten Armen.

»Na super! Jetzt wissen wir zwar, wie wir uns vor einem Seelenfresser schützen können, aber ohne einen Silberopal sind wir trotzdem aufgeschmissen«, beschwerte sich Rakin. Arthur räusperte sich und kramte in seiner Jackentasche herum.

»Glaubt ihr wirklich, ich würde euch schutzlos herumlaufen lassen, nach allem, was passiert ist? Hier!«

Überrascht beobachteten die Jungen, wie er zwei schlampig verpackte Päckchen hervorholte, die er ihnen mit einer lässigen Handbewegung nacheinander zuwarf.

Ra war am schnellsten darin, die Verpackung zu entfernen. Mit großen Augen betrachtete er den faustgroßen, eiförmigen Gegenstand in seinen Händen und drehte das Objekt fasziniert in alle Richtungen. Seine Konsistenz und Beschaffenheit ähnelte dunklem Glas, das geheimnisvoll schimmerte. Im Inneren des Steins tanzten silbern glitzernde Einschlüsse wie Flammen, wenn man ihn im Licht drehte.

»Wow! Sag bloß, das ist ein Silberopal«, fragte er voller Faszination.

Alex kratzte sich am Kopf, während er sein Exemplar mit zusammengekniffenen Augen musterte.

»Tut mir leid, aber ich kann mir beim besten Willen nicht vorstellen, dass dieser kleine Stein einen Seelenfresser besiegen kann.«

»Tut er auch nicht«, antwortete Arthur prompt.

»Er fügt dieser Kreatur starke Schmerzen zu und schlägt sie dadurch in den meisten Fällen in die Flucht. Das ist auch schon alles. Trotzdem würde ich sagen, dass ihr besser mit dem Teil dran seid, als ohne.«

»Heißt das, du schenkst uns die Dinger?«, fragte Ra verdattert.

Ein dünnes Lächeln zuckte über Arthurs Mund.

»Was glaubst du, warum ich die Teile mit mir herumschleppe?«

»Danke! Woher hast du sie bekommen, wenn sie so selten sind?«, sprudelte es aufgeregt aus Alex heraus.

Arthurs Züge erstarrten für den Bruchteil einer Sekunde zu Eis, bevor er seine Emotionen mit einem verlegenen Lachen zu kaschieren versuchte.

»Ich habe euch die beiden gegeben, die ursprünglich Gabriella und Sarah gehört haben.« Er presste die Lippen zu einer dünnen Linie zusammen.

»Wem?«, fragte Alex unbedarft. »Die Namen sagen mir gar-« Er verstummte, als er Ras warnenden Blick bemerkte.

Arthur schwieg für einen Moment, bevor er sich dazu durchrang zu antworten.

»Gabriella war meine Frau und Sarah unsere Tochter.«

Alex kratze sich verlegen am Kopf.

»Oh ... ähm ... du hast mir noch nie von ihnen erzählt ... Tut mir leid, wenn ich auf eine Landmine getreten bin.«

»Nein-nein ... ist schon gut. Es ist nur ...« Arthur seufzte tief. »Sie sind vor langer Zeit verschwunden.«

»Wie? Beide? Aber warum?« Alex stand die Fassungslosigkeit ins Gesicht geschrieben. Sein Mentor schüttelte nur traurig den Kopf, bevor er sich unbehaglich von seinem Platz neben Ras Bett erhob. Er machte eine wegwerfende Geste.

»Das ist eine lange Geschichte. Ich erzähle sie dir ein andermal. Allmählich sollte ich los. Deine Eltern werden dich bestimmt bald besuchen kommen, Alex.«

»Da wäre ich mir nicht so sicher. Arbeit geht vor«, erklärte der Junge deprimiert.

»Sei nicht so pessimistisch, du darfst zumindest bald hier raus, habe ich gehört. Und was dich angeht, Ra: Komm endlich zur Vernunft. Glaub mir, es ist alles nur zu deinem Besten. Nach dem Krankenhaus wirst du zu mir zurückkommen.«

Ras Miene verfinsterte sich prompt, als das alte Thema wieder zur Sprache kam.

»Das werden wir noch sehen«, schnaubte er und wechselte zurück in den Rebellionsmodus.

Arthur verdrehte die Augen.

»Denk darüber nach. Ich muss jetzt gehen. Gute Besserung euch beiden.«

»Danke, mach´s gut!«, rief Alex ihm hinterher. Ra brummte dagegen nur kurz angebunden »Tschüss«.

Alex gähnte und streckte sich herzhaft, bevor er sich erneut dem E-Book auf seinem iPad widmete. Er stutzte. Arthurs aufwühlende Neuigkeiten störten seine Konzentration wie das Summen einer Stubenfliege. Dass sein Großvater ein Arkana gewesen war und er nun auch einer von ihnen werden sollte, machte ihn nervös. Alex ließ den Kopf zurück ins Kissen fallen. Beschämt schielte er zu Ra hinüber, der am ganzen Körper grün und blau war. Er selbst hatte dagegen vergleichsweise wenig abbekommen. Wie Finn litt Ra an einer Gehirnerschütterung. Ein breiter Verband verhüllte seinen Kopf und an einem Auge leuchtete ein sattes Veilchen. Die meiste Zeit schlief er und die Ärzte hatten ihm strengstens Ruhe verordnet. Da Alex mit ihm das Zimmer teilte, blieb ihm nichts anderes übrig, als mitzumachen. Er starrte an die weiße Decke und musste an Finn denken. Hoffentlich beharrte sie nicht darauf, dass ein Monster an der ganzen Sache schuld war, sobald sie sich erinnerte. Ein leises Klopfen riss ihn aus seinen Gedanken. Er fiel aus allen Wolken, als ausgerechnet Finn durch den Türspalt linste.

»Shit, Finn! Wie siehst du denn aus?«, sprudelte es erschrocken aus ihm heraus. Zerknirscht schlüpfte sie zu ihm ins Zimmer.

»Sorry, dass ich einfach bei dir reinplatze ...« Sie schielte verlegen zu Alex hinüber.

»Himmel, bin ich froh, dass ich dich gefunden habe. Nachdem ich gefragt wurde, was gestern passiert ist, hatte ich keine Ahnung, was ich sagen sollte«, fügte sie mit brüchiger Stimme hinzu. Ihr Blick huschte verstohlen zu Ra hinüber, der tief und fest schlief.

»Ich habe mir Sorgen um dich gemacht. Wie geht's dir?«

»Halb so wild, ich darf heute schon nach Hause«, versuchte Alex sie zu beruhigen.

»Dich hat es dagegen ganz schön erwischt. Mit deinen blauen Flecken würdest du gut in eine Geisterbahn passen.« Er verzog seine Lippen zu einem schiefen Grinsen.

»Vielen Dank auch! Mach dich nur über mich lustig«, schmollte Finn. Sie spürte, wie ihr heiß wurde. Wieder spähte sie nervös zu dem anderen Jungen hinüber.

»Dein Zimmernachbar hat aber auch richtig was abgekriegt. Ich habe das Gefühl, ich kenne ihn irgendwoher.« Stirnrunzelnd rückte sie näher an Alex' Bett heran.

»Was ist denn mit ihm passiert?«

Alex rieb sich verlegen die Stirn.

»Ähm ... na ja ... Gehirnerschütterung, Prellungen und so«, stammelte er kleinlaut.

»Aha ...«

Finn erstarrte in der Bewegung. Auf ihrem Gesicht spiegelten sich für einen Moment Erschrecken und tiefe Abscheu wider, nachdem sie realisierte, woher sie den Jungen kannte. Alex hielt für einen Augenblick die Luft an. Ihm waren die Vorfälle nicht entgangen, die Ra und Finn wie die rostigen Ketten einer Fessel miteinander verbanden. Er hatte sich schon gewundert, dass sie ihn nicht sofort erkannt hatte. Ras lädiertes Gesicht und die vielen Bandagen hatten wohl ihren Teil dazu beigetragen.

»Scheiße. Ich ... ich muss weg!«

»Hey! Bleib hier! Siehst du nicht? Er ist voll im Arsch und total zerstört. Außerdem schläft er wie ein Baby«, wisperte Alex in gedämpfter Lautstärke und hielt sie am Saum ihres Sweaters zurück. »Wir müssen reden!«

»Und wenn er aufwacht?«, flüsterte Finn aufgewühlt.

»Dann kannst du immer noch davonlaufen.«

Seufzend gab sie sich geschlagen.

»Also gut. Kannst du mir sagen, was gestern passiert ist? Was war das? Du hast sie doch auch gesehen, diese ... Kreatur! Oder habe ich mir das Ganze nur eingebildet?« Sie blickte ihn erwartungsvoll an, als hoffte sie, dass er ihr alles erklären würde.

Alex massierte seine linke Schläfe.

»Genau dieselben Fragen habe ich mir gestern auch gestellt.« Er holte tief Luft, bevor er sie mit seinen eisblauen Blicken fixierte.

»Ich fürchte, das war keine Einbildung.«

»Verdammt!«, fluchte Finn leise. »Ich hatte mir so gewünscht, dass alles nur ein Alptraum war. Wenigstens weiß ich jetzt, dass ich nicht spinne.« Sie ließ abgespannt die restliche Luft aus ihren Lungen entweichen.

»Sag mal, hast du eine Ahnung, was das war? Ich hatte den

Eindruck, du bist diesem Vieh gestern nicht zum ersten Mal begegnet.«

Alex' Gesichtszüge verfinsterten sich.

»Sorry. Leider weiß ich genauso wenig wie du. Allerdings bin ich dem Monster tatsächlich nicht zum ersten Mal begegnet«, gab er zu. »Erinnerst du dich daran, dass ich sagte, ich hätte dich bewusstlos gefunden?«

Finn nickte angespannt.

»Das Ding muss dir schon auf dem Nachhauseweg aufgelauert haben. Ich kam zufällig von einem Freund und sah, wie du am Boden lagst. Die Kreatur war direkt über dir. Irgendwie konnte ich sie mit Hilfe meines Talismans verscheuchen. Danach habe ich dich so schnell wie möglich nach Hause gebracht und den Rest der Geschichte kennst du ja.«

Finn rieb sich mit starrem Blick die Schläfe.

»Warum hast du mir das nicht gestern schon gesagt?«

»Hey, du lagst verletzt und total neben der Spur auf der Couch. Du konntest dich an nichts erinnern ... Hätte ich dir in diesem Zustand etwa noch eine Monsterstory auftischen sollen?«, verteidigte sich Alex.

Finn sog lautstark die Luft ein.

»Na ja ... ist inzwischen auch egal. Was sage ich meinen Eltern und den Ärzten, wenn sie fragen, ob ich mich allmählich an den Vorfall erinnere? Bis jetzt habe ich behauptet, ich wüsste nicht, was passiert ist. Aber das kann nicht ewig so gehen. Was hast du denen denn erzählt? Meine Eltern wollten gar nicht erst mit der Wahrheit herausrücken. Arthur dagegen hat etwas von einem Überfall mit Einbrechern gefaselt.«

Alex fuhr sich nervös durch sein dunkelblondes Haar.

»Ich konnte der Polizei und den Sanitätern doch nichts von einem Monster erzählen, sonst hätten die bei mir einen irreparablen Gehirnschaden vermutet. Also dachte ich mir, irgendwas mit Einbrechern hört sich einigermaßen glaubhaft an und passt zu der Verwüstung in eurem Haus.«

43

Er schnappte nach Luft, bevor er gestand: »Na ja, vielleicht habe ich es ein bisschen übertrieben ...«

Finn verdrehte die Augen.

»Musste das sein? Du schaust zu viele Horrorfilme.« Kopfschüttelnd lehnte sie sich gegen den Schrank im Eingangsbereich und verzog die Lippen zu einem schiefen Lächeln.

»Sag mir genau, was du der Polizei und meinen Eltern erzählt hast, damit sich unsere Geschichten wenigstens im Ansatz decken.«

Alex merkte, wie ihm die Röte ins Gesicht stieg. Zögernd begann er zu berichten. Immer wieder unterbrach ihn Finn, um ihn über das eine oder andere Detail zu schelten, doch am Ende ertrug sie die Geschichte halbwegs mit Fassung.

»Na ja, das Ganze ist schon ziemlich an den Haaren herbeigezogen, aber ich hätte Schlimmeres erwartet«, gestand sie.

Danach entstand ein verlegenes Schweigen zwischen ihnen. Finn nestelte nervös am Saum ihres Pullis herum.

»Was ist?«, versuchte Alex sie zum Reden zu bringen.

Sie holte tief Luft.

»Hör zu, ich sag dir das nur ein einziges Mal. Bisher dachte ich, du bist ein arroganter Spinner, aber ... was du gestern für mich getan hast, war echt cool. Was ich eigentlich sagen will, ist-«

Das abrupte Aufreißen der Tür ließ beide aufschrecken und unterbrach Finn in ihrem hilflosen Gestammel.

»Finn! Hier steckst du also. Sofort zurück ins Bett!«, rief die diensthabende Schwester und stemmte die Hände in die Hüften. Ihr Verschwinden war nicht lange unbemerkt geblieben. Es sah Finn ähnlich, dass sie sich ohne eine Erlaubnis aus dem Staub gemacht hatte. Alex schaffte es nicht, ein Grinsen zu unterdrücken. Bevor sie niedergeschlagen das Weite suchte, zog sie überraschend eine herzförmige Schachtel aus ihrer Sweater-Tasche.

»Hier, ein kleines Dankeschön« murmelte sie mit hochroter Birne, bevor sie die Pralinen auf seinem Seitenschrank zurückließ und durch die Tür huschte. Verwirrt kratzte sich Alex am Kopf. Eine Bewegung im Nebenbett ließ ihn herumfahren.

»Na super! Ich rette ihr den Hintern, geh halb dabei drauf und du kassierst die Lorbeeren dafür. Herzlichen Glückwunsch! Alex der große, edle Held!«, knurrte Ra, und vergrub das Gesicht beleidigt unter seinem Unterarm.

»Du warst wach? Ich dachte, du würdest schlafen«, stammelte Alex und kaute auf seiner Unterlippe herum.

»Und was, wenn ich nur so getan habe?«, kam es schnippisch vom anderen Bett zurück.

»Was bist du denn jetzt so eingeschnappt? Bisher konntest du Finn auf den Tod nicht ausstehen. Ich kapier eh nicht, warum du gestern dein Leben für sie aufs Spiel gesetzt hast ... Bist du etwa neidisch auf die Süßigkeiten?«

Alex warf die Schachtel unverwandt zu Ra hinüber. Mit einem leisen Plumps landete die Packung auf seiner Bettdecke.

»Hier nimm, ich steh eh nicht so auf das Zeug.«

Sein Friedensangebot schien bei Ra jedoch das Gegenteil zu bewirken.

»Red nicht immer so eine gequirlte Scheiße, wenn du keine Ahnung davon hast, was bei mir los ist. Die Dinger kannst du behalten!«

»Tja, wie sollte ich auch wissen, wie es dir geht?«, konterte Alex zynisch, »Du warst einfach verschwunden - wochenlang! Keiner wusste, wo du so lange gesteckt hast. Und seit deinem mysteriösen Auftauchen bei diesem Angriff warst du auch nicht gerade gesprächig. Was hat deinen plötzlichen Sinneswandel ausgelöst, Finn zu helfen? Ich kann mich lebhaft daran erinnern, dass du ihr vor deinem rätselhaften Verschwinden aufgelauert und sie in den Schulteich geschubst hast ... Oder im April, als du Finns Schirm vor ihren Augen in Kleinteile zerlegt hast und sie durchnässt im Schneeregen nach Hause laufen musste ...!«

»Hör endlich auf damit!«, fauchte ihm Ra vom anderen Bett entgegen.

»Ach, wirklich? Mir fallen da noch eine ganze Menge solcher Geschichten ein. Zum Beispiel der Vorfall mit dem Sprühkleber, den du aus dem Werkunterricht geklaut hast.«

»Mann, halt einfach die Fresse! Ich will den Scheiß nicht hören!«

Ra hielt sich inzwischen mit verzerrter Miene die Ohren zu, doch Alex ließ nicht locker.

»Wieso nicht? Sieh den Tatsachen ins Gesicht! Du hast sie bei jeder sich bietenden Gelegenheit gedemütigt.«

»Dass ausgerechnet du mich verurteilst! Du, der sich immer nur mit seinen Kumpels über meine Streiche amüsiert hat. Wenn du mich fragst, bist du keinen Deut besser!« Ras Finger krallten sich in die weiße Bettwäsche. Alex' Konter ließ nicht lange auf sich warten.

»Ich habe dir immer gesagt, du sollst es nicht übertreiben! DU wolltest ja nie hören. Kein Wunder, wenn sie dich bald von der Schule schmeißen!«

»Sagt wer? Unser verwöhnter Schönling, der holde Klassenprinz, Alex McGood, dessen Eltern vor Geld nur so stinken?!«

»Das nimmst du zurück, du verdammter Loser!«

Inzwischen hatte sich ihre anfängliche Diskussion zu einer handfesten Auseinandersetzung hochgeschaukelt. Ihr Geschrei war laut genug, um eine der Schwestern zu alarmieren.

»Hey, Jungs, was ist hier los?«

»Der Penner beschimpft mich-«

»Ja! Weil der Arsch nicht aufhört, Scheiße zu labern!«

»Beruhigt euch! Die zwei Stunden, bis Alex abgeholt wird, werdet ihr es wohl noch gemeinsam aushalten, oder? Kann ich mich darauf verlassen, dass ihr euch nicht die Köpfe einschlagt, wenn ich gehe?« Die Schwester schielte gehetzt in den Gang hinaus. Sie schien unter Zeitdruck zu stehen. Nach einer kurzen Schweigepause nickten beide Jungen verkrampft, bevor sie sich demonstrativ voneinander abwandten.

»Okay, ich lass die Tür angelehnt. Wenn ich wieder so einen Ausbruch von euch höre, könnt ihr was erleben!« Hastig eilte sie davon. Alex juckte es immer noch in den Fingern, aber er hatte keine Lust, sich so kurz vor seiner Entlassung weiteren Ärger einzuhandeln. Wütend stopfte er sich seine AirPods in die Ohren und drehte die

Musik auf volle Lautstärke, während Ra sich in seine Decken einrollte.

Es dämmerte, als Rakin aus seinem Kokon aus Decken blinzelte. Ein Blick zum leeren Bett nebenan genügte, um seine Laune noch tiefer in den Keller sinken zu lassen. Alex war inzwischen schon zu Hause. Seine Eltern hatten ihn vor einer halben Stunde abgeholt, nachdem er vom Chefarzt persönlich entlassen worden war. Ra hatte vorgetäuscht zu schlafen, um ihm aus dem Weg zu gehen. Er war immer noch sauer. Vielleicht, weil Alex mit jedem seiner beschissenen Vorwürfe Recht hatte. Doch diese Einsicht kam zu spät. Ganz klasse! Mittlerweile hatte er es sogar fertiggebracht, seinen einzigen Freund zu vergraulen! Rakins Blick fiel auf Finns Pralinenschachtel, die inzwischen auf seinem Seitenschrank lagerte. Die verdammte Schokolade hätte Alex ruhig behalten können! Ra war der letzte Mensch, der in irgendeiner Form Dankbarkeit von ihr verdiente. Nicht nach allem, was er ihr angetan hatte. Resigniert wälzte er sich auf die Seite. Die Erinnerungen stachen wie ein Schwarm wilder Bienen auf ihn ein.

»Shit!«

Er setze sich auf und rieb sich abgespannt übers Gesicht. Ausgerechnet jetzt, wo er so dringend jemanden zum Reden brauchte, war niemand für ihn da. Ra holte tief Luft und ließ sich rücklings ins Kissen zurückfallen. Er beneidete seinen Freund in jeder erdenklichen Hinsicht. Alex war einfach alles, was Ra nicht war. Frustriert strich er sich eine seiner dunkelbraunen Haarsträhnen aus der Stirn und starrte in die Dämmerung hinaus. Rakin hatte sich oft gewundert, warum sich ein Junge aus gutem Hause überhaupt mit jemandem wie ihm abgab. Unterm Strich besaß Ra nicht einmal eine intakte Familie. Vor etwa einem Monat war er nach einem heftigen Streit Hals über Kopf von zuhause weggelaufen, in dem traurigen Wissen, dass er nirgendwo richtig hingehörte. Nach tagelangem, ziellosem Umherirren hatte er sich entkräftet unter einer Brücke zusammengerollt. Dort war er ihr begegnet, der einzigen Person, die ihn ohne zu zögern bei sich aufgenommen hatte ... Seine Hand tastete nach dem braunen Lederband in seiner Sweatshirt-Tasche.

Seufzend ließ Rakin sich zurück in sein Kissen fallen und vergrub das Gesicht missmutig unter den Armen.

SCHATTEN DER VERGANGENHEIT

Die Tage vergingen schleppend im Krankenhaus. Finn war inzwischen seit über einer Woche hier. Sie betrachtete das malerische Bergpanorama, das sich südlich der Klinik am Horizont entlang zog und nahm einen tiefen Atemzug der milden Frühjahrsluft, die durch das geöffnete Fenster ins Zimmer strömte. Ihre Gedanken wanderten zu ihren Eltern, die sie täglich besuchten. Die beiden verwöhnten sie nach Strich und Faden, seitdem Finn ihr vermeintlich verlorenes Gedächtnis zurückerlangt hatte. Allmählich wurde es Zeit, dass sie zurück nach Hause kam. Ihre Prellungen waren schon deutlich abgeheilt. Selbst die wilden blauen Flecken verblassten jeden Tag etwas mehr. »Trotzdem immer noch halbwegs zombietauglich«, hätte Alex sicher gesagt. Finn konnte sich ein Grinsen bei dem Gedanken daran nicht verkneifen und ertappte sich dabei, wie sie ihn sich vor ihrem inneren Auge vorstellte. Bisher hatte sie nicht viel mit ihm zu tun gehabt, obwohl sie zusammen das hiesige Gymnasium besuchten und in dieselbe Klasse gingen. Hin und wieder war sie ihm bei Arthur begegnet, von dem sie Einzelunterricht in Jiu-Jitsu erhielt. Doch mehr als ein paar flüchtige Worte hatten sie bisher kaum miteinander geredet. Gedankenverloren kaute sie an den Nägeln. Am Abend des Angriffs hatte sie eine völlig neue Seite an ihm kennen gelernt. Finn hätte nie im Traum daran gedacht, dass er sein Leben für sie riskieren würde! Ihr wurde heiß. Konnte es vielleicht sein, dass ...? Sofort verscheuchte sie den Gedanken und versuchte, den Tatsachen ins Auge zu blicken: Ein Mädchen wie sie hatte sicher keine Chance bei ihm. Seufzend rollte sich Finn auf die Seite und blickte zum Fenster hinaus. Unvermittelt musste sie an den anderen Jungen in Alex´s Zimmer denken. Sie bekam eine Gänsehaut und zog die Knie zur Brust. Was, wenn er herausfand, dass sie gleich nebenan untergebracht war? Finn schloss die Augen. Sie konnte nicht vermeiden, dass all die schmerzhaften Erinnerungen wieder hochkamen. Mit Matsch gefüllte Schuhe, tote Frösche in ihrer Sporttasche, geklaute Pausenbrote ...

Finn vergrub den Kopf in ihrem Kissen, um die dunklen Geister dieser Erinnerungen zu vertreiben. Es gelang ihr nicht. Ihr Schulalltag war nach dem Wechsel in die neue Klasse trüb und grau geworden, doch sie war nie das Ziel von gemeinen Streichen gewesen. Das änderte sich allerdings schlagartig, nachdem sie vor etwa einem halben Jahr Ra begegnete. Er war mitten im Schuljahr auf ihre Schule gewechselt und besuchte die Parallelklasse. Seitdem war der Unterricht für Finn zur Hölle geworden. Seufzend fuhr sie sich durch ihr kurzes, kastanienbraunes Haar, das ihr vor seinem Streich mit dem Sprühkleber bis über die Schulterblätter gereicht hatte. Ihre neue Frisur war nicht etwa ein stylischer Pixi-Bob, sondern der simple Versuch, alle Klebstoffreste zu entfernen. Das hatte zu einem radikalen Ein-Zentimeter-Schnitt geführt. Ein Glück, dass ihre Haare schnell nachwuchsen. Ra war auf negative Art relativ berühmt an ihrer Schule. Neben allerlei Verstößen gegen die Schulordnung und oftmaligem Schwänzen war er ebenso dafür bekannt, keine Prügelei auszulassen. Dabei wirkte er auf den ersten Blick gar nicht so wehrhaft. Seine hagere Erscheinung glich er jedoch durch eine extra Portion Verwegenheit und sein wildes Temperament aus. Finn hatte ihn schon seit einigen Wochen nicht mehr im Unterricht gesehen, was ihr den Schulalltag deutlich erträglicher machte. War er inzwischen von der Schule geschmissen worden? Schwänzte er? Oder hatte er sich womöglich mit jemandem angelegt, der eine Nummer zu groß für ihn gewesen war? Zumindest würde diese Erklärung zu seinen gravierenden Verletzungen passen. Vor einiger Zeit hatte sie ihn zusammen mit Alex auf dem Nachhauseweg von der Schule gesehen. Finn konnte sich nicht vorstellen, dass sie Freunde waren. Alex hing nur mit den angesagtesten Jungs seiner Klasse ab. Ra dagegen rangierte auf dem untersten Level der Beliebtheitsskala und passte mit seinen abgetragenen Klamotten nicht ins Bild. Allerdings wagte kaum jemand, sich direkt mit ihm anzulegen. Die Mehrheit seiner Mitschüler begnügte sich damit, ihn zu meiden und hinter seinem Rücken über Rakin zu lästern. Ob Alex ihn tatsächlich näher kannte? Bestimmt waren sie nur zufällig gemeinsam unterwegs gewesen. Wenn sie Glück hatte, bot sich in der Schule eine Gelegenheit, Alex unauffällig danach zu fragen. *Falls er dann immer noch mit mir reden will*, korrigierte sie sich in Gedanken. Hatte sich seit dem Angriff der Kreatur wirklich etwas zwischen ihnen verändert oder würde Alex sie wieder ignorieren wie bisher? Dieses bohrende Gefühl der Unsicherheit trieb Finn beinahe in den Wahnsinn. Er war der Einzige, mit dem sie über den mysteriösen Vorfall reden konnte. Mit jedem Tag, den ihre Entlassung aus dem Krankenhaus näher rückte, steigerten sich ihre Albträume. Sie hatte fürchterliche Angst, dass die Kreatur zurückkehrte, sobald sie wieder zu Hause war. Schon bei dem Gedanken daran, begann sie unkontrolliert zu zittern und ihre Nackenhaare stellten sich auf. Mit einem tiefen Atemzug versuchte sie sich zu beruhigen. *Alles wird gut werden*, sagte sie sich immer wieder und döste dabei in der warmen Nachmittagssonne weg, die ihr aufs Gesicht schien. Das Geräusch der zufallenden Tür schreckte sie auf. Aus ihren verschlafenen Augen erkannte sie einen Besucher neben ihrem Bett.

»Hey, Sonnenschein. Habe ich dich etwa geweckt? Wie geht's dir?«

»Hi Arthur.« Sie gähnte und streckte sich.

»Mir geht´s schon viel besser. Die Prellungen sind fast weg.«

»Freut mich, das zu hören. Sieht ganz danach aus, als dürftest du bald hier raus.«

Finn nickte und wusste nicht, ob sie sich darüber freuen sollte. Ihr erster Gedanke galt der mysteriösen Kreatur. Würde sie erneut angreifen, sobald sie wieder zu Hause war?

Arthur schien zu ahnen, was in ihr vorging.

»Hör mal, Finn ... Es gibt da etwas, über das ich mit dir reden muss. Du hast zwar die Version mit den Einbrechern bestätigt, aber ich weiß von Rakin und Alex, was an diesem Abend tatsächlich passiert ist.«

»Von Alex UND Rakin?«

Sie stutzte. Hatte sie sich etwa verhört?

»Du brauchst dir keine Sorgen machen, ich halte euch deswegen keineswegs für verrückt, ehrlich!«, entgegnete Arthur mit aufmunterndem Lächeln.

»Heißt das etwa, dein Sohn war auch in den Vorfall verwickelt?«, platzte es fassungslos aus Finn heraus. Ihr Gegenüber nickte verwirrt.

»Ja, ich meine ... wusstest du das denn nicht?«

Finn starrte ihn für einen Moment an, als hätte sie einen Geist gesehen, bevor sie verdattert den Kopf schüttelte. Auf einmal ergab alles einen Sinn! Alex' plötzlich so anders klingende Stimme während des Angriffs und sein untypisches Verhalten ... Eine Frage hallte wie ein immerwährendes Echo durch ihren ansonsten wie leer gefegten Schädel: Warum hatte Rakin ihr geholfen? Ausgerechnet er, der doch sonst jede sich bietende Gelegenheit nutzte, um ihr zu schaden. Je länger sie darüber nachdachte, desto mehr Fragen tauchten auf.

»Sei bitte ehrlich, Arthur. Was genau haben die Jungs dir erzählt? Wie zur Hölle ist Rakin ins Haus gekommen und woher wusste er überhaupt, dass wir in Schwierigkeiten stecken?«

Arthur zuckte nervös mit den Schultern.

»Keine Ahnung, das habe ich die beiden ehrlich gesagt nicht gefragt. Vermutlich hat Alex ihn reingelassen.«

Finn kaute nervös auf der Unterlippe und legte die Stirn in Falten, bevor sie leise fluchte.

»Verdammter Mist!«

»Tut mir leid, dass ich keine große Hilfe bin. Vielleicht wäre es besser, wenn du Rakin oder Alex direkt fragst.«

Arthur klang zerknirscht. Enttäuscht nickte Finn, bevor sie eine weitere Frage loswerden musste:

»Du glaubst uns echt diese haarsträubende Monstergeschichte, ohne uns für vollkommen bescheuert zu halten?«

Ihr Gegenüber nickte.

»Hör zu Finn, es mag sich vielleicht verrückt für dich anhören, aber ich kenne diese Kreatur, die ihr gesehen habt. Das, was euch in dieser Nacht begegnet ist, war ein Seelenfresser. Diese Wesen rauben im Schutz der Dunkelheit die Seelen von Menschen, um zu wachsen und stärker zu werden. Leider darf ich dir aus Geheimhaltungsgründen nicht mehr darüber erzählen. Ich bitte dich inständig, diese Informationen unter allen Umständen geheim zu halten, auch in deinem eigenen Interesse.«

Finn taxierte ihn mit einer Mischung aus Ungläubigkeit und Entsetzen.

»Du weißt etwas über dieses Vieh?«, stammelte sie fassungslos. »Wieso hast du mir noch nie davon erzählt?«

Arthur zupfte unschlüssig an seinem Bart herum.

»Vermutlich aus demselben Grund, aus dem ihr drei es auch keinem gesagt habt. Niemand hätte mir geglaubt.«

»Dann kannst du dir ja vorstellen, wie ich mich in den letzten Tagen gefühlt habe«, unterbrach ihn Finn mit gerunzelten Augenbrauen.

»Eine Zeit lang habe ich mir tatsächlich eingeredet, ich hätte mir das alles nur eingebildet.«

»Ich weiß, dass es ein Schock für dich sein muss. Deshalb dachte ich, dass es dir vielleicht guttut, wenn du jemanden zum Reden hast, der dir Glauben schenkt«, versuchte er sie zu beruhigen.

Finn schwieg und fixierte mit wässrigen Augen ihre Bettdecke. Entsetzt beobachtete Arthur, wie sie am ganzen Körper zu zittern begann.

»Hey, alles ist gut.« Er trat näher an das Bett heran und setzte sich zu ihr.

»Was glaubst du? Wird es zurückkommen?« Finn umklammerte fröstelnd ihre Brust.

Arthur nahm sie schützend in die Arme und drückte sie an sich.

»Du meinst den Seelenfresser?«

Sie nickte.

»Mach dir keine Sorgen, ich werde alles dafür tun, dass das nie wieder passiert«, schwor er.

»Und wie willst du das anstellen?«. Sie kämpfte mit den Tränen.

»Ich habe solche Angst!«

Arthur seufzte tief und schien angestrengt nachzudenken, wie weit er mit der Wahrheit gehen durfte. In Anbetracht ihres Zustandes schlug er jedoch alle Vorsicht in den Wind.

»Hör zu, du musst mir versprechen, dass du absolutes Stillschweigen über das bewahrst, was ich dir jetzt sage.«

Finn nickte verdattert.

»Es gibt eine verborgene Organisation, deren Mitglieder sich um die Beseitigung dieser Monster kümmern. Ich habe einige Beziehungen. Vielleicht kann ich jemanden zu deinem Schutz organisieren.«

»Im Ernst?«

»Meinst du etwa, ich lüge dich an?«

»Hört sich an wie Alex' übertriebene Einbrechergeschichte«, gestand Finn und wischte sich mit dem Ärmel über die Augen.

»Woher kennst du diese Leute?«

Arthur zögerte. Ein Schatten huschte über seine Züge, bevor er ihr nach langem Zögern antwortete.

»Tut mir leid, mehr kann ich nicht sagen, wenn ich dich nicht in ernsthafte Schwierigkeiten bringen will. Aber ich habe etwas mitgebracht, das du ganz gut gebrauchen kannst, falls das Monster erneut angreift.«

Er reichte ihr ein Päckchen, das er aus seiner Jackentasche zog. Misstrauisch begutachtete sie das schlampig in rosa Geschenkpapier verpackte Ding.

»Na los, pack es schon aus«, ermunterte Arthur sie. Finns Augen weiteten sich vor Überraschung, als der Inhalt auf ihre Handfläche kullerte.

»Was ist das?«

»Das ist ein Silberopal. Verlier ihn nicht, so ein Teil ist schwer zu bekommen«, erklärte Arthur und erzählte ihr alles, was er zuvor bereits den beiden Jungen darüber verraten hatte.

»Und du meinst echt, das Ding hilft gegen diese Monster?«

»Du könntest mir zur Abwechslung auch mal vertrauen«, entgegnete Arthur leicht gekränkt.

»Denkst du etwa, ich inszeniere das Ganze hier nur, damit du keine Angst mehr hast?«

Seit langem zuckte erstmals wieder ein amüsiertes Grinsen über Finns Mundwinkel.

»Sei ehrlich, das wäre nicht das erste Mal, oder?«

Arthur verschränkte mit gespielter Beleidigung die Arme vor seiner Brust und legte den Kopf schief. Kichernd stupste Finn ihn in die Flanke.

»Komm schon, hör auf zu schmollen. Das Teil wird mich also beschützen, sagst du?«

»Ja, aber du solltest trotzdem vorsichtig sein. Sobald es dämmert, gehst du ins Haus und verriegelst alles, verstanden? Und versuch niemals, allein daheim zu sein, wenn es dunkel wird«, befahl Arthur.

»So schlau wäre ich auch selbst gewesen«, entgegnete Finn augenzwinkernd.

»Trotzdem ... danke, dass du mir die Wahrheit gesagt hast ... und für dieses Silber-Dings hier. Ich fühle mich inzwischen nicht mehr ganz so hilflos.«

Sie bekam seine Taille zu fassen und umarmte ihn stürmisch.

»Hey, ist schon gut! Du weißt doch, dass ich für dich mein letztes Hemd hergeben würde«, scherzte er und machte sich von ihr los, nachdem es an der Tür klopfte.

»Hallo Finn, Schätzchen! Wie geht's dir? Oh, hallo Arthur.«

Finns Eltern fielen wie üblich mit der Tür ins Haus und begrüßten ihre Tochter mit überschwänglichen Umarmungen.

»Hey, ihr beiden! Nicht so doll!«, beschwerte sich Finn, bevor Ed und Loreen von ihr abließen und Arthur in eine Unterhaltung verwickelten.

»Das ist ja eine Überraschung, dich hier zu treffen. Bist du schon länger da?«

»Ja, ich gehe Finn bereits seit einer halben Stunde auf die Nerven«, scherzte Arthur. »Eigentlich wollte ich gerade verschwinden.«

»Ah, verstehe, du bist bestimmt auch wegen deinem Jungen hier. Wie geht es ihm?«, fragte ihre Mutter besorgt.

Arthur setzte ein optimistisches Lächeln auf.

»Er ist schon wieder auf dem Weg der Besserung und frech wie eh und je. Aber so ist er nun mal. Ich will euch nicht länger stören. Wir laufen uns sicher noch öfter über den Weg.«

»Du störst doch nicht«, versuchte Finn ihn aufzuhalten, aber er ließ sich nicht beirren.

»Lass gut sein. Ich schau die Tage mal wieder bei dir vorbei. Gute Besserung und pass auf dich auf!«

»Danke, bis bald.«

»Mach´s gut«, riefen Finns Eltern ihm hinterher, bevor Arthur zügig das Zimmer verließ.

»Der hatte es aber eilig.«, bemerkte ihr Vater nachdenklich.

»Na ja, kein Wunder«, erklärte Loreen.

»So war er doch schon immer, wenn das Gesprächsthema auf seinen Jungen fiel.«

»Stimmt«, pflichtete Ed ihr bei.

Neugierig mischte sich Finn in das Gespräch ein.

»Wieso das denn?«

Ihr Vater kratzte sich nachdenklich am Kinn, bevor er antwortete.

»Sein Sohn ist adoptiert. Die beiden hatten von jeher ein angespanntes Verhältnis. Jedenfalls ist das angeblich einer der Gründe, warum der Junge seit Beginn seiner Schulzeit ein Internat besucht hat.«

Ihre Mutter zuckte mit den Schultern.

»Die ganze Sache ist ein wenig seltsam. Arthur weicht immer aus, wenn das Gesprächsthema auf Rakin fällt. Er müsste etwa in deinem Alter sein. Vor einem halben Jahr hat Arthur ihn aus dem Internat genommen. Warum, wollte er uns nicht so recht sagen. Er hat aber angedeutet, dass der Junge wohl irgendwas ausgefressen hat. Soweit ich weiß, geht er inzwischen auf dieselbe Schule wie du. Seid ihr euch denn noch nie über den Weg gelaufen?«

Finn stutzte.

»Nein, gar nicht!«

Ihr Vater zog breit grinsend die Augenbrauen nach oben.

»Warum fragst du Arthur nicht beim nächsten Training, ob er ihn dir mal vorstellt?«, scherzte er.

»Nein danke, kein Bedarf. Der Spinner kann mir so was von gestohlen bleiben!«

»Aha ... du kennst ihn wohl doch schon ein bisschen. Wie ist er denn so?«, bohrte Ed nach. Finn seufzte erschöpft.

»Wenn du es ganz genau wissen willst: Er ist der größte Idiot, den ich je gesehen habe! Reicht das für den Anfang?«

Ihr Vater kicherte.

»Oha! Da bin ich wohl auf eine Mine getreten. Aber wie heißt es ja immer so schön? Was sich liebt, das neckt sich. Bist du sicher, dass du ihn nicht vielleicht doch magst?«, zog er sie weiter auf.

»Im Leben nicht!«

»He, genug jetzt, ihr zwei«, mischte sich ihre Mutter ein. »Hast du schon die guten Neuigkeiten gehört, Finn?«

»Welche Neuigkeiten?«

»Wir haben auf dem Gang deine Stationsärztin getroffen. Sie lässt dir ausrichten, dass du morgen Nachmittag endlich nach Hause darfst.«

»Echt? Das ist ja ... klasse«, heuchelte Finn halbherzig. Ein Bild des hässlichen Seelenfressers blitzte in ihren Gedanken auf. Sie schauderte. Das Einzige, auf das sie sich freute, war das Wiedersehen mit ihrem Hund.

»Wie geht es Diego? Vermisst er mich?«, fragte Finn prompt in die Runde. Doch anstatt zu antworten, warfen sich ihre Eltern gegenseitig schuldbewusste Blicke zu.

»Was?«, fragte sie beunruhigt.

»Na ja …«, druckste ihre Mutter herum.

»Eigentlich haben wir gehofft, dass er bis zu deiner Entlassung wieder zurückkommt, aber …« Sie brach mit einem Seufzer ab.

»Fakt ist, seit dem Abend, an dem du ins Krankenhaus eingeliefert wurdest, ist er wie vom Erdboden verschwunden«, brachte ihr Vater die traurige Tatsache auf den Punkt. Finn schnappte fassungslos nach Luft.

»Warum habt ihr mir das nicht früher gesagt?« Ihre Stimme bebte.

»Habt ihr ihn überhaupt gesucht?«

Loreen rieb sich verlegen am Hals.

»Uns war klar, dass du dich unheimlich darüber aufregen würdest. Weil du wegen deiner Gehirnerschütterung dringend Ruhe brauchtest, dachten wir, es wäre das Beste, wenn du es erst später erfährst. Und wie gesagt, hatten wir die Hoffnung, dass er bis zu deiner Entlassung wieder zurück ist.«

Ed stemmte die Hände in die Hüften.

»Man kann uns wirklich nicht vorwerfen, dass wir nichts unternommen hätten. Deine Mutter und ich haben die ganze Stadt nach ihm abgesucht und überall Flugblätter aufgehängt. Das Tierheim haben wir auch verständigt, aber bisher hat sich noch keiner gemeldet. Vielleicht ist er zu seinem früheren Besitzer zurückgekehrt.«

»Das glaube ich nicht!«, platzte es trotzig aus Finn heraus. Erste Tränen bahnten sich einen Weg über ihre Wangen hinab. »Was ist, wenn ihm etwas passiert ist?«, schluchzte sie und vergrub ihr Gesicht in den Händen.

»Sei nicht traurig, wir werden ihn schon finden, versprochen.« Loreen redete beschwichtigend auf sie ein, während ihr Vater ein Stoßgebet gen Himmel richtete.

»Da haben wir den Salat! Ich hab ja geahnt, dass das so läuft.«

Arthur holte sich noch einen Becher Cappuccino am Automaten des Krankenhauses, bevor er Ra einen Besuch abstatten wollte. Plötzlich klingelte sein Mobiltelefon. Aufgeregt nahm er den Anruf entgegen, als er die Nummer auf dem Display erkannte.

»Hallo Serafin! ... Danke, gut und dir? ... Freut mich zu hören ... Wirklich? Das ist großartig! ... Du wirst eine enorme Hilfe sein ... ja ... ja, verstanden ... Ich werde mich heute Abend noch mal mit dir in Verbindung setzen ... Gut, bis später!«

Arthur legte auf und machte sich beschwingt auf den Weg zu Ra's Zimmer. Auf dem Rückweg kam er an Finns Zimmertür vorbei. Schon aus einiger Entfernung konnte man hören, dass der Haussegen schief hing. Was da wohl los war? Er wagte jedoch nicht zu klopfen. Mit Genugtuung stellte er fest, dass er nicht der Einzige war, der Probleme mit seinem Sprössling hatte. Da er nicht weiter lauschen wollte, ließ er Finns Zimmertür hinter sich und erreichte Ras Quartier. Sein Junge döste friedlich vor sich hin. Erst nachdem Arthur sich durch dezentes Räuspern bemerkbar machte, erwachte er aus seinem Dämmerschlaf.

»Wie lang bist du schon hier?«, fragte Ra verschlafen.

»Seit einem Augenblick«, entgegnete Arthur und zog sich einen Stuhl ans Bett.

»Wie fühlst du dich?«

»Schon viel besser. Nur ein paar tiefere Schrammen machen noch Ärger. Warst du mal wieder bei Finn? Wie läuft´s bei ihr?«

Arthur lehnte sich in seinem Stuhl zurück und fuhr sich durch sein silbergraues Haar.

»Ihr Zustand ist gut. Wahrscheinlich darf sie morgen schon nach Hause. Allerdings wird es noch ein paar Tage dauern, bis sie wieder zur Schule kann. Man sieht ihr an, was sie durchmachen musste.«

Ra seufzte niedergeschlagen.

»Was ist? Bist du deprimiert, dass du als Einziger noch nicht hier raus darfst?«, fragte Arthur.

Sein Sohn nickte und zupfte rastlos am Band seines Hoodies herum.

»Finn muss sicher große Angst davor haben, dass dieses Monster zurückkommt.«

Arthurs Augenbrauen zuckten vielsagend nach oben.

»Aha! Ich glaube, ich verstehe langsam …«

»Spar dir deine dämlichen Mutmaßungen. Ich finde nur, dass es unverantwortlich ist, sie nach Hause zurückzuschicken, solang dieser Seelenfresser jederzeit wieder angreifen könnte. Ihre Eltern haben keine Ahnung, in welcher Gefahr sie schwebt!«

Arthur verschränkte steif die Arme vor der Brust.

»Und was soll ich deiner Meinung nach dagegen unternehmen? Ich kann die Ärzte wohl kaum dazu überreden, sie auf unbefristete Zeit im Krankenhaus einzusperren. Und falls du darauf hinaus willst, dass du schleunigst hier raus musst, um weiter in fremden Angelegenheiten herumzuschnüffeln, muss ich dich leider enttäuschen. Das übernimmt bald jemand anderes, dein kleines Abenteuer ging jetzt lange genug.«

Arthur brach ab und schüttelte den Kopf, als wäre es ihm unbegreiflich.

»Du bist ein Ferkel, Junge! Du weißt, was ich meine?«

Ra entgegnete nur trocken: »Ja, Paps, das Kind von einem Schwein.«

»Du frecher Rotzlöffel!«, platzte es ungehalten aus Arthur heraus. Die Schlagfertigkeit seines missratenen Sprösslings verblüffte ihn immer wieder.

»Wenn du nicht bald zur Vernunft kommst, werde ich andere Saiten aufziehen! Ich bin mal gespannt, was Finn und Alex dazu sagen, sollten sie die ganze Wahrheit über dich und den Angriff erfahren.«

»Ich warne dich!«, knurrte Ra.

Arthur grinste gerissen.

»Gut, dann sind wir uns ja einig, dass du ab sofort ohne

Zwischenfälle bei mir wohnen und wieder regelmäßig zur Schule gehen wirst.«

»Und was, wenn ich mich weigere?«

»Rakin, verdammt! Sei nicht immer so entsetzlich stur!« Arthur benutzte den vollen Namen des Jungen ausschließlich, wenn er wütend auf ihn war.

»Ab morgen wird dein alter Freund Serafin bei Einbruch der Dämmerung Wache halten. Er ist verdammt noch mal neben Luin Alba einer der besten Seelenfresser-Assassinen, die ich kenne. Es wird nicht einfach für ihn, wegen der doppelten Arbeitsbelastung, aber er meinte, er bekommt das vorübergehend hin. Damit sollten deine Bedenken vorerst vom Tisch sein.«

Rakin waren inzwischen die Argumente ausgegangen. Er verschränkte die Arme vor der Brust und durchbohrte seinen Vater mit frostigen Blicken.

»Denk nur nicht, du hast gewonnen.«

»Sag mal, was muss ich eigentlich noch tun, damit du es endlich kapierst? Du hast keine Ahnung, was hier los ist, sollte dein kleines Geheimnis ans Licht kommen. Es geht hier nicht nur um dich! Ich gehe jetzt, bevor ich mich vergesse. Mit dir muss man sich wirklich nur ärgern.«

Wutschnaubend stapfte Arthur zur Tür hinaus, ohne sich noch einmal umzudrehen.

Der Barkeeper der *Schwarzen Traube* blickte kurz auf, als sich ein Mann fortgeschrittenen Alters zu dieser Zeit in die nur spärlich frequentierte Spelunke verirrte. Seine äußere Erscheinung wirkte unauffällig, beinahe alltäglich. Nur seine Blicke, die innerhalb von Sekunden das gesamte Etablissement analysierten, verrieten, dass er nicht zur typischen Kundschaft gehörte. Leichtfüßig schlenderte er zur Bar und ließ sich dort auf einem der Barhocker nieder. Mit einer fließenden Bewegung strich er sich sein leicht ergrautes, braunes

Haar aus der Stirn, bevor er einen flüchtigen Blick auf seine Uhr riskierte.

»Was darf's sein, der Herr?«, brummte der Barkeeper monoton, während er noch damit beschäftigt war, ein paar Gläser zu polieren.

»Einen Wodka Lemon auf Eis, bitte.«

»Kommt sofort.«

Lieblos zog der Barmann ein vergilbtes Glas aus einem der Regale und begann das Getränk zu mischen. In der Zwischenzeit betrat ein anderer Mann den in die Jahre gekommenen Schuppen und steuerte zielstrebig auf den Tresen zu. »Hallo Egon, du bist wie immer überpünktlich.«

»Und du wie immer zu spät, Arthur«, begrüßten sich die beiden herzhaft lachend.

»Setz dich. Wie läuft's bei dir? Bitte verzeih meine Unhöflichkeit, aber du siehst etwas mitgenommen aus.«

Arthur seufzte.

»Na ja ... Es ist wieder mal das alte, leidige Thema ...«

Er brach ab, als der Bartender seinem Freund das bestellte Getränk servierte.

»Bitte sehr, ein Wodka Lemon. Was darf's für Sie sein?«

»Für mich einen Scotch. Ich brauch das heute.«

»Jawohl Sir, kommt sofort.«

Geschäftig machte sich der Barkeeper an die Arbeit.

Egon stützte seinen Ellbogen nachdenklich auf den Tresen, bevor er spöttisch die Lippen verzog.

»Okay, Arthur, um welches deiner vielen alten Themen geht es heute?«

»Ja-ja, mach dich nur über mich lustig. Schließlich hast du niemanden, um den du dich kümmern musst.«

»Spiel hier nicht die beleidigte Leberwurst. In meinem Job kann ich mir persönliche Beziehungen einfach nicht leisten. Zumindest habe ich inzwischen eine Idee, auf was dieses Gespräch hinauslaufen wird.«

»Ihr Scotch, zum Wohl!«

Mit einer schwungvollen Bewegung ließ der Barkeeper das mit honigbrauner Flüssigkeit und Eis gefüllte Glas über die Theke gleiten. Es kam fast genau vor Arthur zum Stehen, der gierig danach griff und sich einen Schluck genehmigte. Er ächzte, als er das Glas absetzte.

»Ein guter Scotch! Rinnt den Hals runter wie Butter ... Aber jetzt erzähl mal, wie läuft es bei dir? Kriegst du noch anspruchsvolle Missionen oder wurdest du inzwischen schon zum alten Eisen in den Innendienst versetzt?«

Egon lachte glucksend.

»Ich und Innendienst? Da können sie mich ja gleich in Rente schicken! So was ist auf Dauer nichts für mich. Ich brauche das Adrenalin und den Nervenkitzel, wie andere jeden Morgen ihren Kaffee. Aber ich bin auch schon etwas kürzergetreten. Inzwischen liegt meine Zuständigkeit großteils in der Ausbildung der Neuzugänge. Von einem alten Hasen wie mir können sie auf Übungsmissionen viel lernen.«

»Freut mich für dich.«

Arthur klopfte seinem Freund zustimmend auf die Schulter.

»Schön, dass es dir gut geht, altes Haus.«

Egon nahm noch einen Schluck und runzelte die Stirn.

»Soweit so gut die Neuigkeiten von mir. Was liegt dir auf der Seele? Ist es wieder wegen des Jungen?«

Arthur stützte sich mit dem Ellbogen auf dem Tresen ab. Sein Gesicht wirkte abgespannt, als er nickte.

»Immer wenn ich ihn ansehe, erinnere ich mich an die brennenden Hütten und schreienden Menschen vor mir. All das Blut und der Gestank des Todes, an meinen Händen ...«

Sein Freund zog neben ihm demonstrativ die Augenbrauen nach oben.

»Auch auf die Gefahr hin, dass ich mich wiederhole, aber ich habe dich damals schon gewarnt. Du hättest ihn niemals aufnehmen dürfen! Mir war sofort klar, dass du dir dein Leben lang Vorwürfe machen würdest, solange er dich an diesen Albtraum erinnert. Und nun sieh dich an! Nach all den Jahren hast du noch immer nicht mit der Sache abgeschlossen. Ich frage mich wirklich, warum du dir das angetan hast. Ist das deine persönliche Art der Selbstbestrafung?«

»Vielleicht ...«, flüsterte Arthur heiser, bevor er sein Glas hob.

»Cheers!«

»Cheers, Bruder!«

Sie leerten beide ihre Gläser in einem Zug und schwiegen einen Moment.

»Ich dachte, vielleicht könnte ich einen Teil meiner Taten wiedergutmachen, wenn ich ihn rette ... möglicherweise war es auch nur aus einer sentimentalen Laune heraus. Aber inzwischen weiß ich, dass sich meine Schuldgefühle dadurch nicht einfach in Luft auflösen. Im Gegenteil. Wenn ich ihn ansehe, werde ich an meine Schuld erinnert. Es spiegelt sich in seinen Augen ...«

Arthur knallte das Glas so hart auf den Tresen, dass es beinahe zerbarst.

Sein Freund musterte ihn nachdenklich von der Seite.

»Und darum kannst du nichts für ihn empfinden, außer Distanz und Kälte, wenn du ehrlich bist. Sei mir nicht böse, aber ich denke, es wäre damals besser gewesen, ihn einfach zur Adoption freizugeben. Dann hätte er die Chance auf ein normales Leben und liebevolle Eltern bekommen.«

»Ja, vielleicht ... Aber hast du schon vergessen, von wem er abstammt? Ich habe keine Ahnung, was mit ihm passiert, sobald er in die Pubertät kommt. Zumindest weiß ich, an wen ich mich wenden kann«, flüsterte Arthur mit bebender Stimme. Egon warf ihm nur ratlose Blicke zu, bevor er einen tiefen Atemzug nahm und nickte.

»Vielleicht war es Schicksal, dass alles so gekommen ist. Meiner Meinung nach, ist es Zeit, dass du dir endlich selbst vergibst, egal wie schwer es auch für dich sein mag. Ich denke, nur dann besteht die Möglichkeit, dass du Ra eines Tages ein guter Vater sein kannst.«

Ohne Arthurs Antwort abzuwarten, winkte er den Barkeeper heran.

»Die nächste Runde geht auf mich!«

ENDLICH NACH HAUSE

M issmutig stopfte Finn ihre wenigen Habseligkeiten in die Tasche, solange ihre Eltern sich vor dem Zimmer mit der behandelnden Ärztin besprachen. Sie war immer noch sauer auf die beiden, weil sie ihr Diegos Verschwinden so lange verschwiegen hatten. Allerdings lagen ihr die heutige Rückkehr nach Hause und die Angst vor dem dort lauernden Monster deutlich schwerer im Magen. Finn hörte ihre Eltern vor der Tür reden, bevor sie mit einem Stapel Krankenhausunterlagen ihr Zimmer betraten.

»Na? Fertig für den Abflug?«, fragte ihr Vater.

»Klar.« Finn stopfte die letzten Shirts in ihre Tasche und schloss den Reißverschluss.

»Gut, na dann los. Ich nehm dir die Sachen ab.«

»Vergiss deine Jacke nicht«, ermahnte ihre Mutter sie. Einen Augenblick später verließen sie zusammen das Zimmer. Ihre Eltern liefen mit dem Gepäck voraus, Finn trödelte dagegen ein wenig. Auf dem Gang wuselten die Schwestern heute wie aufgescheuchte Heuschrecken von Raum zu Raum. Sie blieb stehen und beobachtete das Geschehen. Nur ein paar Meter weiter, vor Ras Zimmer, entdeckte sie Arthur, der in eine hitzige Diskussion mit der Stationsleitung verwickelt war.

»... kann ja wohl nicht sein! Wollen Sie mir damit sagen, Sie können ihn nirgends finden?«, schimpfte er aufgebracht.

Die Krankenpflegerin versuchte ihn vergeblich zu beschwichtigen.

»Hören Sie, wir haben inzwischen fast jeden Raum durchsucht. Um ehrlich zu sein, glaube ich, dass er längst über alle Berge ist. Er fehlt schon seit heute Vormittag.«

»Dieser verdammte - .« Die beiden verschwanden heiß diskutierend im Zimmer des Jungen.

»Hey? Wo bleibst du denn? Wir sind schon beim Aufzug!«, hörte Finn ihren Vater aus einiger Entfernung rufen. Nur widerwillig löste sie den Blick von der geschlossenen Zimmertür und beeilte sich, ihnen hinterherzukommen. Mit einem unguten Gefühl schloss Finn zu ihren Eltern auf und folgte den beiden in den Aufzug.

»Was ist los? Du siehst aus, als hättest du einen Geist gesehen«, scherzte ihr Vater.

»Ach nichts«, log Finn und lehnte sich gegen die steril anmutende Edelstahlwand des Fahrstuhles. In Gedanken versunken, blieb sie auch den Rest der Heimfahrt schweigsam. Nachdem das Auto in die Einfahrt einbog, entdeckte Finn ein silbergraues Fellbündel auf den Stufen zu ihrer Haustür.

»Diego? Diego! Ma, Paps, Diego ist wieder hier!«

Überrascht bemerkten auch ihre Eltern den vierbeinigen Herumtreiber.

»Das gibt´s doch nicht! Wo er wohl die ganze Zeit über gesteckt hat?« Ed starrte ungläubig Richtung Eingang, während Loreen erleichtert seufzte.

»Bin ich froh, dass er endlich zurück ist. Finn wäre sonst ewig böse gewesen.«

Ihre Tochter dagegen war so aus dem Häuschen, dass sie alles um sich herum vergaß. Das Auto stand kaum, da riss Finn schon die Tür auf und stürmte davon.

»Diego!« Mit einem Freudenschrei fiel sie dem riesigen Hund um den Hals. Doch sie merkte sofort, dass er humpelte. Als sie ihn zur

Begrüßung knuddelte, ertastete sie unter seinem Fell verkrustete Schrammen und Abschürfungen.

»Oh nein! Ich glaube, er ist verletzt. Seht doch nur!«, rief Finn ihren Eltern zu.

»Scheint, als hätte er ein paar Differenzen mit einem anderen Hund gehabt«, meinte ihr Vater, mit Blick auf die verkrusteten Wunden. Eine düstere Vorahnung beschlich Finn, wer Diego das angetan hatte. Ed redete indessen unbeirrt weiter.

»Ich werde am besten gleich mit ihm zum Tierarzt fahren. In der Zwischenzeit kannst du dich ein bisschen ausruhen.«

Finn nickte dankbar über diesen Vorschlag. Endlich wieder zu Hause! Wie sehr hatte sie das kleine alte Holzhaus mit Blick auf die Berge vermisst, das ihre Eltern in Eigenregie liebevoll renoviert hatten. Der gemütliche Garten mit Mohnblumen, Margeriten, Malven und Lupinen hieß sie in seiner ganzen Farbenpracht willkommen. Als sie das Haus betrat, stellte sie überrascht fest, dass die meisten Zerstörungsspuren des Seelenfressers beseitigt worden waren. »Komm rein, Schätzchen! Ich dachte, ich mache dir heute Abend dein Lieblingsessen.«

»Heißt das, es gibt Pizza?«, rief Finn mit großen Augen.

»Ja, allerdings musst du etwas Geduld haben. Möchtest du dich noch mal hinlegen?«, fragte ihre Mutter.

»Ja, mein Schädel brummt nach dem Wirbel um Diego.«

»Na, dann ab in dein Zimmer. Ich ruf dich, wenn ich fertig bin.«

Finn lächelte dankbar und verließ die Stube. Sie durchquerte den Hausflur und steuerte links der Eingangstür auf die knarzende Holztreppe zu, die in den ersten Stock hinaufführte. Im Dachgeschoss besaß Finn ihr eigenes kleines Reich. Gähnend stieß sie die Tür auf. Gleich links neben dem Eingang bog sie ins Bad ab und beäugte sich kurz im Spiegel. Die blau-grünen Blutergüsse im Gesicht waren immer noch sichtbar, obwohl es schon deutlich besser geworden war. Finn machte frustriert kehrt. Um in ihr Schlafzimmer zu gelangen, durchquerte sie zielstrebig ihr überschaubares Wohnzimmer, das Richtung Süden sogar einen kleinen Balkon besaß. Ihr Blick streifte dabei die altmodische Couch mit ihrem bunten Überwurf, die einem betagten Fernseher gegenüberstand. Beides Überbleibsel aus dem Bestand ihrer Eltern, die sie ihr nach einer Neuanschaffung überlassen hatten. Sie passierte die winzige Küchenzeile links der Couch, wo sie sich hin und wieder Tee oder kleine Snacks zubereitete und steuerte direkt auf ihr Schlafzimmer zu. Dort ließ sie sich erschöpft auf ihr Bett fallen. Es duftete frisch nach Lavendel. Finn vergrub das Gesicht in ihrem Kopfkissen, bevor sie sich zur Seite wälzte. Gegenüber des Bettes drängte sich ihr chaotischer Schreibtisch ins Auge. Ihr Blick wanderte zu den verschiedenen Pinseln, Farb- und Aquarellstiften. Sie übten eine magische Anziehung auf sie aus. Aus einem Impuls heraus wälzte sie sich aus dem Bett und setzte sich hinüber. Mit schnellen Kohlestiftstrichen skizzierte sie im Handumdrehen das scheußliche Wesen aus ihrer Erinnerung auf einen Zeichenblock. Finn war verblüfft, wie realistisch der Seelenfresser auf dem Papier wirkte. Schaudernd legte sie den Block zur Seite. Ihre Finger zitterten. Schnell huschte sie zu ihrem Bett zurück und rollte sich unter der Decke zusammen, als könnte sie damit all ihre Sorgen aussperren. Nur langsam fiel die Anspannung von ihr ab und sie glitt in einen dumpfen Dämmerschlaf hinüber. Erst durch den feuchten Stups einer Hundeschnauze erwachte Finn. Draußen versank bereits die Sonne hinter dem Horizont.

»Diego, du Halunke«, murmelte sie verschlafen und wühlte sich gähnend aus den Decken. Blinzelnd registrierte sie ihren Vater, der sich gerade zu ihr an die Bettkante setzte.

»Na Kleines? Wie fühlst du dich?«

»Na ja ... ein wenig zerknautscht. Was ist beim Tierarzt rausgekommen? Musstest du lange warten?«

Ed nickte.

»Ja, die Bude war brechend voll. Aber dafür scheint mit Diego alles in Ordnung zu sein. Seine Verletzungen werden bald von selbst verheilen.«

»Gott sei Dank, ich hatte schon Schlimmeres befürchtet.«

»Ja, ich auch. Das Essen ist übrigens fertig. Kommst du?«

»Au ja, gib mir einen Moment.«

»Klar, ich geh schon mal vor. Lass dir Zeit.«

Grinsend zerzauste Ed ihr das Haar, bevor er sich auf die Socken machte. Finn streckte sich gähnend. Ihre Glieder schmerzten und ihr Kopf fühlte sich dumpf an. Verspannt zog sie sich auf die Beine und begab sich mit Diego ins Untergeschoss. Im ganzen Haus duftete es herrlich nach italienischen Gewürzen. Sie wollte gerade die Tür zur Küche öffnen, als sie Gesprächsfetzen ihrer Eltern aufschnappte.

»... Das ist jetzt schon das fünfte Opfer innerhalb einer Woche. Ich weiß nicht, wo das noch hinführen soll. In den Nachrichten wurde bereits zu erhöhter Vorsicht aufgerufen. Ich habe Angst um Finn!«

»Jetzt beruhig dich, Loreen. Ich bin sicher, die Polizei wird den Täter bald fassen -«

Ihr Vater verstummte für einen Moment, als Finn den Raum betrat.

»Hey, Schätzchen. Du bist ja ganz blass.«

»Alles gut ... Ist irgendwas Schlimmes passiert?«, hakte Finn nach. Die Worte blieben ihr fast im Hals stecken. Sie fühlte, wie sich ihr anfänglicher Appetit in Luft auflöste und sich ihr Magen unangenehm zusammenkrampfte. Loreen legte einen Arm um sie und gab ihr einen Kuss auf die Wange.

»Komm, setz dich erst mal zu uns.«

Sie lud zunächst jedem Pizza auf den Teller, bevor sie mit der Sprache herausrückte.

»Hör zu Finn, ein Serientäter treibt hier in der Umgebung sein Unwesen. Ich ... ich möchte, dass du abends nicht mehr allein mit Diego unterwegs bist. Und nach der Schule kommst du direkt nach Hause, hast du verstanden?«

»Jetzt mach ihr doch keine Angst, Liebling«, versuchte Ed zu beschwichtigen und fuhr sich nervös über seinen Dreitagebart. Finn betrachtete appetitlos ihre Pizza und biss sich auf die Unterlippe.

»Ma, Paps, ... derjenige, der all das getan hat ... war ein Monster!«

Ihre Mutter nippte an ihrem Wein, bevor sie traurig nickte.

»Ja, da hast du vollkommen recht, Kleines. Ich kann auch nicht begreifen, was für kranke Menschen es gibt.«

»Nein, so war das nicht ...« Finn brach kopfschüttelnd ab.

»Ich hab keinen Hunger mehr. Bitte seid mir nicht böse, ich gehe schlafen. Mein Kopf bringt mich um. Gute Nacht.«

Finn erhob sich und beeilte sich, zurück in ihr Zimmer zu kommen, während sie die besorgten Stimmen ihrer Eltern ignorierte. Im Obergeschoss verkroch sie sich in ihr Bett und zog sich die Decke über den Kopf. Sie zuckte erschrocken zusammen, als sich wenig später eine kalte Hundeschnauze zu ihr unter die Decke wühlte. Diego blinzelte sie an und versuchte, sich neben sie zu quetschen. Seufzend ließ Finn ihn gewähren.

»Das darf Ma nicht erfahren, sonst wird sie echt sauer«, flüsterte sie und zog Diego wie ein übergroßes Kuscheltier zu sich heran.

ALLER ANFANG IST SCHWER

D ie Bremsen des großen schwarzen SUV quietschten, als
der Wagen schwungvoll in der Parklücke zum
Stehen kam.

»... L-lasst mich in Ruhe!«

»Schau an, sie kann ja doch sprechen, hahaha! Los, raus mit der Kohle,
oder du siehst deine hässlichen Ohrringe nie wieder!«

»A-aber ich hab nicht so viel ... bitte! ... der Schmuck ist von meiner Ma
...«

»Mir doch egal ...«

Lara versuchte, die aufwühlenden Erinnerungsfetzen zu
verdrängen und tief Luft zu holen, aber ihre Brust fühlte sich an wie
zugeschnürt. Hastig strich sie sich eine blonde Haarsträhne aus dem
Gesicht und blickte teilnahmslos auf das schwarze Armaturenbrett
vor ihr. Da war es wieder, dieses beklemmende Gefühl, das in ihr
hochstieg.

»Was ist, Mäuschen? Alles okay bei dir? Du musst los, sonst
kommst du zu spät zu deinem ersten Schultag.«

Ihr Vater klang besorgt.

»Pa du weißt, dass ich es hasse, wenn du mich so nennst!«

»Ach, sei doch nicht so. Soll ich mit reingehen?«

»Nein!«

»Hey, ich habe es ja nur gut gemeint …«

»Ich weiß.«

Sie verschränkte abwehrend die Arme vor der Brust. Seine ungewohnte Überfürsorglichkeit fühlte sich komisch an.

»Na ja, ich meine ja bloß … nach allem, was an deiner letzten Schule passiert ist …«

»Im Ernst? Musst du mich ausgerechnet jetzt daran erinnern? Ich komme klar, okay?« Die Worte platzten heftiger aus ihr heraus, als sie geplant hatte, während ihre Finger sich am kalten Leder des Sitzes festkrallten. Ihr Vater seufzte.

»Schon gut. Ich bin sicher, du schaffst das, Kleines.«

Lara schnappte nach Luft und machte den Gurt los.

»Ich geh dann … Wir sehen uns heute Abend.«

»Pass auf dich auf … und viel Glück!«

»Danke.«

Wortlos öffnete sie die Tür, rutschte vom Sitz und folgte dem Strom der eintreffenden Schüler Richtung Haupteingang.

»… Du schaffst das, Liebes. Ich bin stolz auf dich …«, hörte sie die Stimme ihrer Mutter aus einer anderen Zeit. Schnell unterdrückte sie die Tränen, die jäh in ihr hochstiegen.

»Alles ist gut, ich pack das schon irgendwie«, redete Lara sich in Gedanken ein und zwang sich zu einem tapferen Lächeln.

Mit einem komischen Gefühl trottete Finn durch das Schultor. Am liebsten wäre sie gleich wieder umgekehrt, aber ihr Pflichtgefühl hielt sie davon ab. Verstohlen checkte sie mithilfe der Spiegelfunktion des Smartphones ihr Make-up, mit dem sie die schwachen Reste der blauen Flecken in ihrem Gesicht verdeckt hatte. Alles ok. Seufzend steckte sie das Gerät zurück in die Tasche. Die letzten Tage zu Hause waren wie im Flug vergangen. Leider endete heute ihr Attest. Finn fühlte, wie sich Übelkeit in ihrem Magen ausbreitete. Das war immer so, wenn sie nervös war. Je näher sie dem Klassenzimmer kam, desto schlimmer wurde es. Schnell huschte sie auf ihren Platz links am Fenster. Niemand fragte, wo sie so lange gewesen war. Um das beklemmende Gefühl des Ausgestoßenseins zu betäuben, kritzelte Finn einen kleinen feuerspeienden Drachen in ihr Hausaufgabenheft, vor dem ein paar Strichmännchen flüchteten. Seufzend sah sie vom Papier auf und blinzelte unauffällig über die Schulter, nur um Alex´s Blick aufzufangen. Ihr Herz fühlte sich an, als würde es für einen Moment aussetzen. Hastig wandte sie sich von ihm ab. Ihre Wangen glühten. Verdammter Mist! Sie versuchte, sich nichts anmerken zu lassen und schaute schnell wieder Richtung Tafel. Unbeabsichtigt schnappte sie einige Gesprächsfetzen aus der hinteren Reihe auf.

» ... heute müsste sie kommen. Herr Alba hat es gestern schon angekündigt.«

Finn wurde aus dem Ganzen nicht schlau. Tumult kam auf. Endlich ließ sich ihr Klassenlehrer blicken. Lina und Karen an den Tischen vor ihr kicherten albern, als sie den jungen Lehrer erblickten und tuschelten aufgeregt miteinander. Finn verdrehte nur die Augen über ihre pubertäre Schwärmerei. Überrascht bemerkte sie, dass ihm ein Mädchen folgte, das sie bisher noch nie zuvor an der Schule gesehen hatte.

»Das muss die Neue sein!«

Ein paar Jungs weiter hinten flüsterten aufgeregt miteinander. Finn musterte den Neuzugang mit hochgezogenen Augenbrauen. Das Mädchen wirkte wie die Protagonistin aus einer kitschigen Highschool-Serie. Ihr symmetrisches Gesicht wurde von glatten, honigblonden Haaren eingerahmt, die ihr bis über die Schultern reichten. Daneben stachen ihre intensiv blauen Augen sofort hervor. Nur ihr gezwungenes Lächeln wirkte deplatziert.

»Guten Morgen, allerseits. Bitte setzt euch!«, sorgte Herr Alba für Stille. Nachdem sich der morgendliche Tumult schleppend aufgelöst hatte, schob er sich eine Strähne seines langen, schwarzen Haares aus der Stirn, das er im Nacken lässig zu einem losen Dutt gebunden trug. Zusammen mit seinem hellen Teint und den mandelförmigen Augen wirkte er ein bisschen wie ein Samurai. Kein Wunder, besaß er doch zum Teil asiatische Wurzeln. Ihr Lehrer begann inzwischen, den Namen seiner Begleitung an die Tafel zu schreiben.

»Wie bereits angekündigt, darf ich euch heute eine neue Mitschülerin vorstellen. Das hier neben mir ist Lara Merian. Sie ist erst vor kurzem hergezogen, also nehmt sie bitte gut auf und kümmert euch um sie, bis sie sich eingelebt hat. Wie ich sehe, ist Finn nach längerer Fehlzeit auch zurück. Ich hoffe, es geht dir inzwischen besser. Wir sprechen später wegen des verpassten Unterrichtsstoffs«, meinte er aufmunternd lächelnd, bevor er sich erneut Lara zuwandte, um ein paar Details zu besprechen. Finn war sofort klar, dass die Neue den Jungs der Reihe nach die Köpfe verdrehen würde. Etwas in ihrem Inneren zog sich schmerzhaft zusammen, wenn sie dabei an Alex dachte. Würde er sie auch toll finden? Herr Albas Stimme riss sie aus ihren Gedanken.

»Bitte setz dich, Lara. In der zweiten Reihe am Fenster neben Finn ist noch ein Platz.«

Sie nickte hastig und beeilte sich, der Aufmerksamkeit der anderen schnellstmöglich zu entkommen.

»Willkommen, ich bin Finn«, flüsterte Finn, sobald sich die neue Mitschülerin neben sie setzte.

»Hi. I-ich bin Lara«, antwortete sie leise und Finns Blicken aus. Hastig kramte sie ihre Sachen heraus und fokussierte sich sofort auf den Unterricht. Finn versuchte sie anzulächeln.

»Wenn du Hilfe brauchst-«

»Nein danke, ich komm schon klar.«

Enttäuscht zog sich Finn zurück. Nach der dritten Stunde Mathe läutete es endlich zur großen Pause. Die meisten Schüler stürmten eilig aus dem Raum und konnten es kaum erwarten, sich etwas in der Cafeteria zu kaufen. Lara zögerte zunächst, schloss sich dann aber doch der Menge an. Bevor sich Finn versah, war sie wie üblich allein. Enttäuscht verließ sie ebenfalls das Klassenzimmer und lehnte sich auf dem Pausenhof an die östliche Schulmauer. Von dort aus hatte sie einen guten Blick auf die wimmelnde Schülermenge, war zugleich aber für die meisten nicht sofort sichtbar. Hier fühlte sie sich ungestört. Ihre Gedanken wanderten zu Alex, während sie sich dabei ertappte, wie sie den Pausenhof nach ihm absuchte. Bald entdeckte sie ihn umringt von seinen Freunden am Haupttor. Die Jungs tauschten mit Begeisterung irgendwelche Fußballsammelkarten. Finn blieb der letzte Bissen ihres Pausenbrotes im Hals stecken. Kümmerte es ihn denn gar nicht, wie es ihr ging? Fröstelnd schlang sie die Arme um ihre Brust.

»Hey, ist das nicht der Spinner aus der Parallelklasse, der keine Gelegenheit auslässt, sich mit irgendwem zu kloppen? Ich habe ihn hier schon ewig nicht mehr gesehen«, schnappte Finn unvermittelt das Gespräch zweier Mädchen auf, die sich in ihrer Nähe unterhielten.

»Ja, stimmt, jetzt wo du es sagst. Mr. Assi-Boy ist wieder hier. Ich habe von einer Freundin aus seiner Klasse gehört, dass er so gut wie nie seine Hausaufgaben macht. Und hast du dir mal seine Klamotten genauer angesehen?«

»Das brauch ich mir nicht näher ansehen, das sieht man schon von weitem. Der ist nie im Leben vorher auf ein Internat gegangen.«

»Glaub ich auch nicht.« Sie kicherten schadenfroh.

Finn sog scharf die Luft ein. Sie hatte eine böse Vorahnung. Hektisch jagte ihr Blick über die unübersichtliche Menge. Wie befürchtet entdeckte sie Rakin am gegenüberliegenden Ende des Pausenhofs. Er starrte ausdruckslos in ihre Richtung. Sein langer Pony fiel ihm weit ins Gesicht. Als sich ihre Blicke trafen, zuckte Finn instinktiv zusammen. Sie spürte ihren hochschnellenden Puls und wie sich all ihre Muskeln verspannten. Er hatte so lange gefehlt, warum war er plötzlich wieder hier? Wie ein gejagtes Reh eilte sie zum Nebeneingang, der zu dieser Zeit wenig frequentiert war. In ihrer Hast stieß sie versehentlich mit einem Jungen aus der Oberstufe zusammen, der mit seinen Freunden gerade das Gebäude verlassen wollte.

»Au! Sag mal, hast du keine Augen im Kopf?«

Ihr stockte der Atem. Warum musste sie ausgerechnet Pascal Helling und seiner Clique in die Quere kommen?

»Tut mir leid, es war keine Absicht ...«

Bevor sie einen klaren Gedanken fassen konnte, wurde sie grob von ihm angerempelt. Ihre Pausenbox landete mit einem dumpfen Knall auf dem Boden. Hämisch lachend begannen Pascal und seine Freunde die Box herumzukicken.

»H-hey! Lasst das!« Finn hechtete vergeblich ins Leere.

»Los, hol sie dir, wenn du kannst!«, rief Pascal gehässig grinsend. Verzweiflung und Machtlosigkeit formten sich in ihrem Magen zu einem dicken Klumpen. Es waren zu viele und sie waren deutlich älter.

»He, ihr Penner! Wie erbärmlich muss man sein, um zu viert auf ein einzelnes Mädchen loszugehen!« Einer ihrer Widersacher ging mit einem Aufschrei zu Boden. In der nächsten Sekunde bemerkte Finn Rakin, der sich mit dem Anführer der Bande anlegte. Dann passierte alles ganz schnell. Sie war so perplex über seine Hilfe, dass sie wie neben sich stand. Fäuste flogen und Tritte wurden unter wilden Flüchen ausgeteilt. Am Ende waren es doch zu viele Gegner, mit denen Ra sich angelegt hatte. Selbst als Pascal und seine Freunde ihn auf den Boden niedergerungen hatten, verpasste ihm einer der Typen noch Schläge in die Magengegend.

»Aufhören!« Mit aller Kraft versuchte Finn ihn von Ra herunterzuziehen.

»Was zur Hölle ist denn hier los? Auseinander mit euch! Sofort!«

Eine herbeieilende Lehrerin löste die Prügelei endlich auf. Mit nach Revanche dürstendem Blick zog Ra sich zurück auf die Beine und spuckte Pascal verächtlich vor die Füße. Danach wischte er sich mit dem Handrücken das Blut aus dem Mundwinkel. Seine linke Wange war gerötet und angeschwollen.

»Seid ihr von allen guten Geistern verlassen? Ihr könnt doch nicht einfach wie die Wilden aufeinander losgehen! Los, raus mit der Sprache, wer hat mit dem Scheiß hier angefangen?«, schimpfte Frau Karst.

»Das Shitface hat uns zuerst angefallen!«, knurrte Pascal wütend und setzte eine wilde Diskussion in Gang.

Finn hörte für einen Moment nur das Blut in ihren Ohren rauschen, bevor die Umgebungsgeräusche zurückkehrten.

»... kaum ist unser Herr Kamon zurück, sorgt er mal wieder für Ärger, wie könnte es anders sein! Ich habe mich schon gewundert, warum es in letzter Zeit so friedlich in den Pausen war. Stimmt es, was Pascal sagt?«, hallte Frau Karsts erzürnte Stimme den Gang entlang. Finn blinzelte verwirrt zu Rakin hinüber. Er stand einfach nur da und fixierte mühsam beherrscht den Boden. Stille Rebellion spiegelte sich in seinen Augen.

»Du wirst mir sofort ins Lehrerzimmer folgen. Die anderen können in ihre Klassenzimmer gehen.«

Pascal tauschte mit seinen Freunden überraschte Siegesblicke, bevor er ein Grinsen nicht länger verbergen konnte.

»Bitte entschuldigen Sie, das ... das ist ein Missverständnis. Pascal und seine Freunde haben mit allem angefangen. Ich glaube, Rakin wollte nur, dass sie damit aufhören.«

Bevor Finn es sich recht überlegt hatte, sprudelten die Worte bereits aus ihrem Mund. Die Lehrerin fuhr überrascht zu ihr herum.

»Das ist ja mal ganz was Neues. Hat er dich etwa erpresst, dass du ein gutes Wort für ihn einlegst? Du musst die Wahrheit sagen, Finn«, insistierte sie.

»Nein, ehrlich ...« Finn hob die kaputte Box vom Boden auf und hielt sie wie ein Beweisstück vor sich. Sie wollte gerade zu einer weiteren Erklärung ansetzen, als der Gong das Ende der Pause einläutete. Schnell füllte sich der verlassene Nebeneingang mit Schülern, die zurück in ihre Klassenzimmer drängten. Ein schlechter Ort, um einen Streit zu schlichten. Frau Karst überlegte kurz, bevor sie sich für einen Ortswechsel entschied.

»Los, ihr kommt alle mit ins Beratungszimmer. Da haben wir mehr Ruhe.«

Ächzend zog Pascals Clique voran, Finn und Ra folgten stillschweigend in einigem Abstand. Sie musterte ihn heimlich von der Seite. Eben hatte er noch so taff gewirkt, inzwischen ging er leicht gebeugt und hielt sich unauffällig die linke Flanke. Sie holte tief Luft und nahm all ihren Mut zusammen.

»Alles okay bei dir?«

Er nickte stumm und wich demonstrativ ihren Blicken aus. Verunsichert biss Finn sich auf die Unterlippe. Warum hatte sie auch gefragt? Steif umklammerte sie ihre Taille und folgte Frau Karst die Treppe nach oben.

»Finn und Rakin, ich möchte zuerst eure Version des Vorfalls hören, die anderen warten bitte noch einen Moment«, verkündete ihre Lehrerin streng, bevor sie die Tür des Zimmers aufhielt. Finn sah sich neugierig um. Überquellende Regale mit Büchern und Ordnern umzingelten einen schlichten Schreibtisch. Ihr nervöser Blick wanderte zu Rakin hinüber, der teilnahmslos auf einem der wenigen Stühle Platz nahm. Mit einem mulmigen Gefühl ließ sich Finn neben ihm nieder. Frau Karst räusperte sich.

»Dann lass mal hören, Finn. Du hast gesagt, die Jungs draußen vor der Tür hätten mit dem Ärger angefangen. Würdest du mir alles nochmal im Detail ausführen?«

Finn nickte und versuchte erfolglos, einen Kloß im Hals loszuwerden, bevor sie ihre Version des Vorfalls zum Besten gab. Ihre Lehrerin wirkte nachdenklich.

»Verstehe, nur eines will mir nicht in den Kopf.«

Sie brach ab und musterte Rakin mit hochgezogener Augenbraue. Er hatte bisher teilnahmslos zum Fenster hinaus gestarrt.

»Rakin? Könntest du bitte wenigstens so tun, als würdest du zuhören, wenn ich mit euch rede?«

Sie schnaubte kopfschüttelnd, als Ra sich ihr mit gleichgültiger Miene zuwandte.

»Warum hast du dich eingemischt? War das alles nur ein Vorwand, um dich mit irgendjemandem zu prügeln und deinen Frust auszulassen? Pure Selbstlosigkeit nehme ich dir nicht ab, nach allem, was du Finn angetan hast.«

Allmählich konnte er seine teilnahmslose Fassade nicht länger aufrecht halten. Seine inzwischen zu Fäusten geballten Hände und sein trotziger Blick sprachen Bände.

»Ist doch egal, wie es war. In Ihren Augen bin ich eh schon der Schuldige!«

»Jetzt werd mal nicht unverschämt! Warum hast du deine Fäuste benutzt, anstatt die Pausenaufsicht zu holen?«, entgegnete die Lehrerin verständnislos. Sie nahm ihre rote Brille ab und massierte sich entnervt die Nasenwurzel.

»Und das, nachdem du fast acht Wochen am Stück unentschuldigt gefehlt hast. Du müsstest inzwischen wissen, dass du dir keinen Fehltritt mehr erlauben darfst. Noch ein Verweis und du fliegst hochkant von der Schule!«, erinnerte sie Ra, während sie ihren letzten Satz dramatisch betonte.

»Du hast nur Glück, dass Herr Alba bisher immer ein gutes Wort für dich eingelegt hat, aber wenn es so weiter geht, fürchte ich, waren seine Bemühungen vollkommen umsonst.«

Finn ließ sich unbehaglich etwas tiefer in ihren Stuhl sinken. Mit wachsender Anspannung beobachtete sie, wie Ras Blick immer herausfordernder wurde.

»Wenn ich gewartet hätte, bis ich die Pausenaufsicht finde, wären Pascal und die anderen sicher schon längst über alle Berge gewesen. Mal davon abgesehen, was sie mit ihr angestellt hätten.«

Er deutete mit dem Kopf in Finns Richtung. Sie erstarrte für einen Moment, bevor sie mit angehaltenem Atem zu ihm hinüber schielte. Frau Karst blinzelte überrascht.

»Na gut. Dieses Mal lasse ich dich ausnahmsweise ungeschoren davonkommen, weil du offenbar wirklich nur helfen wolltest. Sollte sich ein derartiger Zwischenfall jedoch wiederholen, wird Konsequenzen für dich haben, verstanden? Ihr beide könnt jetzt draußen vor dem Zimmer Platz nehmen. Ich werde mir anhören, wie die anderen den Vorfall schildern, danach suchen wir gemeinsam nach einer Lösung.«

Steif verließen Ra und Finn den Raum und ließen sich in die

Stühle neben der Tür fallen, bevor Pascal und seine Clique mit finsteren Blicken an ihnen vorbeizogen.

»Du Arschloch! Irgendwann kriegst du so eins auf die Fresse!«, drohte Pascal zwischen zusammengebissenen Zähnen, bevor er das Zimmer betrat. Rakin zeigte ihm gelangweilt den Mittelfinger, dann fiel die Tür hinter ihm ins Schloss. Rasch breitete sich eine unangenehme Stille aus. Finn brannten so viele Fragen auf der Zunge, doch sie wagte es kaum, in Rakins Richtung zu blicken. Stattdessen schaute sie krampfhaft geradeaus und betete inständig, dass diese seltsame Situation so schnell wie möglich enden würde. Ein leises schmerzverzerrtes Stöhnen riss sie aus ihren Gedanken. Scheu riskierte sie einen Blick zur Seite und bemerkte, wie Ra sich seine schmerzende Flanke hielt. Finn rang mit sich selbst, doch am Ende konnte sie ihn nicht länger ignorieren.

»Bist du sicher, dass alles in Ordnung ist?«

Ihre Stimme bröckelte vor Anspannung.

»Lass mich einfach in Ruhe«, seufzte er, bevor er sich mit niedergeschlagenem Blick von ihr abwandte. Finn biss trotzig die Zähne zusammen. Ihre Angst wich jäh aufkommender Wut.

»Warum hast du mir dann überhaupt geholfen?«

»Keine Ahnung! Du gehst mir auf den Zeiger! Außerdem bist du ziemlich bescheuert, wenn du dir ständig alles gefallen lässt. Mein Vater behauptet immer, du wärst seine beste Schülerin, aber ehrlich gesagt bist du ein echter Witz! Kannst dich ja nicht mal selbst verteidigen, wenn es drauf ankommt.«

Finn fehlten zunächst die Worte, doch bald fand sie ihre Sprache wieder.

»Na jedenfalls besser, als ein Loser wie du, der sich ständig mit anderen kloppt und dafür bald von der Schule fliegt.«

Rakins wütende Bernsteinaugen taxierten sie herausfordernd.

»Fein, dann willst du dich also ewig wie ein Opfer rumschubsen lassen? Tolle Idee!«

Sie biss schmerzhaft die Zähne zusammen. Seine Worte hatten einen unangenehmen Beigeschmack.

»Du hast sie wohl nicht mehr alle! Dass das ausgerechnet von dir kommt!«

»Sag bloß, du bist wirklich auf meine dämlichen Drohungen reingefallen?«

»Wie bitte?« Finn brüllte inzwischen beinahe dank seiner Dreistigkeit.

Rakin lachte bitter.

»Als ob ICH meinen Vater in irgendeiner Weise dazu bringen könnte, dich nicht mehr zu mögen.« Er klang deprimiert.

»Wer hätte ahnen können, dass du SO dämlich bist!«

»Heißt das etwa, du hast das die ganze Zeit über gar nicht ernst gemeint?«, knurrte Finn. Bevor sie eine Antwort erhielt, öffnete Frau Karst die Tür und spähte fragend zu ihnen in den Gang hinaus.

»Alles in Ordnung bei euch? Ich dachte, ich hätte jemanden schreien hören.«

Stillschweigend waren sich Finn und Ra sofort einig, ihre Diskussion vorerst niederzulegen.

»Ich glaube, da haben Sie sich verhört«, lenkte Finn ein, während Ra so tat, als würde er friedlich in seinem Stuhl vor sich hindösen.

»Okay. Würdet ihr beiden noch einmal in mein Büro kommen?«

Finn nickte abwesend und erhob sich. In ihrem Inneren tobte ein verheerendes Erdbeben. Sie hoffte inständig, dass sie das Zittern ihrer Hände so weit unterdrücken konnte, dass es niemand bemerkte. Mit weichen Knien setzte sie sich auf einen der freien Stühle, die Frau Karst in den engen Raum gequetscht hatte. Ra folgte in einigem Abstand. Mit einem Seufzer lehnte sich die Lehrerin im Bürostuhl zurück und musterte die versammelten Schüler vor ihr einen nach dem anderen.

»So wie es aussieht, haben unsere vier Herren hier Mist gebaut. Da sie bereit sind, die Kosten für eine neue Brotbox zu übernehmen und einen Strafaufsatz über Mobbing auf dem Pausenhof für mich zu verfassen, werde ich ausnahmsweise ein Auge zudrücken und von einem Verweis absehen. Sollte etwas Derartiges aber noch mal passieren, wird es richtig Ärger geben. Habt ihr ...«

Sie stutzte.

»Alles in Ordnung mit dir, Finn? Du bist ganz blass.«

»M-mir ist schlecht ...!«, stieß Finn würgend hervor.

Ohne Vorwarnung stürmte sie aus dem Zimmer und ließ Frau Karst und die anderen verdutzt zurück. Auf dem nächsten Mädchenklo schloss sie sich in eine der hintersten Kabinen ein, wo sie sich über der Kloschüssel erbrach. Ihr Magen krampfte sich für einige unerträgliche Minuten zusammen, die Finn wie eine Ewigkeit vorkamen. Nachdem das Schlimmste vorbei war, ließ sie sich erschöpft auf den geschlossenen Toilettendeckel fallen und lehnte sich heulend gegen den Spülkasten. Erst der Schulgong, der den Stundenwechsel ankündigte, ließ sie hochschrecken.

»Verdammt!«

Fluchend huschte Finn aus ihrem Versteck und wusch sich Hände und Gesicht an einem der Waschbecken. Sie musste so schnell wie möglich zurück in ihr Klassenzimmer, wenn sie nicht in den Unterricht hineinplatzen wollte. Deprimiert drückte sie die Tür des Mädchenklos auf. Bevor sie wusste, wie ihr geschah, spürte sie einen festen Griff um ihr Handgelenk.

»Hey, warte.«

Erschrocken fuhr sie herum und erblickte zu ihrem Entsetzen Rakin, der ihr gefolgt sein musste. In der Eile hatte sie ihn zunächst gar nicht wahrgenommen. Was plante er diesmal?

»Lass mich los!«, krächzte sie heiser, doch er verstärkte nur seinen Griff. Verlegen blickte er zur Seite.

»Hör zu ... es ... es tut mir leid ...« Seine Stimme bebte.

»Was?«, stammelte Finn verdattert.

Ra seufzte gequält und hielt für einen Augenblick inne, bevor er leise hinzufügte, »... alles.«

Seine linke Hand umschlang seinen Nacken, während er verlegen einen Blick in ihre Richtung riskierte. Finn blinzelte verwirrt und brachte keinen Ton heraus. Der kurze Moment, in dem beide nicht so recht wussten, was sie sagen sollten, dauerte eine gefühlte Ewigkeit. Ra durchbrach die Stille mit einem gequälten Seufzer.

»Vergiss einfach, was ich gesagt habe. Ich ... ich muss los.«

Hastig ließ er von ihr ab und verschwand so plötzlich, wie er gekommen war, in die entgegengesetzte Richtung.

Reglos schaute Finn ihm nach. Ihre Beine wollten sich nicht bewegen.

»Finn! Da bist du ja! Geht es dir gut?«

Frau Karsts besorgte Stimme riss sie aus ihrer Paralyse. Fahrig drehte sich Finn zu ihr herum.

»Es ... es tut mir leid, dass ich vorhin einfach so verschwunden bin. Ich konnte nicht ... mir war auf einmal so übel«, purzelten die Worte verheddert aus ihrem Mund.

»Oh je! Du bist ja völlig durch den Wind! Möchtest du dich im Nebenraum des Lehrerzimmers ein bisschen ausruhen?«

Kopfschüttelnd wimmelte Finn ihr Angebot ab.

»Nein, nein, alles wieder okay ...«, log sie.

»Ich muss los, wenn ich nicht zu spät kommen will.«

Frau Karst warf einen gehetzten Blick auf ihre Uhr.

»Mist, ich sollte schon längst in meiner nächsten Klasse sein! Dann mach´s gut und trau dich ruhig um Hilfe zu bitten, wenn dir was auf dem Herzen liegt.«

»Ja, danke, das werde ich.«

Zerstreut drehte Finn sich um und machte sich auf den Weg zu ihrem Klassenzimmer.

Nach dem Läuten des letzten Schulgongs packten ihre Mitschüler eilig zusammen und stoben wie ein wilder Schwarm Heuschrecken in alle Richtungen davon. Finn trödelte ein bisschen, bevor sie ihrer neuen Banknachbarin zum Lehrerbüro folgte, wo Herr Alba bereits auf sie wartete.

»Na, ihr beiden? Ersten Schultag gut überlebt?«

»Hatte schon bessere Tage«, gestand Finn. Lara hingegen nickte nur zögerlich.

»Das hört sich nicht begeistert an. Aber keine Sorge, Mädels, ihr kriegt das mit dem verpassten Stoff schon hin«, versuchte ihr Lehrer sie aufzumuntern. Im Anschluss drückte er ihnen zwei Stapel Arbeitsblätter in die Hand und legte die Wiederholungstermine für die versäumten Schulaufgaben fest. Finn warf seufzend einen Blick auf die Uhr an der Wand, doch Herr Alba war noch nicht fertig.

»Okay. So weit so gut. Ich würde dringend empfehlen, dass ihr euch für die Übungsgruppen anmeldet. Die sind neu an unserer Schule. Ein paar pensionierte Lehrer haben sich zusammengetan und geben einmal pro Woche kostenlos Nachhilfe für jede Altersstufe. Kommenden Montag um 16 Uhr findet der nächste Termin für Mathe statt. Was haltet ihr davon?«

»Ähm ... ja ... hört sich gut an«, log Finn und versuchte zu lächeln. Lara nickte ähnlich begeistert.

»Prima, dann melde ich euch an«, meinte ihr Lehrer heiter, bevor sie es sich anders überlegen konnten. Danach durften sie endlich gehen.

»Wie ätzend«, jammerte Finn und ließ den Kopf hängen, nachdem sie das Büro hinter sich gelassen hatten. Ihre Tischnachbarin fixierte nervös den Boden.

»J-ja ... Ich muss noch mal zurück ins Klassenzimmer. Hab´ was vergessen. Bis morgen«, murmelte sie aus heiterem Himmel und machte auf dem Absatz kehrt. Finn blickte ihr mit großen Augen hinterher. Was sollte das denn? Zum Unterrichtsraum ging es in die entgegengesetzte Richtung. Kopfschüttelnd verließ Finn das Gebäude allein und machte sich auf den Heimweg.

ZUSAMMEN ALLEINE

Alex schnappte genervt nach Luft. Ursprünglich war sein Plan gewesen, gleich heute mit Finn zu reden, aber seine Freunde hatten ihn während der gesamten Pause in Beschlag genommen. Sein schlechtes Gewissen meldete sich in Form eines miesen Bauchgefühls. Er wollte sie nicht mit ihren Sorgen und Ängsten im Regen stehen lassen. Ungeduldig zog er sein iPhone aus der Tasche. Mittlerweile hatte er fast zwanzig Minuten vor der Schule auf sie gewartet.

»Verdammt, wo steckt sie ... Habe ich sie etwa verpasst?«, redete er mehr zu sich selbst, bevor er sich auf den Heimweg machte. Seine Gedanken kreisten, wie häufig in den letzten Tagen, um den Angriff, den sie nur knapp überlebt hatten. In seinen Überlegungen versunken, realisierte er kaum, wie schnell die Zeit verging. Bald erreichte er das große schmiedeeiserne Tor, durch das man das Anwesen seiner Eltern betreten konnte. Er klingelte am Seitentor und starrte teilnahmslos auf die Kamera neben der Türglocke.

»Hallo Alexander, ich mach dir auf«, antwortete Julia über die Sprechanlage. Sie war seit einem halben Jahr als neue Haushälterin bei seinen Eltern angestellt. Das Türschloss summte. Alex passierte das Tor und lief die lange Auffahrt hinauf. Der Weg war von akkurat geschnittenen Buchsbaum-Formationen und Rosenrabatten gesäumt, die eine prachtvolle Kulisse für die neubarocke Villa mit ihren runden Hauben-Ecktürmen bildeten. Alex nahm immer gleich zwei Stufen der kurzen Freitreppe zu der imposanten Eingangstür. Julia öffnete ihm. Mit ihren kinnlangen, dunkelbraunen Haaren, den leicht schräg stehenden, spitzen Augenbrauen und ihrer schwarz gerahmten Brille wirkte sie auf den ersten Blick etwas streng.

»Du bist heute aber spät dran. Komm rein, das Mittagessen wartet schon«, begrüßte sie ihn.

»Gott sei Dank, ich sterbe vor Hunger!«

Alex entledigte sich seiner Tasche und schlenderte ins Speisezimmer. Es war nur für ihn aufgedeckt. Frustriert ließ er sich auf seinen Platz fallen. Er fühlte sich verloren, so ganz allein an der riesigen Tafel. Das Klappern des Servierwagens riss ihn aus seinen Gedanken.

»Guten Appetit, es gibt Hirschbraten mit Speckknödeln auf Rahmgemüse.«

Julia servierte ihm einen stilvoll garnierten Teller, der Alex das Wasser im Munde zusammen laufen ließ.

»Mmmh ... Riecht köstlich! Weißt du, wann meine Eltern heute nach Hause kommen?«

»Ich fürchte, es wird wie üblich spät werden. Deine Mutter hat Spätschicht, weil sie für einen Arztkollegen einspringen muss und dein Vater ist heute Abend auf einem wichtigen Geschäftsessen. Aber dazwischen kommt er kurz nach Hause.«

Alex ließ den Kopf hängen.

»Warum frag ich eigentlich noch? Ist ja eh jeden Tag dasselbe.«

Er hatte das letzte Wort kaum ausgesprochen, als es am Eingangstor klingelte. Für einen kurzen Moment keimte in ihm die leise Hoffnung, es könnte vielleicht sein Vater sein. Umso größer war die Enttäuschung, als stattdessen sein ältester Bruder Frank zu ihm ins Speisezimmer schlenderte.

»Was machst du denn schon hier? Hast du nicht bis vier Schule?«, fragte Alex unverblümt. Frank verzog seine gepiercten Lippen zu einem spöttischen Grinsen und pfefferte seine mit Band-Buttons gespickte Tasche in eine Ecke.

»Unterrichtsfrei wegen Lehrerkrankheit.«

Er setzte sich neben Alex und zerzauste seinem jüngeren Bruder grob das Haar.

»Friede sei mit dir, kleiner Scheißer.«

»Hey, lass das, du Evolutionsbremse!«

»Bettelst du etwa um einen Nachschlag, Hasenfurz?«, zog Frank ihn weiter auf. Mit einer schwungvollen Kopfbewegung warf er sein schulterlanges, schwarz gefärbtes Haar nach hinten.

»Ach halt einfach die Klappe!«, konterte Alex gereizt. Sobald Julia Franks Teller auftischte, war dessen Hunger schließlich größer als das Bedürfnis, seinen jüngeren Bruder zu triezen.

»Kommt Robert heute auch früher?«, fragte Alex, nachdem sein größter Ärger verflogen war.

»Hast du schon vergessen? Der ist doch seit gestern auf Klassenfahrt«, erinnerte ihn sein Bruder.

»Ach ja.«

Alex stützte nachdenklich den Kopf aufs Kinn. Mit seinem zweitältesten Bruder verstand er sich deutlich besser. Allerdings drehte sich für Robert momentan alles nur um Mädchen. Da blieb er oft auf der Strecke. Frank dagegen widmete sich ganz seiner selbst gegründeten Death-Metal-Garagenband, in der er sich neben seinen schrägen Freunden als Frontsänger profilierte. Genervt beobachtete Alex, wie Frank seine Mahlzeit hinunterschlang, ohne ihn weiter zu beachten. Seine frisch gefärbten Haare hingen ihm fast bis in den Teller. Daneben prangte auf seinem düsteren Bandshirt groß der Spruch *Motherfucker* und um seinen Hals trug er ein provokantes Stachelhalsband. Dies war allerdings noch eines seiner harmloseren Stylings. Frank hatte sich darauf spezialisiert, die spärliche Aufmerksamkeit ihrer Eltern durch extreme Outfits zu erregen. Es funktionierte prächtig. Fast immer war Stunk angesagt, wenn sich die seltene Gelegenheit ergab, dass alle Familienmitglieder am Tisch saßen. Alex knallte das Besteck aufs Teller.

»Ich verzieh mich nach oben. Danke fürs Essen«, rief er Richtung Küche, bevor er sein Geschirr auf dem Servierwagen abstellte und den Raum verließ. Über die gegabelte Galerie-Treppe gelangte er ins Obergeschoss, wo sich sein Zimmer befand. Erledigt warf er sich auf sein riesiges Bett und zappte rastlos durch die Fernsehprogramme, um sich abzulenken.

Lara schlenderte die kleine Anhöhe hinauf, von der eine Abzweigung zu ihrem neuen Zuhause führte. Sie seufzte erleichtert. Entgegen ihren Befürchtungen hatte sie den ersten Schultag ohne größere Zwischenfälle hinter sich gebracht. Unbeschwert sog sie die frische, nach Erde und Bäumen duftende Luft tief ein, sobald sie endlich den Ortsrand erreichte. Dort stand das geräumige Landhaus, das ihr Vater vor kurzem gekauft hatte. Laras Schritte wurden immer kleiner. Es wirkte idyllisch, aber sie war sich nicht sicher, ob sie sich hier jemals zuhause fühlen würde. Im Vergleich zu Hamburg war in diesem Kaff der Hund begraben und der landläufige Dialekt war für sie ziemlich gewöhnungsbedürftig. Aber zumindest war es ein Neuanfang. Sie zwang sich zu einem tapferen Lächeln und stapfte zur Haustür. Nachdem sie aufgesperrt hatte, hielt sie kurz inne und checkte die Nachrichten auf ihrem Smartphone. Überrascht registrierte sie eine Mitteilung ihres Vaters.

> Hallo Schätzchen, leider wird es heute etwas später werden.

> Unseren geplanten Restaurantbesuch verschieben wir auf ein anderes Mal. Ich muss in ein wichtiges Meeting, das bis in den Abend hinein dauert. Tut mir leid, dass das ausgerechnet an deinem ersten Tag an der neuen Schule passiert, aber ich komme heute nicht vor 19 Uhr nach Hause. Bitte sei mir nicht böse.

> Hab dich lieb :)

Schnell drückte sie die Nachricht weg. Es war immer das Gleiche mit ihm! Dabei hatte sie so sehr gehofft, dass sich mit dem Umzug etwas ändern würde. Sie knallte die Haustür hinter sich zu und lehnte sich erschöpft dagegen. Im Hausflur begrüßten sie die gestapelten Umzugskartons. So wie sie ihren Vater kannte, würde er bei seinem Arbeitspensum nie dazu kommen, all die Kisten auszuräumen, um das Haus in einen halbwegs bewohnbaren Zustand zu bringen. Sie ahnte, dass alles an ihr hängen bleiben würde. Nachdem sie sich etwas beruhigt hatte, holte sie tief Luft und kramte in einem großen Karton, auf dem der Schriftzug *"Küchenutensilien"* prangte. Als Lara alles gefunden hatte, was sie brauchte, machte sie sich an die Arbeit. Ein Mittagessen zauberte sich schließlich nicht von selbst.

FREUNDE?

F inn gähnte. Ihre Augenlider konnte sie nur mit Mühe offen halten. Sie hatte gestern bis spät gelernt, um den verpassten Unterrichtsstoff aufzuarbeiten. Endlich läutete es zur Pause. Die meisten Schüler verließen das Klassenzimmer, während sie dagegen mit dem Kopf auf ihren Armen eindöste. Doch die Ruhe war nur von kurzer Dauer. Ein nervöses Räuspern ließ sie hochschrecken.

»A-Alex?«, stammelte sie und war sofort hellwach.

»Tut mir leid, ich hatte nicht vor, dich zu erschrecken. Ich wollte eigentlich schon gestern fragen, wie du dich fühlst. Alles okay bei dir?«

Alex wich ihrem Blick aus.

»Hey, ähm … ist nicht so schlimm«, entgegnete Finn hastig, um die seltsame Atmosphäre zu überspielen.

»Willst du dich nicht setzen? Mir geht´s gut. Alle Verletzungen sind inzwischen so gut wie verheilt«, entgegnete sie mit einem tapferen Lächeln.

Alex zögerte kurz, bevor er sich verkehrt herum auf Laras Stuhl setzte.

»Ist dir das Monster nochmal begegnet, seit du aus der Klinik entlassen wurdest?«

Finn erstarrte für einen Augenblick.

»Jede verdammte Nacht ...«, sie machte eine effektvolle Pause, »In meinen Alpträumen.«

»Mann, jag mir keinen Schreck ein«, beschwerte sich Alex, bevor er stirnrunzelnd mit starrem Blick den Tisch fixierte.

»In ständiger Angst zu leben, muss furchtbar sein.«

Finn nickte und fuhr sich nervös über die Stirn.

»Ich wünschte, ich könnte behaupten, es wäre nicht so.«

Für einen Moment herrschte unangenehme Stille zwischen ihnen und keiner wusste so recht, was er sagen sollte.

»Was war eigentlich gestern in der Pause los?«, bemühte sich Alex künstlich, die Konversation am Laufen zu halten. Finn war dankbar über den Themenwechsel und schilderte ihm knapp, was vorgefallen war. Am Ende musste sie eine Frage loswerden, die ihr schon lange auf der Zunge brannte.

»Sag mal ... seid ihr Freunde? ... Du und Ra?«

Alex zögerte.

»... Na ja ... schon irgendwie ...«, gestand er zerknirscht.

Finn wirkte, als hätte sie in einen sauren Apfel gebissen. Bevor sie ihrer Entrüstung Luft machen konnte, versuchte Alex die Situation zu entschärfen.

»Hör zu, ich weiß, dass du ihn hassen musst, nach allem, was passiert ist. Aber eigentlich ist er gar nicht so übel. Er ... er hatte es einfach nie leicht in seinem Leben. Ich kenne ihn schon von Kindesbeinen an.«

Eingeschnappt verschränkte Finn die Arme vor der Brust. »Gar nicht so übel? Glaubst du im Ernst, seine Probleme rechtfertigen den ganzen Scheiß, den er verzapft hat?«

»Nein, aber ...«, Alex schüttelte den Kopf.

»Ra hatte nie eine Mutter. Und sein Vater ...« Er brach seufzend ab.

»Was ist mit Arthur?«

»Versprich mir, dass du das für dich behältst, ja?«

Sie nickte hastig.

»Okay ... Ich kenne Rakin und Arthur seit der ersten Klasse. Schon damals hatte ich immer das seltsame Gefühl ...«

Alex brach ab und rang nach den passenden Worten, bevor er seinen Satz vollendete. »Ich hatte das Gefühl, er hasst ihn irgendwie ...«

»Ist das dein Ernst?«, entgegnete Finn mit gerunzelten Augenbrauen. Es war einen Moment still zwischen den beiden, bevor Alex fortfuhr: »Arthur war seit jeher abweisend zu ihm und hat ihn bei der erstbesten Gelegenheit aufs Internat abgeschoben.«

»Das kann ich nicht glauben! Ich kenne Arthur auch seit einer halben Ewigkeit. Zugegeben: Er wirkt manchmal etwas schroff und ist ein bisschen verpeilt, aber zu mir war er immer sehr herzlich und nett. Welchen Grund hätte er, seinen Sohn zu hassen? Ich kann mir das beim besten Willen nicht vorstellen. Ist dir klar, was du da behauptest?«

»Hast du die beiden schon mal zusammen erlebt?«, fragte Alex herausfordernd.

Finn schwieg für einen Moment betroffen, bevor sie kleinlaut den Kopf schüttelte.

»Siehst du, sonst würdest du verstehen, was ich meine.«

»Okay, sagen wir mal, du hast recht. Warum ...?«

Der Pausengong unterbrach Finn in ihrer Frage. Alex streckte sich demonstrativ.

»Jetzt weißt du zumindest ein paar Hintergründe. Ich geh auf meinen Platz, bevor die anderen kommen.«

»Hey, warte!«, versuchte Finn ihn aufzuhalten. Er drehte sich noch einmal flüchtig zu ihr um.

»Lass uns ein andermal reden, wenn wir ungestört sind. Wir sehen uns.«

Mit diesen Worten schlenderte Alex davon. Finns anfängliche Enttäuschung löste sich in Luft auf. Ein warmes Gefühl breitete sich in ihrem Inneren aus und überdeckte für einen Moment die widersprüchlichen Eindrücke über Rakin. Während Finn noch in ihren Gedanken versunken war, kehrte ihre Tischnachbarin aus der

Pause zurück und setzte sich, ohne von ihr Notiz zu nehmen. Sie hatte AirPods in den Ohren und zockte irgendein Spiel auf dem Handy. Das machte sie bei jeder Gelegenheit. Resigniert fischte Finn ihren Skizzenblock aus der Tasche, um sich mit einer Zeichnung die restliche Zeit bis zum Beginn des Unterrichts zu vertreiben.

DUNKLE GEHEIMNISSE

Endlich Schulschluss! Finn war eine der Ersten, die aus dem Raum stürmten. Sie wollte gerade um eine Ecke biegen, als sie aus dieser Richtung Pascals hämisches Gelächter hörte. Der schrille Ton seiner Stimme war nicht zu überhören, während er mit seinen schmierigen Freunden dreckige Witze riss. Finn erstarrte sofort in ihrer Bewegung. Wenn sie die Wahl hätte, würde sie lieber zehn warzige Kröten küssen, statt diesem Kackstiefel geradewegs in die Hände zu laufen. Mit einem flauen Gefühl in der Magengegend suchte sie fieberhaft nach einem Versteck. Dabei entdeckte sie den Filmsaal, der nicht verschlossen zu sein schien. Ohne groß darüber nachzudenken, zwängte sie sich durch den Türspalt in den leeren Raum und ließ schnell die Tür hinter sich zugleiten. Nur einen Augenblick später hörte sie die lärmende Gruppe vorbeiziehen. Finn atmete erleichtert auf und wartete ab, bis sie weit genug entfernt waren. Allerdings schnappte sie inzwischen neue Stimmen im Gang auf, die sich dem Raum kontinuierlich näherten.

»Der Filmsaal ist zu dieser Zeit immer leer. Jetzt komm schon!«

Finn hielt für einen Augenblick die Luft an. War das etwa Rakin? Fluchend stolperte sie rückwärts und überlegte, was sie tun sollte. Um ehrlich zu sein, war sie auch nicht scharf darauf, ihm zu begegnen. Na toll, vom Regen in die Traufe. Sie ächzte und biss die Zähne zusammen, bevor sie sich hinter den voluminös zusammengerafften Vorhängen links neben der Fensterfront versteckte. Keine Sekunde zu spät, wie sich herausstellte. Aus ihrem Versteck heraus beobachtete sie, wie Ra, gefolgt von Alex, den Saal betrat. An ihren Gesichtern erkannte sie, dass zwischen den beiden eine angespannte Atmosphäre herrschte. Zu Finns Glück schienen sie den Vorhängen keine größere Beachtung zu schenken.

»Ra, kannst du mir bitte verraten, was wir hier suchen? Nur zu deiner Info, die Show, die du im Krankenhaus abgezogen hast, fand ich nicht in Ordnung. Und nur, dass du´s weißt, ich bin immer noch sauer!«

»Könntest du vielleicht mal für einen Moment die Luft anhalten? Dann hätte ich eventuell die Möglichkeit, mich zu entschuldigen.«

Alex seufzte und lehnte sich mit vor der Brust gekreuzten Armen gegen einen der Tische.

»Okay und jetzt?«

Ra gesellte sich neben ihn und schwieg für einen Moment.

»Hör zu, es ... es tut mir leid ... Ich hab´s nicht so gemeint, verdammt!«

Er brach ab und rieb sich fluchend mit dem Handrücken über die Stirn, bevor er mit hängenden Schultern gestand: »Wie du angefangen hast, den ganzen Mist aufzuzählen, den ich verbockt habe, hätte ich kotzen können, weil ... weil ich mich selbst dafür hasse.«

Finn schnappte in ihrem Versteck überrascht nach Luft, als sie realisierte, dass der widerspenstige Junge mit den Tränen kämpfte. Inzwischen schien selbst Alex Mitleid mit ihm zu haben.

»Hey, ist schon okay. Entschuldigung angenommen. Trotzdem erkenne ich dich in letzter Zeit kaum wieder. Du hattest es noch nie leicht mit Arthur, aber seit der Rückkehr aus dem Internat bist du total neben der Spur. Nicht zu vergessen, dein Verhalten Finn gegenüber. Sie hat dir nie was getan!«

Rakin verschränkte die Arme vor seiner Brust.

»Ach, wirklich? Hast du eine Ahnung, wie beschissen es ist, wenn dein eigener Vater absolut nichts für dich übrig hat, scheißegal was du tust?«

Er biss hart die Zähne zusammen.

»Finn dagegen wird von ihm in den Himmel hoch gelobt. Manchmal denke ich mir echt, er kümmert sich mehr um sie als um mich, seinen eigenen Sohn. Egal, was sie macht, sei es auch noch so banal - es ist großartig in den Augen meines Vaters. Was ich tue, ist dagegen immer bloß scheiße! Und zu allem Übel musste er mir das bei jeder Gelegenheit aufs Brot schmieren. Toll, was? Ich kannte sie kaum und wurde ständig mit ihr verglichen.«

Alex, der neben ihm auf einem Tisch saß, ließ sich rücklings auf die Tischplatte fallen und fixierte ratlos die Decke.

»Okay, ich verstehe allmählich, warum du ihr gegenüber so gemein warst, aber sie kann trotzdem nichts für Arthurs seltsames Verhalten.«

»Ja, Mr. Superschlau! Mir ist inzwischen auch klar, dass ich nur meinen beschissenen Frust an ihr ausgelassen habe. Aber ich kann es nicht mehr rückgängig machen.«

Ra ließ deprimiert die Schultern hängen, bis Alex eine Idee hatte.

»Na ja, zugegeben, dieser Zug ist abgefahren. Wie wäre es, wenn du dich bei ihr entschuldigst?«

»Hab ich schon«, antwortete sein Gegenüber kleinlaut.

»Sie hat mich nur entsetzt angestarrt, als würde sie am liebsten schreiend davonlaufen.«

»Wundert dich das etwa?«

Alex musterte seinen Freund nachdenklich von der Seite, der frustriert den Kopf schüttelte.

»Ra, ich kenne dich seit dem Kindergarten. Du bist vielleicht manchmal etwas direkt und dein Temperament geht hin und wieder mit dir durch, aber du bist kein Arsch, sonst wären wir nicht befreundet. Ist es mit Arthur schlimmer geworden? Du weißt schon ...« Alex schielte vorsichtig zu Rakin hinüber, der in sich zusammengesunken wie ein Häufchen Elend, neben ihm auf der Tischkante saß.

»Das ist alles nicht so einfach. Du weißt, wie Arthur sein kann. Seit ich zwangsweise wieder bei ihm wohne, hatten wir keine Möglichkeit mehr, uns aus dem Weg zu gehen. Da habe ich erst bemerkt, wie übel er abgestürzt ist. Als ich im Internat war, bin ich ja nur in den Ferien heimgekommen. Da konnte er es immer gut vor mir verbergen. Inzwischen geht er wegen jeder Kleinigkeit an die Decke. Aber das ist nicht das Schlimmste ...«

»Was meinst du?« Alex richtete sich abrupt auf und starrte ihn mit hochgezogenen Brauen an. Es dauerte einen Moment, bis Ra die richtigen Worte fand. Er zog die Knie zur Brust, während sich seine Stimme in ein heiseres Flüstern verwandelte.

»Versprich mir, dass du keiner Menschenseele davon erzählst.«

Sein Freund schluckte hörbar.

»Okay, versprochen.«

Finn biss sich nervös auf die Unterlippe. Ein eiskalter Schauer lief ihr den Rücken hinunter.

»Er hat angefangen, heimlich zu trinken, kann es aber recht gut verbergen. Dank Arthurs Sauferei reicht das Geld kaum bis zum Monatsende! Als ich endlich geschnallt hab, was los ist, habe ich zuerst versucht, seine Vorräte zu vernichten. Aber das hat nur dazu geführt, dass er regelmäßig ausrastete. Wenn er besoffen war, hat er hin und wieder die Kontrolle verloren ...«

Alex schnappte nach Luft.

»Sag bloß, die vielen blauen Flecken damals ...«

»... waren nicht von irgendwelchen Prügeleien auf dem Pausenhof«, beendete Ra mit gebrochener Stimme seinen Satz.

»Shit. Ich habe ja mit vielem gerechnet, aber das ...« Alex fehlten die Worte.

»Wenn ich dir irgendwie helfen kann-«

»Nein! Ich weiß deine Hilfe wirklich zu schätzen, Alex, aber damit muss ich allein klarkommen. Sobald du das den Lehrern sagst, kommt das Jugendamt und steckt mich in irgendein Heim, weit weg von hier.«

»Aber das kann doch so nicht weitergehen!«

Alex packte Ra an den Schultern und schüttelte ihn, als versuchte er, ihn wachzurütteln.

»Ganz ehrlich, ich würde lieber abhauen, bevor ich mich von meinem eigenen Vater verprügeln lassen würde!«

»Das habe ich alles schon hinter mir«, erklärte Ra kraftlos.

Alex fixierte ihn aus weit geöffneten Augen.

»Lass mich raten, das war in der Zeit, in der du so lange unentschuldigt in der Schule gefehlt hast, bevor Finn von diesem Monster attackiert wurde ... Warum hast du mir bisher nie etwas davon erzählt? Ich hatte echt Schiss, dass dir was passiert ist! Wo hast du dich die ganze Zeit über herumgetrieben?«

»Ähm ... also ...«

Weiter kam Ra nicht. Ein verdächtiges Geräusch ließ ihn aufhorchen.

»Sag mal, hast du das eben auch gehört?«

»Ja, was war das?«

Finn verfluchte ihren Magen, der lautstark rumorte. Zu ihrem Unglück hatte sie heute früh ihr Pausenbrot vergessen. Schon hörte sie Schritte, die sich ihrem Versteck näherten. Sie biss die Zähne zusammen und hoffte auf ein kleines Wunder ... das nicht kam. Unter lautem Rascheln des dicken Stoffes, wurde der Vorhang zur Seite gezogen. Alles in Finn verkrampfte sich, als sie Ra direkt gegenüberstand.

»Was zur ...?« Rakin hatte es die Sprache verschlagen. Er stand da, wie vom Blitz getroffen.

»Ich schwöre, ich wollte nicht lauschen!«, war alles, was Finn mit piepsender Stimme herausbrachte, bevor sie an ihm vorbei stürmte und Hals über Kopf die Flucht ergriff. Das Gefühl von erdrückender Fassungslosigkeit drohte sie zu ersticken. In Windeseile verließ sie mit rasendem Herzen das Schulgebäude. Alles in ihr fühlte sich schwer an. Zunächst konnte sie es nicht glauben - wollte es nicht wahrhaben. Doch Rakin hatte unmöglich gelogen. Sie schnappte nach Luft, als Arthurs Ersatzgroßvater-Image in tausend Splitter zerbarst. Wieso hatte sie bisher nie etwas von seinen Problemen bemerkt? Mit verschwommenem Blick fixierte sie den Gehweg vor sich. Allmählich tauchten einzelne Erinnerungsfetzen auf, die sie hätten stutzig machen müssen: Häufiger Alkoholgeruch in Arthurs Räumlichkeiten und der scharfe Geruch seines Kaugummis, der alles übertünchte. Doch ihr war nie in den Sinn gekommen, ihn in dieser Hinsicht zu verdächtigen. Seine Ausreden waren immer recht plausibel gewesen. Sie reichten von spontanem Besuch, mit dem er kurz zuvor ein Gläschen getrunken hatte, bis hin zum Reinigen seiner Übungswaffen mit speziellem Ethanol. Sie schüttelte den Kopf. Noch quälender war die Vorstellung, was er Rakin angetan hatte. Trotz ihrer Abneigung empfand sie fast so etwas wie Mitleid für ihn. Aber was konnte sie tun? Mit Arthur darüber reden? In ihrem Inneren zog sich alles unangenehm zusammen, wenn sie nur daran dachte. Sie wollte am liebsten nichts mehr mit ihm zu tun haben. Inzwischen erreichte sie das Gartentor ihres Elternhauses. Die heikle Angelegenheit hatte Finn den ganzen Weg bis hier hoch beschäftigt und ließ sie nicht mehr los.

In Gedanken versunken ging sie zur Haustür und wollte gerade aufschließen, als ein reumütiges Winseln von der anderen Seite des Gartentors ihre Aufmerksamkeit auf sich zog.

»Diego? Bist du etwa schon wieder ausgebüchst? Wenn ich nur wüsste, wie du immer über diesen blöden Zaun kommst!«

Kopfschüttelnd lief Finn hinüber und ließ ihn herein. Mit eingezogenem Schwanz und angelegten Ohren schlich Diego an ihr vorbei.

»Jetzt tu nicht so, als ob ich dich misshandeln würde«, beschwerte sich Finn und rollte mit den Augen.

Die letzten Worte brannten ihr wie Feuer auf der Zunge. Angespannt kaute sie auf der Unterlippe und sperrte die Haustür auf. Durch die ganze Aufregung war ihr der Appetit gründlich vergangen. Anstatt sich in der Küche eine Mahlzeit aufzuwärmen stapfte Finn gleich in ihr Zimmer und schaltete den Fernseher ein. Sie konnte jetzt keine Stille ertragen. Während der Nachrichtensprecher monoton die üblichen Meldungen zitierte, setzte sie sich Wasser für einen beruhigenden Tee auf, das in Kürze heiß war. Mit leerem Blick beobachtete sie, wie sich die Teeblätter entfalteten, nachdem sie sie übergossen hatte. Sie zog ihre Lieblingstasse aus dem Schrank und schenkte sich ein, bis einzelne Wortfetzen des Moderators sie aufhorchen ließen.

»... Und nun kommen wir zum brisantesten Thema, den mysteriösen Mordfällen im Werdenfelser Land.«

Mit erstarrter Miene blickte Finn über die Schulter zum Bildschirm.

»... Ich schalte zu unserem Reporter mit einem Interview des bisher einzigen Zeugen-«

»Autsch!« Finn zog fluchend ihre leicht verbrühten Finger von der überlaufenden Tasse weg. Schnell wischte sie alles auf und setzte sich auf die Couch.

»... Können sie uns berichten, wie sie das Opfer gefunden haben?«

Die angespannte Stimme des Reporters bereitete Finn eine Gänsehaut. Er hielt dem Zeugen ungeduldig das Mikrofon hin.

»Ich war gestern um etwa 22 Uhr mit dem Auto unterwegs. Als ich bei mir in die Einfahrt einbog, bemerkte ich eine Bewegung am Rande des Scheinwerferkegels. Zuerst habe ich gar nicht kapiert, was los ist, bis ich meinen Nachbarn am Boden liegen sah. Etwas Großes, Schwarzes war bei ihm - vielleicht ein Mann mit einem dunklen Umhang, eventuell war es auch ein Tier. Leider konnte ich nichts Genaues ausmachen, es ging alles so schnell ...«

Die Tasse in Finns Hand zitterte. Beinahe hätte sie erneut etwas verschüttet. Sie presste die Hand auf den Mund, als der Nachrichtensprecher wieder das Wort ergriff.

»Zurück ins Studio. Die Polizei arbeitet mit Hochdruck daran, den Täter zu fassen. Seit einer Woche kümmert sich ein Team aus Sonderermittlern um die Aufklärung der Fälle. Der Bevölkerung wird weiterhin zu erhöhter Vorsicht geraten. Wir halten Sie über den aktuellen Stand der Ermittlungen auf dem Laufenden. Nun zum Wetter ...«

Finn spähte verstohlen in alle Richtungen. Weder von Rakin noch von Alex war an diesem sonnigen Morgen eine Spur auf dem Schulhof zu sehen. Ihr Körper entspannte sich ein wenig, nachdem die Luft rein war. Schnell eilte sie in das Gebäude. Nach ihrer unbeabsichtigten Spionageaktion am Vortag tat sie alles dafür, den beiden aus dem Weg zu gehen. Sie schauderte, wenn sie an Ras Vergeltung dachte. Als hätte er es gerochen, kam er ihr auch schon auf dem Gang entgegen. Ihre Blicke trafen sich. Finn erstarrte vor Schreck in der Bewegung, während sich alle Fasern ihres Körpers schlagartig anspannten. Rakin dagegen wurde kreidebleich. Schnell wandte er den Blick ab und verschwand überstürzt eine Tür weiter in einem der Unterrichtsräume. Finn bemerkte erst jetzt, dass sie die ganze Zeit über den Atem angehalten hatte. Überrascht holte sie Luft. Sie hatte ja mit vielem gerechnet, aber das? Entgeistert zwang sie sich weiterzugehen und erreichte wenig später ihr Klassenzimmer. Dort ließ sie sich energielos an ihrem Platz nieder und rieb sich die müden Augen. Heute war schon Donnerstag. Aus dem Augenwinkel heraus beobachtete sie Lara, die mit stylischen, pinken Kopfhörern ausgerüstet, in ihr Handy vertieft war. Ihr ganzes Auftreten wirkte für Finn wie ein imaginäres Verpiss-dich-Schild. Herr Alba betrat mit einem Stapel Arbeitsblätter das Klassenzimmer und begrüßte die Klasse, bevor er gleich voller Ambition mit einem neuen Thema startete. Alle Schüler ächzten und stöhnten, was Alba aber nicht von seinem Plan abhielt. Finn kapitulierte innerlich. Sie hatte noch nicht einmal den alten Stoff ganz aufgearbeitet. Daneben setzte ihr die Sache mit Rakin zu. In der großen Pause wagte sie kaum auf die Toilette zu gehen, aus Angst, ihm versehentlich über den Weg zu laufen. Sie streckte sich auf ihrem Platz. Wieso konnte in letzter Zeit nicht mal ein einziger Schultag ruhig und normal ablaufen?

»Hey, alles okay bei dir?«

Alex' Stimme ließ sie hochschrecken. Er hatte sich neben ihr auf Laras leerem Platz niedergelassen.

»Hi ... Ich ... Es tut mir so leid wegen gestern! Ich ... Ich wollte nicht-«

»Entspann dich. Ich bin nicht hier, um dir irgendwelche Vorwürfe zu machen. Ra ist nicht sauer. Ich glaube, das Ganze ist ihm einfach nur peinlich, weil du ihn in einem schwachen Moment erwischt hast. Allerdings würde es mich schon interessieren, was du im Filmsaal hinter dem Vorhang zu suchen hattest.«

»Also, ich-« Finn bemerkte entsetzt, dass ihre Wangen heiß wurden. Alex musterte sie herausfordernd.

»Na ja ... Ich ... Es war so ...«, startete sie einen neuen Versuch und erklärte ihm umständlich, wie sie vor Pascal geflüchtet war.

»Verrückter Zufall«, kommentierte Alex nachdenklich und fixierte sie mit forschem Blick.

»Versprich mir, dass du nichts von dem, was du über Rakin gehört hast, an die große Glocke hängst? Er hat wirklich schon genug Probleme.«

»Hey, was denkst du eigentlich von mir? Glaubst du echt, ich geh mit sowas hausieren?«

Finn schnappte empört nach Luft. Die Enttäuschung, dass er sie für eine Tratschtante hielt, traf sie mit voller Wucht.

»Komm wieder runter, ich meinte doch nur-«

Bevor Alex den Satz beenden konnte, setzte sich Melissa neben ihm auf die Tischkante und legte demonstrativ ihren Arm um seine Schulter.

»Hi Alex!«

Mit einer schwungvollen Bewegung warf sie ihr langes Haar nach hinten. Finn erstarrte für einen Augenblick. Waren die beiden etwa zusammen? Alex' perplexer Gesichtsausdruck gab ihr Hoffnung, dass es nicht so war.

»Ähm ... hi. Könntest du das bitte lassen?«

Er machte sich verlegen von ihr los.

»Störe ich etwa?« Melissas Blick pendelte argwöhnisch zwischen den beiden und blieb frostig an Finn hängen.

Hastig schüttelte sie den Kopf.

»Na dann ist ja gut.« Ein verschlagenes Grinsen zierte das Gesicht ihrer Mitschülerin, bevor sie sich wieder Alex zuwandte und Finn geradewegs ignorierte, als wäre sie Luft.

»Ich würde dich gern zu meinem Geburtstag einladen. Am Samstag in zwei Wochen steigt die Party. Mein Vater überlässt uns seine Skihütte oben am Berg, dann können wir so richtig die Sau rauslassen! Markus, Daniel, Laurent und ein paar Mädels sind auch eingeladen. Du kommst doch, oder?«

»Sorry, ich fürchte, da hab ich schon was vor.«

Seufzend wandte sich Alex Finn zu.

»Ich muss los. Wir reden ein anderes Mal.«

Sie nickte verdattert, als er sich aus dem Staub machte. Melissa warf Finn vernichtende Blicke zu, die ihr überdeutlich signalisierten, dass sie sich gefälligst von ihm fernhalten sollte. Danach stolzierte sie schwungvoll aus dem Klassenzimmer. Verdattert sah ihr Finn hinterher. Aus dem Augenwinkel bemerkte sie die Blicke ihrer Mitschülerinnen, die bereits kichernd die Köpfe zusammensteckten. Am liebsten hätte sie sich irgendwo verkrochen, doch allmählich konnte Finn ihr Grundbedürfnis nicht länger ignorieren. Widerwillig verließ sie das Zimmer und steuerte auf direktem Weg die Mädchentoiletten an. Sie wusch sich gerade die Hände, als der erste Gong das Ende der Pause einläutete. Eilig hastete sie in den mittlerweile fast leeren Gang hinaus, doch sie kam nicht weit.

»Hey!«, krächzte Finn erschrocken. Sie spürte den festen Griff einer Hand um ihr rechtes Handgelenk. Ra hatte ihr schon wieder hinter dem Türflügel aufgelauert.

»Verdammt, lass mich los!«, knurrte sie ihn an, doch er ließ nicht locker.

»Schhhhh! Ich muss mit dir reden!«, zischte er und zog sie grob in die entgegengesetzte Richtung, fort von ihrem Klassenzimmer.

»Ich will aber nicht! Lass mich endlich in Frieden!«

Rakin wandte stirnrunzelnd einen Hebelgriff an, bevor Finn auf die Idee kommen konnte, sich ernsthaft zu wehren. Es tat höllisch weh, sobald sie sich dagegen sträubte.

»Au! Bist du wahnsinnig? Was hast du vor?«

Sie erhielt keine Antwort. Er zerrte sie grob weiter und schob sie in den leeren Filmsaal. Erst nachdem die Tür hinter ihm ins Schloss fiel, ließ er sie los. Mit herausforderndem Blick und verschränkten Armen lehnte er sich dagegen.

»Wir müssen reden.«

Statt seiner üblichen taffen Fassade warf er ihr nur verunsicherte Seitenblicke zu. Finn blinzelte begriffsstutzig.

»Und dazu musstest du mich mit Gewalt hier her zerren?«

Er sah mit verschränkten Armen zur Seite.

»Sei mal ehrlich, wärst du freiwillig mitgekommen?«

Finn seufzte.

»Nein ... Hör mal, mir ist klar, dass du sauer bist, nach allem, was gestern passiert ist. Ich wollte nicht lauschen, ehrlich! Dass ich mich im Filmsaal versteckt habe, war Pascals Schuld. Komm schon, lass mich gehen. Die Pause ist längst vorbei!«

Rakin rührte sich keinen Millimeter. Seine Stimme bebte.

»Hör zu, ich ... ich will einfach nicht, dass das über ihn rauskommt. Er ist trotz allem immer noch mein Vater ... Versprich mir, dass du niemandem erzählst, was du gestern gehört hast.«

»Versprochen, ich halte dicht. Aber was passiert dann mit *dir*? Willst du im Ernst weiterhin alles stillschweigend ertragen?«

Sie stutzte. Vor ihren Augen verwandelte sich der von ihr so gefürchtete Rebell in einen gebrochenen jungen Mann.

»Was bleibt mir denn anderes übrig?«

Er glitt mit dem Rücken an der kalten Türfläche hinab und umschlang am Boden seine angezogenen Knie. Finn spürte, wie ihre Verteidigungsmauern in sich zusammenfielen. Sie näherte sich ihm wie ein scheues Tier und ließ sich in einigem Abstand neben ihm an der Tür nieder.

»Hey ... es gibt immer einen Weg.«

Ra reagierte nicht. Er hatte das Gesicht zwischen seinen Knien vergraben.

»Du könntest dich einem Lehrer anvertrauen-«

»Nein!«, unterbrach Ra sie ungestüm.

»Sobald das Jugendamt Wind von der Sache bekommt, kann ich in irgendein Heim umziehen! Aber ... ich will nicht weg von hier.«

Finn musterte ratlos ihre Sneaker.

»Hast du vielleicht Verwandte, bei denen du für eine Weile unterkommen könntest?«

»Nein, nicht dass ich wüsste. Und falls es doch welche gibt, kenn ich sie nicht«, grummelte Rakin mürrisch. Er stutzte kurz und runzelte dann nachdenklich die Stirn. Sein Blick ruhte für einen Augenblick auf Finn, bevor er sich schnell wieder von ihr abwandte.

»Spar dir die Mühe, ich habe inzwischen einen Platz, wo ich vorläufig bleiben kann«, murmelte er kaum hörbar.

»Das ist doch schon mal was. Kann es sein, dass sich bei dir eine Erkältung anbahnt? Du siehst nicht gut aus und deine Ohren sind ganz rot. Bei meinem Vater fängt es auch immer so an. Hier, ich habe noch ein paar Vitaminbonbons.«

Finn zog eine zerknautschte Schachtel aus ihrer Sweater-Tasche.

»Ne, brauch ich nicht!«, knurrte Ra kratzbürstig und schaute demonstrativ in die andere Richtung. Erschrocken wich Finn zurück. Sie hatte keine Ahnung, warum er gleich so übellaunig reagierte. Während sie sich einredete, dass er einfach schwierig war, hörte sie Ra seufzen.

»Wolltest du nicht zurück in den Unterricht?«

Die Frage kam ein wenig spät. Finn erschrak beim Blick auf die Uhr an der Wand schräg gegenüber.

»Es ist schon Viertel nach elf. Weißt du, wie peinlich das ist, wenn ich mitten in den Unterricht hineinplatze? Außerdem habe ich ehrlich gesagt keine Ahnung, was für eine Ausrede ich meinem Lehrer diesmal erzählen soll. Ich denke, ich werde vorerst hierbleiben, bis zum nächsten Stundenwechsel.«

»Na prima«, brummte Rakin.

Ohne es zu wollen, musste Finn kichern. Die ganze Situation fühlte sich so verquer an, schließlich war es seine Idee gewesen, sie hier festzuhalten. Verdutzt schielte Ra zu ihr hinüber.

»Was?«

Finn ließ ihn im Ungewissen und schwieg für einen Moment, bevor sie ein anderes Thema anschnitt, das sie schon seit längerem beschäftigte:

»Sag mal ... warum hast du mir am Montag gegen Pascal geholfen?«

Ra zuckte mit den Schultern und wich erneut ihrem Blick aus.

»Keine Ahnung ... sieh es als kleine Wiedergutmachung für den ganzen Mist, den ich zuvor angestellt hab. War scheiße von mir.«

»Und was war am Abend des Seelenfresserangriffs? War das auch so ein Wiedergutmachungs-Ding? *DU* hast mich vor diesem Monster gerettet, nicht wahr?«

Ra fuhr erschrocken zu ihr herum.

»Verdammt, woher ...?«

Finn zog vielsagend die Augenbrauen nach oben.

»Tja, du dachtest wohl, ich hätte dich die ganze Zeit über für Alex gehalten, was? Habe ich ehrlich gesagt auch, bis sich dein Vater im Krankenhaus verplappert hat.«

Sie nestelte am Saum ihres Ärmels, bevor sie ihm direkt in die Augen blickte.

»Sorry, dass ich mich beim Falschen für die Hilfe bedankt habe. Mir kam es schon komisch vor, als Alex' Stimme in der Dunkelheit auf einmal völlig anders klang. Nachdem Arthur erwähnte, dass du an der Sache beteiligt warst, ergab plötzlich alles einen Sinn! Das bist die ganze Zeit über du gewesen, nicht wahr?«

Ra schien noch etwas röter anzulaufen, als er inzwischen eh schon war.

Statt zu antworten, starrte er mit verschränkten Armen stur geradeaus.

»Ist meine Vermutung richtig, dass Alex sich irgendwo verkrochen hat, während du heimlich den Helden gespielt hast?«, bohrte Finn unnachgiebig weiter.

»Bullshit! Alex hat sich nicht verkrochen. Er wurde am Fuß verletzt und konnte kaum laufen. Was hätte ich denn tun sollen? Dabei zuschauen, wie dieses Monster euch beiden gemütlich die Seelen aussaugt?«

»Hey, komm wieder runter! Ich frage mich nur, warum du das alles für uns getan hast.«

Ra massierte sich ungeduldig die Schläfen.

»Hör zu, ich wollte nur helfen, okay? Außerdem ist Alex mein bester Freund.«

»Na schön, und wie bist du ins Haus gekommen?«

»Was wird das hier? Ein Verhör, oder was? Dank Alex war ich in der Gegend und habe gesehen, wie dieses scheußliche Vieh im Obergeschoss durch ein Fenster eingestiegen ist. Nachdem ich eure Schreie gehört habe, bin ich hinterher geklettert.«

»Willst du mich verarschen?«, entgegnete Finn argwöhnisch. »Es war stockdunkel! Wie konntest du da etwas sehen? Sowas tut doch kein Mensch - außer er ist total bekloppt und obendrein lebensmüde!«

Rakin verdrehte genervt die Augen.

»Bitte! Du kannst von mir aus glauben, was du willst!«

Irritiert fuhr sich Finn durch ihr kurzes Haar.

»Du versuchst mir jetzt also im Ernst zu erzählen, dass du einem Monster in ein fremdes Haus hinterher geklettert bist, ohne zu wissen, was dich dort erwartet?«

»Ja ...«

»Du spinnst doch!«

Finn verkniff sich einen weiteren bissigen Kommentar und rollte mit den Augen.

»Okay, hör zu. Egal, wie es gewesen ist, ich wollte mich nur bei dir bedanken, auch wenn mir schleierhaft ist, warum du das alles für mich getan hast.«

»Für dich? Wie schon gesagt, ich wollte Alex helfen. Du warst nur Beifang«, wich Ra ihr aus.

»Na vielen Dank auch, du Arsch!«

Finn verschränkte die Arme vor der Brust und blickte demonstrativ in die andere Richtung.

»Wenn das so ist, lass mich endlich hier raus! Deine Wiedergutmachungsaktionen kannst du dir künftig sparen.« Sie wollte gerade aufstehen, als sie bemerkte, dass er sie am Saum ihres Pullovers zurückhielt.

»War nicht so gemeint ...«, hörte sie ihn widerwillig nuscheln. Es lag etwas Flehendes in seinem Blick. Finn seufzte, nachdem einige Augenblicke zwischen ihnen Stille geherrscht hatte.

»Na schön. Und was nun?« Aufgewühlt schielte sie zu ihm hinüber. Dabei realisierte sie, wie zerschlissen und abgetragen seine Kleidung wirkte. Seine zerzausten, fast bis zur Schulter reichenden Haare setzten dem Ganzen die Krone auf. Kein Wunder, dass eine Menge Gerüchte über ihn an der Schule die Runde machten. Rakin schien ihren Blick zu bemerken.

»Was?«

Er legte seine Stirn herausfordernd in Falten, bevor sich auf seinem Gesicht eine Mischung aus Missbilligung und Verlegenheit spiegelte.

»Nichts ... «, wiegelte Finn hastig ab. »Ich ... ich habe mich nur gefragt, ob du dieses Monster, das uns angegriffen hat, vorher schon mal gesehen hast, oder mehr darüber weißt.«

Er stutzte.

»Vor einiger Zeit haben Alex und ich ungewollt Arthur und einen seltsamen Besucher belauscht. Sie haben über dieses Monster und andere merkwürdige Dinge geredet. Im Laufe ihrer Unterhaltung wurde uns dann bewusst, dass sein Gast ein früherer Freund aus dem Kreis der Arkana war. Das ist eine geheime Organisation, die sich um die Seelenfresser kümmert. Mehr weiß ich leider auch nicht.«

Über Rakins Lippen tanzte ein schiefes Lächeln und seine

bernsteinfarbenen Augen begannen lebhaft zu funkeln. Zu Finns Enttäuschung verstummte er.

»Was habt ihr damals sonst noch über dieses Wesen herausgefunden? Wo kommt es her?« Ihre Stimme überschlug sich vor Neugier, doch Rakin zuckte nur mit den Schultern.

»Arthur und sein Besucher vermuteten damals, dass diese Kreaturen von jemandem erschaffen werden, der sie im Hintergrund kontrolliert.«

Finn schlang fröstelnd die Arme um ihren Oberkörper.

»Aber ... Wie ist das möglich? Und warum sollte jemand so was machen?«

»Keine Ahnung.«

»Und die Arkana?«, hakte Finn nach. »Wieso habe ich noch nie was von denen gehört?«

»Ich darf nicht über sie reden. Normale Menschen sollten niemals von ihnen erfahren ...« Rakin rieb sich die Schläfen und legte den Kopf schief.

»Andererseits wurdest du eh schon tief genug in die Sache hineingezogen, da ist es nur fair, wenn ich eine Ausnahme mache. Aber versprich mir, dass du niemandem davon erzählst, wenn du unnötigen Ärger vermeiden willst. ... Und das betrifft auch Alex! Du solltest ihm gegenüber ... etwas vorsichtiger sein.«

»Heißt das, er gehört zu den Arkana?«

Anstatt ihre Frage zu beantworten, schwieg Rakin für einen Moment geheimniskrämerisch.

»Sei vorsichtig, was du ihm verrätst, wenn du ihn das nächste Mal anschmachtest.«

»Sag mal, bist du bekloppt? Ich ihn anschmachten?«

»Komm schon, das sieht doch ein Blinder, dass du ihn anhimmelst«, goss Ra weiter Öl ins Feuer. Um seine Mundwinkel spielte ein allwissendes Lächeln.

»Du solltest dich mal im Spiegel sehen, du bist rot wie 'ne Tomate.«

»So ein Schwachsinn!«, fauchte Finn. »Ich gehe jetzt!«

Rakin konnte sich inzwischen nicht länger zurückhalten und prustete vor Lachen lauthals los.

Unbewusst hielt Finn kurz inne. Sie hatte ihn bisher noch nie richtig lachen sehen.

»Was ist daran bitte so witzig?«

»Du siehst aus wie ein tollwütiger Hamster, wenn du dich so aufregst«, kicherte er ungehalten.

Finn wollte gerade zu einem empörten Konter ansetzen, doch sein Gelächter entwaffnete sie.

»Glaub nicht, dass ich das auf mir sitzen lasse.«

Sie fühlte, wie sein Lachen sie ansteckte, aber der Moment währte nicht lange. Der Schulgong ließ sie überrascht aufhorchen.

»Mist! Schon wieder Stundenwechsel«, ächzte Finn, bevor sie sich neben ihm hastig auf die Beine zog. Rakin fuhr sich durch sein wild abstehendes Haar und hielt ihr die Tür auf. Als sie im Gang zusammen auf ihre Klassenzimmer zusteuerten, herrschte betretene Stille zwischen ihnen. Die Zeit im Filmsaal wirkte wie eine seltsame Illusion. Finn blieb unschlüssig vor ihrer Klassenzimmertür stehen.

»Also … ich muss da jetzt rein.«

Sie griff nach der Türklinke, doch Rakin hielt sie erneut zurück.

»Hey … das wollte ich dir schon länger zurückgeben …«

Beschämt zog er ein zerknittertes Stück Papier aus seiner zerschlissenen Sweatjacke und versuchte, es ein wenig zu glätten.

»Da, nimm.«

Wie versteinert fixierte Finn die Zeichnung in seinen Händen, die er ihr vor einiger Zeit in der Pause auf grobe Art entrissen und zerknüllt hatte.

»Sorry, wegen der scheiß Aktion … Du kannst echt gut zeichnen. Das mein ich ernst.«

»Du … Du hast es immer noch?«, stammelte Finn und schnappte überrascht nach Luft. Sie blinzelte, wischte sich mit dem Ärmel über ihr Gesicht und versuchte, ihre Emotionen zurückzudrängen.

»Hey, ich habe das damals nicht so gemeint.«

Ra wich ihrem Blick aus und knetete hilflos sein linkes Handgelenk. Aufgewühlt nahm Finn ihm die Zeichnung ab.

»Du solltest jetzt gehen.«

Ihr Begleiter schluckte schwer. Mit hängenden Schultern wandte er den Blick ab und trottete eine Tür weiter zu seinem Klassenzimmer. Finn sah ihm hinterher, bis er verschwunden war. Vermutlich hatte er Dankbarkeit erwartet, aber sie konnte nicht einfach so tun, als wäre nichts gewesen. Sie holte tief Luft und drückte die Tür zu ihrem Klassenzimmer auf.

NÄCHTLICHTE SCHATTEN

M üde rieb sich Finn über die Schläfen. Sie hatte den ganzen Nachmittag mit Lernen und Hausaufgaben verbracht. Im Untergeschoss hörte sie das Schloss der Haustür klicken.

»Finn, ich habe gebratene Nudeln vom Asiaten mitgebracht. Hast du Lust, mit mir zusammen zu essen?«, rief ihre Mutter aus dem unteren Stockwerk. Sofort hellte sich Finns Laune auf.

»Ich komme!«

Sie flitzte ins Erdgeschoss hinunter, wo sie ihrer Mutter um den Hals fiel.

»Mmmmhhhh! Das duftet ja lecker!«

»Hallo, Schätzchen, tut mir leid, dass es so spät geworden ist.«

Finn winkte ab »Ist nicht schlimm. Wie war´s bei der Arbeit?«

Ihre Mutter machte nur eine abwehrende Geste. »Ach, du weißt schon ... immer das Gleiche.«

Sie hielt inne und drückte ihrer Tochter einen flüchtigen Kuss auf die Stirn.

»Und? Wie war dein Schultag?«

Finn fiel nichts Besseres ein, als Tonlage und Gestik ihrer Mutter exakt zu kopieren.

»Ach, du weißt schon ... immer das Gleiche.«

Sie kicherten beide und verzogen sich an den Küchentisch, wo sie ihre Nudelboxen auspackten.

»Sag mal, hast du das eben auch gehört?«, fragte ihre Mutter nach einer Weile und hielt in der Bewegung inne.

»Was denn?«

Finn lauschte angestrengt. Inzwischen hörte sie es auch. Von draußen drangen gedämpfte Geräusche zu ihnen herein. Neugierig lief sie zum nächsten Fenster und zog den Rollladen einen Spalt nach oben. Ihr Puls raste, sobald sie im schwachen Dämmerlicht der kleinen Garten-Solarlampen die Umrisse des Seelenfressers entdeckte. Er wurde von einer schwarz vermummten Gestalt in Schach gehalten. Die Bewegungen des Unbekannten waren so schnell, dass Finn ihnen kaum folgen konnte. Ihr entfuhr ein überraschter Aufschrei.

»Ma, das musst du dir ansehen!«

»Was ist denn, Finn?«

Ihre Mutter drängte sich zu ihr ans Fenster.

»Sieh nur!«

Finn deutete mit ihrem Finger hinaus in den Garten.

»Da ist doch gar nichts.«

»Hä?« Finn blinzelte verwirrt an die Stelle, wo einen Augenblick zuvor noch der Kampf stattgefunden hatte, jetzt aber gähnende Leere herrschte.

»Da war ein Monster! Ich hab´s genau gesehen!«

»Ich glaube, du schaust zu viele Gruselfilme«, zog ihre Mutter sie kichernd auf.

»Nein, ich schwör´s dir!«

»Sei nicht albern und lass uns essen, bevor die Nudeln kalt werden.«

Seufzend ließ Finn ihren Kopf in den Nacken fallen und folgte ihr an den Küchentisch. Vor Aufregung brachte sie kaum mehr einen Bissen hinunter. Über die Hälfte der Nudeln landeten im Kühlschrank. Auch den Geschichten ihrer Mutter lauschte sie nur noch halbherzig. Das Läuten des Telefons riss Finn aus ihrer

Nachdenklichkeit.

»Ich geh schon ran«, sagte Loreen, bevor sie sich den Hörer des Festnetztelefons schnappte.

»Hallo Arthur, schön von dir zu hören! ... Du willst Finn sprechen? ... Ja, einen Moment bitte.«

Finn blinzelte überrascht, als ihre Mutter ihr das Telefon in die Hand drückte. Sie spürte, wie Rakins Erzählungen über seinen Vater ihr die Kehle zuschnürten.

»Hallo Arthur«, sagte sie monoton.

»Hey Finn, ich konnte dich auf deinem Handy nicht erreichen. Ist alles okay bei dir?« Seine Stimme klang besorgt. Finn blieb weiterhin wortkarg.

»Ja, passt schon.« Es entstand eine unbehagliche Stille in der Leitung, bevor Arthur weiter nachhakte.

»Warum kommst du nicht mehr ins Training? Deine Verletzungen sollten längst verheilt sein.«

Finn schloss die Augen und hielt für einen Moment inne.

»Hör zu, ich werde nicht mehr kommen.«

»Ich verstehe nicht - dir hat es doch immer Spaß gemacht-«

»Wenn du es genau wissen willst, frag Rakin!« Hastig legte Finn auf und starrte apathisch auf das Gerät in ihrer Hand. Das Telefon klingelte erneut, aber sie drückte Arthur sofort weg.

»Finn, was soll denn das?«, fragte ihre Mutter verständnislos.

»Hattet ihr beiden Streit? Was ist passiert?«

»Das ist was zwischen mir und Arthur, Ma. Ich geh nach oben.«

»Hey, jetzt warte doch mal!«

Finn ließ sich nicht aufhalten und stürmte zurück in ihr Zimmer. Von dort spähte sie in die Dunkelheit hinaus. Es war kaum möglich, etwas zu erkennen. Hatte sie sich vorhin etwa alles nur eingebildet? Mit einem flauen Gefühl in der Magengegend ließ sie die Jalousie herunter und lief angespannt wie ein Tiger im Käfig im Zimmer auf und ab.

WILLKOMMEN ZURÜCK

Rakin hielt für einen Moment die Luft an. Er hatte keine Ahnung, was ihn dazu bewegt hatte, wieder zu dem heruntergekommenen Haus mit der abblätternden Fassade zurückzukehren, das er nur widerwillig sein Zuhause nannte. In seinem Inneren herrschte Zerrissenheit. Er schluckte schwer. Mit bleiernen Schritten näherte er sich der altmodischen Holztür und fischte einen rostigen Schlüssel aus seiner Tasche. Das Schloss klickte metallisch beim Öffnen der Tür. Dahinter erwartete ihn der düstere, muffige Gang, den er so sehr vermisst hatte wie Fußpilz im Hochsommer. Ein seltsames Gefühl wühlte sich durch seine Eingeweide, während er die Tür hinter sich ins Schloss fallen ließ. Er versuchte, nicht über die Kisten zu stolpern, die sich im Eingangsbereich stapelten.

»Wer ist da?«

Rakin zuckte zusammen, als er die Stimme seines Vaters aus dem Wohnzimmer hörte. Nur eine Sekunde später öffnete Arthur die Tür und starrte seinen Sohn entgeistert an.

»Ra? Du bist zurückgekommen?«

»Soll ich wieder gehen?«, entgegnete Rakin mit einer Spur Zynismus.

»Was redest du da für einen Mist!«

Ohne Vorwarnung drückte Arthur ihn erleichtert an sich.

»Ähm ... hey ... ist gut jetzt ...«

Widerspenstig machte Rakin sich von ihm los. Er war diese Art von Gesten nicht gewohnt. Als er Tränen in den Augen seines Vaters bemerkte, schaute er verlegen zur Seite.

»Ich bin froh, dass du zurück nach Hause gekommen bist, Ra. Ab heute wird alles anders, versprochen!«

Seine Stimme klang eindringlich, fast beschwörend.

»Okay...«

»Komm rein, Junge! Wenn ich gewusst hätte, dass du hier aufschlägst, wäre ich einkaufen gegangen ... Aber, keine Sorge, ich habe Salamipizza in der Gefriertruhe. Die mochtest du doch früher immer. Es dauert nur ein paar Minuten.«

Zögernd folgte Ra ihm in die Küche. Er stutzte und sah sich überrascht um.

»Du hast aufgeräumt?«

»Ja, ein bisschen.«

Das übliche Chaos aus herumliegenden Zeitungen, dreckigem Geschirr und anderem Krimskrams wirkte nicht so verheerend wie sonst. Sein Vater wühlte verlegen im Eisfach. Mit einem lauten Geräusch fiel der Deckel zu, bevor er die Verpackung entfernte und eine Tiefkühlpizza in die verkrustete Mikrowelle steckte.

»Setz dich. Wie läuft es in der Schule?«

Hastig wischte er mit dem Unterarm ein paar Krümel vom Tisch und setzte sich neben Ra.

»Passt schon«, antwortete Rakin ausweichend.

»Heißt also, du lässt es wie üblich schleifen oder wie soll ich das verstehen?« Arthurs Ton wurde kaum merklich schärfer. Er seufzte und zog einen Umschlag aus teurem Papier aus einem Stapel alter Rechnungen heraus.

»Hier. Das ist vor einiger Zeit für dich gekommen.«

Rakins Pupillen weiteten sich vor Überraschung. Aufgeregt zog er ihm das Kuvert aus der Hand.

»Ist das etwa ...?«
»Ich denke schon.«

NÄCHTLICHER BESUCH

Rakin lag unruhig im Bett, während alle möglichen Dinge durch seinen Kopf geisterten. Er verscheuchte eine Spinne, die an einem Faden über seinem Gesicht baumelte. Sein düsteres Zimmer unter dem Dach sah noch immer so aus, wie er es verlassen hatte. Er hasste die altmodischen, dunklen Möbel aus den 60er Jahren und die öde Blumenmuster-Tapete, die an manchen Stellen bereits abblätterte. Schlaflos starrte er im Dämmerlicht der von draußen hereinscheinenden Straßenlaterne an die schräge Decke. Er wollte es sich nicht eingestehen, aber er machte sich Sorgen. War es wirklich die richtige Entscheidung gewesen, hierher zurückzukommen? Fuck! Er vermisste sie jetzt schon! Die Erkenntnis traf ihn wie ein Schlag ins Gesicht. Frustriert drehte er sich zur Seite und versuchte, eine bequemere Position auf der alten Matratze zu finden, deren Federn bei jeder Bewegung quietschten. Um sich abzulenken, dachte er an all die schönen Momente der vergangenen Wochen, die er nicht hier verbracht hatte. Doch nur allzu schnell schlichen sich Ängste und Zweifel zurück in seine Gedanken. Allein der Inhalt des Briefumschlags lag ihm wie ein Stein im Magen. Aber so wie es momentan aussah, würde er es eh nicht schaffen. Damit war die Sache schon entschieden. Rakin konnte nicht verhindern, dass sich Selbstzweifel und Enttäuschung wie Gift in seinem Körper ausbreiteten. Beschämt tauchte er unter seine Decke ab, als könnte er so allem entfliehen. Trotzdem hörte er das polternde Geräusch aus dem Erdgeschoss. Es war bereits weit nach Mitternacht und sein Vater schlief schon seit einer halben Ewigkeit. Sofort war er hellwach. Sein Puls schnellte in die Höhe. Vorsichtig schlüpfte er aus dem Bett und tastete sich zur Tür vor, in den Gang hinaus. Er lauschte. Irgendetwas war anders wie sonst. Rakin nahm all seinen Mut zusammen und schlich ohne Licht die Treppe hinunter. Er stutzte, als ein feiner Lichtstrahl durch den Spalt der angelehnten Wohnzimmertür fiel. Mit vor Aufregung klopfendem Herzen stahl er sich näher heran. Verwirrt erkannte er seinen Vater, der einem vermummten Besucher gegenübersaß. Leider konnte Ra nur seine Rückansicht sehen.

»... Du hast ihr von der Organisation erzählt? Bist du wahnsinnig? Dank des hier ansässigen Hauptquartiers wimmelt es in dieser Gegend nur so von Arkana. Sollte sie sich ausgerechnet einem von ihnen anvertrauen, bist du geliefert!«, drohte der Fremde. Der Griff um sein Getränk verstärkte sich, bis die Knöchel hervortraten. Arthur rollte mit den Augen.

»Glaubst du etwa, das weiß ich nicht? Komm mal wieder runter, ich habe ihr nur erklärt, dass sie sich um den Seelenfresser kümmern, damit sie keine Angst mehr hat.«

Rakins Augen weiteten sich. Sprachen die beiden etwa über Finn? Er hielt vor Anspannung die Luft an.

»Na gut, ist schließlich dein Risiko«, erklärte der Unbekannte und zuckte mit den Schultern.

»Wie geht es deinem Jungen? Hat sich die Situation zwischen euch gebessert?« Er nahm einen kräftigen Schluck aus seiner Flasche und stützte das Kinn auf die Hand. Arthur dagegen ließ die Schultern hängen.

»Na ja, was soll ich sagen ... Er ist endlich zurückgekommen, aber ich weiß bald nicht mehr, was ich mit ihm machen soll. Heute hat er die Einladung der Arkan Akademie zum Auswahltest geöffnet. Es müsste ein Wunder geschehen, dass er die Zugangsvoraussetzungen bis zum Schuljahresende erfüllt«, hörte er Arthur seufzen. Rakin fühlte sich, als würde ihm jemand eine Faust in den Magen rammen. Es machte ihn wütend, dass sein Vater dieses unangenehme Detail irgendeinem Wildfremden erzählte. Wer war der Vermummte? Sein Herzschlag beschleunigte sich, sobald der merkwürdige Gast erneut das Wort ergriff.

»Vielleicht soll es eben nicht sein, Arthur. Die Arkan Akademie liegt in einer anderen Dimension, weit weg von hier. Viele der Kids, die neu dort ankommen, drehen am Anfang fast durch vor Heimweh. Kann mich noch gut an meine erste Zeit erinnern. War nicht einfach.« Der Unbekannte schüttelte den Kopf, als wollte er alte Erinnerungen abschütteln. Derweil schnappte Rakin vor der Tür nach Luft. Eine andere Dimension! Der Begriff hallte in seinen Gedanken wie ein endloses Echo. Mit offenem Mund drängte er sich näher an den Türspalt, bevor Arthurs Besucher fortfuhr: »Wäre es denn so schlimm, wenn er nicht genommen wird? Ich wundere mich eh, warum du so darauf erpicht bist, ihn in die Obhut der Arkana zu geben, während du einen größeren Bogen um sie machst als um einen dampfenden Misthaufen.«

»Ich habe meine Gründe«, brummte Arthur und verschränkte die Arme vor der Brust.

Ra presste schmerzhaft die Kiefer zusammen. Er ahnte, was wirklich dahintersteckte.

»Na gut, wenn du nicht darüber reden willst, kann ich auch nichts machen«, sagte der Fremde enttäuscht.

»Eigentlich bin ich hier, um dir zu zeigen, was ich über den Neunten Zirkel herausgefunden habe.«

Arthur horchte auf.

»Konntest du etwas über Sarah in Erfahrung bringen?«

Sein Besucher nickte.

»Es gibt Hinweise, die darauf hindeuten, dass sie sie in eine alte Festung gebracht haben, genau hier.« Er reichte ihm eine vergilbte Karte und zeigte mit dem Finger auf einen Punkt.

Arthur runzelte die Stirn.

»In dieser gottverlassenen Einöde?«

»Ja, ich konnte mehrmals beobachten, wie Hubschrauber des Zirkels dort landeten. Ich denke, je verlassener die Gegend, desto weniger kann durchsickern, was sich hinter den Mauern abspielt.«

»Du meinst, ein geheimes Forschungslabor?«, brummte Arthur mit finsterer Miene. Er ballte die Hände zu Fäusten. Sein Besucher räusperte sich.

»Möglich, aber noch konnte ich keine konkreten Beweise dafür sammeln. Der Komplex sieht zwar von außen heruntergekommen aus, ist aber bewacht wie ein Hochsicherheitstrakt. Ohne Hilfe ist es aussichtslos da reinzukommen. Ich weiß nicht, was sie dort genau machen, aber ich bleib dran.« Er warf einen schnellen Blick auf seine Uhr.

»Tut mir leid, Arthur, ich muss los. Du weißt, ich dürfte gar nicht hier sein. Sei vorsichtig und tu nichts Unüberlegtes. Wir haben keine Beweise.«

»Hältst du mich für lebensmüde?«

Rakins Puls rauschte in seinen Ohren, während er sich übereilt von der Tür zurückzog und unter der Treppe versteckte. Nur einen Augenblick später verließen Arthur und der Unbekannte das Zimmer. Er hörte, wie sie sich knapp an der Haustür verabschiedeten. Erst als die Tür ins Schloss fiel und Arthur sich gähnend die knarzenden Stufen hinauf schleppte, wagte er sich allmählich aus seinem Unterschlupf. Ra holte tief Luft und ließ sie langsam aus der Lunge entweichen. Er fühlte sich wie betrunken von all den mysteriösen Informationen, die er aufgeschnappt hatte. Leise stahl er sich zurück in sein Bett und versuchte, sich zusammenzureimen, was das alles zu bedeuten hatte. Während er sich die wildesten Theorien ausmalte, tauchte er allmählich in einen unruhigen Traum ein, der ihn in eine andere Welt entführte.

Die Ampel schaltete auf Grün. Finn überquerte mit ihrem Rad den Fußgängerüberweg. Anstatt zu lernen, hatte sie fast das gesamte Wochenende damit verbracht, nach Diego zu suchen, der sich seit Freitag aus dem Staub gemacht hatte. Es war nicht das erste Mal, dass er fehlte. Das Herumstreunen lag ihm im Blut. Sie kam gerade vom Tierheim, das am Sonntag nur nachmittags geöffnet hatte, aber auch dort gab es keine Spur von ihm. Mit schlechtem Gewissen schaute Finn auf das Display ihres Smartphones. Ihre Eltern hatten bereits fünf Mal versucht, sie zu erreichen. Mit einem Seufzer tippte sie auf Rückruf.

»Finn? Wo steckst du? Warum gehst du nicht ans Telefon? Hast du eine Ahnung, welche Sorgen ich mir gemacht habe?«, hörte sie die aufgekratzte Stimme ihrer Mutter.

»Mam, reg dich ab. Ich bin in fünfzehn Minuten zuhause, okay?«

»Gut, aber trödel nicht, versprochen?«

»Ist gut, ciao.«

Finn verdrehte die Augen. Schweren Herzens machte sie kehrt und trat kräftig in die Pedale. Verschwitzt und erledigt erreichte sie wenig später ihr Elternhaus. Sie war den langgezogenen Berg hinaufgefahren, ohne abzusteigen. Außer Atem drückte sie die Gartentür auf und blinzelte.

»Diego! Wo hast du die ganze Zeit über gesteckt? Ich hab dich überall gesucht!«

Sie stemmte die Hände in die Hüften. Ihr vierbeiniger Freund legte schuldbewusst die Ohren an und schmiegte sich schwanzwedelnd an sie. Finn konnte ihm nicht böse sein. Ein Blick in seine hellbraunen Augen ließ sie dahinschmelzen. Erleichtert schlang sie ihre Arme um seinen Hals, zog ihn an sich und kraulte ihm den Nacken.

»Du bist ein echt gemeiner Halunke! Ich hab den ganzen Ort nach dir abgesucht«, schalt sie ihn.

»Los, ab ins Haus mit uns, bevor es dunkel wird und meine Eltern durchdrehen.«

Finn stellte ihr Rad in der Garage ab und sperrte die Haustür auf.

Sie musste nicht lang warten, bis sich ihr Vater mit verschränkten Armen vor ihr aufbaute.

»Sag mal, wo kommst du so spät her? Hast du eine Ahnung, was für Sorgen wir uns gemacht haben? In der Stadt treibt ein Serienkiller sein Unwesen und du läufst bis Einbruch der Dunkelheit allein draußen herum?«

»Vielen Dank für die nette Begrüßung. Jetzt übertreib mal nicht und krieg dich wieder ein, es ist ja nichts passiert«, maulte Finn trotzig. Sie drückte sich beleidigt an ihm vorbei und verschwand in ihr Zimmer nach oben. Erschöpft glitt sie mit dem Rücken am Türblatt hinab und ließ ihren Kopf nach hinten fallen.

»Mann, die werden immer hysterischer ...«

Sie seufzte erledigt. Diego drängte sich zwischen ihren Beinen hindurch und leckte ihr aufmunternd über die Wange.

»Ich hab dich auch lieb, mein Süßer. Komm, lass mal sehen. Hast du dich wieder mit einer Katze angelegt?«

Mit schiefem Lächeln kraulte sie seine zerfurchte Wange.

»Keine Sorge, das ist bald verheilt.«

Diego kuschelte sich an sie. Finn hatte das Gefühl, dass er heute noch anhänglicher war als sonst. Während sie ihn knuddelte, fühlte sie, wie der Frust über das Verhalten ihrer Eltern allmählich verrauchte.

ZWISCHEN TRÄNEN UND EINHORNPFLASTERN

M üde schleppte sich Finn an diesem Montagmorgen ins Klassenzimmer. Sie stutzte. Jemand hatte ihren Tisch mit gemeinen Sprüchen, Schimpfworten und anzüglichen Kritzeleien beschmiert. In der Mitte klebte ein verschmierter Kaugummi.

»Igitt, wie eklig«, hörte sie zwei Mitschülerinnen leise tuscheln, die sich an ihrem Tisch vorbeischoben. Die Jungs hinter ihr kicherten schadenfroh, andere ignorierten den Vorfall.

»Wer war das?«, fragte Finn mit bebender Stimme, doch die meisten zuckten nur mit den Schultern. Sie hörte das Blut in ihren Ohren rauschen und fixierte fassungslos die Schmierereien.

»H-hier nimm.« Mit einem Blick zur Seite bemerkte Finn Lara, die gerade erst gekommen sein musste. Sie hatte ihre markanten Kopfhörer abgesetzt, hinter denen sie sich üblicherweise versteckte und hielt ihr eine Packung Desinfektionstücher hin.

»Damit kriegst du es leichter weg.«

Finn zögerte einen Moment, um die Tränen herunter zu schlucken, die ihr in den Augen brannten.

»Danke.«

Hastig nahm sie Laras Angebot an und begann zu schrubben. Sie hatte gerade den letzten Rest beseitigt, als Herr Alba das Klassenzimmer betrat und seine Sachen auspackte. Finn schenkte ihm kaum Beachtung. Aus ihrer Erfahrung wusste sie, dass es wenig brachte, das Vorkommnis zu melden. Wenn niemand etwas gesehen hatte oder alle Beteiligten dichthielten, konnte ihr Lehrer nur leere Drohungen aussprechen. Sie kämpfte mit ihren verletzten Gefühlen, die sich nur schwer beherrschen ließen. Wie durch eine Wand aus flüssigem Glas registrierte sie, dass Herr Alba mit dem Unterricht begann, doch seine Worte zogen bedeutungslos an ihr vorbei. In diesem Zustand saß sie die Zeit bis zur Pause ab. Mit hängenden Schultern ging Finn zur Toilette. Verbittert ballte sie die Hände in ihren Sweatertaschen zu Fäusten, bevor sie den Rest des Weges rannte. Nachdem sie sich in eine der Kabinen eingeschlossen hatte, lehnte sie sich gegen die kalte Trennwand und versuchte, tief durchzuatmen. Gerade als sie sich etwas beruhigt hatte, betrat eine kleine Gruppe schnatternder Mädchen den Raum.

»... und hast du ihr Gesicht heute früh gesehen? Ich dachte echt, jetzt heult sie gleich«, hörte Finn, Melissa spotten.

»Ja, keine Ahnung, was Alex an ihr findet. Du solltest ihr zeigen, wo ihr Platz ist«, kicherte eine ihrer Freundinnen. Melissa lachte schrill.

»Willst du damit etwa andeuten, ich wäre eifersüchtig auf Miss Shorty? Mal ehrlich: Mit der Frisur geht sie fast als Junge durch. So viel schlechten Geschmack würde ich Alex nicht mal in meinen Albträumen zutrauen. Los, lasst uns abhauen und schauen, wo er steckt. Ich hab keine Lust, schon wieder dabei zuzusehen, wie er sich mit IHR unterhält.«

Erste Tränen bahnten sich unaufhaltsam einen Weg über Finns Wangen, sobald die Mädchen kichernd den Raum verließen. Sie schlang die Arme um ihren Oberkörper und versuchte, das Gefühl aus Ohnmacht und Wut in ihrem Inneren zurückzudrängen. Nach ein paar tiefen Atemzügen huschte sie aus der Kabine zu den

Waschbecken. Ihr verheultes Spiegelbild blickte ihr aus großen, geröteten Augen entgegen. Mit einem Papierhandtuch beseitigte sie die letzten Spuren ihrer Tränen, doch die Traurigkeit konnte sie nicht wegwischen. Sie holte tief Luft, bevor sie sich dazu durchringen konnte, die Mädchentoilette zu verlassen. Immer wieder zerfloss die Umgebung vor ihren Augen zu einem unscharfen Gebilde. Die wenigen Schüler, die sich an diesem sonnigen Tag noch im Gebäude herumtrieben, wichen ihr aus oder ignorierten sie. Nur einer blieb stehen. Finn blinzelte und versuchte zu erkennen, wer der Junge mit der tief ins Gesicht gezogenen Kapuze vor ihr war. Überrascht hielt sie an, als sie realisierte, dass Rakin sie beobachtete. Unter seinen Augen lagen dunkle Schatten und schräg über seine rechte Wange zog sich eine blutige Schramme. Das Auffälligste war jedoch sein linkes, blau angeschwollenes Auge. Als sie bemerkte, dass sie ihn anstarrte, wandte sie hastig den Blick ab.

»Hey, alles in Ordnung mit dir?«, fragte er geradeheraus. Sie nickte und wischte sich mit einem Ärmel verstohlen die Beweise ihres Kummers aus dem Gesicht. Rakin zog ungläubig die Augenbrauen nach oben.

»Verarsch mich nicht. Das sieht selbst ´n Blinder, dass es dir scheiße geht.«

»Na ja ... du siehst auch nicht gerade besser aus«, stellte Finn fest. »Hast du dich mit jemandem geprügelt?«

Sie versuchte, das Zittern in ihrer Stimme zu unterdrücken. Seufzend zog sich Ra die Kapuze noch etwas tiefer ins Gesicht, bevor er Finn wie üblich am Handgelenk packte.

»Komm mit.«

»Wo ... wo willst du hin?«

»Irgendwohin, wo uns so schnell niemand findet.«

Er verstärkte den Griff um ihr Handgelenk und zog sie in die entgegengesetzte Richtung, aus der sie gekommen war. Verwirrt folgte Finn ihm in den Nordflügel, der dank seiner Abgelegenheit in den Pausen nur selten frequentiert war. Auf den breiten Steinstufen einer

Treppe ließ Ra sich nieder und fixierte sie mit seinem intensiven Bernsteinblick.

»Jetzt erzähl schon, was passiert ist.« Er klopfte einladend mit der Handfläche auf den freien Platz neben sich. Finn ließ sich seufzend zu ihm auf die Treppe fallen. Sie spürte, wie die Tränen erneut hochkamen. Während sich ihre aufgestauten Gefühle ein weiteres Mal Luft machten, schlang sie die Arme hilflos um die angezogenen Knie. Für eine ganze Weile herrschte nur ihr Schluchzen zwischen ihnen, bis sie sich langsam etwas beruhigte.

»Melissa ist sowas von beschissen! Ach, was sag ich, die ganze Klasse ist scheiße! Keiner wollte rausrücken, wer meinen Tisch verschmiert hat, dabei wussten es sicher alle!«

Ra rückte unbeholfen ein Stückchen näher.

»Was war denn los?«

Finn wehrte mit einer wegwerfenden Geste ab.

»Die gleiche Kacke, die du mit mir bis vor kurzem abgezogen hast.« Sie putzte sich lautstark die Nase und besann sich eines Besseren.

»Sorry, ich wollte nicht-«

»Ist schon okay. Das war saublöd von mir, aber ich kann´s nicht mehr ändern«, unterbrach Ra sie mit hängenden Schultern.

»Wenigstens hast du dich entschuldigt ...«

»Heißt das, du hast meine Entschuldigung angenommen?« Er schielte überrascht zu ihr hinüber.

»Vielleicht ...«

Ein scheues Lächeln huschte für einen Moment über Finns tränenverschmiertes Gesicht und spiegelte sich bei Rakin wider. Sie holte tief Luft, bevor sie ihm die Geschichte mit ihrem Tisch in allen Details schilderte.

»Und vorhin, in den Toilettenräumen, höre ich die Lästerkühe aus der letzten Reihe voll über mich herziehen! Sie sagen, ich sehe aus wie ein Junge!«

Wütend deutete sie mit dem Zeigefinger auf ihre Haare.

»Dann sind die ganz schön blind.«

Finns Blick huschte zu Rakin hinüber. Hatte er das ernst gemeint? Er fixierte nachdenklich den Boden, bevor er zögernd hinzufügte: »Auch wenn es vielleicht nicht so aussieht, ich weiß nur zu gut, wie beschissen sich das anfühlt. Es ändert sich aber erst, sobald du anfängst, dich zu wehren. Lass nicht zu, dass sie auf dir rumhacken.«

»Leichter gesagt als getan ...«

»Ich weiß. Aber sonst wird es nie besser.«

Finn zog die Augenbrauen nach oben.

»Und wie würdest du an meiner Stelle reagieren?«

Rakin grinste breit.

»Auge um Auge!«

»Nicht dein Ernst, oder?« Sie schüttelte den Kopf, bevor sich ein schiefes Lächeln auf ihren Lippen ausbreitete.

»Das sieht dir ähnlich. Apropos Auge. Was ist mit dir passiert? Du siehst ganz schön fertig aus.«

Sie beugte sich zur Seite, um sein Gesicht unter der Kapuze genauer zu betrachten. Rakin wich ihr seufzend aus.

»Das ist eine verdammt lange Geschichte.«

»Macht nichts, ich hab Zeit.«

Sie blickte ihn erwartungsvoll an. Plötzlich kam ihr eine Idee. Eine Weile kramte sie in ihrer Westentasche.

»Juhu! Es ist noch eines übrig!«

Sie zog grinsend ein Pflaster hervor.

»Lass stecken, das heilt von selbst«, wiegelte Rakin forsch ab, aber Finn ließ nicht locker.

»Jetzt halt schon still und stell dich nicht so an!«

Sie streifte seine Kapuze zur Seite und klebte ihm das Pflaster auf seine zerschrammte Wange, während er die Prozedur widerwillig über sich ergehen ließ.

»So, fertig.«

Finn kicherte leise in sich hinein. Sie hatte ihm verschwiegen, dass es ein buntes Einhornpflaster war.

»Was ist so witzig?«

Ra wandte ihr sein Gesicht so unverhofft zu, dass ihre Blicke sich trafen. Er war viel zu nah. Die Intensität seiner Bernsteinaugen brachte sie aus der Fassung. Finn wurde heiß. In ihrem Kopf tobte ein Hurrikan, der offenbar gerade ihr Sprachzentrum verwüstete.

»Ich ... äh ... also ...«

Schnell wich sie vor ihm zurück, bevor das Geräusch näherkommender Schritte sie aufschrecken ließ.

»Alex? Was suchst du hier?«

»Das könnte ich euch auch fragen- Scheiße, Rakin! Wie siehst du denn aus?«, platzte es erschrocken aus ihm heraus. »Stimmt, du hast immer noch nicht erzählt, wer dich so zugerichtet hat«, warf Finn Ra vor, nachdem sich ihr Herzschlag etwas normalisiert hatte. Rakin stützte den Kopf auf seine Knie.

»Willst du das wirklich wissen?« Seine Stimme klang heiser.

»Jetzt rück schon raus damit«, drängte Alex und ließ sich rechts neben Ra auf den Stufen nieder.

»Hat dich Pascal vermöbelt?«

»Nein.«

»Willst du damit etwa sagen ... Arthur?«

Ra nickte verbittert.

»Ich habe also Recht«, schlussfolgerte sein Freund und sog dabei lautstark die Luft ein. Finn stand vor Fassungslosigkeit der Mund offen.

»Ist das wahr? Wie ist das passiert?«

Rakin ließ den Kopf hängen und verschränkte die Hände im Nacken.

»Ich bin übers Wochenende zu ihm zurück und hab ihn dabei erwischt, wie er getrunken hat ... Hab ihn zur Rede gestellt. Er war schon ziemlich voll.«

»Und dann?«

»Frag lieber nicht.«

Rakin zog sich seine Kapuze tief ins Gesicht, während die anderen beiden für einen Moment sprachlos waren. Es dauerte eine Weile, bis Alex die Stille brach.

»Hey ... Wenn du magst, kannst du bei mir einziehen. Ich werde gleich heute meine Eltern fragen-«

»Lass stecken. Ich habe schon einen Platz zum Pennen«, wimmelte Ra ihn ab. Alex zog die Augenbrauen nach oben.

»Wieder dein mysteriöses Asyl, wie? Ich dachte, du hättest keine Verwandten?«

»Habe ich auch nicht.«

»Wo verkriechst du dich dann? Sag bloß, du hast eine Freundin, von der du mir noch nichts erzählt hast.«

Ra verdrehte die Augen.

»So ein Schwachsinn!«

»Du bist aber ganz rot im Gesicht. Los, spuck es aus! Wer ist sie? Wie sieht sie aus? Kenne ich sie?«

»Halt die Klappe! Das geht dich gar nichts an.«

»Ich versteh schon, was hier los ist«, konterte Alex allwissend, bevor er schroff von Ra unterbrochen wurde.

»Hör endlich auf so einen Mist zu verbreiten! Ich erzähle dir, dass ich zuhause vermöbelt werde und du hast nichts Besseres zu tun, als mir irgendeinen Scheiß zu unterstellen.«

»Hey, ist schon gut. Reg dich ab.«

»Jetzt kommt mal beide wieder runter. Ra, du musst dir Hilfe suchen. Das kann so nicht weitergehen«, mischte sich Finn ein, aber Rakin schüttelte nur widerspenstig den Kopf.

»Jetzt fang du nicht auch noch damit an. Ich hab doch schon gesagt, dass ich keinen Bock darauf hab, in ein Heim gesteckt zu werden.«

Finn verdrehte die Augen.

»Ich meine es ja nur gut. Sei doch nicht so stur!«

»Das kannst du laut sagen«, pflichtete Alex ihr bei.

»Stur oder nicht – hört auf, euch in meine Angelegenheiten einzumischen! Ich komm klar, okay?!«

Alex ließ frustriert den Kopf hängen, während Finn lautstark seufzte.

»Warum habe ich das Gefühl, dass du das nur sagst, damit wir dich in Ruhe lassen?«, setzte sie nach.

»Was soll ich denn noch machen, dass ihr mir glaubt?«

Ra fixierte eine Weile schweigend seine zerschlissenen Sneaker.

»Na schön. Hab kapiert, dass du nicht darüber reden willst.« Alex verschränkte die Arme vor seiner Brust und schielte zu Ra hinüber. Schließlich klopfte er ihm kameradschaftlich auf die Schulter.

»Du weißt, dass du jederzeit zu mir kommen kannst, wenn du Hilfe brauchst, okay?« Sein Freund nickte.

»Danke, ich weiß dein Angebot echt zu schätzen, Kumpel.« Finn legte den Kopf schief.

»Na prima. Dann lasst uns das Thema feierlich unter den Teppich kehren«, brummte sie ironisch.

»Habt ihr in den Nachrichten die mysteriösen Morde verfolgt?«

Ra nickte angespannt.

»Ja, es kommen ständig neue Opfer dazu.«

»Glaubst du, der Seelenfresser steckt dahinter?«

»Ich habe keine Zweifel daran, man muss nur eins und eins zusammenzählen. Ich krieg Bauchweh beim Gedanken, dass dieses Vieh mit jeder erbeuteten Seele immer stärker wird.«

Finn vergrub das Gesicht in den Händen.

»Ich hab eine Scheißangst, dass es zurückkommt.«

»Mach dich nicht verrückt«, versuchte Rakin sie zu beruhigen, »Ich bin sicher, dass die Arkana mit Hochdruck daran arbeiten, diesen Seelenfresser zu erwischen.«

»Hast du ihr etwa von den Arkana erzählt?« Alex durchbohrte Ra mit tadelnden Blicken. Er nickte zerknirscht. »Nur ... ein ganz kleines Bisschen ...«

Alex klatschte sich demonstrativ mit der Handfläche gegen die Stirn.

»Du hast was?!«

»Jetzt tu nicht so übertrieben! Sie weiß doch eh schon Bescheid. Meinst du nicht, wir sollten ihr allmählich die Wahrheit sagen?«

»Welche Wahrheit?«, mischte sich Finn ein.

Ra musterte sie schweigend, bevor er die angespannte Stille brach.

»Mein Vater war früher ein Mitglied der Arkana ... und ich ... ich bin sein Nachfolger.« Er fixierte Alex mit forderndem Blick. Sein Freund wirkte zunächst verunsichert, gab sich bald aber doch einen Ruck.

»Na schön, lassen wir die Hosen runter. Mein Großvater war ebenfalls ein Arkanamitglied. Ich hab erst vor kurzem erfahren, dass ich sein Nachfolger sein soll. Er hat das alles bis zu seinem Tod vor mir geheim gehalten.«

»Heißt das, ihr werdet bald dieser Organisation beitreten?« Finns Blicke pendelten unruhig zwischen den beiden. Sie wartete nicht auf eine Antwort.

»Ich schwöre, ich erzähle keiner Menschenseele von eurem Geheimnis.«

»Na hoffentlich«, entgegnete Alex. »Ich hoffe, ich bereue das hier nicht irgendwann.« Unruhig strich er sich eine dunkelblonde Strähne aus den Augen.

»Jetzt scheiß dich nicht ein«, spottete Rakin. »Soll ich dir verraten, wen Arthur als Finns Wache einspannen konnte?«

»Na rück schon raus damit.«

»Ich habe dir doch früher oft von Serafin erzählt.«

Alex sah aus, als würden ihm gleich die Augen herausfallen.

»Meinst du etwa Serafin Elrayo? Nicht dein Ernst!«

Rakin nickte aufgeregt.

»Was ist mit dem Typ? Taugt er für den Job?«, hakte Finn nach.

»Soll das ein Witz sein? Arthur hat mal behauptet, er sei einer der talentiertesten jungen Seelenfresser-Assassinen in den Reihen der Arkana!«, schwärmte Alex, als würde er über die neueste Errungenschaft in seiner Gaming-Sammlung reden.

»Frag Ra, er ist mit ihm zusammen aufgewachsen.«

»Heißt das etwa, der Kerl ist so alt wie wir?« Finn zog ungläubig eine Augenbraue nach oben.

»Quatsch! Er ist Anfang zwanzig« erklärte Alex augenzwinkernd.

Sie atmete erleichtert auf und wandte sich an Rakin.

»Wie seid ihr Freunde geworden?«

»Serafin und ich waren in meiner Kindheit Nachbarn«, erzählte Ra. »Er wohnte nur ein Haus weiter und war wie ein großer Bruder für mich. Wir hatten immer einen guten Draht zueinander, bis er seine Ausbildung bei den Arkana antrat. Seitdem höre ich leider nur noch sporadisch von ihm.«

Finn bemerkte die Enttäuschung in seiner Stimme.

»Ich glaube, ich habe ihn vor kurzem draußen gesehen, wie er mit dem Seelenjäger gekämpft hat. Vielleicht entdecke ich ihn heute, wenn ich abends von meinem Balkon Ausschau halte. Ich könnte ihm sagen, er soll sich mal wieder bei dir melden.«

»Blödsinn!«, unterbrach Rakin sie sofort.

»Du bleibst gefälligst im Haus und rührst dich nicht vom Fleck, sobald es draußen dunkel wird! Schon vergessen? Der Seelenfresser macht vielleicht immer noch Jagd auf dich.«

»Okay, ich hab kapiert, dass das eine scheiß Idee ist. Trotzdem würde mich brennend interessieren, wie jemand von den Arkana aussieht.«

»Ganz normal, also LASS ES BLEIBEN!« Rakin verlieh seiner Aussage mit bohrendem Blick Nachdruck.

»Ja-ha! Hab verstanden«, murrte Finn und streckte ihm die Zunge heraus. Warum musste er immer gleich so überreagieren?

»Sei nicht beleidigt.« Alex stützte den Kopf auf sein Knie. »Es ist besser, wenn du nicht zu sehr in die Angelegenheiten der Arkana verwickelt wirst. Serafin hat sicher strenge Vorschriften, sich dir unter keinen Umständen zu nähern. Er-«

Der Pausengong unterbrach ihn.

»Wir müssen los.« Die beiden Jungs zogen sich auf die Füße, nur Finn blieb auf den kalten Stufen sitzen. Sie vergrub den Kopf zwischen ihren Armen, die sie auf den angezogenen Knien aufgestützt hatte.

»Ich hab keinen Bock auf Unterricht!«, nörgelte Ra widerstrebend und sprach ihr dabei aus der Seele.

Alex boxte ihn freundschaftlich mit der Faust in die Schulter.

»Mach kein Drama. Wenn der Unterricht nur aus Pause bestünde, könnten wir uns den ganzen Zirkus hier sparen.«

»Trotzdem. Ich bring den Typen um, der Schule erfunden hat!«

»Ja-ja, beschwert euch nur. Wenigstens müsst ihr nicht wie ich nach dem Unterricht noch zwei Stunden überbrücken, um dann von vier bis sechs eine öde Übungsgruppe zu besuchen«, ächzte Finn. Sie fixierte deprimiert den Boden vor sich. Eine plötzliche Bewegung in ihrer Nähe lenkte sie ab. Rakin lieferte sich ein Wortgefecht mit Alex, streckte dabei aber unauffällig die Hand zu ihr nach hinten. Verwirrt starrte Finn auf seine Finger. Bevor sie wusste, wie ihr geschah, packte er sie am Handgelenk und zog sie auf die Füße.

»Beeil dich, sonst kommen wir noch zu spät.«

Schnell zog sie ihre Hand zurück und ließ sich auf dem Rückweg zum Klassenzimmer etwas hinter den beiden zurückfallen. Vor Ras Klasse trennten sie sich.

»Ciao, Ra. Bis später!«, rief Alex ihm hinterher. Finn stand stumm daneben und wusste nicht, wie sie reagieren sollte. Letztendlich entschied sie sich dazu, ihm zu winken.

»Macht´s gut, ihr beiden.« Rakin winkte mit schiefem Lächeln zurück.

Alex schielte nachdenklich zu ihr hinüber.

»Ich sag es ungern, aber seit er nicht mehr bei Arthur wohnt, hat er sich irgendwie verändert.«

»Trotzdem ... Ich hab ein komisches Gefühl. Hoffentlich geht da alles mit rechten Dingen zu«, zweifelte Finn.

»Ja, ich mach mir auch Sorgen. Aber es erleichtert mich, zu wissen, dass er von Arthur weg ist ... «

Finn umklammerte ihr Handgelenk, als sie zu Alex aufschaute.

»Seit ich weiß, wie er Rakin behandelt, dreht sich mir der Magen um. Ich habe keine Ahnung, wie ich mich Arthur gegenüber verhalten soll ...«

»Das Problem habe ich schon gelöst. Vor ein paar Tagen habe ich ihm die Meinung gesagt und mich bei ihm abgemeldet. Mir tut es echt leid, aber wenn ich nur daran denke, was er Ra antut, werde ich stinksauer!« Alex ballte die Hände zu Fäusten, bevor er die Anspannung seines Körpers mit einem Seufzer entließ.

»Komm, lass uns reingehen. Die Stunde fängt gleich an.«

Finn nickte und folgte ihm mit nachdenklicher Miene.

AUGE UM AUGE

Finn streckte sich gähnend. Die letzte Stunde des regulären Unterrichts war endlich vorbei. Sie schielte zu Lara hinüber, die bereits ihre Sachen zusammenpackte.

»Hey ... Danke für deine Hilfe heute früh. Hättest du Lust mit mir zum nächsten Bäcker zu laufen? Ich lade dich auf eine Butterbreze ein. Wir müssen schließlich die Zeit bis vier irgendwie totschlagen.« Finn setzte ein einladendes Lächeln auf. Überrascht fuhr Lara zu ihr herum und strich sich nervös eine Strähne ihres blonden Haares aus dem Gesicht.

»Sorry, ich ähm ... Ich hab noch was zu erledigen.«

Hastig setzte sie ihre Kopfhörer auf und rauschte davon. Finn wandte kopfschüttelnd den Blick ab. Seufzend packte sie ihre Sachen weg und verließ als Letzte den Raum.

»Hey.«

Sie zuckte überrascht zusammen.

»Rakin? Was machst *du* hier?«

»Musst du nicht zwei Stunden bis zum Nachmittagsunterricht überbrücken? Ich dachte, vielleicht hast du Lust auf eine Privatvorstellung. Der Filmsaal ist offen und ich kann mich erinnern, dass da eine Menge guter Filme rumliegen.« Er zwinkerte ihr spitzbübisch zu. Ein Schlüsselbund baumelte demonstrativ an seinem Zeigefinger.

»Hast du den etwa einem Lehrer geklaut?«

»Schhhhh, nicht so laut. Komm mit.«

»Na, wie hat dir der Film gefallen?«, wollte Rakin wissen.

»Ich fand ihn ziemlich lustig, aber ich konnte mich kaum entspannen. Jedes Mal, wenn Schritte auf dem Gang waren, hatte ich Angst, dass wir erwischt werden«, gestand Finn, als sie aus dem Filmsaal schlichen.

Ra verdrehte die Augen. »Sei nicht so ein Angsthase.«

»Bin ich gar nicht! Los, lass uns von hier verschwinden.« Kurze Zeit später erreichten sie einen Seitenausgang und traten auf den leeren Pausenhof hinaus.

»War doch eine gute Idee von mir, oder?«, fragte Rakin mit schiefem Lächeln. Er lehnte sich lässig mit dem Rücken gegen die Mauer. Finn nickte.

»Machst du sowas öfter?«

»Denkst du etwa, ich-«

»Sieh an, wen haben wir denn da? Das Mauerblümchen aus der 9a und den asozialen Penner aus der 9c. Was für ein hübsches Paar!«

Erschrocken fuhren Rakin und Finn herum. Pascal und vier seiner Freunde steuerten auf sie zu.

»Halt die Fresse, du Wichser!«, knurrte Ra mit bedrohlichem Unterton. Finn erstarrte, als sie bemerkte, wie sich alle Muskeln seines Körpers anspannten. Sie ahnte, auf was das hinauslief. Pascal kam Rakin gefährlich nahe und reckte provokativ das Kinn.

»An deiner Stelle würde ich nicht so große Töne spucken. Wir haben noch eine Rechnung offen, schon vergessen?« Er schubste ihn angriffslustig von sich weg. Rakin biss die Zähne zusammen, als er sich vom Boden hochrappelte.

»Ja-ja! Blas dir nur die Hose auf! Mit Großmäulern wie euch werde ich auch allein fertig!«

Seine Bernsteinaugen wurden schmal wie die eines Tigers, der im Begriff war, sich auf seine Beute zu stürzen.

»Verschwinde, ich kümmere mich um die Amöbenhirne«, flüsterte er Finn leise zu, bevor er sich zwischen sie und Pascal schob.

Ihr Herzschlag beschleunigte sich, während sie in ihren Gedanken fieberhaft alle Möglichkeiten durchging. Einen Lehrer zu holen konnte ewig dauern, bis dahin hatten sie Ra vielleicht schon fertiggemacht. Pascals erster Schlag ließ sie zusammenzucken. Rakin blockte erfolgreich ab und setzte sofort zu einem Konter an. Mit einem kräftigen Stoß schubste er ihn rücklings in die Gruppe seiner Freunde, die zunächst überrascht waren, dann aber gemeinsam über Rakin herfielen. Trotz ihrer Überzahl hielt er sich wacker und teilte ordentlich aus. Finn war verblüfft von seiner Furchtlosigkeit. Für einen Moment hatte sie die Hoffnung, er könnte gewinnen, bis einer der Typen eine Deo-Sprühdose aus seiner Jackentasche zog.

»Pass auf!«, versuchte Finn ihn noch zu warnen, doch er reagierte zu spät und bekam eine volle Ladung Chemie ins Gesicht. Das Zeug musste höllisch brennen. Ra rieb sich wie besessen seine geröteten Augen, die nicht aufhören wollten zu tränen. Seine Gegner rappelten sich der Reihe nach auf.

»Das hast du jetzt davon!«, grölte Pascal schadenfroh und drosch auf seinen wehrlosen Rivalen ein. Seine Freunde machten sofort mit. Rakin wurde von einem Hagel wüster Tritte, Schläge und Beschimpfungen getroffen, ohne viel mit seinen orientierungslosen Kontern ausrichten zu können. Er war fast blind. Hilflos versuchte er sich mit den Armen vor weiteren Treffern zu schützen. Plötzlich wurde der Erste der Fünf jäh von ihm heruntergerissen. Ra hörte ihn ächzen, bevor die anderen für einen Augenblick verdattert innehielten.

»Mensch, Fred! Lass dich nicht von einem beschissenen Mauerblümchen vermö-«

Pascal schaffte es nicht, seinen Satz zu beenden. Er war als Nächster dran. Finn verpasste ihm einen gezielten Handballenschlag mitten ins Gesicht, der ihm sofort die Tränen in die Augen drückte. Ächzend taumelte er rückwärts und fasste sich an seine blutende Nase, die rasant anzuschwellen begann. Sein Kumpel lag am Boden und hielt sich stöhnend die Rippen, was augenblicklich eine abschreckende Wirkung auf die anderen hatte. Ohne zu zögern, knöpfte sich Finn den nächsten Jungen vor, den sie auf ähnlich effektive Art schachmatt setzte. Der Rest der Bande suchte fluchend das Weite.

»Verpisst euch!«, brüllte sie ihnen hinterher. Ihre Stimme überschlug sich. Rakin wischte sich immer noch ächzend die Augen. Ohne groß darüber nachzudenken, packte sie ihn am Ärmel und zog ihn zurück ins Gebäude.

»Was hast du vor?«, krächzte er.

»Das wirst du gleich sehen.«

Wenige Meter weiter schob sie ihn durch die Tür der nächstgelegenen Jungentoilette, direkt zu den Waschbecken.

»Wasch dir deine Augen aus. Und lass das später unbedingt von einem Arzt ansehen«, drängte sie.

Ra hielt sein Gesicht unter das fließende Wasser. Es dauerte eine Weile, bis er prustend wieder auftauchte und sich mit Papierhandtüchern abtrocknete.

»Schon besser?«, fragte Finn vorsichtig.

»Ja, geht.«

Er fixierte sie jäh aus seinen geröteten, leicht geschwollenen Augen.

»Danke ...«

»Wofür?«

»Frag doch nicht so blöd! Du weißt schon ... Du kannst echt ganz schön krass sein, wenn du willst.« Seine Lippen verzogen sich zu einem spöttischen Lächeln. Finn wurde blass.

»Ich weiß nicht, ob ich darauf stolz sein sollte. Meine Eltern würden mich lynchen, wenn sie wüssten, auf welche Weise ich die

Typen vorhin vermöbelt habe. Die Techniken, die ich benutzt habe, sind nur für den Notfall.«

»Das WAR ein Notfall!«

Finn umklammerte verunsichert ihren Brustkorb.

»Das ist Auslegungssache. Wenn Pascal und seine Truppe petzen, sind wir geliefert!«

»Hey, beruhig dich. Dazu muss Pascal erst mal sein aufgeblähtes Ego falten, um den Lehrern zu erzählen, dass er von *einem Mauerblümchen* geschlagen wurde.«

»Fängst du jetzt auch noch damit an? Ich hasse dieses Wort!«

»Reg dich ab, vielleicht bist du bald bekannt als das Killerblümchen«, scherzte Ra amüsiert.

»Ha-ha. Sehr witzig!«

Das plötzliche Aufschwingen der Tür ließ die beiden erschrocken zusammenzucken. Einer von Pascals Truppe stand im Türrahmen und deutete mit dem Finger auf sie.

»Hierher! Da sind die zwei!«

Frau Karst tauchte hinter ihm auf und fixierte die beiden mit frostigen Blicken.

»Sofort mitkommen! Was habt ihr euch nur dabei gedacht?«

Finn und Rakin tauschten unsichere Blicke, bevor sie sich widerwillig in Bewegung setzten. Offenbar war Pascals Truppe doch erfolgreicher im Egofalten als gehofft.

Resigniert überflog Finn das Übungsblatt vor sich. Der Lehrer, der das Tutorium leitete, erklärte mit monotoner Stimme an der Tafel eine Aufgabe. Dank des Zwischenfalls auf dem Pausenhof hatte sie Mühe sich zu konzentrieren. Die harschen Worte der Lehrerin hallten wie ein wiederkehrendes Echo in ihren Ohren.

»Pascals Nase ist gebrochen! Was hast du dir dabei gedacht, Finn? Auch wenn du Rakin nur helfen wolltest, war deine Reaktion absolut unverhältnismäßig. Ich verstehe nicht, was in letzter Zeit mit dir los ist. Seit kurzem bist du ständig zusammen mit Rakin in irgendwelche Vorfälle verwickelt. Er hat einen schlechten Einfluss auf dich!«

Seufzend stützte Finn ihren Kopf auf den Ellbogen und versuchte, sich zu fokussieren. Sie verstand noch immer nichts von den Aufgaben, die der Lehrer zuvor erklärt hatte. Ein Seitenblick zu Lara machte ihr deutlich, dass es ihr nicht allein so ging. Wortlos betete Finn, dass dieser beschissene Montag bald ein Ende haben würde. Sie durchsuchte ihre Tasche nach einem Päckchen Traubenzucker, doch alles, was sie fand, war ihr Silberopal, den sie von Arthur bekommen hatte. Ihr Lehrer räusperte sich.

»Bitte rechnet zum Schluss Aufgabe 5 zu Ende. Je schneller ihr fertig seid, desto früher könnt ihr nach Hause gehen.«

Verzweifelt kaute Finn auf ihrem Bleistift. Die Ersten verließen bereits das Klassenzimmer.

»Kann ich dir helfen?«

Finn zuckte überrascht zusammen, als der Lehrer neben ihr auftauchte. Sie nickte dankbar, bereute aber bald, dass sie eingewilligt hatte. Langatmig erklärte er ihr das Ganze erneut, bis nur noch sie und Lara übrig waren. Ein lauter Donnerschlag ließ alle zusammenzucken.

»Mist, ich habe das Dach von meinem Cabrio offengelassen. Tut mir leid, ich muss los! Würdest du noch die Tafel putzen, bevor du gehst?«, entschuldigte sich ihr Kursleiter überstürzt und raffte seine Sachen zusammen. Seine Worte wurden von zuckenden Blitzen und weiterem Donnergrollen begleitet. Finn nickte widerwillig. Wenige Augenblicke später war er verschwunden. Ein Blick aus dem Fenster reichte, um ihr die Laune endgültig zu verderben. Trotz der frühen Uhrzeit verdunkelten düstere, schwarze Wolken den Himmel so stark, dass es auch Dämmerungszeit hätte sein können. Hastig packte sie zusammen und wischte wie versprochen die Tafel. Sie hatte keinen Regenschirm dabei, auf ihrem Nachhauseweg würde sie dem Unwetter schutzlos ausgeliefert sein. Schaudernd verließ sie das Schulgebäude. Regen und Sturmwind peitschten ihr unbarmherzig ins Gesicht. Sie wagte sich nur wenige Meter hinaus, bevor sie neben

Lara unter dem nächsten Fahrradunterstand Unterschlupf suchte. Schweigend standen sie nebeneinander und bibberten in ihren durchnässten Jacken. Ein gespenstischer Schrei, der das verlassene Schulgelände überschattete, ließ die beiden Mädchen aufhorchen. Schaudernd suchten sie ihr Umfeld nach der Ursache des unheimlichen Geräusches ab, konnten durch den dichten Regenschleier aber zunächst nichts entdecken.

»Was war das?«, fragte Lara verängstigt, als ein Blitz für einen Augenblick die Umgebung in gespenstisch grelles Licht tauchte.

Finn keuchte auf vor Schreck.

»Lauf!«, war alles, was sie herausbrachte, bevor der massige Laib des Seelenfressers scheinbar aus dem Nichts auf die beiden Schülerinnen zustürzte. Durch den dichten Regen und die dämmrigen Lichtverhältnisse hatte er sich unbemerkt an sie heranschleichen können. Lara schien zunächst nicht zu verstehen, was passierte und wirkte wie versteinert. Mit einem einzigen großen Satz war die Kreatur bei ihr und riss sie zu Boden. Schreiend wand sie sich in seinem eisernen Griff, doch sie hatte keine Chance. Das Monster begann sofort ihre Seele auszusaugen. In der Zwischenzeit rannte Finn um ihr Leben. Sie wagte nicht, sich umzudrehen, bis Laras panische Hilfeschreie den prasselnden Regen übertönten. Ihre Schritte wurden langsamer und ihr Herz hämmerte, als würde es gleich zerspringen. Die Erkenntnis, dass nur sie ihr noch helfen konnte, brach über sie herein wie ein Tsunami. Ihr blieb nicht viel Zeit. Keuchend drehte Finn sich um und riss sich die Tasche vom Rücken. Wenn sie Lara retten wollte, brauchte sie den Silberopal. Zitternd durchwühlte sie die Fächer ihres Rucksacks. Hoffentlich hatte Arthur ihr keine Märchen erzählt und der Stein hielt, was er versprach. Zögernd bewegte sie sich auf das Monster zu, das in der düsteren Atmosphäre des Unwetters noch unheimlicher und größer wirkte wie in ihren Erinnerungen. Finn schloss die Augen und holte tief Luft, um ihre Angst zu besiegen. Entschlossen beschleunigte sie ihre Schritte. Laras Hilfeschreie wurden bereits immer schwächer. Sie sparte sich die Mühe, sich anzuschleichen. Mit voller Wucht rammte sie die Kreatur in die Seite, um sie von Lara abzulenken. Gleichzeitig drückte sie den Silberopal in die aufgedunsene Flanke des Wesens, das sofort einen gequälten Schrei von sich gab und unverzüglich zurückwich. Wie beim letzten Mal warf die Hautstelle, die mit dem Stein in Berührung gekommen war, sofort Blasen. Solange das Monster durch die sich ausbreitende Verletzung abgelenkt war, packte Finn Lara am Arm und zog sie weg von der ächzenden Kreatur. Sie taumelte und konnte sich zunächst kaum auf den Beinen halten.

»Los, du musst rennen!«, brüllte Finn, während sie das Mädchen hinter sich her zerrte, um mit ihr so schnell wie möglich das Schulgebäude zu erreichen. Sie hoffte, dass sie sich dort in Sicherheit bringen konnten, bevor die unheimlichen Selbstheilungskräfte des Wesens ihre Wirkung entfalteten. Finn stieß die schweren Eichentüren des Hauptportals auf und zog Lara ins Innere. Angespannt presste sie die Lippen aufeinander und versuchte die tobenden Schreie der Bestie auszublenden, die geisterhaft in der menschenleeren Eingangshalle widerhallten.

»Was ist das?«, wimmerte Lara.

»Los, weiter! Er wird uns finden, wenn wir nicht sofort verschwinden.« Atemlos trieb Finn ihre Mitschülerin zur Eile an. Sie waren gerade erst in einen Seitengang abgebogen, als die schwere Eingangstür mit einem dumpfen Knall auffog.

»Scheiße, er hat sich schon regeneriert!«, keuchte Finn und legte noch einen Zahn zu. Nach wenigen Metern bemerkte sie ein Klassenzimmer, dessen Tür nicht abgeschlossen war. Schnell schlüpfte sie hinein und zog hinter Lara leise die Tür zu.

»Wenn er uns findet, sitzen wir in der Falle!«, wandte ihre Begleiterin ein. Finn legte demonstrativ den Zeigefinger auf den Mund.

»Schhhh! Wir haben momentan keine andere Wahl. Wenn wir weiter planlos durchs Gebäude rennen, sind wir schneller Monsterfutter, als uns lieb ist.«

Bevor Lara etwas darauf erwidern konnte, erstarrte Finn.

»Er ist ganz in der Nähe«, hauchte sie. Angespannt kauerten die beiden hinter der Tür und lauschten den dumpfen Schritten der massigen Kreatur, die beängstigend schnell näher kam. Finn kaute nervös auf der Unterlippe. Jede einzelne Faser ihres Körpers war bis zum Zerreißen gespannt. Sekunden fühlten sich wie Minuten an. Nach einer gefühlten Ewigkeit wurde es still. Lara atmete erleichtert aus, als hätte sie die ganze Zeit über die Luft angehalten.

»Glaubst du, er ist weg?«, flüsterte sie zögernd.

»Lass uns noch warten ...«

Finn konnte ihren Satz kaum beenden, schon hörte sie groteskes Schnüffeln auf der anderen Seite der Türe.

»Scheiße! Er kann uns riechen!«, zischte sie und zog Lara von der Tür weg. Hastig errichtete sie mit zwei Schulbänken eine provisorische Barriere und blockierte die Türklinke. Die Geräusche waren laut genug, um das Monster auf sie aufmerksam zu machen. Sofort stemmte sich die Kreatur gegen den notdürftig versperrten Eingang. Finns Herz pochte wie wild, während sie verzweifelt nach einem Ausweg suchte. Ihre Blockade würde nicht ewig halten. Ohne lange zu überlegen, flüchtete sie mit Lara in den hinteren Teil des Raumes und kauerte sich dort unter einen der Tische. Keine Sekunde zu früh, wie sich herausstellen sollte. Mit einem dumpfen Schlag barst die Tür. Der Seelenfresser hatte sich mit seinem ganzen Gewicht dagegen geworfen.

»Scheiße!«, fluchte Finn kaum hörbar.

»Was ... Was machen wir jetzt?«, fragte Lara neben ihr mit erstickter Stimme.

»Keine Ahnung!«

Ihr Blick suchte die Umgebung vergeblich nach einem Ausweg ab. Das Monster würde bei ihnen sein, bevor sie die Fenster für einen Fluchtversuch öffnen konnten. Finn biss hart die Zähne zusammen. Nachdem sie die Kreatur aus ihrem Versteck heraus beobachtet hatte, stellte sie fest, dass das Wesen markant gewachsen war. Es wirkte inzwischen mehr denn je wie ein unförmig aufgeblähter Leib mit riesigem Maul, dessen unheimliche, leere Augen aus ihren Höhlen traten. Da seine Beine die Masse kaum tragen konnten, schleifte es seinen Körper über den Boden wie eine vollgesaugte Zecke, nur bedeutend schneller. Mit einem wütenden Schlag seiner Klauen fegte das Wesen auf einen Streich drei Tische der ersten Reihe weg, die mit einem lauten Knall an der gegenüberliegenden Wand zerschellten. So ging es fort. Der Seelenfresser arbeitete sich systematisch durch den Raum und zertrümmerte dabei alle Tische und Stühle, die seinem massigen Leib im Weg standen. Finns Herz schlug ihr bis zum Hals. Die Trümmer würden ihnen die Flucht erschweren. Außerdem war da noch Lara, die sich zitternd an ihren Oberarm klammerte. Sie holte tief Luft, als ein riskanter Plan in ihr reifte.

»Komm mit.« Sie zupfte Lara am Ärmel. Der Seelenfresser zerlegte gerade die Tische der gegenüberliegenden Gangseite. Das war ihre Chance! So leise wie möglich krabbelten die Mädchen unter den restlichen Bankreihen hindurch, Richtung Ausgang. Das Wesen schien sie in seiner blinden Zerstörungswut nicht zu bemerken. Bald trennte sie nur noch ein kurzes Stück von der Tür. Hastig krabbelten sie unter der letzten Tischreihe hindurch. Dabei stieß eine der beiden gegen ein Trümmerteil, das polternd zur Seite kippte. Finn stockte der Atem, als der Seelenfresser innehielt und grunzend seinen wulstigen Kopf in ihre Richtung drehte. Mit einem Satz seines schwammigen Körpers landete er zielgenau vor ihnen und versperrte den Ausgang zur Tür. Aus dem riesigen Maul triefte der Geifer. Finn wurde von den Klauen gepackt, bevor sie den Silberopal einsetzen konnte. Schreiend zog die Kreatur sie unter dem Tisch hervor und drückte sie mit seinem ganzen Gewicht zu Boden. Dabei entglitt Finn der kostbare Talisman, der durch seine Eiform von ihr weg kullerte.

»Lara, hilf mir! Nimm den Stein!«, rief sie mit bröckelnder Stimme, bevor sich ihre Mitschülerin, zitternd wie ein verängstigtes Kaninchen, unter einen Tisch flüchtete. Indessen blähten sich die schmalen Atemschlitze des Seelenfressers. Er sog genüsslich ihren Geruch ein.

»Lara, bitte! Der Stein!«, flehte Finn, in der Hoffnung, sie würde endlich verstehen, aber sie war vollkommen von ihrer Angst gelähmt. Nur langsam raffte sie genug Courage zusammen, bevor sie sich an den Silberopal herantastete, was dem Wesen jedoch nicht entging. Mit der linken Klaue holte es aus und schleuderte Lara gegen die Wand, während es Finn mit seiner Rechten weiterhin fixierte.

»Lara!«, rief sie entsetzt. Ihre Mitschülerin lag zusammengekrümmt am Boden. Um sich zu befreien, stemmte sich Finn verzweifelt, mit aller Kraft, gegen den Griff der Kreatur, doch sie hatte keine Chance. Der massige Körper des Monsters drückte sie unbarmherzig zu Boden. Plötzlich nahm sie aus dem Augenwinkel eine schnelle Bewegung wahr. Ein knurrendes, silbergraues Fellbündel sprang dem hässlichen Wesen geradewegs an die Kehle und verbiss sich in seiner wulstigen Haut. Das Ungetüm schrie und fauchte, ehe es um sich schlagend zurückwich. Finn rollte sich zur Seite und sammelte dabei ihren Silberopal vom Boden auf.

»Diego!«, keuchte sie vor Überraschung. Er schien einen sechsten Sinn dafür zu haben, wenn sie in Schwierigkeiten steckte. Doch ihre Euphorie über seine Hilfe fand ein jähes Ende, nachdem er von einem Schlag des Seelenfressers getroffen wurde. Winselnd schlug er auf dem Boden auf.

»Nein! Du widerwärtiges ...!« Finn stürzte sich, ohne nachzudenken, auf das Wesen und klammerte sich an seinem mit knöchernen Gewächsen übersäten Rücken fest. Entschlossen drückte sie den Silberopal tief in seine warzige Haut. Die Kreatur heulte auf vor Schmerz, doch Finn ließ nicht locker. Diesmal würde sie das Monster nicht so leicht davonkommen lassen, sie musste nur lange genug durchhalten. Ihr stieg der widerliche Geruch in die Nase, der von den Verätzungen ausging. Wie durch einen Schleier realisierte Finn, dass ihre Glieder sich immer tauber anfühlten. Benommen wurde sie vom Rücken des Seelenfressers geschleudert. Nur am Rande nahm sie wahr, wie eine der großen Glasscheiben zersplitterte. Die Kreatur hatte sich rasend vor Schmerz dagegen geworfen und zog sich in die Düsternis des Unwetters zurück. Finns Augenlider flatterten, bevor sie für einen Moment das Bewusstsein verlor.

IN DER KLEMME

Finn ächzte. Etwas Warmes, Feuchtes kitzelte ihre Wangen, als sie allmählich zu sich kam. Sie realisierte Diego, der ihr fürsorglich übers Gesicht leckte. Ihr fiel ein Stein vom Herzen, dass er auf den ersten Blick keine gravierenden Verletzungen davongetragen hatte. Vorsichtig setzte sich Finn auf und sog dabei scharf die Luft ein. Sie fühlte sich komisch. Ihre Umgebung verschwamm in regelmäßigen Abständen zu undeutlichen Schemen.

»A-alles okay bei dir?«, nahm Finn Laras Stimme ganz in der Nähe wahr.

»Geht schon, mir ist nur etwas schlecht. Was ist mit dir? Hast du was abbekommen?«

»Nein, ich … ich glaube nicht.« Lara zitterte am ganzen Körper, aber bis auf ein paar blaue Flecken und Kratzer schien sie unversehrt zu sein. Finn wandte sich zur Seite ab. Das Gefühl von Übelkeit verstärkte sich mit jeder Sekunde. Sie musste sich so abrupt übergeben, dass es sie selbst überraschte.

»Ist wirklich alles in Ordnung?«, fragte Lara vorsichtig.

»Muss gehen«, murmelte Finn kraftlos, bevor sie sich erschöpft gegen die Wand lehnte.

Diego tänzelte unruhig um sie herum. Er blickte immer wieder Richtung Tür.

»Wir sollten sehen, dass wir schleunigst von hier verschwinden. Wer weiß, wann der Seelenfresser zurückkommmt. Kannst du aufstehen?«

Statt einer Antwort stierte Lara sie aus großen Augen an.

»Du kennst den Namen dieser Kreatur?«

Finn ohrfeigte sich in Gedanken.

»Ähm, nein ... ich ...«, stammelte sie und durchkämmte ihr Gehirn nach einer passablen Notlüge.

»Bist du etwa eine Arkana-Anwärterin?«

»Nein, ich-!«

»Keine Sorge, du brauchst dich nicht vor mir zu verstellen. Ich gehöre auch zu den Arkana! Mein Vater hat mir bereits von diesem Wesen erzählt.«

Finn seufzte.

»Ich habe leider keinen Schimmer, wovon du redest.«

»Willst du mir damit etwa sagen, dass du null Ahnung von den Arkana hast, aber genug über den Seelenfresser weißt, um dich in echte Schwierigkeiten zu bringen?«, fragte Lara fassungslos.

Finn spürte, wie sich ihr Körper verspannte.

»Hör zu, ich weiß nicht das Geringste über irgendwelche Arkana«, log sie.

»Okay, und woher weißt du dann den Namen des Monsters und wie man es verjagen kann?« Lara verschränkte misstrauisch die Arme vor der Brust.

»Naja ... das ist nicht das erste Mal, dass ich angegriffen wurde«, erklärte Finn abgekämpft.

»Du willst mich auf den Arm nehmen!«

»Sehe ich etwa so aus?«

Lara musterte sie ungläubig.

»Ich kenne niemanden, der *zwei* Seelenfresserangriffe überlebt hat!«

»Herzlichen Glückwunsch! Dann darf ich dir hiermit Finn Maron vorstellen.«

Mit ironischer Geste schüttelte sie ihr die Hand.

»Hey, verarsch mich nicht! Du hast einen Silberopal und weißt, wie man ihn einsetzt. Es ist unmöglich, dass du nichts mit den Arkana zu tun hast«, setzte Lara nach.

Finn runzelte die Stirn und biss sich hart auf die Unterlippe.

»Na schön, ein ehemaliges Arkanamitglied hat mir diesen Stein zu meinem Schutz geschenkt. Ich konnte beim ersten Angriff nur um Haaresbreite entkommen und wurde dabei übel verletzt. Deswegen habe ich lang in der Schule gefehlt und kann den Schlamassel jetzt ausbaden«, entgegnete sie knapp, ohne zu viel zu verraten.

»Ich wusste es! Deine Verschwiegenheit in allen Ehren, aber vor mir kannst du ruhig offen sprechen. Bist du sicher, dass du nicht doch eine Arkana-Anwärterin bist? Kein Arkana der Welt würde dir sonst einen Silberopal schenken. Die Teile sind ein Vermögen wert!«

Finn blinzelte sie aus großen Augen an.

»Ist das dein Ernst?«

»Klar, die Info stammt von meinem Vater. Er gehört auch zur Organisation. So viel solltest du inzwischen gerafft haben.«

Finn wollte gerade zu einer Antwort ansetzen, als sie Schritte im Gang hörte. Erschrocken fuhren die Mädchen zur Tür herum.

»Was ist hier los?« Herr Boham, der Hausmeister, baute sich entsetzt vor ihnen auf. Er sah sich fassungslos in dem verwüsteten Raum um.

»Seid ihr dafür verantwortlich? Was habt ihr euch dabei gedacht? ... Und was macht dieser Hund hier?«

Finns Blick wanderte über das Chaos, das der Seelenfresser hinterlassen hatte. Mindestens die Hälfte der Tische und Stühle waren zerstört oder beschädigt. An den Wänden bröckelte der Putz, überall dort, wo die Kreatur die Bänke in blinder Zerstörungswut dagegen geschleudert hatte. Und dann war da noch das große Loch in der Scheibe! In ihrem Hals bildete sich ein dicker Kloß, während sich ihr Magen in einen Klumpen Blei verwandelte.

»Los, raus mit der Sprache. Was ist hier passiert?« Der Hausmeister hatte die Hände in die Hüften gestemmt, bevor er den Zustand der Mädchen realisierte.

»Moment mal ... Seid ihr verletzt? Ist alles in Ordnung?«

»Ich denke, es ist nichts Gravierendes ... Nur ein paar Kratzer«, vermutete Finn erschöpft.

»Herr Boham, wir waren das nicht! Ehrlich!«, beteuerte Lara mit weinerlicher Stimme. Der Hausmeister seufzte unschlüssig.

»Los, kommt mit ins Besprechungszimmer. Dort gibt es einen Verbandskasten.«

Die Mädchen folgten ihm mit beklommenen Minen. Er rückte zwei abgegriffene Stühle zurecht, sobald sie die Räumlichkeiten erreichten.

»Setzt euch. Ich mache euch einen Tee. Ihr seht ziemlich mitgenommen aus.«

Wie versprochen erhitzte er Wasser in einem Wasserkocher und holte zwei Tassen aus einem Schrank.

»Ich hab leider nur Früchtetee. Ist das in Ordnung?«

Beide Mädchen nickten. Seufzend goss er Wasser auf und stellte die heißen Tassen zusammen mit einem Verbandskasten vor den Schülerinnen auf den abgenutzten Schreibtisch.

»Jetzt raus mit der Sprache. Was ist hier passiert?«, fragte er, bevor er Pflaster auf Finns zahlreiche Schrammen klebte. Diego beäugte ihn misstrauisch.

»Herr Boham, bitte glauben Sie uns, wir sind unschuldig! Wir wurden angegriffen von ... von ... – Aua!«, platzte Lara heraus.

Finn brachte sie durch einen heimlichen Tritt ans Schienbein zum Schweigen und übernahm das Ruder.

»Wir wollten vom Nachhilfeunterricht nach Hause gehen, aber dann hörten wir seltsame Geräusche aus einem der Räume. Als wir nachschauten, entdeckten wir ... eine Gruppe randalierender Jungs. Sie hatten Angst, dass wir sie verpfeifen, deshalb haben sie uns bedroht und grob gegen die Wand geschubst, bevor sie durchs Fenster geflüchtet sind.« Finn war selbst überrascht, dass ihr so schnell eine halbwegs plausible Geschichte eingefallen war.

Herr Boham runzelte nachdenklich die Stirn und machte sich an die Versorgung von Laras Blessuren.

»Wie haben diese Randalierer ausgesehen? Sind es Schüler unserer Schule gewesen?«

»Sie waren zu dritt und deutlich älter wie wir. Ich habe sie hier noch nie zuvor gesehen«, spann Finn die Geschichte weiter. Lara nickte hastig und saugte sich zusätzliche Details über die erfundenen Randalierer aus den Fingern.

»Der Kleinste der Drei war ungefähr so groß.« Sie benutzte ihre Hand wie eine Messlatte und hielt sie ein Stück über ihren Kopf. »Er war blond, pummelig und hatte viele Pickel ...«

»Ich fürchte, mir bleibt nichts anderes übrig, als die Polizei zu rufen«, erklärte Herr Boham und massierte sich die Schläfen.

»Aber zunächst werde ich erst mal eure Eltern verständigen, dass sie euch abholen kommen, dann sehen wir weiter.«

Verhaltenes Klopfen ließ alle drei zur Tür herumfahren. Herr Alba, ihr Klassenlehrer, lehnte am Türrahmen.

»Tut mir leid, dass ich hier so unerwartet reinplatze, aber die Tür war offen. Ich habe gehört, was hier los ist.«

Finn und Lara warfen sich verunsicherte Blicke zu.

»Ich habe vorhin vom Lehrerzimmer aus drei Jugendliche gesehen, die wie der Teufel über den Schulhof davongerannt sind. Sie waren nicht von dieser Schule und Laras Beschreibung passt haargenau auf einen der drei.«

Finn fiel fast die Kinnlade hinunter. Ihre Übeltäter waren frei erfunden. Verwirrt schielte sie zu Lara hinüber, die mindestens genauso verdutzt wirkte wie sie. Herr Boham ballte seine Hände zu Fäusten.

»Na die können was erleben! Ich werde sofort die Polizei rufen. Wir werden schon rauskriegen, wer die Drei sind!«

»Lassen Sie nur, ich erledige das nebenan im Lehrerzimmer.

Verständigen Sie lieber die Eltern der Mädchen«, schlug Herr Alba vor, ehe er den Raum verließ.

Der Hausmeister nickte und griff sofort zum Hörer, nachdem er die Telefonnummern der Schülerinnen erfahren hatte.

»Eure Eltern werden bald da sein, um euch abzuholen. Aber bevor ihr gehen könnt, werdet ihr noch von der Polizei befragt.«

Die beiden nickten einvernehmlich. Ihre Mienen hellten sich allmählich wieder auf. Finn wollte gerade zu einer Frage ansetzen, als Alba zurückkehrte.

»So, alles erledigt. Herr Boham, wären Sie so freundlich und würden Sie am Eingang auf die Polizisten warten und sie zu dem verwüsteten Zimmer führen? In der Zwischenzeit kümmere ich mich um die Mädchen.«

»Selbstverständlich.«

Er machte sich sofort auf den Weg. Sobald er außer Sichtweite war, setzte sich Herr Alba zu ihnen.

»Keine Angst, das ist alles halb so wild. Viel wichtiger ist, dass euch nichts passiert ist.«

»Danke für Ihre Hilfe«, entgegnete Lara und schenkte ihm ein dankbares Lächeln.

»Nicht der Rede wert. Könnte ich kurz allein mit dir im Lehrerzimmer sprechen? Finn, du wartest hier, wir sind gleich wieder da.«

»I-Ist gut.« Finns Blicke pendelten verunsichert zwischen Lara und Herr Alba hin und her. Nachdem die Tür ins Schloss fiel, massierte sie sich nervös den Nacken. Ihr Hund, der sich unter dem Schreibtisch des Hausmeisters zusammengerollt hatte, blickte erwartungsvoll zu ihr hinauf. Es schien fast, als könnte er ihre Gedanken lesen.

»Komm mit!«, flüsterte Finn, bevor sie sich auf Zehenspitzen erhob und zur Tür begab. Geschickt drückte sie die Klinke, ohne auch nur das leiseste Geräusch zu machen. Sie schlüpfte hinaus in den Gang und schlich zur geschlossenen Tür des Lehrerzimmers. Wie ein Spion aus einem schlechten Agentenfilm kauerte sich Finn davor und drückte ein Ohr ans Türblatt. Die Räume waren zu ihrem Glück nicht besonders gut schallisoliert.

»... Sie sind ein Mitglied der Arkana und haben den Seelenfresser heute gesehen?« Lara klang überrascht. Aufgeregt schnappte Finn nach Luft und lauschte noch angestrengter.

»Ja. Ich kenne deinen Vater, daher weiß ich, dass du seine Nachfolge bei den Arkana antreten wirst. Finn dagegen hat nichts mit der Organisation am Hut. Sie darf kein Wort darüber erfahren, hast du verstanden? Aus diesem Grund kann ich nur mit dir sprechen. Hat sie den Seelenfresser auch gesehen?«

Finn hörte, wie Lara tief Luft holte, bevor sie antwortete.

»Sie ist keine Anwärterin?«

»Nein, das würde ich wissen.«

»Tja, dann haben wir ein Problem. Sie hat es gesehen. Außerdem erzählte sie mir, dass dieses Wesen nicht zum ersten Mal hinter ihr her war und sie vor kurzem fast erwischt hat. Sie konnte nur knapp entkommen. Deswegen hat sie länger in der Schule gefehlt.«

»Ist das dein Ernst?«, fragte Alba.

»Was hat sie sonst noch erzählt?«

»Sie erhält offenbar Unterstützung aus dem Kreis der Arkana. Jemand aus ihrem näheren Umfeld muss dazu gehören. Sie hat einen Silberopal. Sind Sie wirklich sicher, dass sie keine Nachfolgerin ist?«, fragte Lara kleinlaut.

»Ich habe keine Zweifel. Trotzdem scheint sie von den Arkana zu wissen«, stellte Alba nachdenklich fest.

»Von meiner Seite wird auf jeden Fall nichts durchsickern. Ich würde dich bitten, dass du in Finns Interesse auch Stillschweigen gegenüber deinem Vater wahrst. Wenn wir beide dichthalten, ist sie vorerst sicher.«

»Meinen Sie?«

»Ja. Mach dir keine Sorgen. Lass uns zurückkehren. Eure Eltern werden bestimmt bald da sein«, erklärte Herr Alba. Stuhlbeine wurden gerückt. Erschrocken fuhr Finn hoch und flitzte zurück ins Besprechungszimmer, wo sie sich vollkommen aufgewühlt in ihren

Stuhl fallen ließ. Schritte auf dem Gang kündigten die Rückkehr der beiden an.

»So, da sind wir wieder. Alles in Ordnung, Finn?«, fragte Herr Alba.

»Ja, ich fühle mich nur ein bisschen kaputt.«

»Verständlich. Ich schau mal, wo eure Eltern so lange bleiben«, erklärte Herr Alba, bevor er den Raum verließ.

Zwischen den Mädchen kehrte drückende Stille ein, die erst nach einer Weile von Lara gebrochen wurde. Sie schaute scheu zu Finn hinüber, die inzwischen ins Leere starrte.

»Warum bist du zurückgekommen, als der Seelenfresser mich angegriffen hat?«, flüsterte sie mit brüchiger Stimme. »Du hättest einfach davonrennen und dich in Sicherheit bringen können ...«

»Ja, hätte ich«, seufzte Finn.

»Warum hast du es dann nicht getan?«

»Weil ich niemanden hängen lasse.«

Finn wandte sich ihr unvermittelt zu. Erst jetzt bemerkte sie ihre stummen Tränen.

»Tut mir leid, dass ... ich nicht so mutig war wie du ...«

Lara zog die Knie zur Brust und vergrub ihr Gesicht in den Armen. Sie schluchzte.

»Hey ...«

Finn erstarrte und suchte nach irgendetwas, mit dem sie sie beruhigen konnte. Ihre Blicke pendelten aufgewühlt zwischen verschiedenen Fixpunkten.

»Lass gut sein. Ich mache dir keine Vorwürfe. Am Ende war ich schließlich auch keine große Hilfe. Wenn Diego nicht gewesen wäre ...«

Sie seufzte und sank deprimiert in sich zusammen.

»Zum Glück ist alles gut ausgegangen.«

Lara blinzelte scheu über den Rand ihrer verschränkten Arme. Ihr Blick ruhte auf Diego.

»Er ist süß ... Ein bisschen wie ein zu groß geratener Welpe. Ich hab mir immer einen gewünscht ... aber mein Vater will keinen Hund.«

»Meine Eltern wollten auch nie einen. Ich hab Diego ausgesetzt unter einer Brücke gefunden. Er war ganz abgemagert. Zuhause hab ich so lang gebettelt, bis meine Eltern erlaubt haben, ihn zu behalten.« Ein leises Lachen entkam Finns Kehle.

»Er sieht tatsächlich immer noch aus wie ein Welpe mit seinen viel zu großen Pfoten und den riesigen Ohren.«

Sie verschränkte die Arme im Nacken.

»Wo bleiben die denn so lange? Ich hätte schwören können, meine Eltern würden hier wie Wespen am Grillbuffet auftauchen, nach allem was passiert ist.«

»Bestimmt warten sie im Eingangsbereich noch auf meinen Vater. Er kommt *immer* zu spät. Sein Job ist ihm wichtiger«, flüsterte Lara mit brüchiger Stimme.

»Seit Ma vor einem Jahr gestorben ist, stürzt er sich von früh bis spät in die Arbeit. Kein Mensch kann ihn aufhalten.«

Finn massierte sich verlegen den Nacken.

»Das tut mir leid, ich wusste nicht-«

»Lass stecken. Man gewöhnt sich irgendwann dran«, entgegnete Lara erschöpft. Sie versuchte gleichgültig zu klingen, aber es gelang ihr nicht. Finn schwieg für einen Moment, bevor sie etwas loswerden musste, was ihr schon lange auf der Zunge brannte. »Sag mal ... warum warst du bisher so abweisend zu mir? Ich hatte immer das Gefühl, du wolltest dich vor der ganzen Welt abschotten.«

Lara schüttelte den Kopf und kaute auf ihrer Unterlippe.

»Es ist nichts Persönliches. Aber vielleicht hast du recht mit deiner Vermutung ... In meiner früheren Klasse gab es eine fiese Bande. Jeder, der bei ihren Gemeinheiten nicht mitmachte, wurde selbst gemobbt. Ich gebe es ungern zu, aber seitdem ... habe ich Angst vor Menschen, die ich nicht kenne – bescheuert, was?« Lara ließ den Kopf nach hinten über die Lehne baumeln und wirkte noch niedergeschlagener als zuvor.

»Finde ich gar nicht. Ich kann dich gut verstehen.«

Finn schenkte ihr ein warmes Lächeln.

»Mir geht es manchmal auch-«

Sie brach mitten im Satz ab, als sie aufgeregte Stimmen auf dem Flur hörte.

»Ich glaube, sie kommen endlich!«

Wenige Augenblicke später ging die Tür auf.

»Finn! Was ist passiert? Geht es dir gut?«

Ihre Mutter stürmte aufgekratzt auf sie zu und umarmte sie.

»Ich bin okay, Ma.«

Vorsichtig spähte Finn zu Lara hinüber. Ihr Vater war ein sportlich gebauter Hüne, der alle im Raum überragte. Die blonden Haare und die intensiv blauen Augen schien sie von ihm geerbt zu haben. Er legte ihr seine tellergroßen Hände auf die Schultern und musterte sie besorgt, bevor er seine Tochter stürmisch umarmte. Finn schmunzelte über Laras überraschten Gesichtsausdruck. Nachdem die Fragen der Erwachsenen allmählich von allen Seiten auf sie einprasselten, riss Finn den Blick von den beiden los. Ein Polizeibeamter schob sich in ihr Sichtfeld.

»Kann ich mit deiner Aussage für das Protokoll anfangen?« Finn nickte.

NACHHILFE

»Finn ...? Finn! Du musst aufwachen!«
Ihre Mutter stand direkt neben ihr und rüttelte sie kräftig an der Schulter, während Finn noch immer zusammengesunken auf ihrem Schreibtisch lag, wo sie gestern Abend über ihren Hausaufgaben eingeschlafen war. Es dauerte einen Moment, bis sich ihr Traum endgültig verflüchtigte.

»Was machst du denn hier?«, murmelte sie schlaftrunken und rieb sich die Augen.

Loreen schüttelte den Kopf, als wäre es ihr unbegreiflich.

»Hast du etwa die komplette Nacht so auf dem Schreibtisch geschlafen?«

»Sieht wohl ganz danach aus ...«, stöhnte Finn und streckte sich.

»Kind, was mach ich nur mit dir? Hast du eigentlich eine Idee, welche Uhrzeit wir haben? Es ist halb acht! Und mach mir jetzt bloß keine Vorwürfe, ich habe sicher schon fünf Mal hochgerufen und versucht dich aufzuwecken. Ich fürchte, das Frühstück fällt heute aus. Ab, ins Bad mit dir!«

»Was? Verdammter Mist!«

Sie stopfte die Schulbücher in ihre Tasche, zog die erstbesten Sachen aus ihrem Schrank, die sie finden konnte und hetzte damit ins

Bad. Rekordverdächtige fünfzehn Minuten später kämpften sie sich im Auto ihrer Mutter mit blanken Nerven durch den morgendlichen Pendlerverkehr. Gerade noch rechtzeitig schaffte Finn es ins Klassenzimmer. Sie steuerte unauffällig ihren Sitzplatz an und ließ sich erledigt auf ihren Stuhl fallen. Lara hatte auch heute wie üblich ihre stylischen Kopfhörer auf, die sie jedoch vorsichtig abstreifte, sobald sie sich setzte. Finn fielen sofort die dunklen Ringe unter ihren Augen auf.

»Hey ... Wie hast du geschlafen? Oder sollte ich lieber fragen, ob du *überhaupt* geschlafen hast?«

Lara saß zusammengesunken auf ihrem Stuhl.

»Ich ... ich habe kein Auge zugetan und du?«

Finn senkte peinlich berührt die Stimme.

»Bin über den Hausaufgaben eingepennt. Hab total verschlafen. Keine Ahnung, wie ich den heutigen Tag überstehen soll.«

Während sie mit ihrer Tischnachbarin redete, bemerkte Finn, wie die Mädchen um sie herum aufgeregt miteinander tuschelten und ihnen immer wieder seltsame Blicke zuwarfen.

»Was haben die denn? Gibt´s irgendwelche spannenden Neuigkeiten?«

Lara holte tief Luft.

»Hast du es noch nicht mitbekommen?«, flüsterte sie verschwörerisch.

»Was denn? Oh, lass mich raten, die Nummer eins der heutigen Flurfunk-Charts ist, dass ich unter die Schläger gegangen bin. Hab ich recht?«

Lara starrte sie aus großen Augen an.

»Ist es wahr, dass du eine Gruppe Jungs aus der Oberstufe verprügelt hast?«

»Hey, die Antwort auf diese Frage würde mich auch interessieren.«

Finn zuckte zusammen. Sie bemerkte Alex erst, als er sich mit spöttischem Blick zu ihr auf die Tischkante setzte.

»Also ... verprügelt ist vielleicht ein bisschen übertrieben ...« Verlegen kratzte sie sich am Hinterkopf.

»Ich hab ihnen einen Dämpfer verpasst, nachdem sie zu fünft auf einen Freund losgegangen sind.« Sie stutzte. Hatte sie Ra etwa gerade als Freund bezeichnet? Das Wort war ihr einfach so über die Lippen gekommen. Alex verzog die Mundwinkel zu einem schiefen Grinsen.

»Also ist es wahr! Jemand meinte, Pascal hat eine gebrochene Nase-«

»Schhhh! Nicht so laut!«, zischte Finn und sah sich nervös um. Weiter kam sie nicht. Herr Alba betrat abgehetzt und mit reichlich Verspätung das Klassenzimmer. Alex fluchte.

»Mist, ich muss zurück auf meinen Platz. In der Pause will ich jedes Detail der Geschichte hören!« Er zwinkerte ihr zu, bevor er hastig nach hinten verschwand. Finn bemerkte, wie ihr heiß wurde. Sie blickte ihm verdattert hinterher. Dabei schnappte sie vernichtende Blicke von Melissa auf. Schnell drehte sie sich Richtung Tafel, wo Herr Alba fahrig seine Sachen auspackte.

»Wie es aussieht, ist heute wohl der Tag des Verschlafens«, flüsterte Lara amüsiert. Finn nickte ihr mit schiefem Lächeln zu. Ihr Lehrer war offenbar schlecht vorbereitet, deswegen machte er kurzerhand eine Wiederholung des gestrigen Stoffes. Er wirkte ungewöhnlich unstrukturiert im Gegensatz zu sonst. Auch mit der Menge der heutigen Hausaufgaben war er sehr milde, was in der ganzen Klasse sichtlich für Euphorie sorgte. Im Anschluss folgten zwei Stunden Englisch, die glücklicherweise wie im Flug vergingen. Als es zur Pause läutete, bemerkte Finn, wie Lara zögernd ihre Kopfhörer aus der Tasche zog.

»Hey, hättest du vielleicht Lust, ein bisschen mit uns in der Pause abzuhängen? Ra und Alex sind voll ok.«

Lara stoppte verlegen in der Bewegung.

»Meinst du das Ernst? ... Ich ... Ich bin nicht gut darin, mit Menschen zu reden, die ich kaum kenne«, flüsterte sie mit hängenden Schultern.

»Würde mich nicht wundern, wenn du mich jetzt für bescheuert hältst ... Die Meisten erwarten was anderes von mir ...«

»Nein, gar nicht. Ich bin nur ein bisschen überrascht, das ist alles.

Bis gestern dachte ich, du hältst dich für was Besseres und willst mit mir nichts zu tun haben.«

»Tut mir leid. Seit diese Sache an meiner früheren Schule passiert ist ...« Lara brach mitten im Satz ab und fuhr sich mit der rechten Hand übers Gesicht.

»Du musst nicht darüber reden, wenn du nicht willst. Die Einladung zum Abhängen steht trotzdem. Kommst du mit?« Finn schenkte ihr ein aufmunterndes Lächeln. Kaum hatte sie ihr letztes Wort ausgesprochen, gesellte sich Alex zu ihr.

»Hey Finn, Ra hat mir geschrieben, dass er bei der Treppe im Nordflügel auf uns wartet.«

»Gut. Lara kommt auch mit, in Ordnung?«

Alex blinzelte überrascht.

»Ähm ... ok.«

»Na dann los.«

Ohne große Umschweife machten sie sich auf in den Nordflügel. Rakin hatte sich bereits auf einer der Stufen niedergelassen und schaute erwartungsvoll zu ihnen auf.

»Da seid ihr ja endlich!« Er stutzte und musterte das neue Mädchen. Finn zwinkerte ihm grinsend zu.

»Hey, Ra. Das ist Lara. Sie ist neu hier, aber ich glaube, sie passt ganz gut in unser Grüppchen.« Rakins Augenbraue zuckte nach oben.

»Wenn du meinst ...«

»Hey, benimm dich!«

Finn streckte ihm die Zunge heraus, bevor sie sich neben ihm auf eine der Stufen setzte. Die anderen taten es ihr gleich.

»Also, jetzt erzähl doch mal, was da gestern gelaufen ist«, quengelte Alex.

»Ich habe gehört, du hättest einen Verweis kassiert!«

»Nein, zum Glück nicht, aber ich war verdammt nah dran«, antwortete Finn.

»Woher weißt du das alles?«

Alex zuckte vielsagend mit den Schultern.

»Ein paar Kids aus dem Nachmittagsunterricht haben euch vom

ersten Stock aus beobachtet. Es heißt, ihr hättet Pascal Hartman, dem fiesen Kotzbrocken aus der Oberstufe, kräftig in seinen fetten Hintern getreten.«

»Vor allem SIE hat ihn in seinen fetten Hintern getreten«, korrigierte Ra ihn breit grinsend mit Blick auf Finn.

»Im Ernst? Finn hat den Typen allein vermöbelt?«, hakte Alex mit großen Augen nach.

»Nicht nur ihn. Seine vier Freunde gleich mit«, prahlte Rakin weiter.

»Moment mal! Nur damit hier keine Missverständnisse aufkommen: Pascal hat sich mit Ra angelegt. Ich habe ihm nur ein bisschen aus der Patsche geholfen«, wiegelte Finn ab, bevor sie zusammen mit Ra die Geschichte in allen Details zum Besten gab.

»Ups ... dann hattest du ja einen ziemlich miesen Tag, wenn ich daran denke, dass am späten Nachmittag noch der Angriff oben drauf kam«, stammelte Lara.

»Welcher Angriff?« Rakin kniff die Augen zu schmalen Schlitzen zusammen.

»Ah, sorry! Ich meine den Vorfall mit der Sachbeschädigung. Wir waren Zeugen. Schlimme Geschichte. Noch nichts davon gehört?«

Finn stupste Lara kichernd in die Seite.

»Keine Sorge, du kannst ihnen ruhig die Wahrheit erzählen. Ra und Alex kennen den Seelenfresser. Sie gehören wie du zu den erlauchten Arkana-Insidern.«

»Heißt das etwa ...?« Lara fixierte angespannt die Jungen, die sie ihrerseits überrascht musterten.

»Bleibt locker«, schaltete Finn sich ein.

»Offenbar wimmelt es an dieser Schule von Arkana-Kindern.«

»Finn, woher weißt du, dass sie zu den Arkana gehört?«, fragte Alex misstrauisch.

»Ich hab ihr davon erzählt, nachdem wir gestern vom Seelenfresser gejagt wurden«, kam Lara ihr zuvor.

»Wie ist das passiert?«, bohrte Rakin sofort nach. Sein Blick wanderte zu Finn, die jedoch ihrer Tischnachbarin den Vortritt ließ.

»Es … es war so …«, begann Lara den Vorfall in voller Länge zu erklären, während ihr Blick an Ras Bernsteinaugen hängenblieb.

»Schon wieder ein Angriff!«, stöhnte Alex fassungslos, nachdem sie ihre Erzählung beendet hatte.

»Ich hab das Gefühl, das nimmt immer mehr überhand!«

Ra musterte Finn mit wachsender Anspannung.

»Darum siehst du so mitgenommen aus! Dachte mir doch gleich, dass irgendwas nicht stimmt. Hast du was abgekriegt?«

»Wie man sieht, ist noch alles dran«, scherzte Finn und massierte sich ihren verspannten Nacken, den sie von der Übernachtung auf dem Schreibtisch davongetragen hatte. Rakin schien ihr die gespielte Lockerheit nicht so recht abzukaufen.

»Für mich hat es einen komischen Nachgeschmack, dass du diesem Vieh bereits zum zweiten Mal von der Schippe gesprungen bist.«

»Hast du schon mal versucht, deinen Eltern beizubringen, was da hinter dir her ist?«, fragte Lara nachdenklich.

Finn verwob die Hände im Nacken und ließ ihren Kopf nach hinten fallen.

»Meine Eltern denken, ich mache geschmacklose Scherze, sobald ich ihnen zu erklären versuche, dass ein seelenfressendes Monster in unserer Stadt sein Unwesen treibt. Wenn mir schon die beiden nicht glauben, denke ich nicht, dass es die Polizei tut. Also bleibt mir nicht viel übrig, als den Ball flach zu halten. Außerdem sitzen mir dank meiner langen Fehlzeit noch zwei andere Monster im Nacken. Sie heißen Mathe und Physik.« Finn seufzte niedergeschlagen.

Es herrschte bedrücktes Schweigen, bevor Ra sich nachdenklich zu Wort meldete.

»Hast du das eben ernst gemeint?«

»Dass mich alle für verrückt halten, wenn ich zu erklären versuche, dass ich von einem Monster verfolgt werde?«, fragte Finn.

»Nein! Ich meine, dass du in Mathe und Physik Unterstützung brauchen könntest«, erklärte er mit herausforderndem Blick und stupste ihr mit dem Zeigefinger demonstrativ gegen die Stirn.

»Hey, lass das! Was hast du vor?« Sie wich verlegen vor ihm zurück.

Ra wandte sich grinsend an seinen Freund.

»Alex, meinst du, du schaffst es, mir und dieser kleinen Kratzbürste zusammen Nachhilfe zu geben?«

»Klar doch. Vielleicht machst du dich dann nicht gleich wieder mit irgendeiner faulen Ausrede nach den ersten zehn Minuten vom Acker.«

»Erzähl keinen Scheiß! Letztes Mal ist wirklich was dazwischengekommen«, konterte Ra.

»Ist das euer Ernst?«, flüsterte Finn.

»Ihr müsst das nicht für mich tun-«

»Klappe! Du kannst auch einfach mal Hilfe annehmen, wenn man sie dir anbietet. Los, sag *daaaanke Rakin*.«

Finn streckte ihm die Zunge heraus, konnte sich aber nicht gegen sein ansteckendes Grinsen wehren.

»Das hättest du wohl gern. Ich sollte eher *daaaanke Alex* sagen«, zog sie ihn auf. Alex wandte sich zwischenzeitlich Lara zu, die zusammengesunken am Rand des kleinen Grüppchens saß.

»Möchtest du auch kommen? Ist sicher nicht so leicht, wenn man mitten im Jahr die Schule wechselt.«

»M-meinst du das ernst? Das wäre genial! Mathe liegt mir wie ein Stein im Magen.«

Sie schenkte Alex ein strahlendes Lächeln, das ohne Sonnenbrille fast nicht zu ertragen war. Finn spürte einen dicken Kloß in ihrem Hals, als er zurücklächelte.

»Klar doch, du bist herzlich eingeladen«, entgegnete er, bevor er sich an alle wandte.

»Kommt heute Nachmittag gegen halb vier zu mir, dann schauen wir mal, was ich tun kann. Da habt ihr noch meine Adresse.«

Er tauschte mit Finn und Lara Handynummern und schickte ihnen die Standortdaten seines Zuhauses. Noch während sie speicherten, läutete der erste Gong das Ende der großen Pause an.

Widerwillig kehrten die vier zusammen in ihre Klassenzimmer zurück.

Endlich war sie am Ziel. Finns Herz klopfte wie wild, beim Anblick der reich verzierten Marmor-Eingangspforte, auf der ein goldenes Schild mit der Aufschrift *Familie Rainhold* glänzte. Mit bebendem Finger drückte sie den Klingelknopf, neben dem eine große Kameralinse prangte. Hinter ihr lag ein akkurat gepflegter Garten. Ihr blieb die Spucke weg, nachdem sie das riesige Anwesen zum ersten Mal aus der Nähe betrachten konnte. Durch die hohe Mauer, die das Grundstück umfasste, sah man von außen nur ein paar Dachgiebel der beeindruckenden Villa. Sie erblickte mehrere Erker und einen ovalen Anbau mit einem kupfern schimmernden Kuppeldach. Noch während Finn staunte, wurde die Tür geöffnet. Alex stand grinsend im Türrahmen.

»Hast du gut hergefunden?«, fragte er augenzwinkernd.

Sie grinste. »Sogar schneller als erwartet. Nicht, dass man eure Hütte in irgendeiner Weise übersehen könnte. Bin ich zu früh?«

»Nein, passt schon. Die anderen werden sicher gleich da sein. Komm rein.« Er räusperte sich.

»Hier vorn ist die Garderobe.«

Finn schob sich an ihm vorbei in das Foyer. Überall entdeckte sie kostbares Mobiliar, antike Gemälde in opulenten Goldrahmen und verschiedene Kunstgegenstände. Verwundert drehte sie sich um ihre eigene Achse. Nachdem sie Jacke und Schuhe abgelegt hatte, folgte sie ihm eine ausladende Marmortreppe nach oben ins erste Stockwerk.

»So, da wären wir. Herzlich willkommen in meinem bescheidenen Reich«, scherzte Alex und öffnete ihr mit einer galanten Geste die Tür.

Finn stand vor Staunen der Mund offen.

»Das ist ja riesig! Krasse Aussicht!«

Ihr Blick blieb an der komplett verglasten Südseite hängen, deren vorgelagerter Balkon die Sicht auf ein herrliches Bergpanorama freigab.

»Möchtest du was trinken?«, bot Alex an.

»Gern.«

Finn ließ sich auf seine ausladende Couch fallen.

»Einen netten Fernseher hast du da. Fast wie im Kino«, scherzte sie.

»Wir können gern mal einen Filmabend machen«, bot er an, bevor es unten an der Tür klingelte. Alex wirbelte herum.

»Ich lass die anderen rein, bin gleich zurück.«

Finn blickte ihm verdutzt hinterher. Nachdem er weg war, zog sie sich auf die Füße und hüpfte jubelnd durchs Zimmer. Erst die näherkommenden Stimmen auf dem Gang versetzten ihrer Euphorie einen Dämpfer.

»...krass, dass du auch eine Eingeweihte bist! Ra, du und ich werden zusammen auf die Arkan Akademie gehen, wenn wir die Aufnahmeprüfung bestehen.«

»Das wäre der Hammer! Dann würde ich schon jemanden kennen«, freute sich Lara. Schmerzhaft biss sich Finn auf die Unterlippe. Ein bitteres Gefühl breitete sich in ihrer Magengegend aus. Schnell versuchte sie, sich zusammenzureißen, bevor die anderen den Raum betraten. Einen Augenblick später schwang die Tür auf.

»Hi!«, rief sie übertrieben fröhlich und setzte das strahlendste Lächeln auf, das sie hatte. Finn hoffte, dass die anderen ihre Unsicherheit nicht bemerkten.

»Du bist ganz schön früh für deine Verhältnisse. Konntest es wohl kaum erwarten, was?«, zog Rakin sie sofort auf.

Finn verschränkte die Arme vor der Brust.

»Was willst du damit sagen?«

Bevor er antworten konnte, zog Alex ihn zum Tisch.

»Vertragt euch! Möchtet ihr auch was zu trinken?«

Seine Gäste nickten. Er schenkte den Neuankömmlingen Orangensaft ein, während alle ihre Bücher auspackten. Im Anschluss ließ er sich neben Lara auf einen Stuhl fallen.

»Zeigt mir mal, wo eure Schwierigkeiten stecken.«

Der Reihe nach rückte jeder mit seinen Problemen heraus.

»Gut, das kriegen wir schon hin.« Alex begann umgehend mit dem Erklären der Grundfunktionen. Finn verstand dank seiner strukturierten Arbeitsweise erstaunlich schnell, wie die leichten Aufgaben zu lösen waren. Nur Lara hatte noch Probleme. Nachdem Alex Rakin und Finn ein paar Übungsaufgaben vorgesetzt hatte, widmete er sich allein ihr. Mit voller Konzentration ging Finn die Rechnungen an, doch ihr Blick schweifte immer wieder zu Alex hinüber. Er grinste Lara an, wie ein Lebkuchenpferd, als er ihr zur Auflockerung eine Geschichte aus seinem letzten Urlaub erzählte. Finn versuchte, sich daran zu erinnern, ob er sie auch schon so angesehen hatte. Sofort bildete sich eine unschöne Furche zwischen ihren Augenbrauen.

»Alex, kannst du uns bitte ein wenig unter die Arme greifen, wenn du mit Lara fertig bist?«

»Einen Moment noch, ich komme gleich.« Er wandte kaum den Blick von ihr ab.

Mit einem leisen »Dong« landete Ras zusammengerolltes Matheheft auf Finns Kopf.

»He! Ich dachte, du wolltest lernen«, meinte er ernüchtert.

»Soll ich dir ein bisschen helfen? Inzwischen habe ich es ganz gut drauf.«

»... Wenn du magst ...«

Halbherzig widmete sich Finn zusammen mit Ra den Aufgaben in ihrem Heft, doch sie konnte sich kaum fokussieren.

»Hu-hu! Rakin an Erde! Hörst du mir überhaupt zu?«, stichelte er, als ihre Aufmerksamkeit erneut abschweifte.

»Das hat keinen Sinn. Ich frage Alex, ob er mit mir tauscht«, gab er enttäuscht auf und erhob sich von seinem Stuhl.

»Bitte bleib hier!«, wisperte Finn. Sie hielt ihn verlegen am Saum seines Ärmels zurück.

»Tut mir leid, mein Hirn quillt über vor lauter Formeln.«

»Sicher? Ich habe eher das Gefühl, vor lauter Alex!«, stichelte Rakin mit hochgezogenen Augenbrauen.

»Halt die Klappe!«

Finn riskierte einen schnellen Blick zu den anderen. Doch Alex schien nicht das Geringste mitbekommen zu haben.

»Hier, trink mal was und reagier dich ein bisschen ab«, schlug Ra vor und schob ihr ein volles Glas Wasser hin.

»Ach halt die Klappe«, konterte Finn trotzig, bevor sie verlegen an ihrem Getränk nippte. Er grinste.

»Ich glaube, ein bisschen frische Luft würde dir auch nicht schaden. Lust auf den Balkon zu gehen?«

Finn seufzte.

»Wenn du meinst.«

Sie hatte ein seltsames Gefühl, als sie ihm nach draußen folgte. Rakin räkelte sich gähnend vor ihr an der Brüstung, bevor er sich zu ihr umdrehte.

»Die Aussicht ist echt fantastisch!«

Finn nickte und lehnte sich neben ihm an die Balustrade.

»Ja, nur die dunklen Wolken da hinten bereiten mir Sorgen.«

»Stimmt.« Er machte eine effektvolle Pause und linste vorsichtig zu ihr hinüber.

»Die beiden da drinnen scheinen sich ja prächtig zu verstehen.«

»Ja, verdammt!«, ächzte Finn. Ihr war auf einmal zum Heulen zumute, während aufkommende Eifersucht ihr die Luft abschnürte.

»Du magst ihn, was?«, fragte Rakin.

»Wie bitte?«

»Ich meine Alex.«

Sie zögerte. »Ist das so offensichtlich?«

Ra nickte beklommen. »Für mich schon.«

»Na schön. Und was meinst du, soll ich jetzt machen? Ihm dabei zusehen, wie er Lara anschmachtet?«

»Nein, aber ...«

Rakin schien nach den richtigen Worten zu suchen, bevor er aussprach, was Finn nicht hören wollte.

»Ich meine das nicht böse, aber ich glaube, dass du gegen Miss Goldlöckchen keine Chance hast. Du siehst ja, wie dämlich er sie angrinst.«

»Na vielen Dank auch. Das weiß ich selbst, du Idiot!«, entgegnete Finn widerborstig und wandte sich hastig von ihm ab.

»Tut mir leid, wenn ich etwas zu direkt war.«

Verlegen zog er ein Taschentuch aus der Tasche seines verwaschenen Hoodies und hielt es ihr hin. Trotzig nahm sie es entgegen und putzte sich lautstark die Nase. Eine Weile standen sie schweigend nebeneinander und starrten auf das Bergpanorama, bis Finn sich etwas beruhigt hatte.

»Ich denke, jetzt bin ich mal mit den ungemütlichen Fragen an der Reihe«, erklärte sie schniefend.

»Ist an Alex´ Theorie was dran?«

»Was meinst du?« Ra kratzte sich verwirrt am Kopf.

»Na, dass du eine Freundin hast, bei der du untergetaucht bist. Nach deiner Geheimniskrämerei zu urteilen, hat er voll ins Schwarze getroffen.«

Rakin blickte sie unverwandt an und schien für einen Moment nicht zu wissen, was er darauf antworten sollte. Nachdem er sie eine Weile merkwürdig angesehen hatte, zierte ein trauriges Lächeln seine Lippen.

»Ist das ein Ja oder ein Nein?«, bohrte Finn weiter.

»Ja *und* nein. Das Ganze ist leider nur einseitig.«

Finn machte große Augen.

»Das musst du mir jetzt näher erklären.«

Rakin seufzte und wich ihrem Blick aus.

»Ich fürchte, die Sache ist ein bisschen kompliziert.«

Finn musste über seine unbeholfene Reaktion schmunzeln. Ra, der vor Verlegenheit rot anlief - das sah ihm gar nicht ähnlich.

»Hey, was macht ihr zwei so lange hier draußen? Habt ihr keine Lust mehr?«, fragte Alex, der sich zusammen mit Lara zu ihnen gesellte.

»Wir wollten nur kurz unser Hirn auslüften«, erklärte Finn schnell und realisierte aus dem Augenwinkel Rakins erleichterten Gesichtsausdruck.

»Gute Idee, ich brauch auch mal ´ne Pause«, entgegnete Alex gähnend. Er streckte sich ausgiebig und sog die frische Bergluft in sich hinein. Finn taxierte Lara für einen Augenblick, bevor sie deprimiert kehrtmachte.

»Ich geh dann mal wieder rein. Ra, kommst du mit? Mir fehlen noch ein paar Aufgaben. Würdest du mir helfen?«

»Klar.« Er nickte und folgte ihr zurück ins Zimmer, wo sie sich wieder an die Arbeit machten. Finn beobachtete ihn aus dem Augenwinkel.

»Hier. Dieses Ergebnis erhältst du nur, wenn du zuvor beim Rechenweg die richtige Formel auswählst.« Er strich sich eine seiner schulterlangen Haarsträhnen hinters Ohr, die sich ständig wieder lösten. Die wiederholte Bewegung machte Finn ganz verrückt.

»Warte mal einen Moment.«

»Hä?«

Rakin warf ihr einen verwirrten Blick zu, als sie unter dem Tisch abtauchte und in ihrer Schultasche kramte.

»Hier, das brauch ich so schnell eh nicht.« Finn drückte ihm eines ihrer Haargummis in die Hand, die dort seit längerem ungenutzt vor sich hinvegetierten.

»Was soll ich damit?«

»Wonach sieht's denn aus?«

Rakin musterte verunsichert das unscheinbare Accessoire, bevor er es widerwillig verwendete.

»Du meinst, ich soll mir meine Wolle damit zusammenbinden?«, fragte er schmunzelnd, bevor er seine Haare am Hinterkopf zu einem unordentlichen Knoten zusammenband.

Finn musterte ihn nickend. Über ihr Gesicht zog sich ein breites Grinsen.

»Schon besser! Solltest du öfter machen.«

»Steht dir«, meldete sich auch Alex, der mit Lara gerade vom Balkon zurückkehrte.

Ra legte den Kopf schief.

»Meint ihr echt?«

»Ja, du siehst cool damit aus ... ein bisschen verwegen«, kicherte Lara und sorgte dafür, dass Rakin leicht errötete.

»Wenn ihr meint ...« Er faltete nervös die Hände im Nacken, bevor er die geballte Aufmerksamkeit der anderen von sich abzulenken versuchte.

»Ich sage es ungern, aber vielleicht wäre es besser, wenn wir für heute langsam zusammenpacken. Die dunklen Wolken am Himmel werden immer dichter.«

»Aber ich habe die schwierigeren Formeln noch nicht ganz kapiert«, jammerte Finn.

»Wenn du magst, geh ich die fehlenden Aufgaben morgen in der Mittagspause noch mal mit dir durch«, schlug Alex vor. Sofort hellte sich ihr Gesicht auf.

»Das wäre großartig!«

Ra warf Alex finstere Blicke zu.

»Los, lasst uns nach Hause gehen. Ihr wisst ja, was beim letzten Gewitter passiert ist.« Die anderen nickten zustimmend, während ihre lockere Stimmung schnell in Anspannung umschlug. Wenig später standen sie zusammen im Eingangsbereich des Hauses.

»Danke, Alex, dass du deine Nerven für uns geopfert hast. Und dir auch Rakin. Ihr habt beide was gut bei mir«, erklärte Finn mit einem dankbaren Lächeln.

»Meine Rede«, schloss sich Lara an.

»Habe ich gern gemacht. Kommt gut nach Hause«, entgegnete Alex. Ra murmelte dagegen nur kurz angebunden »Passt schon« und streifte sich die dunkle Kapuze seines abgetragenen Hoodies über.

EIN UNHEIMLICHER BESUCHER

Finn eilte die steile Straße bis zum Haus ihrer Eltern hinauf, nachdem lautes Donnergrollen ihr Beine machte. Wenige Meter, bevor sie das Gebäude erreichte, begann es sintflutartig zu regnen. Ihre Kleidung war in Kürze völlig durchnässt. Rasch sperrte sie auf und stolperte nach drinnen.

»Hi Ma, hast du Diego irgendwo gesehen?«, rief sie zur Begrüßung in die Küche.

»Nein, ich dachte, du hättest ihn heute Nachmittag mitgenommen. Heißt das etwa ...?«

»Sieht ganz danach aus, als würde er wieder streunen«, jammerte Finn.

»Keine Sorge, in dem Sauwetter vermisst er sicher bald sein trockenes Körbchen«, prophezeite ihre Mutter, während sie schwungvoll in ihrem Topf rührte.

»Schlüpf am besten sofort aus den nassen Klamotten, damit du dich nicht erkältest. Später kannst du ja noch mal vor die Tür schauen. Vielleicht ist er dann zurück.«

»Mach ich.«

Finn huschte nach oben und gönnte sich zunächst eine heiße Dusche. In ihrem Lieblingspyjama hüpfte sie die Stufen hinunter und wickelte sich in eine leichte Regenjacke, bevor sie die Tür öffnete. Wie zu erwarten, tobte das Gewitter mit voller Stärke. Im gleißenden Licht eines Blitzes machte Finn eine dunkel vermummte Gestalt ganz in ihrer Nähe aus, die ihren Hund am Halsband gepackt hatte. Vor Schreck entfuhr ihr ein heiserer Aufschrei, der sofort die Aufmerksamkeit des schwarzen Schemens erregte. Überrascht ließ er von Diego ab, der sich mit eingezogenem Schwanz winselnd nach drinnen flüchtete. Finn realisierte zu spät, dass sie inzwischen das Ziel des Fremden war. Vergeblich versuchte sie, sich ins Haus zu retten, doch sie hatte sich einige Meter von der Tür entfernt und ihr Verfolger war schnell wie ein Jagdfalke. Er erreichte sie im Bruchteil einer Sekunde und umschlang sie mit eisernem Griff. Finn war so überrascht, dass sie kaum wusste, wie ihr geschah. Seine Technik war so fließend und präzise, es war fast unheimlich. Innerhalb eines Augenblicks war sie bewegungsunfähig. Mit einer Hand drückte er ihren Mund zu, damit sie nicht schreien konnte. Finn fühlte Panik in sich aufsteigen, als der Fremde sich mit ihr zusammen ins Haus drängte. Sie versuchte, sich verzweifelt loszureißen, aber gegen seinen stählernen Griff hatte sie nicht den Hauch einer Chance.

»Keine Angst, ich bin nicht hier, um dir weh zu tun. Wenn du versprichst, nicht zu schreien, lasse ich dich los«, flüsterte er ihr mit angespannter Stimme ins Ohr. Finn nickte. Sie fühlte sich wie eine Gazelle in den Pranken eines hungrigen Löwen. Konnte sie ihm trauen? Vergeblich versuchte sie, etwas von seinem Gesicht zu erkennen.

»Hör zu, ich bin Mitglied einer mächtigen Hintergrundorganisation und wurde als Wache vor deinem Haus abgestellt. Ich werde dir alles erklären. Tut mir leid, wenn ich grob war.«

Vorsichtig löste ihr Angreifer seinen eisernen Griff. Finn wich verunsichert vor ihm zurück. Nachdem sie etwas Abstand gewonnen hatte, musterte sie ihn misstrauisch. Er trug rabenschwarze Kleidung und eine dunkle Stoffmaske, die die untere Hälfte seines Gesichts verhüllte. Kopf und Haare waren unter seiner weiten Kapuze verborgen. Das Einzige, was sie von ihm sehen konnte, waren ein Paar lebhafte blaue Augen.

»Finn? Hast du Diego gefunden?«, hörte sie ihre Mutter aus der Küche rufen, die vermutlich etwas gehört hatte. Verunsichert taxierte Finn den Fremden, der ihr mit einer eindeutigen Geste andeutete, dass sie ihn nicht verraten sollte. Aus einem Impuls heraus entschied sie sich, dem Unbekannten eine Chance zu geben.

»Alles in Ordnung, Diego ist wieder da und hat sein durchnässtes Fell im Gang ausgeschüttelt. Ich komme, sobald ich das gröbste Chaos beseitigt habe ...«, rief sie.

»Oh, bitte Finn, trockne ihn doch richtig ab, bevor du ihn ins Haus lässt. Sonst macht er wieder alles nass und dreckig!«

»Ja, ich wische es auf, versprochen! Vielleicht muss ich ihn auch kurz duschen, könnte etwas dauern.«

»Okay.«

Der Fremde wirkte erleichtert.

»Gut gemacht. Können wir irgendwo ungestört reden?«, flüsterte er.

Finn zögerte.

»Hier entlang«, flüsterte sie und versuchte, größtmöglichen Abstand zu ihm zu halten. Mit einem seltsamen Gefühl führte sie ihn über die Treppe ins obere Stockwerk. Dort angekommen entdeckte sie Diego, der Zuflucht unter der Couch gesucht hatte und wie ein begossener Pudel darunter hervorschaute. Na toll, auf einmal verhielt er sich wie ein Angsthase. Dabei fürchtete er sich doch sonst vor nichts und niemandem! Der Fremde kam hinter ihr die Treppen hoch und betrat ihr kleines Wohnzimmer. Er sah sich neugierig um, bevor er seine durchnässte Kapuze abstreifte und glänzendes, strohblondes Haar darunter zum Vorschein kam, das in nassen Strähnen an seiner Stirn klebte. Finns Blicke blieben sofort an seinen intensiv blauen Augen hängen, die von honigbraunen Funken durchzogen wurden. Der Fremde wirkte relativ jung unter seiner schwarzen Gesichtsmaske, die er nicht ablegen wollte. Sie wich erneut vor ihm zurück, als er zu ihr aufschloss. Finn konnte an seinem Blick erkennen, dass er über ihre Reaktion amüsiert grinste.

»Keine Sorge, ich werde dich nicht fressen. Mein Name ist Serafin Elrayo. Du darfst mich gern Serafin nennen. Ich halte hier seit deiner Rückkehr aus dem Krankenhaus Wache, damit dir nichts geschieht. Sonst hättest du wohl schon öfter Besuch von deinem Freund, dem Seelenfresser bekommen. Arthur hat mich beauftragt, ein Auge auf dich zu haben.«

»Sind Sie von den Arkana?«, platze es unüberlegt aus Finn heraus. Serafins durchdringende Ozeanaugen fixierten sie so jäh, dass ihr Herz für einen Moment stolperte.

»Du weißt eine Menge – zu viel für meinen Geschmack. Pass lieber auf, wem gegenüber du diesen Namen erwähnst.«

Erschrocken zuckte Finn zusammen und vergrößerte den Abstand zwischen ihnen.

Er schmunzelte.

»Keine Angst, ich verrate dich nicht. Ich meine ja nur. Sei vorsichtig. Hier in der Gegend wimmelt es von Arkana.«

Finn musste an das Gespräch zwischen Herrn Alba und Lara denken, das sie belauscht hatte.

»Was passiert, wenn die anderen Arkana herausfinden, dass ich über sie Bescheid weiß?«

»Tja, das willst du lieber nicht wissen«, erklärte Serafin. Die Falten in seiner Stirn verrieten Unbehagen.

Finn holte tief Luft und ließ sie langsam wieder aus ihrer Lunge entweichen.

»Was ist das Ziel der Arkana? Warum arbeiten sie im Verborgenen? Und wie haben sie es geschafft, so lange geheim zu bleiben?«, versuchte Finn weitere Details aus ihm herauszubekommen.

»Das geht dich nun wirklich nichts an, wenn du nicht noch mehr Ärger bekommen willst«, entgegnete Serafin leise in sich hineinlachend. »Du bist echt unverbesserlich!«

Langsam fasste Finn zu ihm Vertrauen.

»Sag mal, sitzt du jeden Abend da draußen und hältst Wache?«

»Ja.«

»Bei Wind und Wetter, auch wenn es in Strömen gießt, wie heute?«

Serafin nickte, mit einem Augenzwinkern.

»Wirst du da nicht krank?«, setzte Finn besorgt nach.

»Keine Sorge, normalerweise sitze ich mit einer großen Thermoskanne Kaffee in meinem Wagen«, beschwichtigte er sie.

»Als ich deinen riesigen Hund vorhin in der Dunkelheit gesehen habe, dachte ich für einen Moment, er wäre ein Seelenfresser.«

Er rieb sich verlegen den Nacken. Finn kicherte.

»Ehrlich? Selbst den Arkana passieren wohl Missgeschicke.«

»Ja-ja, mach dich ruhig über mich lustig!«

»Das war nicht bös gemeint. Darf ich dich noch ein bisschen mit Fragen löchern?«

»Kommt drauf an, mit welchen«, entgegnete er schmunzelnd.

Finn nahm ihn sofort beim Wort.

»Wie stellst du es an, den Seelenfresser zu vertreiben? Mit einem Silberopal wirst du inzwischen nicht weit kommen«, erklärte sie nachdenklich. Serafin fuhr sich unbehaglich durch sein nasses, blondes Haar.

»Hör zu, ich werde den Seelenfresser nicht verscheuchen, Finn. Wenn ich ihn sehe, werde ich mit allen Mitteln versuchen, ihn zu töten. Er hat bereits genug Menschen auf dem Gewissen.«

Er öffnete seinen langen schwarzen Ledermantel, der ihn recht gut vor der Nässe geschützt hatte. Darunter kam ein elegantes, leicht gekrümmtes Langschwert zum Vorschein, das an seiner Taille baumelte.

»Okay? Ist das nicht ein wenig ... altmodisch?«, meinte Finn mit Blick auf die antiquierte Waffe.

»Wäre eine Schusswaffe nicht effektiver?«

Ihr Beschützer schüttelte energisch den Kopf.

»Nur zu deiner Information: Eine Knarre mit normalen Kugeln richtet bei einem Seelenfresser rein gar nichts aus. Seine

Regenerationsfähigkeit ist viel zu hoch, dass ihm kleine Einschusslöcher etwas anhaben könnten. Es gibt nur eine Möglichkeit, ihn schnell und sauber zu erledigen und das ist, ihn um einen Kopf kürzer zu machen. Nur so kann er sich nicht mehr regenerieren.« Er machte eine effektvolle Pause, bevor er fortfuhr. »Verstehst du jetzt, warum ich ein gutes Schwert einer Schusswaffe vorziehe?«

Finn nickte gespannt.

»Außerdem ist das Ding hier etwas Besonderes«, fuhr er fort und ließ seine Finger stolz über das Heft seiner Waffe gleiten.

»Das ist eine Ätherklinge. Sie ist viele Jahrhunderte alt und wurde aus Silberopal-Staub in Verbindung mit Titanglas und Mondstahl geschmiedet, eine der härtesten und dennoch flexibelsten Rohstoffe. Trotz seines Alters gibt es weder Kratzer noch Rostflecken! Aber inzwischen ist die antike Handwerkstechnik aus Enakrion leider ausgestorben. Waffen dieser Art sind beinahe unbezahlbar.«

»Enakrion? Wo liegt das? Habe ich noch nie gehört«, unterbrach ihn Finn. Serafin lachte verlegen.

»Äh ... das ist verdammt weit weg. Wirst du nicht kennen. Möchtest du die Klinge mal sehen?«, lenkte er vom Thema ab.

»Au ja!«

Mit einer anmutigen Bewegung zog er das Schwert und hielt es gegen das Licht der Deckenlampe. Finn staunte über die leicht durchsichtig schimmernde, schwarze Waffe, deren Klingen mittig durch einen goldenen Steg getrennt waren.

»Ein schönes Stück, findest du nicht?«

Serafin führte mit fließenden Bewegungen einige kurze Schlag- und Stoßfrequenzen vor. Seine Darbietung verfehlte ihr Ziel nicht.

»Hat es die gleichen Auswirkungen auf den Seelenfresser wie ein Silberopal?«, fragte Finn beeindruckt.

»Ja, es ist sogar noch effektiver-«

»Finn, wo bleibst du? Essen ist fertig!«, drang Loreens Stimme aus dem Erdgeschoss nach oben.

»Mist!« Finn öffnete die Tür und holte tief Luft.

»Ich komme gleich! Gib mir noch fünf Minuten.«

»Ja, aber beeil dich!«, entgegnete ihre Mutter. Finn knallte die Tür hastig hinter sich zu. Sie hörte das metallische Summen der Klinge, als Serafin seine Waffe zurück in die Scheide steckte und unter seinem Mantel verschwinden ließ.

»Sieht so aus, als wäre es höchste Zeit zu gehen. Hier, bevor ich es vergesse.«

Er drückte ihr einen silbernen Gegenstand an einem Schlüsselanhänger in die Hand.

»Das hier ist ein Notfall-Peilsender. Ziehst du die Abdeckung dort nach hinten, kommt ein verdeckter Knopf zum Vorschein, der mich benachrichtigt, wenn du ihn drückst. Durch das eingebaute GPS wird dauerhaft ein Signal an mich gesendet, sodass ich immer sehen kann, wo du dich gerade befindest. Ich kann dir also im Handumdrehen zu Hilfe kommen, sollte der Seelenfresser angreifen. Genial, oder?«

Finn zog die Augenbrauen nach oben.

»Wieso hast du mir das nicht schon früher gegeben? Ich hätte mir einige schlaflose Nächte sparen können.«

»Na hör mal! Eigentlich dürfte ich gar nicht mit dir reden. Das hier ist sowieso schon eine fette Ausnahme. Also sei mal nicht so.« Er zwinkerte ihr amüsiert zu.

»Mach´s gut Finn.«

»Du auch. Es war cool mit dir zu plaudern, auch wenn du mir im ersten Moment einen mächtigen Schreck eingejagt hast.«

»Danke, das Vergnügen war ganz bei mir. Pass auf dich auf.«

Serafin schlenderte zielstrebig zur Balkontür.

»He! Warte! Da hinten geht es ins Erdgeschoss. Was ... was hast du vor?«

»Nach was sieht es denn aus? Ich verschwinde. Adieu!«

Unter ihrem überraschten Blick kletterte er geschmeidig wie ein Ninja in den Garten, wo er in der Dunkelheit verschwand. Verdutzt schloss Finn die Tür hinter ihm ab und ließ das Rollo herunter. Sie versuchte, ihre Gedanken etwas zu sortieren, bevor sie die Treppe ins Erdgeschoss nahm.

EIFERSUCHT UND ANDERE ERKENNTNISSE

Wow, ich mag diesen Künstler!«, schwärmte Lara, bevor sie einen Teil des Liedes mit ihren Fingern auf dem Tisch nachtrommelte.

»Das ist mein absoluter Lieblingssong«, erklärte Alex, der breit grinsend neben ihr auf dem Tisch saß und mit ihr seine Airpods teilte. Finn stupste ihn vorsichtig.

»Hey, Alex ... wolltest du nicht die Aufgaben noch mal mit mir durchgehen? Die Pause ist gleich vorbei ...«

»Mist, das habe ich glatt vergessen, sorry! Wie wäre es, wenn wir uns in der Mittagspause in der kleinen Schulbibliothek treffen? Dort haben wir unsere Ruhe und genug Zeit. Vorher muss ich aber noch etwas im Sekretariat abgeben. Lass uns Viertel nach 12 machen.«

Finn ließ die Schultern hängen.

»Meinetwegen ...«

Ihr Blick streifte ihren Block, auf den sie wütende kleine Drachen gekritzelt hatte, bevor er an Chris hängen blieb, der gerade an ihrer Tischreihe vorbei schlenderte.

»Hey Alex, du schuldest mir noch eine Sammelkarte! Los, beweg deinen Hintern, ich muss dir was zeigen«, rief er augenzwinkernd.

»Ja-ja, ich komm gleich.«

Seufzend rutschte Alex von Laras Tischplatte.

»Ich muss los, wir sehen uns später.«

»Bis dann.« Finn sah ihm hinterher, wobei sie Melissas vernichtende Blicke auffing. Schnell wandte sie sich ab und schielte mit zusammengekniffenen Augen zu Lara hinüber, die sich neben ihr streckte.

»Hey Finn, weißt du, was Rakin für einen Musikgeschmack hat?«

»Ähm ... keine Ahnung, aber ich würde auf Rock tippen. Warum?«

»Ach nur so ... Hat er eine Freundin?«

»Weiß nicht. Wieso willst du das wissen?«

»Es interessiert mich eben.« Lara strich sich hastig eine Strähne hinters Ohr, während Finn vielsagend die Augenbrauen hochzog. Der Pausengong ließ einen Tumult entstehen, bis sich alle wieder an ihren Plätzen befanden.

»Lass uns später reden«, flüsterte Lara hastig. Finn nickte ihr nachdenklich zu. Der Unterricht, der aus Englisch und Deutsch bestand, flog nur so dahin. Sobald es zur Mittagspause läutete, stupste Lara Finn an der Schulter.

»Alles okay bei dir? Seit der Pause warst du so still.«

Finn ließ den Kopf hängen.

»Passt schon.«

»Mach mir nichts vor.« Lara rückte etwas näher an sie heran.

»Du stehst auf Alex, hab ich recht?«

Erschrocken schaute Finn auf.

»Hä? Weiß nicht, wie du darauf kommst.«

Ihre Freundin rollte nur mit den Augen.

»Komm schon, das ist offensichtlich. Ich wollte dir nur sagen, dass du dir keine Sorgen machen musst. Alex ist ein netter Kerl, aber er ist nicht mein Typ«, kicherte sie mit vielsagendem Augenzwinkern.

»Zufrieden?«

»Na ja ... das heißt trotzdem nicht, dass ich deswegen bessere Chancen bei ihm habe«, ächzte Finn resigniert.

»Steck den Kopf nicht in den Sand, ich versuch dir zu helfen, wenn du magst. Und jetzt los. Du solltest ihn nicht so lange auf dich warten lassen.«

»Meinst du das ernst?«

»Klar. Jetzt beweg deinen Hintern, bevor irgendwer anderes ihn dir vor der Nase wegschnappt.«

Finn fiel ihr um den Hals.

»Danke!« Hastig packte sie ihre Sachen zusammen.

»Kommst du mit?«

Lara nickte.

»Es kann nicht schaden, wenn ich den Stoff wiederhole.«

Sie zog sich mit einem schiefen Lächeln auf die Füße.

»Na, dann auf zu deinem Traumprinz.«

»Halt die Klappe! Pass nur auf, wenn ich dich erwische!«, konterte Finn mit errötenden Wangen und stürzte ihr hinterher. Lara streckte ihr grinsend die Zunge heraus.

»Versuch´s doch!«

Herumalbernd verließen die beiden das Klassenzimmer. Dabei stieß Lara fast mit Ra zusammen, der sich im Gang herumtrieb.

»Oh, sorry!«, stammelte sie überrascht.

»Nichts passiert. Habt ihr auch Nachmittagsunterricht?«, fragte er.

»Ja, zwei Stunden Sport«, entgegnete Finn, die hinter Lara auftauchte.

»Was machst du noch hier?«

»Ich hab Kunst am Nachmittag.«

Er wedelte deprimiert mit seiner Zeichenmappe.

»Hättest du ... ähm ... hast du Lust mit uns in die Bibliothek zu kommen? Alex wollte Finn die Formeln noch mal erklären«, fragte Lara, während sie mit einer Haarsträhne spielte. Ihr Gegenüber zögerte nicht lange.

»Gern, mir ist eh langweilig.«

Zusammen machten sie sich auf den Weg. Lara blieb schweigsam. Ihre Blicke huschten immer wieder unauffällig zu Ra hinüber, bemerkte Finn, die mit ihm ein oberflächliches Gespräch angefangen hatte. Die Sonne schien angenehm warm, als sie das Gebäude verließen. Rakin streckte sich und blinzelte gen Himmel.

»Ich hätte gerade viel mehr Bock in der Sonne zu chillen, als mich mit Mathe zu stressen ... Was meinst du, Finn?«

»Aber ... aber ich hab Alex versprochen, dass ich mit ihm lerne«, stammelte sie.

»War ja klar.« Rakin verdrehte seufzend die Augen, bevor er sich neben der Bibliothek auf eine Bank fallen ließ. Finn blinzelte überrascht, als Lara es ihm gleichtat.

»Ich ... ich leiste dir ein wenig Gesellschaft ... wenn das für dich okay ist.« Ra musterte sie verdattert.

»Sicher. Wir warten hier auf dich und Alex.« Er blickte zu Finn auf. In seinem Blick lag etwas Trauriges.

»Okay ... bis später.«

Irritiert setzte sich Finn in Bewegung und betrat mit einem komischen Gefühl allein das Gebäude.

»Ich kann immer noch nicht glauben, dass ich plötzlich zwei Arkana-Anwärter in diesem kleinen Nest treffe. Schon verrückt«, wunderte sich Lara und rutschte unauffällig näher an ihn heran.

»Freust du dich schon, dass du bald von hier wegkannst?«

Ra ließ den Kopf in den Nacken fallen.

»Weiß nicht. Meinen Vater werde ich so schnell bestimmt nicht vermissen. Und diese Schule hier auch nicht, aber ...« Er brach gedankenverloren ab und ließ seinen Kopf über die Lehne nach hinten fallen.

»Hey, ihr zwei! Habt ihr noch Platz für uns?«, rief Alex aus einiger Entfernung, als er zusammen mit Finn auf ihre Bank zusteuerte.

»Na endlich, wir dachten schon, ihr wärt da drin eingeschlafen«, stichelte Ra.

»Ha-ha! Ein bisschen Wiederholung hätte dir sicher auch nicht geschadet!«, entgegnete Finn ironisch und ließ sich neben ihm nieder.

»Ich muss euch erzählen, was mir gestern Abend passiert ist!«

»Was denn? Ist ein Ufo bei dir gelandet?«, scherzte Alex.

»Wirklich witzig, du Scherzkeks! Ich habe einen vermummten Assassinen in meinem Garten gefunden ... oder besser gesagt, er hat mich gefunden.«

»Echt jetzt? Erzähl!«, sprudelte es aufgeregt aus Alex und Lara heraus. Rakin dagegen zog eine saure Miene.

»Sag bloß, dir ist Serafin über den Weg gelaufen. Hatte ich nicht gesagt, du sollst bei Anbruch der Dunkelheit im Haus bleiben?«

»Jetzt reg dich ab, du klingst schon wie meine Ma.«

Finn rollte mit den Augen, bevor sie die ganze Geschichte erzählte und auch Lara über ihren Beschützer einweihte. Sie wollte gerade den Notfallknopf aus ihrer Jackentasche fischen, um ihn den anderen zu zeigen, bis sie bemerkte, dass sie ihn zu Hause vergessen hatte.

»Ich habe über Serafin Elrayo gehört, dass er die Arkan Akademie mit einem der besten Abschlüsse seit Gründung der Schule verlassen hat«, erklärte Lara stolz darauf, auch etwas beitragen zu können. Ra nickte ihr anerkennend zu.

»Ja, er ist eines meiner großen Vorbilder.«

»Was genau ist denn diese Arkan Akademie?«

Finn musterte ihre Freunde der Reihe nach. Doch statt einer Antwort tauschten sie nur unsichere Blicke untereinander. Lara seufzte: »Tut uns leid, Finn. Wir bringen dich in Gefahr, wenn wir dich weiter mit internen Informationen über die Arkana füttern.«

Sie klang, als würde sie sich Vorwürfe machen.

»Ach was!«

»Wer soll denn das kontrollieren?«, protestierten Rakin und Alex, nur um von Lara postwendend böse Blicke zu ernten.

»Komm schon, Lara! Ich fühl mich in unserer Gruppe wie eine Ausgestoßene«, bettelte Finn, bis sich ihre Freundin endlich erweichen ließ.

»Also gut, meinetwegen. Aber behaupte später nicht, ich hätte dich nicht gewarnt.«

Sofort hellte sich Finns Laune auf.

»Danke, Lara!«

Sie fiel ihr stürmisch um den Hals.

»Nun schießt los! Ich will alles über diese Arkan Akademie wissen! Ist das eine Schule für zukünftige Arkana-Mitglieder?«

»Exakt«, antwortete Rakin. »Du hast nur die Chance, aufgenommen zu werden, wenn du von einem verwandten Arkanamitglied zum Nachfolger bestimmt wirst.«

»Und vergiss den Aufnahmetest nicht«, mischte sich Alex ein, bevor er erklärte: »Du musst auch beweisen, dass du das Zeug dazu hast, ein Arkana zu werden. Zur Prüfung wirst du allerdings nur eingeladen, wenn du keine geistige Null bist. Du musst mindestens einen Notenschnitt von 2,5 haben.«

»Na toll, was soll denn das nun wieder heißen?!«, fiel ihm Ra ins Wort. Alex zog ihn mit breitem Grinsen auf.

»Was kann ich dafür, wenn du unter die Kategorie Hohlbirne fällst?« Postwendend zeigte ihm Ra den Mittelfinger.

»Ich werde dir schon noch zeigen, wer hier ne Hohlbirne ist!«

Finn kratzte sich nachdenklich am Kopf.

»Warum schickt man Arkana-Sprösslinge nicht schon viel früher auf diese Akademie?«

»Keine Ahnung«, antwortete Lara grübelnd. Rakin zog neben ihr eine seltsame Grimasse.

»Was ist los? Hast du Blähungen?«, witzelte Alex.

»Nein, du Hirnie!« Er fuhr sich nachdenklich mit den Händen übers Gesicht.

»Ich musste an einen seltsamen Vorfall denken, während ich bei Arthur war«, rückte Ra mit der Sprache heraus und erzählte von dem mysteriösen Besucher, der seinen Vater vor kurzem spät nachts besucht hatte.

»Was? Die Arkan Akademie liegt in einer anderen Dimension? Wieso hast du uns das nicht schon früher gesagt?«

Seine Freunde starrten ihn aus großen Augen an.

»Na ja ... durch den ganzen Ärger mit Arthur an diesem

Wochenende habe ich es wohl vergessen«, rechtfertigte sich Rakin kleinlaut.

Alex lehnte sich zurück und starrte nachdenklich in den blauen Himmel.

»Jetzt ist mir klar, warum die Arkana ihre Novizen erst ab einem gewissen Alter auf die Akademie schicken. Wenn ich mir vorstelle, ich hätte ab der ersten Klasse so weit von zuhause weggemusst - ich will gar nicht daran denken!«

Nachdenkliches Schweigen breitete sich innerhalb des kleinen Grüppchens aus, bis sie das Geräusch des Schulgongs aufschreckte.

»Mist! Ich muss hoch ins Klassenzimmer«, rief Ra zerstreut und sammelte seine Sachen zusammen. Finn und die anderen warfen sich bereits hektisch ihre Taschen über die Schultern.

»Du hast wenigstens nur ein paar Meter zu laufen, wir dagegen müssen zwei Blocks weiter bis zur Sporthalle«, ächzte sie.

»Ihr schafft das schon. Wir reden morgen wieder!«, verabschiedete sich Ra, bevor ihre Runde wie ein Häufchen aufgeschreckter Hühner auseinanderstob. Als Lara und Finn die Sporthalle erreichten, hatte der Unterricht bereits angefangen. Zum Glück war ihre Lehrerin gnädig mit ihnen. Heute stand wieder das leidige Thema Basketball auf dem Stundenplan. Finn ächzte. Ballsport war nicht ihre Stärke. Motivationslos streifte sie ein Trikot ihrer Mannschaft über. Basketball unter Mädchen war eine Katastrophe - zumindest im hiesigen Schulsport. Es wirkte eher wie eine Schar wilder Katzen, die sich um ein Stück Fisch zankten. Schon bald war das Spiel in vollem Gange. Im Gedränge wurden Finn und Lara immer wieder grob von Melissa und ihren Freundinnen angerempelt und abgedrängt. Erleichtert streifte sie sich ihr Trikot ab, nachdem das Match etwas früher abgepfiffen wurde.

»Bitte beeilt euch mit dem Aufräumen, ich habe im Anschluss noch einen dringenden Termin!«, spornte die Lehrerin ihre Schülerinnen zur Eile an, bevor sie Lara das Einsammeln der Trikotlaibchen aufs Auge drückte.

»Du musst sie nur auf die Bügel im Spind des Geräteraums

hängen und abschließen. Der Schlüssel steckt. Gib ihn einfach im Sekretariat ab, bevor du nach Hause gehst. Kann ich mich auf dich verlassen?«

Lara nickte überrumpelt.

»Vielen Dank, bis nächste Woche!«

Hastig eilte sie aus der sich leerenden Halle und war verschwunden.

»Na super!«, ächzte Lara.

»Komm, ich helfe dir«, bot Finn sofort an.

Zusammen hängten sie die letzten Trikots in den Schrank im Geräteraum, als mit einem lauten Knall die Tür hinter ihnen ins Schloss fiel. Auf einen Schlag war es stockdunkel, denn der Raum besaß keine Fenster. Unter hämischem Gelächter wurde der Schlüssel von außen herumgedreht und abgezogen.

»Hey! Was soll das?«, brüllte Finn und stolperte auf ihrem Weg durch den engen, dunklen Raum prompt über irgendwelchen Krimskrams.

»Diese verdammten ...!«, fluchte sie, bevor sie sich mühsam vom Boden aufrappelte. Vorsichtig tastete sie sich bis zur Tür vor und suchte vergeblich nach einem Lichtschalter. Sie trommelte wütend mit den Fäusten gegen das kalte Metall.

»Ist gut jetzt! Ihr hattet euren Spaß! Lasst uns endlich hier raus!«

»Ich fürchte, das bringt nichts«, meinte Lara neben ihr, die sich vorsichtig zu ihr herangetastet hatte.

»Und was schlägst du besseres vor?«, entgegnete Finn mit bebender Stimme.

»Beruhig dich. Die werden uns hier drin schon nicht sitzen lassen.«

»Hoffentlich hast du Recht.« Seufzend lehnte sich Finn gegen die kalte Tür. Die Minuten vergingen, aber auf der anderen Seite rührte sich nichts.

»Verdammt! Die lassen uns hier eiskalt sitzen!«, fluchte sie und schlug erneut zornig mit den Fäusten gegen die Tür. Frustriert ließ sie sich neben ihrer Freundin nieder.

»Scheiße! Was machen wir jetzt?«

Lara tastete in der Dunkelheit nach Finn.

»Du hast nicht zufällig dein Handy bei dir?«

»Ist in meiner Schultasche.«

»Meines auch. Wer weiß, ob uns heute noch jemand findet.«

Finn ächzte.

»Oh Mann! Unsere Eltern werden durchdrehen, wenn wir nicht nach Hause kommen! Vielleicht zetteln sie bis morgen eine polizeiliche Großfahndung an!«

»Hoffentlich nicht. Das wird sonst echt peinlich!«

Beide seufzten tief und verfielen in nachdenkliches Schweigen.

»Lara?«

»Hmmm?«

»Die Sache mit der Arkan Akademie und der anderen Dimension geht mir nicht aus dem Kopf. Glaubst du, da ist was dran?«

»Keine Ahnung. Im Gegensatz zu Alex stelle ich mir das Ganze total aufregend vor.«

»Ja, ich mir auch ...«, entgegnete Finn melancholisch.

»Sag mal, angenommen ihr schafft den Auswahltest ... Seid ihr dann nächstes Schuljahr alle weg ...?«

Finn hörte Lara schwer schlucken.

»Auf die Akademie zu kommen, ist eine einmalige Chance! So etwas bekommen wir nie wieder ...«

»Das heißt also, ja ...«

Finn spürte die Enttäuschung wie eine Zecke an sich hinauf krabbeln und ihre Freude aussaugen. Sie schlang die Arme um die angezogenen Beine und legte den Kopf auf die Knie.

»Das ist nicht fair ... ich hatte das erste Mal seit langem wieder das Gefühl, echte Freunde zu haben ...«

Ihre Stimme bröckelte.

»Ich würde alles dafür geben, um euch begleiten zu können.«

»Hey, lass den Kopf nicht hängen.« Lara rutschte unbeholfen etwas näher an sie heran und legte ihr tröstend eine Hand auf die Schulter. Finn versuchte, unbekümmert zu klingen.

»Mach dir um mich keine Sorgen. Ich komm schon irgendwie klar. Vorher war ich auch allein.«

»Spiel nicht das tapfere Schneiderlein. Ich weiß, wie du dich fühlst. An meiner früheren Schule hatte ich auch kaum Freunde.«

Sie schwieg für einen Moment, bevor sie aufgeregt die Luft einsog.

»Vielleicht gibt es ja doch einen Weg für dich, uns auf die Arkan Akademie zu begleiten!«

»Und wie soll das gehen?«, entgegnete Finn trotzig.

»Willst du etwa Herrn Alba fragen, ob er mich zu seiner Nachfolgerin macht?« Sie musste selbst über ihren abstrusen Vorschlag lachen.

»Oh Gott, ja! Ich stelle mir vor, was für ein Gesicht er machen würde!«, stieg Lara gleich darauf ein.

»Aber vergiss nicht, es können dich nur nahe Verwandte zu ihrem Nachfolger bestimmen. Du müsstest ihn also bitten, dich zu adoptieren oder zu heiraten.«

»Ha-ha! Sehr witzig!«

Die beiden Mädchen kringelten sich bei der Vorstellung auf dem Boden des Geräteraumes und konnten für eine Weile nicht mehr damit aufhören.

EINE VERHÄNGNISVOLLE TASSE TEE

Finn blinzelte, nachdem die Tür geöffnet wurde und grelles Neonlicht den Geräteraum flutete.

»Hey Lara, wach auf!«, sie stupste vorsichtig ihre Freundin an, die mit dem Kopf auf ihrer Schulter eingeschlafen war. Während sie sich die Augen rieb, betrat ein junger Mann in Fußballklamotten den Raum.

»Was sucht ihr denn hier?«, rief er, als er die Mädchen am Boden neben der Tür entdeckte.

»Wir wurden eingesperrt! Gott sei Dank holt uns endlich jemand hier raus«, rief Finn erleichtert und rappelte sich vom Boden auf. Der Fußballer musterte sie beunruhigt.

»Na, dann aber nix wie heim. Ihr habt echt Glück, dass unser Training wegen dem Sturm in die Halle verlegt wurde. Macht euch mal lieber schnell auf die Socken, damit ihr nach Hause kommt. Das Unwetter draußen wird immer schlimmer.«

Nervös schielte Finn an ihm vorbei. Vor den großen Fenstern der Sporthalle lauerte bereits die Dunkelheit.

»Shit! Wie lange waren wir eingesperrt?«

»Ich habe irgendwann das Zeitgefühl verloren«, entgegnete ihre

Freundin gähnend. »Los, lass uns schauen, dass wir von hier wegkommen.«

Eilig liefen die beiden zurück in die Mädchenumkleide, wo sich noch ihre Sachen befanden. Aber auch hier erlebten sie eine böse Überraschung. Der Inhalt ihrer Schultaschen war komplett ausgeleert und auf dem Boden verteilt worden.

»Diese Biester!«, knurrte Lara, während Finn zunächst mit Sprachlosigkeit reagierte.

Fluchend begannen die beiden, ihre Sachen vom Boden aufzusammeln und zurück in ihre Schultaschen zu stecken.

»Sag mal, hast du schon geschaut, ob noch alles da ist?«, fragte Finn mit nervösem Unterton.

»Ja, bei mir fehlt nichts. Und bei dir?«

»Keine Ahnung. Irgendwie habe ich ein komisches Gefühl.«

Finn wühlte durch ihre Tasche. Langsam erstarrte sie in der Bewegung und sog scharf die Luft ein.

»Mein Silberopal ist weg!«

»Bist du sicher, dass du ihn dabei hattest?«

»Ja, ganz sicher! Heute Mittag in der Pause war er noch da!« Ihre Stimme bebte.

»Hey, den kriegen wir bestimmt wieder. Wer kann schon etwas damit anfangen? Keiner außer uns weiß, was das ist«, versuchte Lara sie zu trösten.

»Und was ist, wenn er nicht mehr auftaucht?«, fragte Finn traurig.

»Wir lassen uns was einfallen. Zur Not stellen wir Melissa eine Falle!«

Lara dachte einen Moment nach.

»Rakin hat bestimmt eine Idee.«

»Hoffentlich.«

Finns Laune hellte sich allmählich wieder auf.

»Los, lass uns bei unseren Eltern anrufen, bevor sie durchdrehen. Meine Ma hat schon fast zwanzig Mal versucht, mich zu erreichen«, stöhnte Finn nach einem Blick auf ihr Handy. Lara nickte.

»Mein Vater kommt um diese Uhrzeit meistens von der Arbeit. Wenn du magst, können wir dich gern nach Hause mitnehmen.«

»Das wäre echt lieb.«

Finn holte tief Luft und wählte die Nummer ihrer Mutter.

Zufrieden schob sich Finn den letzten Bissen Pfannkuchen in den Mund.

»Das war echt lecker, Ma. Ich bin ganz ausgehungert, nachdem wir solange im Geräteraum ausharren mussten.«

»Glaub ich dir, mein Schatz. Und du bist sicher, dass es keine Absicht war? Ansonsten gehe ich morgen persönlich in die Schule und knöpf mir diejenigen vor!«

»Nein, Ma! Bitte nicht. Es ... Es war sicher ein Versehen. Komm wieder runter. Das Letzte, was ich brauchen kann ist, dass du wie eine Furie in meiner Klasse auftauchst.«

»Ich hoffe, du schwindelst uns nicht an. So etwas ist keine Bagatelle«, stellte ihr Vater klar.

»Entspannt euch. Es ist alles in Ordnung. Ich würde mich jetzt unheimlich gern nach oben verziehen und eine heiße Dusche nehmen. Ich bin todmüde.«

»Ja, du siehst ziemlich geschafft aus«, pflichtete Ed ihr bei, bevor Loreen mit einer Kanne aus der Küche kam.

»Hier. Ich habe dir Tee gemacht, den du mit hochnehmen kannst, um dich etwas aufzuwärmen.«

»Danke, lieb von dir. Schlaft gut, ihr beiden.«

»Du auch.«

Erschöpft schleppte sich Finn in ihr Zimmer und steuerte zuerst die Dusche an, die ihren Körper mit heißem Wasser wiederbelebte. Mit nassen Haaren ließ sie sich im Anschluss auf ihre Couch fallen und nippte an einer Tasse Tee. Sie musste an Diego denken. Ihre Mutter hatte ihr erzählt, dass er am späten Nachmittag getürmt war, nachdem Finn nicht wie üblich von der Schule zurückgekommen war. Beunruhigt stellte sie ihre Tasse ab und schlenderte zur geschlossenen Balkontür. Sie schaute besorgt in die Dunkelheit hinaus und beobachtete, wie sich Sträucher und Bäume als schwarze Konturen im tobenden Sturmwind bogen. Ihr Herz blieb für einen Augenblick stehen, nachdem sich eine dunkle Silhouette über das Geländer ihres winzigen Balkons schwang. Mit einem Aufschrei stolperte sie rückwärts, als der obskure Schemen von außen wild gegen die Scheibe pochte. Sie schnappte überrascht nach Luft, sobald sie die Umrisse eines Menschen ausmachte.

»Serafin?«

Überrumpelt öffnete sie die Tür. Er stand triefnass und zitternd vor ihr. Selbst sein robuster Ledermantel mit der übergroßen Kapuze schien in diesem Mistwetter versagt zu haben.

»Ich dachte, du wärst ein Seelenfresser«, begrüßte sie ihn atemlos.

»Finn! Verdammt, wo hast du so lange gesteckt!«

Er schob sie schlotternd zur Seite, um ins Trockene zu gelangen, bevor er einige Male tief durchatmete.

»Tut mir leid, ich wollte dich nicht anbrüllen. Wieso bist du erst jetzt nach Hause gekommen?« Er schlotterte bei jedem zweiten Wort.

»Ich dachte, es wäre etwas passiert! Warum hast du den Peilsender nicht mitgenommen? Hätte ich dich orten können, hätte ich nicht die halbe Sondereinheit mobilisiert. Mein Team hat die ganze Stadt nach dir abgesucht, bevor ich einen Anruf von Raffael Merian erhalten habe. Er sagte, dass er dich samt seiner Tochter bei der Sporthalle eingesammelt hat. Ha-tschi!«

Er nieste und putzte sich lautstark die Nase.

Finn versuchte, den Kloß aus schlechtem Gewissen hinunterzuschlucken, der sich in ihrem Hals breitmachte.

»Nimm erst mal deinen durchnässten Mantel ab, ich kann dir alles erklären. Es tut mir furchtbar leid, aber ich konnte wirklich nichts dafür«, insistierte Finn mit hängenden Schultern, bevor ihr eine Idee kam. Sofort eilte sie ins Badezimmer und holte einige große Handtücher, die sie um Serafin herumwickelte. Mit all den Tüchern sah er aus wie eine Raupe, die aus einem Kokon guckte.

»Möchtest du vielleicht heiß duschen? In der Zwischenzeit stibitze ich einen frischen Bademantel von meinem Vater. Keine Sorge, er wird es nicht merken. Deine Kleider stecke ich so lange in den Trockner, dann sind sie im Handumdrehen wieder trocken, falls dich das etwas für den Aufwand entschädigt.«

»Ich weiß nicht. Was ist, wenn deine Eltern Wind davon bekommen? Eigentlich dürfte ich gar nicht hier sein.«

Er brach nachdenklich ab und fuhr sich durch sein nasses Haar.

»Ich lass es mir durch den Kopf gehen, aber zuerst möchte ich eine Erklärung! Wo hast du so lang gesteckt?«

Finn schnappte nach Luft und erzählte ihm alles über den Vorfall in der Sporthalle, nachdem er sich auf ihrem alten Sofa niedergelassen hatte.

»Da hast du ja ätzende Biester in deiner Klasse! Wenn ich das geahnt hätte ... Ich habe dich gesucht wie ein Bekloppter! Das GPS des Peilsenders hat die ganze Zeit nur den Aufenthaltsort bei dir zu Hause angezeigt, aber ich wusste aus sicherer Quelle, dass du nicht da bist. Zuerst habe ich mir nichts weiter dabei gedacht. Erst als ich bemerkte, dass deine Eltern nach dir suchten, wurde mir klar, dass etwas passiert sein musste.«

Serafin ließ den Kopf in den Nacken fallen.

»Du hast mir einen sauberen Schreck eingejagt! Hätte nie gedacht, dass es so nervenaufreibend sein würde, eine Göre zu hüten. Wenn sowas öfter passiert, muss ich dich wohl oder übel auch tagsüber beschatten«, erklärte er augenzwinkernd. Seine Augen funkelten amüsiert.

»Hey, nenn mich nicht Göre!« Finn streckte ihm frech die Zunge heraus, bevor sie zwei Tassen aus ihrer Küche holte.

»Willst du etwas Tee als Wiedergutmachung?«

Er nickte amüsiert und musste gleich im Anschluss kräftig niesen.

»Ich hoffe, du wirst nicht krank.«

Finn legte ihm vorsorglich eine Packung Taschentücher hin, bevor sie sich zu ihm setzte.

»Ach was! Ein echter Kerl geht so schnell nicht ein.«

»Na das wollen wir hoffen.« Finn schenkte ihm gerade Tee ein, als sie erschrocken innehielt. Da waren Schritte auf der Treppe!

»Finn?«

»Ja, Ma?«

Wie von der Tarantel gestochen, sprang sie auf und rannte zur Tür, während sie Serafin hektisch mittels diffuser Handbewegungen klar machte, dass er sich schleunigst verstecken sollte.

Finn fing ihre Mutter gerade noch vor der Tür ab, bevor sie das Zimmer betreten konnte.

»Was gibt´s, Ma?«

»Ich habe ein Kratzen an der Tür gehört. Beim Nachsehen stellte sich heraus, dass Diego wieder da ist.«

»Im Ernst? Wo steckt er?«

»Dein Vater ist gerade mit ihm im Bad und trocknet ihn ab. Er wäre am liebsten gleich zu dir hoch, aber ich wollte ihn nicht so durchnässt hinauflassen.«

Ihre Mutter hatte ihren Satz kaum beendet, als sich von unten das Geräusch schneller Pfoten näherte.

»Diego!«, rief Finn erleichtert, nachdem der große silbergraue Hund sich an ihrer Mutter vorbei drängte und sie mit einer ungestümen Begrüßung fast umwarf. Winselnd und wild mit dem Schwanz wedelnd leckte er ihr das Gesicht.

»He! Nicht so stürmisch!«, versuchte sie ihn zu beruhigen. Ihre Mutter stöhnte entsetzt.

»Meine Güte, ich habe manchmal das Gefühl, er wird von Tag zu Tag größer!«

Mit einem Seufzer packte sie Diego an seinem Halsband und zog ihn von ihrer Tochter herunter.

»Zieh dir was Frisches an, bevor du ins Bett gehst. Ich fürchte, den Schlafanzug kannst du in die Wäsche schmeißen.«

»Ja, mach ich, gute Nacht!«

Finn knallte ihrer verdatterten Mutter die Tür vor der Nase zu, während ihr Hund überdreht um sie herum hüpfte.

»Wo warst du so lange?«, schalt Finn das außer Rand und Band geratene Tier.

»Ich habe mir echt Sorgen um dich gemacht!«

Serafin linste vorsichtig hinter dem Sofa hervor.

»Ist die Luft rein?«, flüsterte er.

Finn nickte belustigt.

»Ja. Meine Ma stapft gerade wieder die Treppe nach unten. Sieh mal, wen ich hier habe.« Sie zeigte auf ihren Hund, der sich sofort hinter ihr versteckte, als er Serafin erblickte. »Wenn das nicht Diego ist«, entgegnete ihr Beschützer süffisant grinsend und kam aus seinem Versteck hervor.

»Ich glaube, du machst ihm Angst«, stellte Finn ernüchtert fest. »Schon eigenartig. Vor dem größten Monster hat er keinen Schiss, aber vor einem Vermummten!«

Lachend kraulte sie ihrem Hund das Fell und kehrte zu Serafin zurück, der sich inzwischen wieder auf seinem angestammten Couchplatz niedergelassen hatte.

»Trink, bevor der Tee kalt wird.«

Sie nippte unschuldig an ihrer Tasse und schielte möglichst unauffällig zu ihm hinüber.

»Hast du vielleicht einen Strohhalm für mich?«, fragte er.

»Einen Strohhalm? Nicht dein Ernst, oder? Warum nimmst du nicht einfach die Maske ab?«

»Das geht leider nicht.«

»Warum nicht?«

»Geheimhaltung der Identität«, konterte Serafin. Für einen Moment spiegelte sich Verbitterung in seinen Augen. Finn ignorierte das eigenartige Gefühl in ihrem Inneren.

»Ach komm schon-«

»Nein!«

Sie zuckte erschrocken zusammen und wagte nicht weiter nachzuforschen.

»Tut mir leid. War nicht bös gemeint.«

Serafin versuchte vergeblich, seine bebenden Hände vor ihr zu verbergen.

»Schon gut.« Verdattert über seine Reaktion zog sich Finn auf die Beine und durchsuchte ihre Küche nach Strohhalmen. Zum Glück fand sie noch eine halbe Packung in der letzten Schublade.

»Hier.«

Sie beobachtete, wie Serafin den Trinkhalm seitlich unter seiner Maske hindurch fädelte und wohlig seufzend einen großen Schluck nahm.

»Danke! Mann, tut so ein heißer Tee gut.« Es wirkte fast, als wäre der kleine Ausrutscher gerade gar nicht passiert. Plötzlich musste er heftig niesen und verschüttete dabei die Hälfte des heißen Getränks aus seiner Tasse über seinem Schoß. Mit einem Schrei des Entsetzens sprang er auf und fummelte hektisch am Gürtel seiner Hose herum. Wie versteinert und mit weit aufgerissenen Augen beobachtete Finn das kuriose Szenario. Sie hatte noch nie jemanden so schnell eine Hose ausziehen sehen.

»Verdammt ist das heiß! Leck mich doch am ...«, machte sich Serafin Luft, während er sich das letzte Schimpfwort um Haaresbreite verkniff. Finn presste sich die Hand vor den Mund, um ihr Lachen zu unterdrücken und wandte sich ab, um ihm die schlimmste Blamage zu ersparen. Er stand inzwischen nur noch in seinen Shorts da und hüpfte fluchend durchs Zimmer. Anstatt seines Gesichts kannte Finn jetzt zumindest die Farbe seiner Unterhose.

»Hier nimm das Handtuch!«, rief sie und warf ihm eines der Tücher zu, das zuvor als Nässeschutz auf dem Sofa gedient hatte. Serafin fing es zielsicher auf und tupfte sich seine durchnässten Shorts trocken. Finn hoffte nur, dass man seinen Schrei nicht bis nach unten gehört hatte. Sollten jetzt ihre Eltern auf die großartige Idee kommen, nachzusehen, wer hier so einen Lärm veranstaltete, würde dies sicher ein unvergesslicher Abend werden.

»Shit, ich habe mich verbrüht ...«, war alles, was ihr Gast ernüchtert herausbrachte, sobald der schlimmste Schmerz etwas nachließ. Finn wollte ihn nicht noch weiter in Verlegenheit bringen und versuchte, einen mitfühlenden Gesichtsausdruck aufzusetzen.

»Brauchst du ... irgendwas zum Kühlen?«, fragte sie vorsichtig.

»Nein, nein, muss so gehen«, entgegnete Serafin.

»Du kannst gerne das Bad hier oben benutzen ... Für den Fall, dass du ... kaltes Wasser drüber laufen lassen möchtest«, stammelte Finn und fixierte verlegen den Boden. Serafin nickte und verschwand mit einem der Handtücher Richtung Bad.

»Also gut, du hast gewonnen! Wenn du so freundlich sein würdest, mir einen Bademantel von deinem Dad zu klauen, wäre ich dir sehr dankbar ...«, brummte er, bevor er die Badezimmertür hinter sich zuzog. Finn blieb verdattert zurück und ließ sich auf die Couch fallen.

»Oh Mann!«, rief sie und schlug die Hände vors Gesicht. Das konnte ja ein lustiger Abend werden! Im Bad hörte sie Serafin unter der Dusche leise vor sich hin fluchen. Wenn sie die Geschichte morgen Lara erzählte, würde sie ausflippen. Kichernd zog sich Finn auf die Beine und schlich die Treppe hinunter, nur um wenige Minuten später mit einem Bademantel zurückzukehren.

»Serafin, ich leg dir den Mantel vor die Tür, okay?«

Sie erhielt keine Antwort, vermutlich hörte er sie unter der Dusche nicht. Mit einem Buch verzog sich Finn auf die Couch und wartete geduldig, bis er sich wieder bei ihr blicken ließ. Ohne seine dunkle Kluft, dafür mit weißem Bademantel, sah Serafin aus wie der Besucher einer Spa-Lounge. Nur die schwarze Maske in seinem Gesicht wirkte deplatziert. »Geht es wieder?«, fragte Finn vorsichtig.

»Ja, halb so wild«, wiegelte er ab und blickte missmutig zum Fenster hinaus.

»So ein Mist, dieser Sturm scheint heute gar nicht mehr nachzulassen«, stellte er fest.

Finn konnte gut nachvollziehen, dass er in diesem Wetter ungern vor die Tür wollte.

»Deine Sachen sind schon im Trockner. Du musst nur ein bisschen warten, bis die Maschine fertig ist.«

»Das ist nett von dir, aber ich sollte gehen. Eigentlich dürfte ich gar nicht hier sein!«, seufzte Serafin.

»Willst du im Ernst in deine nassen Klamotten schlüpfen und zurück in das Sauwetter? Warum bleibst du nicht einfach über Nacht? Hier hast du es bedeutend bequemer, um auf mich aufzupassen. Die Couch hier im Wohnzimmer ist groß genug und sehr gemütlich.«

»Und was ist, wenn deine Eltern mich hier oben erwischen? Hast du eine Ahnung, was dann los ist? Außerdem ist das gegen die Regeln«, rückte er schuldbewusst heraus.

»Wie *gegen die Regeln*?«, hakte Finn sofort nach.

Ihr vermummter Gast zögerte.

»Hör zu, als Schutzwache einer Person, die mit den Arkana nichts am Hut hat, ist es üblicherweise meine Pflicht, den Kontakt mit der Zielperson auf das absolute Minimum zu reduzieren. Bei dir habe ich eh schon genug Ausnahmen gemacht. Allerdings hatte ich nicht geplant, dass es dermaßen aus dem Ruder läuft«, gab Serafin beschämt zu.

»Meinst du nicht, dass das inzwischen egal ist?«, fragte Finn verwegen.

»Ein Tabubruch mehr oder weniger macht den Bock auch nicht mehr fett.«

»Das hättest du wohl gern«, lachte Serafin, bevor er den Kopf auf die Lehne sinken ließ und sich mit den Fingern unschlüssig durchs Haar fuhr.

»Das kann ich nicht machen. Was, wenn mich irgendjemand bemerkt? Du weißt, wie peinlich das für dich ausgehen könnte.«

Finn legte den Kopf schief und grinste ihn aufmunternd an.

»Keine Sorge, die Wahrscheinlichkeit dafür ist ziemlich gering. Meine Eltern kommen nur hier hoch, wenn ich verschlafe. Solltest du trotzdem darauf beharren, dich nass in die Kälte zu setzen, kann ich dir garantieren, dass du morgen die größte Virenschleuder der Stadt sein wirst.«

Serafin wirkte zunächst hin- und hergerissen, bis er letztendlich zustimmte.

»Na fein, du hast gewonnen.«

»Gute Entscheidung«, gratulierte Finn mit breitem Grinsen. Sie hatte die Hoffnung noch nicht aufgegeben, ihn ohne Maske zu erwischen. Außerdem hoffte sie, mehr über die Arkana aus ihm herauszubekommen.

»Ich hol dir ein paar Wolldecken und ein Kissen. Deine Karriere als Virenkurier ist damit beendet.«

»Ich bin untröstlich«, entgegnete Serafin trocken, während seine Augen amüsiert funkelten. Finn ging ins Nebenzimmer, um aus ihrem Schrank frische Decken für ihn zu holen. Ihr Besucher seufzte erleichtert, sobald sie das Zimmer verlassen hatte. Verstohlen griff er nach seinem Handy, das Finn aus seinen nassen Klamotten gerettet hatte. Gott sei Dank, es hatte keinen Wasserschaden davongetragen. Vorsichtig zog er ein eingeschweißtes Dokument aus einem Geheimfach im Schaft seiner Stiefel und überprüfte angespannt den Inhalt. Aus dem Augenwinkel bemerkte er Diego, der ihn schon seit geraumer Zeit heimlich beobachtete.

»So, da bin ich wieder!«

Schnell versteckte Serafin die Mappe hinter seinem Rücken, als Finn überraschend mit den Decken zurückkehrte.

»Hier, nimm. Damit kannst du es dir gemütlich machen. Ich geh kurz runter zum Trockner und schau nach deinen Sachen, ob sie schon fertig sind.«

Serafin nickte unbehaglich.

»Ja, aber sei bloß vorsichtig, dass du mit den Sachen nicht von deinen Eltern erwischt wirst. Ich habe keine große Lust, in diesem Unwetter nur mit einem Bademantel bekleidet vom Balkon zu springen, weil dein Paps auf einmal hinter mir her ist!«, alberte er herum.

»Du kommst vielleicht auf Ideen!«, kicherte Finn, bevor sie die Tür ansteuerte.

»Ich bin gleich wieder da, also stell mir nicht die Bude auf den Kopf.«

»Ha-ha, sehr witzig!«

Serafin rollte mit den Augen. Sobald sie weg war, wurde er ernst.

Er holte tief Luft, dann zog er das Mobiltelefon und die Mappe hinter seinem Rücken hervor. Aufgewühlt fischte er ein gefaltetes Dokument aus der Plastikhülle, das er einen Moment lang unschlüssig anstarrte. Danach nahm er sein Handy und wählte nervös eine Nummer.

»Guten Abend, hier spricht Elrayo ... Ja, ich habe sie. Mit diesen Beweisen können wir Arthur ein für alle Mal als den Drahtzieher hinter den Seelenfresserangriffen überführen. ... Gut. Ich werde die Unterlagen gleich morgen abliefern. ... Danke, Ihnen auch eine gute Nacht.«

Er hatte kaum aufgelegt, schon hörte er Schritte vor der Tür. Ohne lange darüber nachzudenken, faltete er das Papier hastig zusammen und versteckte es in seinem rechten Stiefel.

»Bin wieder da! Hat niemand was gemerkt«, platzte Finn ins Zimmer.

»Gut, ich habe auch alle Daumen für dich gedrückt«, entgegnete Serafin mit einem Lächeln.

»Wenn du morgen zur Schule willst, wird es allerdings höchste Zeit, dass du ins Bett gehst. Es ist schon fast halb elf.«

Finn schaute überrascht auf ihre Uhr.

»Mist, schon so spät? Ich hätte noch so viele Fragen ...«

»Vielleicht ein anderes Mal. Los, geh dich umziehen, sonst kommst du morgen nicht aus den Federn.«

»Ja-ja«, moserte sie und ging enttäuscht ins Bad.

Als sie zurückkehrte, schien Serafin bereits friedlich auf der Couch zu dösen. Seine Maske hatte er trotzdem nicht abgenommen. Einem Sturkopf wie ihm konnte man wohl nicht helfen. Amüsiert über seine Eigenheit, knipste Finn das Licht aus und verzog sich in ihr angrenzendes Schlafzimmer. Bevor sie Diego in ihr Zimmer bugsierte und die Tür hinter sich schloss, flüsterte sie: »Gute Nacht, Serafin!«

»Gute Nacht, Finn«, brummte er im Halbschlaf zurück. Er war sicher todmüde, nachdem er sie heute stundenlang im Regen gesucht hatte. Gähnend gestand sie sich ein, dass sie auch erschöpft war, nach all den Vorfällen dieses verrückten Tages. Sie schlüpfte unter die Decke, kuschelte sich gemütlich in ihr Kissen und döste sofort weg.

ENTTARNT!

Das Geräusch der Türklinke holte Finn aus dem Schlaf. Sie blinzelte schlaftrunken und registrierte kaum, wie Diego ins Nebenzimmer verschwand. Sie war so müde, dass sie sich nur auf die andere Seite wälzte und sich nicht weiter darum kümmerte. Allerdings fand ihre Nachtruhe ein jähes Ende, als sie kurze Zeit später von einem lauten Aufschrei, Gepolter und aufgeregten Stimmen erneut aus dem Schlaf gerissen wurde. Erschrocken fuhr sie hoch. Irgendetwas musste passiert sein! Mit bis zum Hals klopfendem Herzen stürzte sie aus dem Bett. Fahrig tastete Finn im Nebenzimmer nach dem Lichtschalter.

»Verdammt, lass mich los! Was soll das?«, krächzte eine verzweifelte Jungenstimme.

Endlich fand sie den blöden Schalter. Sie blinzelte verwirrt, nachdem das Licht eine äußerst bizarre Szenerie vor ihren Augen frei gab. Für den Bruchteil einer Sekunde sah sie Ra (was zum Teufel machte der denn hier?) unbekleidet, bäuchlings auf dem Boden liegend. Serafin, der auf ihm kniete, hatte ihm die Hände grob auf dem Rücken fixiert. Auf dem Laminat neben den beiden lag ein Foto, das Serafin mit spöttischem Augenzwinkern und gerecktem Mittelfinger hin zum Betrachter zeigte. Finn hatte keine Zeit, genauere Details zu erkennen, denn schon im nächsten Moment begegnete sie Rakins panischem Blick. Mit einem wilden Aufschrei ging der Junge komplett in Flammen auf und verwandelte sich vor ihren Augen in einen Hund. Nicht in irgendeinen Hund. Es war Diego! Finn stand wie versteinert im Türrahmen, während ihre Beine langsam unter ihr nachgaben.

»Das ist ein Albtraum, nur ein blöder Albtraum ...«, murmelte sie und rieb sich mit ihren zitternden Fingern die Augen. Sie konnte nicht glauben, was sie soeben gesehen hatte. Der kurze Moment wirkte wie eine Ewigkeit, in der plötzlich Bilder vor ihrem inneren Auge vorbeizogen.

Diego, der sich an sie schmiegte.

Diego, wie er sich zu ihr ins Bett kuschelte, als sie Albträume hatte.

Diego, der stürmisch zur Begrüßung an ihr hochsprang und freudig ihr Gesicht leckte ...

Dazu fielen ihr Rakins rätselhafte Anspielungen über seine momentane Wohnsituation ein. Finn schnappte nach Luft, bevor ihr ein Schrei des Entsetzens entfuhr, der Tote hätte wecken können. Serafin versuchte sich ihr vorsichtig zu nähern.

»Finn, hör mir zu! Bitte beruhig dich, ich werde dir alles erklären ...«

»Bleib sofort stehen!«, brach es unter Tränen aus ihr heraus. Sie begann so heftig zu schluchzen, dass ihr ganzer Körper zitterte. Fluchtartig rappelte sie sich hoch und stolperte in ihr Zimmer zurück. Mit einem lauten Knall warf sie die Tür hinter sich zu und drehte den Schlüssel herum. Von der anderen Seite hörte sie Serafin mit zerknirschter Stimme weiter auf sie einreden.

»Finn! Es tut mir leid! Bitte hör mir zu ...«

»Hast du von seinen Fähigkeiten gewusst?«, schluchzte sie hinter der Tür.

Serafin zögerte. Sein Schweigen war für sie Antwort genug.

»Du *hast* es gewusst! ... Verschwindet von hier, alle beide! Ich möchte euch nie wieder sehen!«

Während sie mit dem Rücken zur Tür auf dem Boden kauerte, hörte Finn Rakins Stimme, der wütend Serafin verfluchte, bevor er aufgewühlt an ihre Tür pochte.

»Finn, ich weiß, dass ich Scheiße gebaut habe. Komm schon! Lass mich wenigstens versuchen, es dir zu erklären!«

»Hau endlich ab! Ich habe genug gesehen!«, rief sie mit brüchiger Stimme und hielt sich die Ohren zu, doch er ließ nicht locker.

»Ich geh hier nicht weg, bevor du mir nicht wenigstens eine Chance gibst! ... Und wenn ich die ganze Nacht hier sitze.«

Allerdings wurde aus seinem Vorhaben nichts, denn schon näherten sich von unten dumpfe Schritte auf der hölzernen Treppe.

»Rakin, wir müssen verschwinden!«, drängte Serafin.

»Fass mich nicht an, du mieser Verräter!«

»Verdammt wir haben jetzt keine Zeit für deine Eskapaden«, knurrte Serafin wütend, während die Balkontür aufgerissen wurde. Wenig später herrschte Stille im Raum, bevor ihre Eltern das Obergeschoss erreichten.

»Finn! Was ist passiert?«

Finn wischte sich die heißen Tränen von den Wangen, aber sie konnte sie einfach nicht stoppen. Ihre Hände zitterten. Schluchzend vergrub sie den Kopf zwischen den angezogenen Knien. Sie wollte niemanden sehen. Was sollte sie ihren Eltern sagen? Dass ihr Hund in Wirklichkeit ein Junge war, der sie die ganze Zeit über ausspioniert hatte? Sie schnappte nach Luft und wischte sich die laufende Nase an ihrem Ärmel ab. Im Moment war ihr alles egal.

»Finn? Bist du da drin?«

Ihr Vater klopfte vorsichtig an ihre Zimmertür.

»Geht es dir gut? Was ist passiert? Wir haben laute Stimmen und Schreie gehört!«

»Es ... es ist alles ok ... Ich hatte nur einen furchtbaren Albtraum«, antwortete sie und unterdrückte ein weiteres Schluchzen.

»Keine Sorge, es geht schon wieder.«

»Versuch nicht, uns zum Narren zu halten! Was ist hier los?«, erwiderte ihre Mutter.

»Lasst mich einfach in Ruhe!«, platzte es heftiger aus Finn heraus, als ihr lieb war. Loreen ließ sich trotz ihrer abweisenden Art nicht abwimmeln.

»Wir kommen jetzt rein«, kündigte sie an, bevor sie feststellte, dass die Tür verriegelt war.

»Wer ist dieser seltsame Typ mit der Maske auf dem Foto?«

Finn biss sich schmerzhaft auf die Unterlippe. Sie mussten Serafins Foto gefunden haben, das noch auf dem Boden lag. Innerlich verfluchte sie die beiden für das Chaos, das sie hinterlassen hatten.

»Ich will jetzt nicht darüber sprechen. Lasst mich endlich in Ruhe!«, würgte sie ihre Eltern endgültig ab.

Sie hörte die beiden besorgt vor ihrer Tür flüstern.

»Bitte Finn, wir können doch über alles reden ...«, versuchte es ihre Mutter weiter, aber Finn schwieg und ließ ihren Tränen freien Lauf.

Der Wecker klingelte. Ächzend blinzelte Finn aus ihren müden Augen. Sie fühlte sich wie gerädert. Allmählich registrierte sie, dass sie sich am Boden neben der Tür zusammengerollt hatte. Die verstörenden Erinnerungen der letzten Nacht fluteten in ihr Bewusstsein. War das wirklich passiert oder nur ein blöder Albtraum? Sofort war sie hellwach. Umständlich zog sie sich auf die Beine und entriegelte die Tür. Auf der Couch entdeckte sie Serafins zerknautschte Decke und am Boden sein ominöses Foto. Finn raufte sich fluchend ihr zerzaustes Haar. Leider kein blöder Albtraum. In ihrem Inneren kämpften Wut und Verlegenheit über Rakins Verrat um die uneingeschränkte Gefühlsherrschaft. Warum hatte er das getan? In ihrem Hals spürte sie einen dicken Kloß. Völlig durch den Wind schlurfte Finn ins Bad und spritzte sich am Waschbecken kaltes Wasser ins Gesicht. Ihr Spiegelbild starrte ihr aus geröteten Augen entgegen.

»Na wunderbar!« Stöhnend wandte sie sich ab und machte sich fertig.

Als sie zu ihren Eltern ins Esszimmer kam, las ihr Vater gerade Zeitung und nippte vorsichtig an seinem Kaffee. Ihre Mutter saß daneben am Tisch und richtete Finns Pausenbrotzeit. Beide schienen nachdenklich zu sein und versuchten, auf eine auffällige Art, unauffällig zu wirken.

»Morgen«, nuschelte Finn und machte sich teilnahmslos einen Toast.

»Guten Morgen«, kam es beinahe im Chor von ihren Eltern zurück.

»Alles ok?«, fragte Ed mit einem besorgten Seitenblick auf Finn, die ihr Frühstück fixierte.

Sie nickte nur und machte keine Anstalten, von sich aus genauer auf die mysteriösen Geschehnisse der letzten Nacht einzugehen.

»Willst du uns nicht endlich sagen, was passiert ist?«, bohrte ihre Mutter nach, als sie ihrer Tochter die Pausenbox reichte.

Finn seufzte genervt.

»Ich habe doch gesagt, dass es nur ein Albtraum war!«

Loreen verdrehte die Augen.

»Schon gut, du musst ja nicht gleich so überreagieren! Wo hast du Diego gelassen? Ist er noch oben, der Faulpelz?«

Finn sog scharf die Luft ein und verschluckte sich prompt an einem Stück Toast mit Marmelade, das sie gerade kaute. Wild hustend stürzte sie vom Tisch in Richtung Toilette, wo man sie noch einige Zeit weiter durch die Türe hindurch husten und würgen hörte.

Nachdem sie wieder atmen konnte, kehrte Finn mit düsterem Blick und geröteten Augen zurück.

»Geht´s wieder, Schätzchen?«, erkundigte sich Loreen, erhielt von Finn aber nur ein schroffes »Ja«.

»Meinetwegen, ich lass dich ja schon in Ruhe«, sagte sie, bevor sie sich ihrem Mann zuwandte.

»Sag mal Ed, hast du diese Sachen da in den Trockner getan?« Sofort war Finn ganz Ohr. Mit vor Schreck weit geöffneten Augen sah sie gerade noch, wie ihre Mutter einen Wäschekorb auf den Tisch stellte, der bisher unauffällig neben der Eckbank gestanden hatte.

»Das Zeug hier kenne ich gar nicht. Ein schwarzer Ledermantel war auch mit dabei, allerdings ist er bei der Rundfahrt im Trockner vermutlich um drei Nummern eingegangen und hart wie ein Brett! Ich dachte, du weißt, dass man Leder nicht in den Trockner geben darf.«

»Das gehört mir gar nicht. Die Sachen habe ich noch nie gesehen!«

Bevor ihr Vater ausreden konnte, wurde er von Finn unterbrochen, die sich diesmal an ihrem Kakao verschluckte. Allerdings dauerte es nicht lange, bis sie sich wieder unter Kontrolle hatte.

»Die Sachen sind von mir«, gab sie kleinlaut zu und riss den Korb an sich.

»Warum zum Geier trocknest du fremde Männerklamotten?«, hakte Loreen verwirrt nach.

»Und wo hast du die überhaupt her?« Ihre Mutter machte eine kurze Pause und fischte zielstrebig eine blau gestreifte Boxershorts aus dem schwarzen Haufen heraus. Diese hielt sie Finn mit gerümpfter Nase und hochgezogenen Augenbrauen zwischen Daumen und Zeigefinger unter die Nase.

»Junges Fräulein, ich fürchte, diesmal bist du uns eine Erklärung schuldig!«

In Finns Kopf ratterte es auf Hochtouren. Sie brauchte eine gute Ausrede, und zwar schnell! Sie spürte, wie ihr die Röte ins Gesicht schoss.

»Das ... das Zeug gehört einem ... einem der Fußballer, die uns gestern im Geräteraum gefunden haben!«

»Und deswegen nimmst du seine Sachen mit und packst sie bei uns in den Trockner?«

»Ich habe aus Versehen mein Getränk über seiner Tasche verschüttet! Da waren seine ganzen Klamotten drin. Als kleine Entschädigung habe ich angeboten, seine Kleider zu trocknen.«

»Aha ... und er hat dir sogar seine Unterhose mitgegeben?«, fragte ihre Mutter ungläubig und wedelte demonstrativ mit den Shorts vor Finns Gesicht herum.

»Mit welchen Klamotten ist er dann bitte nach Hause gegangen? Ohne Unterhose?«

»Das weiß ich doch nicht! Ich muss jetzt los!«, wich Finn ihr aus und stürmte mit der Pausenbox aus dem Zimmer.

»Finn! Hey!«, versuchte ihre Mutter sie vergeblich aufzuhalten. Finn schnappte sich Jacke und Schultasche und floh aus dem Haus, nachdem sie Hals über Kopf in ihre Sneakers geschlüpft war.

REVANCHE

»Alles in Ordnung mit dir?«, fragte Lara behutsam, als sie Finn mit dem Gesicht in ihren Armen vergraben auf der Schulbank kauernd fand. Sie stupste ihre Freundin vorsichtig in die Flanke, doch sie stöhnte nur erledigt.

»Hey, ich wollte eigentlich nur fragen, ob wir wegen dem gestrigen Vorfall gleich zu Herrn Alba gehen sollen? Oder möchtest du das lieber in Ruhe in der Pause machen?«

Energielos wandte sich Finn ihr zu.

»Shit, was ist passiert? Sag bloß, es ist wegen deines Silberopals?«, erschrak Lara, nachdem sie ihre geröteten Augen bemerkte. Finn schüttelte nur resigniert den Kopf.

»Was ist los?«

Bevor Lara weitere Fragen stellen konnte, betrat eine kleine Gruppe schnatternder Mädchen das Klassenzimmer. Melissa und ihre Freundinnen waren unter ihnen. Sobald sie die beiden entdeckten, begannen sie schadenfroh zu tuscheln. Finn vergrub erneut ihr Gesicht in den Armen, während Lara wütend die Hände zu Fäusten ballte. Ihre Kontrahentin zog triumphierend an ihnen vorbei und setzte sich selbstzufrieden an ihren Tisch in der hintersten Reihe.

Lara wandte sich demonstrativ von ihr ab, bevor ihre Aufmerksamkeit wieder Finn galt. Sie machte sich Sorgen. Irgendetwas musste in der Zeit zwischen gestern Abend und heute früh vor Schulbeginn vorgefallen sein, das ihre Freundin komplett zerstört hatte.

»Hey, alles okay bei euch? Habt ihr Stress mit denen?«, fragte Alex, der gerade erst gekommen war. Offenbar hatte er einen Teil von Melissas Siegesparade mitbekommen und eins und eins zusammen gezählt.

»Diese blöden Weiber!«, schimpfte Lara.

Finn dagegen ignorierte selbst Alex und behielt das Gesicht weiterhin zwischen den verschränkten Armen vergraben.

»Was ist denn mit ihr los?«, flüsterte Alex.

»Totalschaden, keine genaueren Details«, entgegnete Lara und zuckte ratlos mit den Schultern.

»Ich bin mir nicht sicher, ob sie wegen der Sache gestern so mies drauf ist.«

»Welche Sache?«

»Das ist eine verdammt lange Geschichte. Lass uns in der großen Pause darüber reden«, erklärte sie mit Blick auf eine Gruppe lärmender Jungs, die lautstark quasselnd ins Klassenzimmer drängte. Die meisten davon waren Alex' Freunde.

»Hey, Alter! Was geht?« »Hast du gestern die letzte Folge von Red Mamba gesehen? Der Sturm war krass, ich dachte, mich pustet es weg!«, redeten sie wild durcheinander.

»Ich komm gleich!«, rief Alex ihnen kurz angebunden zu, bevor er sich erneut Lara widmete.

»Okay, wir quatschen in der großen Pause. Treffpunkt ist die Treppe im Nordflügel. Bis später.«

Sie nickte angespannt.

Die Chemielehrerin packte bereits ihre Sachen aus. Als der Unterricht begann, riss sich Finn offenbar wieder etwas zusammen. Ob sie tatsächlich irgendetwas von der Stunde mitbekam, konnte Lara ihrem teilnahmslosen Blick nicht entnehmen. Sie machte sich ernsthafte Sorgen. Nach der zweiten Stunde gab es eine kleine fünfzehnminütige Pause. Die meisten Schüler holten sich in dieser Zeit ein Getränk am Automaten, suchten die Toiletten auf oder vertraten sich die Beine im Gang. Das Klassenzimmer war bis auf wenige Ausnahmen fast leer. Lara blickte überrascht auf, als Finn sich kraftlos von ihrem Platz hochstemmte und zum Waschbecken neben der geöffneten Klassenzimmertür ging. Dort spritzte sie sich kaltes Wasser ins Gesicht. Plötzlich erschien Ra atemlos im Türrahmen und spähte ins Klassenzimmer.

»Weißt du, wo Finn steckt?«, fragte er Lara mit bebender Stimme, sobald sich ihre Blicke trafen.

Sie blinzelte kurz zu Finn hinüber, die von Rakins Standpunkt aus hinter dem geöffneten Türflügel verborgen stand. Wild gestikulierend gab sie ihr zu verstehen, dass Lara ihn um jeden Preis abwimmeln sollte.

»Ähm ... ich glaube, sie wollte sich eine Flasche Wasser am Automaten in der Aula holen«, log sie schnell und setzte eine Unschuldsmiene auf.

»Danke!«

Ra vergeudete keine Sekunde länger und stürzte in die angegebene Richtung, ohne sich von Lara zu verabschieden.

Erleichtert seufzend kehrte Finn an ihren Tisch zurück.

»Danke, du hast mir gerade das Leben gerettet.«

»Was war denn das eben?«, fragte Lara entgeistert.

»Willst du mir nicht endlich verraten, was zwischen dir und Ra los ist? Hattet ihr Zoff?«

»Schlimmer!«, stöhnte Finn und vergrub ihr Gesicht in den Händen.

»Wie? Wann habt ihr euch denn gestritten? Gestern Abend war es schon spät, als wir dich zu Hause abgesetzt haben. Heute früh auf dem Schulweg etwa?«

»Lara, ER! IST! DIEGO!«

»Hä? Ich versteh nicht-«

»Rakin ist mein Hund Diego!«, wiederholte Finn gereizt.

»Du spinnst doch! Willst du mich verarschen?«

»Schön wär´s ...«

»Finn ... Jetzt mal ehrlich, hast du irgendwas genommen? Oder hast du vielleicht Fieber?« Lara legte die Hand auf ihre Stirn, als wollte sie die Temperatur checken.

»Nein, verdammt noch mal! Er kann sich verwandeln, dieser Scheißkerl! Ich habe es mit eigenen Augen gesehen!« Finn donnerte mit der Faust auf den Tisch.

»Und du bist sicher, dass du dir das nicht eingebildet hast oder dass es ein Traum war?«, fragte Lara vorsichtig.

»Absolut sicher. Das ist ja die Scheiße!«

»Sei mir nicht böse, aber das hört sich mindestens so abgedreht an, wie die Tatsache, dass die Arkan Akademie in einer anderen Dimension liegt.«

»Ja, nur noch schlimmer!«, knurrte Finn und schlang trotzig die Arme um ihre Brust.

»Dieser Mistkerl hat die ganze Zeit über bei mir gewohnt, mich auf Schritt und Tritt beobachtet und ich habe nichts davon gemerkt.«

Erste Tränen brachen aus ihr heraus. Hektisch kramte Lara eine Packung Taschentücher aus der Tasche, um ihre Freundin damit zu versorgen. Sie versuchte, sie so gut wie möglich vor den Blicken der anderen Schüler abzuschirmen, die allmählich wieder ins Klassenzimmer zurückkehrten. Doch Finn schien sich kaum beruhigen zu können. Schließlich packte Lara sie am Handgelenk und zog sie im Schlepptau auf die Mädchentoilette, die gegen Ende der Pause fast leer war. Dort schloss sie sich zusammen mit ihr in eine der hintersten Kabinen ein.

»Tief durchatmen, Finn. Versuch an etwas Schönes zu denken«, versuchte Lara sie zu beruhigen. Allmählich zeigten ihre Bemühungen Wirkung.

»Was genau ist passiert?«

»Das ist eine lange Geschichte«, schluchzte Finn und putzte sich lautstark die Nase.

»Es fing damit an, dass Serafin vollkommen durchnässt auf meinen Balkon geklettert kam und ...«

Finn wurde vom Schulgong unterbrochen.

»Mist! Wir sollten sehen, dass wir zurückkommen.«

Lara rieb sich nachdenklich das Kinn.

»Glaubst du, du hältst den Unterricht in diesem Zustand durch?«

»Muss gehen. Ich habe keinen Bock, heute schon so früh nach Hause zu kommen. Mit meinen Eltern habe ich dank Ra und Serafin auch Stress!« Finn lehnte sich niedergeschlagen gegen den Spülkasten.

»Im Ernst? Weißt du was? Ich würde vorschlagen, wir schwänzen die zwei Deutschstunden bis zur Pause. Ist eh nur Wiederholung.«

»Meinetwegen. Aber lass uns in den Nordflügel gehen. Hier kann uns jeder ungesehen belauschen.«

»Gut.«

Sobald es etwas ruhiger auf dem Gang war, stahlen sich die beiden auf ihren gewohnten Platz, wo sie sich auf den kühlen Treppenstufen niederließen.

»So, ich denke, hier sind wir einigermaßen ungestört«, meinte Lara und blickte sich vorsorglich noch einmal um. Es war keine Menschenseele weit und breit zu sehen. Finn holte tief Luft, bevor sie ihr haarsträubendes Erlebnis in allen Details zum Besten gab. Die Zeit verging wie im Flug. Ihre Freundin hing währenddessen wie gebannt an ihren Lippen. Als Finn an den Punkt kam, an dem Serafin sich mit heißem Tee verbrühte, begann Lara wie zu erwarten wild zu kichern und kriegte sich fast nicht mehr ein.

»Sei mir nicht böse, Finn, aber das hört sich an wie der Beginn einer billigen Schmierenkomödie!«

»Tja, das war auch schon der lustige Teil des Abends«, kommentierte Finn, bevor sie mit ihrer Geschichte bis zu der Stelle fortfuhr, wo sie Serafin und Ra im Nebenzimmer entdeckte.

»Er verwandelte sich direkt vor meiner Nase! Auf einmal war Rakin Diego! Keine Ahnung ... Es war wie ... Magie!«, stammelte sie und fuchtelte wild gestikulierend mit ihren Händen vor Laras Gesicht herum.

»Krass!«, antwortete ihre Freundin mit großen Augen.

»Mein Vater hat mir ja schon ein paar verrückte Dinge über die Arkana erzählt, aber etwas in dieser Richtung war noch nie dabei.« Sie stützte nachdenklich ihr Kinn aufs Knie.

»Wie hast du darauf reagiert?«

»Ich habe hysterisch zu schreien angefangen und beide hochkant rausgeschmissen!«

»Nackt und im Bademantel? Bei dem Sauwetter?«, fragte Lara ungläubig.

»Ja, auch ich kann ein Unmensch sein, wenn bei mir die Sicherungen durchbrennen«, entgegnete Finn ungerührt.

»Ich wollte nur noch, dass sie mich in Ruhe lassen. Ich war fertig mit den Nerven!«

»Kann ich mir vorstellen.«

Lara schenkte ihr mitfühlende Blicke, während der Schulgong den Beginn der großen Pause einläutete.

Finn ignorierte das Geräusch und zog die Beine zur Brust.

»Hast du eine Ahnung, wie oft mich Diego oder besser gesagt Rakin beobachtet haben muss? Und ich habe ihn seit den Angriffen des Seelenfressers in meinem Bett schlafen lassen. Dieser miese Spanner! Wenn er mir noch ein einziges Mal zu nahe kommt, kann er was erleben!«

Lara schüttelte fassungslos den Kopf.

»Ich hätte nie von ihm erwartet, dass er so ein elender Betrüger ist.«

»Ich auch nicht!«, stimmte Finn bitter zu.

»Und dann war da noch die Sache mit meinen Eltern und dem Trockner ...«

Bevor sie jedoch ihre morgendliche Odyssee mit Serafins Shorts und ihrer Mutter zum Besten geben konnte, tauchte Alex auf.

»Hier seid ihr also. Und ich habe mich schon gefragt, wo ihr die letzten zwei Unterrichtsstunden gesteckt habt. Darf ich mich zu euch setzen?«, fragte er höflich.

»Klar, dann können wir gleich zu dritt einen Plan aushecken«, meinte Lara und zwinkerte Finn heimlich zu, bevor sie ihr schnell ins Ohr flüsterte: »Das ist DIE Gelegenheit, um Alex zu fragen, wie wir im Fall deines Silberopals vorgehen. Vielleicht hat er ja eine gute Idee! Und du hast ein Thema, über das du mit ihm reden kannst.«

Finn nickte, während ein kleiner Hoffnungsschimmer in ihren Augen aufleuchtete. Durch all die verrückten Ereignisse der letzten Nacht war der Diebstahl ihres Silberopals ganz in den Hintergrund gerückt.

»Hör zu Alex, wir brauchen deine Hilfe.«

Sofort wurde er hellhörig.

»Worum geht es denn? Hat es damit zu tun, warum ihr heute Morgen so niedergeschlagen wart?«

»Mehr oder weniger.« Lara schielte vorsichtig zu Finn hinüber, deren Blick sich prompt verfinsterte.

»Wir wurden gestern im Sportunterricht eingesperrt«, erklärte sie und schilderte die stundenlange Gefangenschaft im Geräteraum.

»Aber das Schlimmste ist, dass irgendwer Finns Silberopal aus der Umkleide gestohlen hat. Leider wissen wir nicht eindeutig, ob es Melissa war und wer den Stein jetzt hat. Aber höchstwahrscheinlich steckt sie dahinter!«, vermutete Lara.

»Diese blöde Kuh!«, entgegnete Alex.

»Hey, Kopf hoch! Den Stein kriegen wir schon wieder. Melissa kann eh nichts damit anfangen. Und ich dachte heute früh echt, es wäre jemand gestorben.«

Lara stutzte einen Moment.

»Na ja ... ich fürchte, das war leider nicht alles.« Sie schielte erneut zu Finn hinüber, um ihre Verfassung auszuloten.

»Da ist noch diese Sache mit Ra.«

»Hat er Scheiße gebaut?«, fragte Alex vorsichtig.

»Eins-A-Qualitätsscheiße!«, entgegnete Finn trocken, bevor sie auch ihn in die gestrige Odyssee einweihte.

Während die drei auf der Treppe diskutierten, stand Rakin unbemerkt ein Stockwerk über ihnen am Geländer des Treppenhauses und lauschte ihren Worten. Bei Melissas Erwähnung verstärkte er den Griff um die Brüstung und knirschte mit den Zähnen. Aber am meisten ärgerte er sich über sich selbst. Er seufzte leise und ließ den Kopf hängen. Wie konnte er diesen Schlamassel nur wieder gut machen? Seine Füße fühlten sich bleischwer an, wenn er sich dazu durchzuringen versuchte, Finn seine Beweggründe zu erklären. Zu behaupten, dass er nie irgendwelche Hintergedanken gehegt hatte, konnte er sich sparen. Er stützte resigniert sein Kinn auf das kühle Metallgeländer. Plötzlich kam ihm eine Idee! Verstohlen sah er sich auf dem Gang um und schlich zu dem kleinen Abstellraum in diesem Flügel, den die Putzfrau häufig abzuschließen vergaß. Auch heute hatte er Glück und fand den Raum offen vor. Er streifte seine Klamotten ab und holte einmal tief Luft, bevor er sich inmitten einer lodernden Feuersäule in einen großen silbergrauen Hund verwandelte.

Wegen des anhaltenden Regens vertraten sich die meisten Schüler heute ihre Beine auf den Gängen. Aus heiterem Himmel brach ein Tumult vor dem Klassenzimmer der 9a aus.

»Ein Hund!« »Wo kommt der denn her?« »Oh Gott, das Vieh ist ja riesig!«

Bevor sich die Schüler versehen konnten, flitzte ein großer silbergrauer Vierbeiner ins Klassenzimmer und begann eilig der Reihe nach an den Schultaschen zu schnüffeln.

»Was sucht der denn hier?« »Vielleicht 'ne Brotzeit?«, witzelten ein paar Schüler im Hintergrund. Keiner traute sich, das riesige Tier zu verscheuchen. Unvermittelt schien der silbergraue Riese etwas gefunden zu haben, das sein Interesse weckte.

»Halt! Bleib stehen, du Mistvieh! Das gehört mir!«, fauchte Melissa zwischen zusammengebissenen Zähnen und versperrte ihm den Weg. Er hatte ausgerechnet ihren Schulrucksack als Beute ausgewählt und versuchte, damit zu entkommen. Unbeeindruckt entwischte er ihr mit einem geschickten Sprung zur Seite.

»Haltet ihn fest, er hat meine Tasche!«, kreischte sie und versuchte vergeblich, dem flinken Tier hinterherzukommen.

Rakin brauchte nicht lange, bis er Melissa in seiner Hundegestalt abgehängt hatte. Er nahm ganz deutlich Finns Geruch im Inneren der Tasche wahr. Mit seiner Spürnase würde er ihren individuellen Geruch unter tausend anderen ohne Zweifel wiedererkennen. Er rannte auf vier Pfoten einen Umweg, nur um sicherzugehen, dass er seine Verfolgerin wirklich abgehängt hatte. Auf einem weniger frequentierten Weg gelangte er in den Nordflügel und lief behände in den ersten Stock. Wie erhofft, heckten seine Freunde dort noch immer Pläne aus, wie sie Finns Silberopal zurückerobern konnten. Rakin näherte sich in Hundeform demütig mit gesenktem Kopf und angelegten Ohren.

»Finn, sieh mal!« Lara entdeckte ihn zuerst. Finn sog scharf die Luft ein und ballte die Hände so stark zu Fäusten, dass ihre Knöchel weiß hervortraten. Mit einer Mischung aus Überraschung und Entsetzen blickte Alex zu Ra hinüber und zeigte ihm mit einer unauffälligen Geste, so schnell wie möglich das Weite zu suchen. Rakin ließ sich jedoch nicht entmutigen und legte die erbeutete Schultasche vor Finn ab, bevor er ein paar Schritte zurücktrat und sich in einigem Abstand setzte. Er fixierte sie erwartungsvoll.

»Ich möchte, dass du verschwindest!«, rief sie ungehalten.

»Hey, Finn, siehst du nicht, dass er dir diesen Rucksack aus einem bestimmten Grund gebracht hat?«, versuchte Alex sie zu beruhigen.

»Lass uns wenigstens mal einen Blick hineinwerfen. Ich wette, das ist die Tasche der Diebin, die deinen Silberopal geklaut hat.«

»Wir können doch nicht einfach einen wildfremden Rucksack durchwühlen«, zögerte Finn.

»Und ob wir das können! Schließlich hat diese Diebin gestern genau dasselbe mit unseren Taschen getan«, argumentierte Lara energisch.

Finn biss nervös die Zähne zusammen. Mit zitternden Fingern umklammerte sie ihr linkes Handgelenk, als könnte sie sich daran festhalten. Rakin realisierte einmal mehr, wie sehr sie sein angeblicher Verrat mitnahm. Er hatte gehofft, dass Finn ihm verzeihen würde, wenn er ihr dabei half, den Silberopal zurückzubekommen. Doch im Moment schienen alle Zeichen dagegen zu stehen. Ob sie ihm jemals vergeben würde? Er winselte mit reumütigem Blick und hoffte auf ein Wunder.

Als Finn nicht in der Lage war, eine Entscheidung wegen des Rucksacks zu treffen, riss Lara ihn an sich.

»Egal, was Rakin verbrochen hat, das hier ist eine einmalige Gelegenheit, deinen Silberopal wiederzubekommen«, drängte sie und durchwühlte die Tasche. Es dauerte keine Minute, bis sie fündig wurde und mit einem siegreichen Grinsen den eiförmigen Stein herausfischte.

»Tadaaaa!«, rief sie und überreichte ihn feierlich ihrer Freundin, in deren Augen für den Bruchteil einer Sekunde ein Schimmer von Erleichterung zurückkehrte. Doch sobald ihr Blick den silbergrauen Hund traf, verhärteten sich ihre Züge wieder.

»Hör zu, ich bin dir dankbar, dass du mir geholfen hast. Aber das bedeutet noch lange nicht, dass ich dir verziehen habe!«, entgegnete sie schroff, bevor sie demonstrativ zur Seite blickte.

»Na, dann machen wir das Ding mal wieder zu. Wir sollten die Tasche im Sekretariat abgeben und sagen, wir hätten sie irgendwo auf dem Gang gefunden«, meinte Alex.

»Lieber nicht! Was, wenn die dort denken, einer von uns hätte sie geklaut? Die Besitzerin der Tasche muss nur behaupten, es wäre was weggekommen. Habt ihr das Adressschild im Inneren gesehen? Da steht Melissas Name drauf«, entgegnete Lara.

»Hab ich´s doch gewusst! Diese Hexe!«, knurrte Finn wütend.

»Nun wäre eine gute Gelegenheit für eine Revanche! Hat jemand vielleicht zufällig eine fette Tarantel oder einen toten Molch auf Lager?«, fragte sie an ihre Freunde gewandt.

»Negativ, nicht auf die Schnelle«, gestand Alex.

»Aber die Idee war gut!«

Bevor die drei über weitere Optionen diskutieren konnten, schnappte sich Rakin die Tasche und tapste davon.

»Hey! Warte!«, rief Finn ungehalten. In Gedanken hatte sie sich bereits ein paar herrliche Vergeltungsschläge gegen Melissa ausgemalt, um sich für die gestrige Demütigung in der Sporthalle zu rächen. Aber so, wie es aussah, war Ra alias Diego gerade im Begriff, alles zunichtezumachen. Eine solche Gelegenheit bot sich ihnen so schnell nie wieder.

»Bleib sofort stehen, verdammt noch mal!«

Finn jagte ihm zusammen mit ihren Freunden durch die Gänge der Schule hinterher, doch sie bekamen ihn nicht zu fassen. Immer wenn sie näher zu ihm aufschlossen, beschleunigte Ra seine Schritte und war ihnen auf einmal wieder meterweit voraus. Weiter ging die wilde Verfolgungsjagd durch den Hauptflügel des Schulgebäudes, wo sich die meisten Schüler aufhielten.

»Verdammt, er steuert direkt auf unsere Klasse zu!«, zischte Finn, während sie ihre Schritte verlangsamte, um nicht unnötig Aufmerksamkeit zu erregen. Die anderen folgten ihrem Beispiel und sahen Ra mit finsteren Blicken hinterher. Auf dem Gang zwischen ihnen und dem Eingang zum Klassenzimmer stand die Hälfte ihrer Mitschüler plaudernd in kleinen Grüppchen versammelt. Ganz vorn in dem Gewimmel entdeckte Finn Melissa, die den Hund sofort erspähte. Sie schien nur darauf gewartet zu haben, ihn in die Finger zu bekommen, nachdem er ihr Eigentum auf so dreiste Art gestohlen hatte. Alex, Lara und Finn beobachteten aus einiger Entfernung, wie sich Ra ihr näherte.

»Du blödes Mistvieh! Gib sofort meinen Rucksack her!«, kreischte Melissa erbost und kam energisch auf den großen silbergrauen Hund zugestapft. Überraschenderweise schien er ihr aufs Wort zu gehorchen und ließ die Tasche artig fallen.

»Mieser Verräter!«, brummte Finn leise zwischen zusammengebissenen Zähnen. Sie kochte vor Wut, dass Ra über ihren Kopf hinweg entschieden hatte, die Tasche im Alleingang an Melissa zurückzugeben. Nun würde sie wieder ungestraft davonkommen.

»So ist es gut, was für ein braver Hund!«, lobte Melissa das Tier, von dem sie inzwischen nur mehr wenige Meter trennten.

Überraschend drehte sich Rakin mit einem verschlagenen Hundegrinsen zu seinen verdatterten Freunden um, bevor er das Bein hob und die Tasche eiskalt markierte.

»Igitt!«, heulte Melissa auf, während die meisten Zuschauer sich ein Kichern nicht verkneifen konnten. In dem aufkommenden Tumult entwischte Rakin so schnell, wie er gekommen war, ohne sich dabei fangen zu lassen. Alex konnte sich vor Lachen nicht mehr halten und zog seine beiden Begleiterinnen rasch um die nächste Ecke des Ganges, wo sie ungestört in wildes Gelächter ausbrachen.

»Hammer, die Aktion! So was kann auch nur Ra einfallen!«, lachte er aus voller Kehle.

»Habt ihr Melissas dummes Gesicht gesehen?«

Die Mädchen nickten kichernd.

»Das war die beste Revanche ever! Ich denke, das wird ihr eine Lehre sein.«

»Ja, genialer als jeder stinkende Molch!«, pflichtete Finn ihm bei und fühlte sich gleich viel besser.

»Lasst uns ins Klassenzimmer gehen. Die Pause ist in wenigen Minuten vorbei«, stellte Alex mit Blick auf seine Uhr fest. Lara schielte mit süffisantem Grinsen um die Ecke.

»Gute Idee! Ich bin neugierig, was Melissa mit ihrem vollgepissten Rucksack anstellt.«

In ausgelassener Stimmung machten sie kehrt und passierten

wenig später ihre Rivalin, die wutschnaubend ihre Tasche notdürftig mit einem Taschentuch trocknete.

»Igitt! Das stinkt!«, jammerte sie mit gerümpfter Nase und versuchte dabei, so wenig wie möglich mit der Flüssigkeit in Kontakt zu kommen. Finn und Lara wechselten amüsierte Blicke, bevor sie sie hinter sich zurückließen.

BLUTSBRÜDER

N ach Unterrichtsschluss saßen Finn und Lara allein an der Garderobe.

»Was machen wir jetzt? Sollen wir die Sache gestern in der Sporthalle Herrn Alba erzählen, oder nicht?«

Finn schien angestrengt nachzudenken.

»Versteh mich nicht falsch. Ich will Melissa nicht ungeschoren davonkommen lassen, aber die Chancen stehen schlecht, dass irgendjemand etwas gesehen hat oder es wagt, sie zu verpetzen. Sie ist zwar eine blöde Ziege, aber dumm ist sie leider nicht. Wenn wir den Vorfall melden, nimmt Herr Alba die komplette Sportklasse in die Mangel. Die Wahrscheinlichkeit, dass er nichts herausbekommt, ist allerdings ziemlich hoch.«

»Stimmt ...«

»Vielleicht wäre es besser, wenn wir versuchen, die Sache auf unsere eigene Art zu regeln und den Spieß umzudrehen. Ich hatte das Gefühl, die Aktion heute war ein guter Auftakt. Wir kriegen das auch ohne Rakins Hilfe hin, was meinst du?«, schlug Finn mit entschlossenem Blick vor.

Lara zögerte zunächst, bevor sie in Finns ausgestreckte Hand einschlug.

»Ich bin dabei.«

»Gut, dann brauchen wir einen Plan.«

»Wie wäre es, wenn wir uns heute bei mir treffen, um das Ganze in Ruhe auszuhecken? Komm doch einfach gleich mit«, bot Lara an.

»Au ja!«

Kichernd teilten sich die beiden einen Regenschirm, nachdem sie zusammen das Schulgebäude verließen und sich auf den Nachhauseweg machten.

Rakin blickte den Mädchen seufzend hinterher. Er stand mit Alex unter dem Dach einer Bushaltestelle.

»Sieht so aus, als wären Finn und Lara inzwischen gute Freundinnen«, stellte Alex fest, nachdem er seinem Blick gefolgt war. Ra nickte.

»Ich bin froh, dass Finn Anschluss gefunden hat. Sie war einsam.«

»Hat sie dir das gesagt, während du als Hund bei ihr gelebt hast? Du konntest sicher eine Menge interessanter Erfahrungen sammeln«, entgegnete Alex spitzzüngig. Rakin ballte wütend die Hände zu Fäusten und runzelte die Stirn.

»Was willst du damit andeuten? Meinst du, dass ich das nur getan habe, um sie auszuspionieren?«

»Keine Ahnung, Ra! Sag du´s mir! Findest du nicht, du bist mir allmählich eine Erklärung schuldig? Ich bin dein bester Freund und muss heute als Letzter von den Mädchen erfahren, was gestern los war! Und dass du dich offenbar in einen Hund verwandeln kannst! Warum hast du mir vorher nie davon erzählt?« Die Enttäuschung stand ihm ins Gesicht geschrieben. Rakin seufzte kopfschüttelnd.

»Tut mir leid. Diese Verwandlung ... Ich kann das schon, seit ich denken kann. Arthur hat es mir aber immer verboten. Er sagte, ich wäre nicht normal. Einmal habe ich mich im Kindergarten vor ein paar Freunden verwandelt. Vermutlich dachte ich, es wäre cool und die anderen würden es toll finden. Aber das Gegenteil war der Fall. Alle haben geschrien und mich mit Steinen beworfen.« Ra umschlang fröstelnd seinen Oberkörper und fixierte den Boden.

»Seitdem habe ich mich nie wieder verwandelt, bis ich vor einigen

Wochen von Zuhause weggelaufen bin. Nach einigen Tagen ohne Essen und Perspektive bin ich vor Hunger unter einer Brücke zusammengeklappt. Die Verwandlung muss einfach passiert sein. Als ich halbwegs wieder zu mir kam, war Finn bei mir. Sie hatte Mitleid, trug mich nach Hause und pflegte mich gesund. Zunächst wollte ich bei jeder sich bietenden Gelegenheit abhauen, ich schwör´s dir! Aber dann ...« Ra schielte verstohlen zu Alex hinüber. Dieser verdrehte seufzend die Augen Richtung Himmel.

»Verstehe. Irgendwann kam dir der lustige Gedanke, du könntest einfach als Hund getarnt bei ihr bleiben. Sag mal, hakt´s bei dir? Das kannst du doch nicht machen! Wieso bist du nicht zu mir gekommen? Damals mochtest du Finn ähnlich gern wie Dünnpfiff beim ersten Date!« Alex musterte Ra, der mit verschränkten Armen und abgewandtem Gesicht stumm in den Regen hinaus starrte. Seine Ohren glühten. Ra stöhnte und ließ den Kopf hängen.

»Es tut mir leid, keine Ahnung, was mich damals geritten hat.«

»Ich glaube, ich schon.« Alex lachte leise in sich hinein.

»Was meinst du?«, hakte Rakin nach, doch sein Freund schüttelte nur den Kopf.

»Ach, nicht so wichtig. Mich würde echt interessieren, wie das mit deiner Verwandlung funktioniert. Ist das Magie?«

»Ich habe leider nicht die leiseste Ahnung. Wenn ich will, dass es passiert, passiert es einfach - puff!«

Ra deutete mit seinen sich öffnenden Fäusten eine Explosion an. Sein Freund kratzte sich nachdenklich am Hinterkopf.

»Das ist echt verrückt. Du bist schon ein schräger Vogel. Zeigst du mir deine Verwandlung, wenn wir uns heute Nachmittag zum Lernen treffen?«

»Meinetwegen, ich sollte jetzt los. Wir sehen uns später.«

»Okay, bis bald!«

Rakin lief mit hängenden Schultern durch den Regen in Richtung seines alten Zuhauses. Er war völlig durchnässt, aber das war ihm egal. Das Wetter passte gut zu seiner trüben Stimmung. Er ließ seinen Frust mit einem Tritt gegen einen Laternenmast aus. Dabei schlug er sich schmerzhaft den großen Zeh an, was ihn nur noch wütender machte. Fluchend setzte er seinen Heimweg mit humpelnden Schritten fort. Der Wind und der Regen kühlten sein hitziges Gemüt langsam herunter. Er fragte sich immer noch, warum Serafin ihm diesen Schlamassel eingebrockt hatte. Ihn einfach zu kidnappen und zu Arthur zurückzubringen, hätte es ja auch getan. Ra zupfte mit einem bitteren Gefühl an Finns buntem Haargummi an seinem Handgelenk. Er holte tief Luft. Bald waren es nur noch wenige Meter bis zu Arthurs Haus, das in Zukunft wieder seine Heimat sein würde. Er trottete in das kleine Seitengässchen, das direkt auf das heruntergekommene Gemäuer am Ende der Straße zu führte. Widerwillig zog Ra seinen Schlüssel aus der Tasche und trat ein.

»Arthur, ich bin wieder zu Hause!«

Zunächst erhielt Ra keine Antwort, doch er hörte Schritte aus dem Wohnzimmer. Er zog seine nassen Sachen aus und schüttelte das gröbste Regenwasser aus den Haaren, bevor er sich einen Weg durch den zugestellten Flur bahnte. Als er ins Wohnzimmer spähte, riss er vor Überraschung die Augen weit auf.

»Hallo Rakin.«

Ras Puls schnellte nach oben. Serafin saß in einem der altmodischen Wohnzimmersessel und schien dort auf ihn gewartet zu haben. Sogar Tee stand bereit.

»Dass du es wagst, hier noch mal aufzukreuzen, nach allem, was gestern passiert ist! Wie konntest du mir das antun, du mieser Verräter? Ich dachte, wir wären Freunde«, brüllte er aus voller Kehle, statt einer Begrüßung. Rakin hatte sich geschworen, nie wieder ein Wort mit ihm zu wechseln.

Serafin seufzte genervt.

»Freunde? Rakin, du bist verdammt noch mal wie ein kleiner Bruder für mich! Ich habe mir große Sorgen gemacht, nachdem ich von deinem Vater hörte, dass du von zuhause abgehauen bist, die Schule geschwänzt und dich als Hund bei einem ahnungslosen Mädchen eingeschlichen hast! Wenn es stimmt, was Arthur sagt, bist du gerade dabei, deine einzige Chance auf die Arkan Akademie zu verplempern. Verdammt, das hast du dir doch immer so gewünscht! Was hätte ich denn tun sollen? Ich kann ja verstehen, dass du Finn süß findest, aber willst du im Ernst deine Zukunft wegwerfen, um für sie den Schoßhund zu spielen?«

»Halt die Klappe! Du hast gar keine Ahnung, wie es ist, bei Arthur wohnen zu müssen. Schau dich doch mal hier um!«, knurrte Ra. Er zerquetschte demonstrativ mit dem Fuß eine fette Spinne, die aus dem Unrat unter der Couch krabbelte und vor ihm über den schmutzigen Boden lief. Mit bebender Stimme fuhr er fort: »Zu Fremden ist Arthur arschfreundlich, aber ich bekomme alles ab, wenn er besoffen ist und das Geld am Monatsende knapp wird! Bei Finn hatte ich wenigstens immer genug zu essen und sie war lieb zu mir. Aber dank dir wird sie nie wieder ein Wort mit mir reden!«

Serafin massierte sich gereizt die Nasenwurzel.

»Ich weiß, dass es nicht leicht ist mit Arthur. Aber er ist immer noch dein Vater. Wenn du magst, werde ich mit ihm reden, ob du zukünftig bei mir unterkommen kannst. Vielleicht siehst du ja dann endlich ein, dass es besser ist, sein Leben als Mensch, statt als Köter zu verbringen. Arthurs Bemühungen haben ja offensichtlich nicht viel genützt. Und sei mal ehrlich, du wärst immer wieder in Hundegestalt zu Finn zurückgekrochen, wenn es dir in den Kram gepasst hätte. Die einzige Möglichkeit, das Ganze ein für alle Mal zu beenden, war ihr zu zeigen, wer sich wirklich hinter Diego verbirgt! Findest du es nicht unfair, was für ein hinterhältiges Spiel du mit ihr gespielt hast?«

»Was für ein Spiel?«

»Tu nicht so unschuldig! Das Privatleben einer Person auszuspähen ist hintertrieben.«

Rakins schlechtes Gewissen schwoll auf die Größe eines riesigen Bleiklumpens an.

»Aber deswegen hättest du nicht gleich diesen miesen Trick mit dem Geheimdokument abziehen müssen! Du hast nur so getan, als würdest du telefonieren, damit ich in der Nacht versuchen würde, an die vermeintlichen Beweise heranzukommen!«

»Tja, auf deine Neugier war leider schon immer Verlass, wenn schon nicht auf deine Noten. Deswegen hat meine Falle gestern auch hervorragend funktioniert.«

»Halt die Klappe!«, knurrte Ra, musste sich aber eingestehen, dass er in diesem Punkt recht hatte. Wäre er nicht so dumm gewesen, Serafins Sachen nachts heimlich zu durchsuchen, wäre seine Falle nicht zugeschnappt. Er hatte alles bis ins kleinste Detail geplant: der Fake-Anruf, das Dokument mit dem Foto, die Geheimniskrämerei. Dabei hatte es nie Vorwürfe oder Beweise gegen Arthur gegeben. Rakin war ihm sauber auf den Leim gegangen!

»Jetzt komm schon, hör auf zu schmollen, Kleiner!«

»Klappe!«

Serafin lächelte schief.

»Lass uns Frieden schließen. Ich habe auch schon eine Idee, wie wir die Sache mit Finn wieder geradebiegen, wenn dir ihre Freundschaft so wichtig ist.«

Rakin schielte mit einer hochgezogenen Augenbraue zu ihm hinüber.

»Wie das? Lass hören.«

Sein Freund lehnte sich gemütlich im Sessel zurück, bevor er ihm seinen Plan erklärte.

»Wir überraschen sie heute Abend und entschuldigen uns in aller Form bei ihr. Sei ein Kavalier und bring ihr einen Strauß Blumen mit oder so ...«

»Sag mal, bist du bescheuert? Das funktioniert nie im Leben. ... Mal abgesehen davon, dass das megapeinlich ist. Ich will ihr ja keinen Heiratsantrag machen! Außerdem wird sie uns gar nicht erst reinlassen.« Er schüttelte den Kopf. »Ehrlich gesagt hätte ich einen intelligenteren Plan vom berühmten Ass des hiesigen Arkana Hauptquartiers erwartet.«

»Jetzt hör mir doch erst mal zu! Ich war noch gar nicht fertig. Du kennst bestimmt das Versteck ihres Ersatzschlüssels.«

Rakin rieb sich unbehaglich an der Schläfe.

»Meinst du wirklich, es ist eine gute Idee, ungebeten ins Haus einzudringen?«

»Aber du hast doch eben selbst gesagt, dass wir ansonsten keine Gelegenheit bekommen, weil sie uns eiskalt vor der Tür abserviert! Ich würde sagen, verzweifelte Situationen bedürfen verzweifelter Maßnahmen. Wir werden sie überraschen, wenn sie heute Abend von ihrer Freundin nach Hause kommt.«

»Woher weißt du, wo sie ist? Hast du sie etwa heimlich verwanzt?«

»Nein, das würde ich *niemals* ohne ihre *Erlaubnis* machen.«

Mit einem überlegenen Grinsen zog Serafin sein Handy aus seiner Tasche und wedelte damit vor Ras Gesicht herum.

»Kannst du dich noch an den Peilsender erinnern, den ich ihr vor kurzem gegeben habe? Sie scheint ihn heute bei sich zu tragen. Sieh her, ich kann genau sehen, wo sie sich aufhält«, erklärte Serafin und hielt ihm das Display hin, auf dem Finn als kleiner roter Punkt auf einer digitalen Landkarte markiert war.

»Und mich bezichtigen, ich würde sie ausspionieren«, murrte Ra kaum hörbar, bevor er lauter hinzufügte: »Und wie geht dein genialer Plan weiter?«

»Ich werde ein gutes Wort für dich einlegen und sagen, dass du von mir den Auftrag hattest, sie zu beschützen.«

»Das kauft sie uns doch nie ab!«

»Hast du etwa einen besseren Plan?«, fragte Serafin herausfordernd.

»Oder willst du warten, bis sie die ganze Sache vielleicht in hundert Jahren vergessen hat? Ich darf zu bedenken geben, dass du nicht mehr so viel Zeit hast, dich mit ihr zu versöhnen. In wenigen Wochen ist dieses Schuljahr vorbei und falls noch Wunder passieren, gehst du danach an die Arkan Akademie. Du wirst sie so schnell nicht wiedersehen.«

»Das weiß ich selber!«, brummte Ra und ballte seine Hände unbewusst zu Fäusten.

»Was hast du schon zu verlieren, Rakin? Lass es uns wenigstens versuchen. Schlimmer als es ist, kann es nicht mehr zwischen euch werden.«

Ra raufte sich die dunklen Haare.

»Scheiße verdammt, ich mach´s! Aber du kommst mit!«

»Das ist der Spirit«, lobte Serafin.

»Dann ist es abgemacht! Wir ziehen das heute Abend durch, okay?«

Rakin stöhnte in Anbetracht der Mammutaufgabe, die er sich eingebrockt hatte.

»Los, gib mir fünf, Kumpel!«, drängte sein erwachsener Freund weiter und ließ nicht locker, bis Ra widerwillig einschlug. Er vergrub das Gesicht in den Händen.

»He, komm schon! Mach dir nicht ins Hemd!«, versuchte Serafin ihn zu beruhigen.

»Ich habe übrigens auch ein paar gute Neuigkeiten für dich.«

»Das kann nichts Gutes bedeuten, wenn es von dir kommt!«, murrte Ra und blinzelte zwischen seinen Fingern hindurch.

»Hör zu, du weißt doch, dass dein Lehrer Herr Alba und ich enge Freunde sind.«

»Und?«

»Ich habe mit ihm geredet und deine schwierige Situation erklärt. Wenn du magst, gibt er dir an den Wochenenden kostenlos Nachhilfe. Er findet auch, dass es ein Jammer wäre, deine Chance auf einen Platz an der Akademie zu verschwenden. Seine Hilfe ist vielleicht die einzige Möglichkeit, deinen Schnitt in Kürze so stark zu verbessern, dass du es zur Auswahlprüfung schaffst. Aber das klappt natürlich nur, wenn du dich voll reinhängst.«

»Und das nennst du gute Nachrichten?«

Ra ließ sich neben ihm in einen von Arthurs altbackenen Sesseln fallen. Er hasste es jetzt schon, wenn er sich nur vorstellte, wie er all die kommenden Wochenenden und freien Nachmittage bis zu den großen Ferien für Nachhilfe und exzessives Büffeln opfern musste.

»Begeisterung sieht anders aus«, lachte Serafin und zerzauste ihm das Haar.

»Komm schon, Ra! Vielleicht wirst du mir noch dankbar sein.«

Ra blickte starr an die Decke.

»Hoffentlich hast du recht.«

EINE SCHÖNE ÜBERRASCHUNG

»U nser Plan ist genial!«, freute sich Finn und stieß mit einer kalten Limo bei Lara an. Ihre Freundin nickte aufgeregt.

»Lass uns allmählich zum angenehmen Teil des Nachmittags übergehen.« Breit grinsend schob sie ihr Schlagzeug etwas zur Seite, damit Finn bessere Sicht auf den Monitor hatte.

»Willst du mir nicht endlich mal eine Kostprobe geben?«, fragte Finn, während sie das Instrument neugierig musterte. Lara wickelte sich verlegen eine Strähne ihres langen Haares um den Finger.

»Um ehrlich zu sein, bin ich ziemlich durchschnittlich. Früher war ich mal besser. Ich nutze das Teil nur noch, wenn ich Dampf ablassen will. Dafür ist es perfekt.«

»Schade ... dann lass uns dieses PlayStation-Spiel zocken, von dem du mir vorhin erzählt hast.«

»Bin schon dabei. Ich kalibriere nur noch den zweiten Controller.« Mehr beiläufig fügte sie hinzu: »Apropos, was war denn nun eigentlich zwischen dir und deinen Eltern los? Du hast heute früh gemeint, dass du dich mit ihnen ebenfalls in die Haare bekommen hättest. War es was Ernstes?«

Finn klatschte sich demonstrativ mit der Handfläche auf die Stirn.

»Erinnere mich nicht daran! Ich hatte die Sache fast schon erfolgreich verdrängt.«

»Los, erzähl endlich!«

»Gut, du hast gewonnen ... Erinnerst du dich daran, dass ich dir erzählt habe, dass ich Serafins Kleidung in den Trockner gesteckt habe?«

»Oh Gott, ich ahne Schlimmes! Hat sie die Sachen etwa gefunden und gefragt von wem die sind?«

Finn nickte angesäuert. Lara machte große Augen, bevor sie in schallendes Gelächter ausbrach.

»Und wie hast du dich da wieder rausgeredet?«

»Achtung, die Geschichte ist oberpeinlich«, kündigte Finn an, bevor sie mit dem Rest herausrückte. Laras Augenbrauen zuckten ungläubig nach oben.

»Hat deine Mutter dir diese fadenscheinige Ausrede mit den Fußballklamotten echt abgekauft?«

»Ich fürchte nicht. Sie hat Serafins Unterhose wie ein Habicht aus dem Wäschehaufen herausgefischt und mir damit vor dem Gesicht rumgewedelt.«

Lara schüttelte sich vor Lachen und fiel beinahe vom Stuhl.

»Das ist die beste Story, die ich seit langem gehört habe!«

Mit ihrem Kichern steckte sie Finn an, die allmählich auch darüber lachen konnte.

»Und wie bist du deiner Mutter entkommen? Sie hatte sicher eine Menge Fragen«, meinte Lara, nachdem sie sich beide etwas beruhigt hatten.

»Ganz einfach, ich habe fluchtartig das Haus verlassen!«

»Ein herrlicher Abgang. Daraus könnte man eine geniale Komödie spinnen.«

»Ha-ha! Sehr witzig! Los, lass uns mit dem Spiel beginnen. Wenn ich gegen dich gewinne, musst du mir was auf deinem Schlagzeug vorspielen!«

»Das hättest du wohl gerne.«

Es war bereits dunkel, als Laras Vater Finn in seinem großen SUV nach Hause brachte. Diesmal hatte sie peinlich genau darauf geachtet, ihre Mutter zu informieren, wo sie den Tag über steckte, um weitere familiäre Turbulenzen zu vermeiden. Herr Merian hatte auf seinem Heimweg von der Arbeit extra Pizza mitgebracht, nachdem er durch Lara von Finns Besuch erfahren hatte. Aus diesem Grund war es etwas spät geworden. Finn schmunzelte bei der Erinnerung an die lustige Runde.

»So, da wären wir, Finn. Du bist jederzeit bei uns willkommen. Bis bald.« Raffael hielt seinen Wagen vor ihrem Haus.

»Vielen Dank für alles, ich komm euch gern mal wieder besuchen«, verabschiedete sich Finn, bevor sie zur Haustür eilte und aufsperrte.

»Ich bin wieder da!«, rief sie zur Begrüßung.

»Hallo Finn.«

Ihre Mutter streckte neugierig den Kopf aus der Küchentür. »Du bist in letzter Zeit ziemlich oft weg.«

»Ich hab dir doch gesagt, dass ich bei einer Freundin bin. Wir haben zusammen gegessen«, erklärte Finn und hoffte im Stillen, dass ihre Mutter sie nicht wieder wegen der fremden Männerunterwäsche ins Kreuzverhör nehmen würde. Zögernd ging sie ins Esszimmer und begrüßte ihren Vater mit einem Schmatzer auf die Wange.

»Hi, Paps.«

»Hallo Schätzchen, hast du Diego heute zu deiner Freundin mitgenommen? Er war schon wieder nicht da, als wir von der Arbeit kamen.«

Finn sog scharf die Luft ein und versuchte Ruhe zu bewahren, nachdem sich auch ihre Mutter zu ihnen an den Tisch gesellte. Sie brauchte sofort eine plausible Geschichte.

Im Geiste verfluchte sie Serafin und Rakin zum gefühlt

hundertsten Mal und zermarterte sich das Hirn, welche Lüge sie ihren Eltern diesmal auftischen sollte.

Sie holte tief Luft, bevor sie ihr improvisiertes Theater begann.

»Ich muss euch was sagen ...«

Mit brüchiger Stimme nestelte Finn am Saum ihres Pullovers herum. Bei der Art ihrer förmlichen Ansprache konnte sie sich der ungeteilten Aufmerksamkeit ihrer Eltern sicher sein. Finn erkannte an ihren bangen Blicken, dass sie bereits irgendeine Hiobsbotschaft erwarteten.

»Was ist denn los, mein Schatz?«, fragte ihre Mutter.

»Ist etwas passiert? Du weißt, dass du uns alles anvertrauen kannst«, fügte sie vorsichtig hinzu. Finn zog eine mitleiderregende Trauermiene.

»Also, ich habe heute auf dem Schulweg Diegos Vorbesitzer getroffen. Er ... er hat ihn gleich mitgenommen«, log sie. Es war die einzige Möglichkeit, ihren Eltern halbwegs schonend beizubringen, dass ihr Hund nie wieder zurückkommen würde. Schließlich konnte sie ihnen schlecht erklären, dass Diego in Wirklichkeit ein Junge war, der sich die ganze Zeit über bei ihr versteckt hatte.

»Was? Wo? Wann denn?«, riefen ihre Eltern durcheinander.

»Diego ist mir heute Morgen bis in die Stadt gefolgt. Er muss den Zaun mal wieder überwunden haben. In der Nähe der Kirche kam mir ein Mann entgegen, der ihn sofort wiedererkannte. Er sagte, er hätte schon überall nach ihm gesucht. Ich konnte nichts machen. Er hat ihn einfach mitgenommen«, log Finn mit belegter Stimme.

»Ach Schätzchen, es tut mir so leid!«, rief ihre Mutter und nahm sie tröstend in die Arme.

»Er kann dir den Hund doch nicht einfach so wegnehmen!«, empörte sich ihr Vater.

»Diego schien sich zu freuen, ihn zu sehen«, schwindelte Finn zwischen zusammengebissenen Zähnen. Sie hatte das Gesicht an der Schulter ihrer Mutter vergraben. Lange würde sie dieses Schauspiel nicht durchhalten können.

»Seid mir nicht böse, aber ich ... ich brauch ein bisschen Zeit für mich«, erklärte sie traurig und machte sich von ihrer Mutter los, bevor sie sich mit dem Ärmel übers Gesicht wischte.

»Ach Finn«, seufzte Loreen mitleidig. Ed legte ihr tröstend eine Hand auf die Schulter.

»Lass von dir hören, wenn du was brauchst oder wir dir irgendwie helfen können.«

»Mach ich. Gute Nacht.«

Finn verließ überstürzt das Zimmer. Mit hängenden Schultern ging sie die Treppen hoch und tastete oben im Halbdunkel nach dem Lichtschalter. Sie stieß einen erstickten Schrei aus, als sie Serafin und Ra entdeckte, die in ihrem Wohnzimmer auf sie gewartet hatten. Finn starrte verwirrt auf die gelbe Ranunkel in Rakins Händen. Wahrscheinlich hatte er die Blume kurz zuvor aus irgendeinem Garten stibitzt. Seine Hände zitterten. Immer wieder schielte er nervös zu Serafin hinüber. Finn stand da wie schockgefrostet. In ihrem Kopf wollten sich keine passenden Worte finden.

»Wir sind gekommen, um uns bei dir für diese schräge Sache gestern zu entschuldigen. Wir werden dir alles in Ruhe erklären«, redete Serafin beruhigend auf sie ein. Finn fühlte sich überrumpelt und heillos überfordert.

»Raus hier! Ich habe gesagt, ich will euch nie mehr sehen. Ihr steckt doch beide unter einer Decke!«

Sie presste sich die Hand vor den Mund, bevor sie schluchzend in Tränen ausbrach.

»Finn, bitte ...!« Serafin versuchte, sich ihr zu nähern, doch sie wehrte sofort ab.

»Wenn du noch einen Schritt näher kommst, schreie ich so laut, dass selbst unsere Nachbarn hören, was hier los ist!«, fauchte sie und machte auf dem Absatz kehrt. Mit einem dumpfen Knall schlug sie die Tür hinter sich zu und sperrte von außen ab. Serafin gelang es nicht, sie aufzuhalten. Fluchend drehte er sich zu Rakin um, der sich aufgewühlt die Haare raufte.

»He! Nimm dir das nicht zu Herzen. Sie ist nur wütend und wird sich bestimmt bald wieder beruhigen«, versuchte er, ihn aufzubauen.

»Ich hab doch gleich gewusst, dass das voll nach hinten losgeht«, resignierte Ra und warf die Blume zielsicher in den Mülleimer.

Der Knall der zufallenden Haustür im unteren Stockwerk ließ die beiden aufhorchen.

Alarmiert wandte sich Serafin der Tür zu.

»Finn? Finn! Sie wird doch nicht …«, rief er besorgt, nachdem er zuvor wie wild mit den Fäusten gegen die Tür getrommelt hatte.

»Glaubst du etwa, sie ist nach draußen gegangen?«, fragte Rakin und sprach damit Serafins Befürchtung aus.

»Keine Ahnung!«, entgegnete er und stürzte zur Balkontür.

»Hoffentlich ist sie nicht auf die dumme Idee gekommen, in der Dunkelheit zu ihrer Freundin zu laufen!«

Rakin kratzte sich verwirrt am Kopf.

»Warum sollte sie das tun, das wäre total hirnrissig!«

»Ich weiß, aber in ihrem momentanen Zustand würde ich ihr alles zutrauen.«

Serafin hatte inzwischen die Balkontür geöffnet und schwang sich behände wie eine Katze über das Geländer. Unten im Erdgeschoss hörte er Finns Eltern, die offenbar durch den Lärm auf sie aufmerksam geworden waren.

»Kommst du, oder willst du da oben Wurzeln schlagen, Ra? Ich brauche deine Spürnase hier unten!«

»Bin schon unterwegs!«

Ra folgte Serafin hastig über den Balkon ins Freie. Im Garten angekommen, verwandelte er sich unter Flammenwirbel in Diego und schüttelte rasch seine Klamotten ab.

»Finn, wo steckst du? Komm verdammt noch mal zurück, wenn du mich hören kannst. Es ist gefährlich hier draußen!«, brüllte Serafin vergebens in die Dunkelheit. Er erhielt weder eine Antwort noch ein Lebenszeichen von ihr.

»Ra, kannst du mit deiner Spürnase feststellen, ob eine frische

Spur von ihr vom Haus wegführt?«, fragte er mit angespannter Stimme. Er versuchte, seine Augen so schnell wie möglich an die Dunkelheit zu gewöhnen.

Der große silbergraue Hund nickte kurz, bevor er sich schnüffelnd an die Arbeit machte.

DAS SEELENJUWEL

Finn kletterte atemlos über den Gartenzaun im Süden des Grundstücks und blieb dabei mit ihrer dünnen Jacke an einem Zaunpfahl hängen. Mit einem unüberhörbaren »Ratsch« riss der Stoff. Leise fluchend stolperte sie weiter das abschüssige, unbebaute Hanggelände hinunter. Ihr Herz raste. Die Schatten der Dunkelheit jagten ihr große Angst ein. Alles, was sie wollte, war ein sicherer Ort, an dem sie niemandem etwas vorspielen musste. Ein Ort, an dem sie vorerst ihre Ruhe vor ihren Eltern und den beiden Idioten im Obergeschoss hatte. Lara tauchte vor ihrem inneren Auge auf. Wenn sie querfeldein den Hang hinunterlief, würde sie ihr Haus in Kürze erreichen. Sie würde ihr bestimmt eine Nacht Asyl geben. Doch zuerst musste Finn allein durch die bedrohliche Finsternis. Sie schauderte. Am liebsten wäre sie umgedreht, aber ihr Stolz ließ eine Umkehr nicht zu. Gleich hatte sie es bis zu den Ausläufern der Karwendelstraße geschafft, dann lag der schlimmste Teil des Weges hinter ihr. Plötzlich hörte sie ein ungewöhnliches Geräusch und fuhr erschrocken herum. Noch bevor sie wusste, wie ihr geschah, rutschte sie in dem abschüssigen Gelände ab und kugelte wie ein loser Stein den Hang hinunter. Als sie endlich zum Liegen kam, tat ihr alles weh. Mühselig zog sich Finn auf die

Beine und stellte mit zusammengebissenen Zähnen fest, dass sie rechts kaum auftreten konnte. Ein kehliges Brummen ließ sie zusammenzucken. Entsetzt fuhr sie herum und blickte geradewegs in zwei große, unheimlich fluoreszierende Augen, die sie gierig fixierten.

Ein schauriger Schrei zerriss die nächtliche Stille. Serafin und Rakin erstarrten für einen Moment, bevor sie in die Richtung stürzten, aus der der Laut gekommen war. Es bedurfte keiner Worte, um zu verstehen, dass Finn in größter Gefahr schwebte. Rakin durchquerte den abschüssigen Garten der Marons, bis er einen Stofffetzen an der Umzäunung entdeckte. Er zeigte Serafin mit einem Winseln an, dass Finn über die Grenze geklettert sein musste. Mit einem eleganten Sprung überwand er den Zaun und fegte den steilen, unbebauten Hang hinunter. Seine Nase führte ihn untrüglich zu einer Stelle, an der Finns Geruch abrupt verschwand und vom Gestank des Seelenfressers überdeckt wurde.

»Was ist, Ra? Warum bleibst du stehen?«, fragte Serafin atemlos. Rakin verwandelte sich neben ihm in seine menschliche Form zurück.

»Ihre Spur ist weg!«, krächzte er. Serafin musterte ihn aus schmalen Augen.

»Wie, weg? Sie muss hier irgendwo sein! Los, streng deine Nase mal ein bisschen an. Es gibt keine andere Möglichkeit, schließlich kann sie sich nicht in Luft aufgelöst haben!«

»Verdammt, ich rieche hier aber nur den Seelenfresser! Seine Spur ist ganz frisch!«

»Versuch es trotzdem noch mal«, drängte Serafin aufgewühlt.

Mit einem feurigen *Zisch* wechselte Ra in seine Hundegestalt und suchte unter lautstarkem Schnüffeln fieberhaft den Boden nach einer frischen Spur ab. Mit einem Feuerwirbel verwandelte er sich zurück.

»Scheiße, Serafin. Hier ist nichts! Was soll ich tun? Alles, was ich rieche, ist dieser verdammte Seelenfresser!«

»Dann lass uns seiner Spur folgen. Finn hat den Peilsender bei sich. Mein GPS zeigt ihren Standort 400 Meter in südwestlicher Richtung von hier«, drängte Serafin, bevor er über ein knopfgroßes Headset im Ohr Verstärkung anforderte.

Zurück auf vier Pfoten jagte Ra voraus. Sie folgten der Spur querfeldein entlang des Ortsrandes, bis sie direkt an einem Fluss hinter dem Olympia Skistadion endete. Der Wasserpegel war durch die starken Regenfälle der letzten Tage hoch und die Strömung reißend. Ra verwandelte sich in seine Menschenform zurück und ließ die Schultern hängen.

»Ich habe das dumpfe Gefühl, dieses Vieh wusste ganz genau, dass wir ihm auf den Fersen sind. Es muss ins Wasser gesprungen sein, um seine Fährte zu verwischen! Außerdem drängt sich mir allmählich die Frage auf, wie der Seelenfresser Finn verschleppen konnte, ohne auch nur eine winzige Geruchsspur von ihr zu hinterlassen ...«

Ra schauderte.

»Es sei denn, er hat sie gefressen!«

»Entspann dich«, versuchte Serafin ihn zu beruhigen.

»Ich habe noch nie von einem Fall gehört, in dem ein Seelenfresser einen Menschen verschlungen hat. Diese Monster ernähren sich allein von den Seelen, nicht von den Körpern. Allerdings habe ich allmählich auch ein komisches Gefühl. Wir hätten Finn längst finden müssen.«

Er checkte erneut ihren GPS-Standort.

»Ich kann sie lokalisieren, aber ...«

»Was?«

»Wenn Finn wirklich bei diesem Seelenfresser ist, läuft er mit ihr geradewegs durch die Partnach-Klamm!«

»Wie? Durch die Schlucht? Bist du sicher? Die liegt anderthalb Kilometer von uns entfernt.«

»Wir haben leider keine anderen Anhaltspunkte. Hoffentlich ist die Verstärkung aus dem Hauptquartier bald da. Anhand meiner GPS-Daten sollten sie mich orten können.«

»Auf was warten wir dann noch?«

Ra vollzog erneut seine Verwandlung und übernahm mit seiner Spürnase die Führung. Nachdem sie dem Weg am Fluss entlang in unbesiedeltes Gebiet Richtung Klamm gefolgt waren, blieb er plötzlich abrupt stehen. Nur der zunehmende Mond sorgte für spärliches Licht. Serafin entdeckte sofort die riesigen, schwach fluoreszierenden Augen, die sich von der Dunkelheit abhoben. Es war ein weiterer Seelenfresser, locker doppelt so groß wie das Monster, das bisher sein Unwesen getrieben hatte. Er war fast so riesig wie ein ausgewachsener Elefant! Aus seiner Kehle drang ein tiefer, knurrender Laut, während er auf den richtigen Moment wartete, um anzugreifen.

Serafin zögerte keine Sekunde und zog seine Ätherklinge.

»Ra, überlass das mir! Das Vieh ist ein paar Nummern zu groß für dich. Sollte mir irgendwas passieren, verschwinde von hier, hast du verstanden?«

Rakin hörte das Zittern in seiner Stimme. Er konnte Serafin jetzt nicht im Stich lassen. Anstatt zurückzuweichen, nahm er all seinen Mut zusammen, fletschte knurrend die Zähne und machte sich kampfbereit. Sein Freund packte ihn an seinem buschigen Schwanz und zog ihn gerade noch rückwärts, bevor der erste Schlag des Monsters ihn treffen konnte. Das Biest war verdammt schnell für seine enorme Masse!

»Versuch jetzt nicht, den Helden zu spielen. Hör wenigstens dieses eine Mal auf mich!«

Widerwillig zog sich Ra zurück.

Serafin ahnte, dass der erste Hieb nur ein Test war. Der Seelenfresser versuchte systematisch, die Schwächen seiner Gegner auszuloten, bevor er zu einem richtigen Angriff ansetzte. Ihm blieb keine Zeit zum Nachdenken. Mit einem plötzlichen Sprung stürzte sich das gigantische Monster auf ihn. Nur mit knapper Not entkam Serafin einer seiner kraftvollen Pranken durch eine flinke Seitwärtsrolle. Ra beobachtete den Kampf mit hämmerndem Herzen. Der Seelenfresser war zwar größenmäßig im Vorteil, doch konnte er zunächst nicht mit Serafins Schnelligkeit mithalten. Es dauerte nur wenige Augenblicke, bis der junge Assassine dem Monster eine tiefe Wunde an der Flanke zufügte. Das Wesen brüllte vor Schmerz und schlug wild und unberechenbar um sich. Dabei wurde Serafin von einem wuchtigen Schlag getroffen, der ihn einige Meter über den Boden schleuderte. Er blieb leicht benommen liegen. Sofort preschte Ra voran, um das Biest von seinem Freund abzulenken.

»Ra! Nicht ...!« Serafins Warnruf kam zu spät. Rakin war nicht schnell genug und wurde ebenfalls von einem Prankenhieb der wütenden Bestie getroffen. Am Boden liegend, sah er eine der riesigen Klauen mit voller Wucht auf sich hinab sausen. Bevor er zermalmt wurde, warf sich Serafin mit ganzer Kraft und gereckter Klinge seitlich gegen den Seelenfresser. Sein Schwert bohrte sich tief in die Flanke der Kreatur, die vor Schmerz zur Seite taumelte. Ihre Pranke verfehlte Ra um Haaresbreite. Allerdings befand sich Serafin nun in direkter Schlagreichweite des Monsters, das diese Gelegenheit sofort ausnutzte. Wieder wurde der junge Assassine hart getroffen. Die scharfen Klauen der Kreatur schrammten quer über seine Brust, zerfetzten ihm die Kleider und drangen bis tief ins Fleisch. Er keuchte gequält auf, während sich die Fetzen seiner Kleidung blutrot färbten. Mit letzter Kraft stieß er dem Seelenfresser sein Schwert in die Kehle, bevor dieser ihn abwehren konnte. In Sekundenbruchteilen verlagerte Serafin sein Gewicht auf den linken Fuß und bewegte sich nach rechts, sodass er seitlich zur aufgedunsenen Brust des Monsters stand. Mit einer fließenden Bewegung drehte er die Klinge, die immer noch im Hals des Seelenfressers steckte. Es ging alles so schnell, dass Ra erst begriff, was passiert war, als der wulstige Kopf des Wesens mit einem matschigen Geräusch zu Boden fiel. Ra beobachtete verstört, wie sich der komplette Leib des Monsters vor seinen Augen zu Staub und Asche verwandelte. Während er gebannt diesem Schauspiel folgte, brach sein Freund beinahe lautlos neben dem Kadaver der Bestie zusammen.

Schwer atmend ging Serafin in die Knie und kippte vornüber. Seine Verletzungen schienen schlimmer zu sein wie zunächst angenommen. Er war heilfroh, dass er es noch geschafft hatte, das Monster zu erledigen, bevor das Adrenalin in seinem Körper nachließ und die Schmerzen unerträglich wurden. Erschöpft drehte er sich zur Seite und blickte nach oben an den sternklaren Nachthimmel. Das Blut rauschte in seinen Ohren. Für einen Moment war er kurz weggetreten. Erst Rakins Stimme holte ihn zurück.

»Serafin, halt durch! Kann ich irgendwas für dich tun?«

Der Junge stutzte. »Da ... Da leuchtet etwas orange aus der Asche heraus! Sieh mal ...«

Abrupt riss Serafin die Augen auf.

»Nein, Ra, nicht!« Mit schmerzverzerrtem Gesicht stemmte er sich hoch, doch es war bereits zu spät. Er konnte gerade noch sehen, wie der Körper des Jungen in gleißend orangerotem Licht aufleuchtete, bevor er zitternd wie unter Krämpfen zu Boden stürzte. Serafin biss hart die Zähne aufeinander, als sich seine Eingeweide schmerzhaft zusammenzogen. Er betete stumm zu allen Schutzheiligen und Göttern, die er kannte, dass sie seinen jungen Freund verschonten.

VERMISST

Ra erwachte im schummrigen Licht eines Krankenhauszimmers. Er blinzelte benommen und versuchte sich mühsam daran zu erinnern, was passiert war. Die Erinnerungen an Serafins Verletzung und das eigenartig funkelnde Ding in den staubigen Überresten des Wesens kehrten jäh in sein Bewusstsein zurück. Verwirrt sah sich Ra im Zimmer um und entdeckte Arthur neben seinem Bett.

»Gott sei Dank, er ist wach ...«, murmelte sein alter Herr mehr zu sich selbst und faltete erleichtert die Hände vor der Brust.

»Ra, wie fühlst du dich, Junge?«

»Keine Ahnung ... ein bisschen komisch. Was ist passiert? Wo ist Serafin? Wie geht es ihm?«

»Langsam, eins nach dem anderen. Er ist gleich nebenan untergebracht. Es hat ihn zwar ganz schön erwischt, aber er ist bei Bewusstsein und nicht in Lebensgefahr. Er wird wieder. Seine Wunden sind nicht allzu tief, werden aber leider deutliche Narben hinterlassen.«

»Shit, ich muss zu ihm!«

»Nein, du wirst vorerst nirgendwo hingehen.«

Arthur fuhr sich mit dem Handrücken über seine vernarbte

Wange, bevor er hinzufügte »Ehrlich gesagt, haben wir uns alle zunächst mehr Sorgen um dich gemacht. Ist irgendwas anders als sonst?«

»Wovon redest du? Mir geht´s blendend ... vielleicht ein bisschen schwindelig, aber ansonsten gut.«

Ra blickte beunruhigt an sich herab und versuchte herauszufinden, wo es ihn erwischt hatte. Außer einigen blauen Flecken und etwas tieferen Kratzern entdeckte er jedoch nichts Auffälliges.

»Ist irgendetwas ... anders als sonst?«, wiederholte Arthur vorsichtig.

»Könntest du mir bitte sagen, was los ist, anstatt in Rätseln zu sprechen?«

Arthur nahm einen tiefen Atemzug und massierte sich die Schläfen.

»Erinnerst du dich daran, wie Serafin den Seelenfresser erledigte?«

»Natürlich! Wir wollten Finn retten und ... Scheiße, Finn! Hat Serafin dir erzählt, was passiert ist?«, krächzte Ra aufgewühlt. Arthur entglitten für einen Moment die Gesichtszüge. Doch er versuchte, seine Gefühle sehr schnell mit einer neutralen Maske zu verdecken.

»Serafin hat mich über alles informiert. In der Nacht besteht leider keine Chance, den Seelenfresser noch einzuholen. Er hat Finn in die Berge verschleppt. Das Monster ist laut Ortungsdaten in unbefahrbarem, felsigem Gebiet unterwegs. Dort gibt es keine Wege und Straßen. Ich fürchte, dass ...«

Er wurde von Luin Alba unterbrochen, der nach kurzem Klopfen das Zimmer betrat.

»Störe ich?«

»Hallo Luin, komm rein. Ich versuche Rakin gerade die Situation zu erklären«, entgegnete Arthur erschöpft und schob einen zweiten Stuhl ans Bett, bevor er sich an seinen Sohn wandte.

»Es wird dich vielleicht überraschen, aber dein Lehrer ist ebenfalls ein Mitglied der Arkana.«

»Ne, weiß ich schon von Serafin«, entgegnete Rakin schnell. Er wippte rastlos mit dem Fuß. Luin zog überrascht eine Augenbraue nach oben und setzte sich zu ihm ans Bett.

»Wie geht's dir? Ich war gerade bei Serafin. Er erzählte mir, was ihr beiden heute durchgemacht habt.«

»Ich bin topfit! Wir müssen sofort los und Finn finden! Sie ist immer noch da draußen, allein mit dem Seelenfresser. Wir dürfen keine Zeit mehr verlieren«, drängte Ra mit Nachdruck.

Arthur und Luin tauschten unsichere Blicke.

»Ich fürchte, das ist leider nicht möglich. Die Kreatur ist mit ihr schon längst über alle Berge. Der Aufstieg bei Nacht wäre viel zu riskant und würde Stunden dauern. Zudem müssen wir davon ausgehen, dass der Seelenfresser inzwischen Finns Seele ausgesaugt hat. Angesichts dieser schlechten Prognose wurde beschlossen, bis zum Morgengrauen mit der Suche zu warten. Alles andere würde keinen Sinn ergeben.«

»Ihr glaubt, dass Finn ...? Aber warum hat das Vieh sie dann entführt, anstatt ihre Seele sofort auszusaugen? Das macht doch keinen Sinn!«, platzte es wütend aus Rakin heraus.

»Ich glaube nicht, dass sie tot ist. Wir müssen sie suchen, sofort!«
Luin seufzte traurig.

»Ein Seelenfresser frisst nun einmal Seelen. Es gibt keinen Grund, warum er sie am Leben lassen sollte. Inzwischen ist genug Zeit vergangen, dass er sie hundert Mal hätte töten können.« Luins Stimme begann zu bröckeln.

»Wir müssen den Tatsachen ins Auge sehen. Finns GPS-Standort hat sich seit einer Weile nicht mehr verändert. Es ist offensichtlich, was das bedeutet.«

»Und was ist, wenn sie doch noch am Leben ist? Wir müssen es wenigstens versuchen! Dank Serafins GPS-Tracker kennen wir ihren genauen Aufenthaltsort, aber anstatt ihr zu helfen, drehen wir hier unten Däumchen? Wollt ihr mich verarschen?«, platzte es unkontrolliert aus Ra heraus.

Luin schüttelte traurig den Kopf.

»Ich kann verstehen, wie schwer das alles zu akzeptieren ist. Aber wir wissen nicht mal, ob das GPS in den Bergen die korrekten Koordinaten angibt. Es könnte uns auch genauso gut in die Irre leiten. In der Dunkelheit und in dem abschüssigen Gelände kann man kaum die eigene Hand vor Augen sehen. Es wäre ein Himmelfahrtskommando, nur um ein totes Mädchen zu bergen-«

»Ist mir egal! Ich brauche kein GPS, ich habe meine Spürnase«, fiel Ra ihm trotzig ins Wort.

Für einen Moment war Luin sprachlos, fragte aber nicht weiter, was er damit gemeint hatte. Ra beobachtete aus dem Augenwinkel, wie Arthur angespannt seine Hände zu Fäusten ballte.

»Der Junge hat recht, Luin! Vielleicht besteht ja doch noch Hoffnung. Wir müssen es wenigstens versuchen.«

Luin schüttelte nur verständnislos den Kopf.

»Willst du im Ernst kopflos vorpreschen und in der Finsternis diesem Monster geradewegs in die Fänge laufen? Abstürzen wäre in dem steilen Gelände auch eine effektive Art zu sterben. Es ist viel zu riskant! Denk an Rakin, er ist erst vierzehn. Möchtest du wirklich verantworten, dass dem Jungen auch noch etwas passiert? Ich finde, ein vermisstes Mädchen mit schlechter Überlebensprognose reicht für heute.«

Für einen Moment herrschte Totenstille im Raum.

Ra bemerkte den gebrochenen Ausdruck in Arthurs Blick, während seine Umrisse allmählich verschwammen. Er biss knirschend die Zähne zusammen und wischte sich mit dem Handrücken über die Augen. Warum nur hatte er das drängende Gefühl, dass Finn seine Hilfe brauchte? Luin durchbrach die drückende Stille zuerst.

»Es tut mir leid ... Ich wollte nicht taktlos sein. Bitte versteht mich nicht falsch. Ich wünsche mir genauso wie ihr, sie lebend zu finden. Aber die Zeichen stehen nicht dafür und das Risiko ist zu hoch. Ich habe das Hauptquartier informiert und einen Trupp Spezialisten zur Verstärkung angefordert. Sie werden bald zu uns stoßen, um die Lage zu besprechen. Im Morgengrauen wird die Suche nach Finn fortgesetzt. Ich lasse euch jetzt ein bisschen allein. Bis zur Morgendämmerung werde ich mich zurückziehen und versuchen, ein wenig zu schlafen. Das solltet ihr auch tun.«

Luin verließ ohne ein weiteres Wort mit hängenden Schultern den Raum.

»Scheiße!« Ra boxte in sein Kissen. Als er zu seinem Vater hinüberschaute, sah er, dass Arthur genauso verzweifelt über diese schreckliche Situation war, wie er selbst.

»Komm schon Paps! Wenn Alba uns nicht begleiten will, dann gehen wir eben alleine! Deine Fähigkeiten mit dem Schwert können sich immer noch sehen lassen. Diesen verdammten Seelenfresser erledigst du doch im Handumdrehen!«

Arthur sank auf seinem Stuhl zusammen und knetete die Hände.

»Es tut mir leid, aber ich fürchte, Luin hat recht. Wenn dir nun auch etwas zustößt ... Ich wüsste nicht, ob ich mir das verzeihen könnte. Außerdem bin ich mir nicht sicher, ob meine Fähigkeiten wirklich ausreichen, um dieses Biest allein zu besiegen.«

»Verdammt, jetzt lass dir bloß nicht einreden, du wärst über die Jahre eingerostet. Du hast schließlich noch mich! Vergiss nicht, dass ich in meiner Hundegestalt ganz schön ungemütlich werden kann!«

Sein Vater sank noch ein bisschen tiefer in sich zusammen und schloss für einen Moment die Augen. Nach einer kurzen Pause ergriff er erneut das Wort.

»Diese Mission ist zu gefährlich. Es wäre vollkommen unverantwortlich, dich in diesem Zustand mitzunehmen«, argumentierte er. Weiter kam er nicht. Eine Schwester klopfte und streckte den Kopf ins Zimmer.

»Darf ich kurz stören? Eine Gruppe dunkel gekleideter Herren ist gerade hier eingetroffen und möchte Sie sprechen.«

Sie schielte immer wieder nervös über ihre Schulter in den Gang hinaus. Arthur zog sich ächzend auf die Beine.

»Sagen Sie ihnen bitte, ich komme gleich.«

Sie nickte und zog sich aus dem Zimmer zurück.

»Es tut mir leid, Ra. Ich muss mit den Leuten aus dem

Hauptquartier unseren Plan für morgen besprechen, aber ich versuche, so schnell wie möglich wieder hier zu sein.«

Bevor Arthur ging, strich er Ra über sein zerzaustes dunkelbraunes Haar.

»Ruh dich ein bisschen aus. Wir werden unser Bestes tun, um Finn zu finden, das verspreche ich dir!«

Es sollte hoffnungsvoll klingen, doch Ra spürte die Bitterkeit hinter seinen Worten. Er versuchte, sich nichts anmerken zu lassen und blickte starr nach unten auf die Decke. Eine weitere Diskussion zu führen hatte keinen Sinn. Wenn sich niemand dafür zuständig fühlte, Finn zu retten, würde er die Sache eben selbst in die Hand nehmen!

Vollkommen erschöpft kehrte Arthur von der Besprechung zurück, die sich länger als erwartet gezogen hatte. Gähnend schaute er auf seine Uhr und stellte fest, dass fast eine ganze Stunde vergangen war, seit er Ra verlassen hatte. Leise drückte er die Tür zum Zimmer des Jungen auf und fand seinen widerspenstigen Sprössling ... nicht vor!

»Rakin ...?« Sofort begann Arthurs Puls zu rasen. Eine böse Vorahnung beschlich ihn, die alle Müdigkeit im Handumdrehen vertrieb. Mit hämmerndem Herz stürzte er atemlos eine Tür weiter. Serafin hatte offensichtlich ein wenig gedöst, bevor Arthur in sein Zimmer geplatzt kam. Sein gesamter Oberkörper war mit Verbänden umwickelt, sodass er im ersten Moment stark an eine Mumie erinnerte. Nur seine schwarze Stoffmaske, die er offenbar nie ablegte, passte nicht ins Bild.

»Serafin, ist Ra bei dir?« Arthur sah sich hektisch in jeder Ecke des Raumes um, in der Hoffnung, seinen Jungen irgendwo zu entdecken.

»Er war vor etwa einer Stunde hier. Wollte wissen, wie es mir geht und wo das GPS gerade Finns Aufenthaltsort anzeigt. Ist er denn nicht in seinem Zimmer? Er hatte es vorhin ziemlich eilig, zurück in sein Bett zu kommen, weil du ihm angeblich verboten hättest, mich zu besuchen«, berichtete Serafin. Er stutzte, nachdem auch bei ihm der Groschen fiel.

»Nein! Sag mir jetzt nicht, er ist verschwunden, um Finn zu suchen!«

Arthur fluchte und raufte sich verzweifelt durch die grauen Haare.

»Dieser verfluchte Bengel! Irgendwann bringt er mich noch ins Grab! Ich fürchte, er ist allein losgezogen. Verdammt, ich hätte es wissen müssen!«

»Beruhig dich, Arthur. Wir sollten jetzt einen kühlen Kopf bewahren. Geh ihm um Gottes willen nicht allein hinterher! Nimm wenigstens ein paar dieser Gorillas aus dem Hauptquartier mit. Und meine GPS-Ortung für Finn. Ohne die bist du aufgeschmissen!«

Arthur nickte dankbar und nahm das Gerät an sich.

»Hast du mit jemandem außer mir über die Sache mit Ra und dem Seelenjuwel geredet?«, fragte er zögernd.

»Nein, nur mit dir. Ich dachte, es wäre besser, vorerst Stillschweigen darüber zu bewahren.«

»Gut gemacht. Lass es vorläufig unser Geheimnis bleiben, bis ich abschätzen kann, wie Ra damit klarkommt. Ich fürchte, er wird noch früh genug unsere Hilfe brauchen.« Arthur starrte auf Serafins Smartphone, auf dem Finns Standpunkt abgebildet wurde.

»Danke dafür. Sobald wir einen der beiden gefunden haben, melde ich mich schnellstmöglich. Ich darf jetzt keine Zeit mehr verlieren!«

Er stürmte aus dem Zimmer und ließ Serafin beunruhigt zurück.

Ra rannte, so schnell ihn seine Beine trugen, bevor ihn irgendjemand von seinem tollkühnen Unterfangen abhalten konnte. Seltsamerweise fühlte er sich erstaunlich fit. Schon bald erreichte er eine abgelegene, dunkle Seitenstraße, die sich gut für den nächsten Schritt seines Plans eignete. Verstohlen sah er sich um, bevor er sich verwandelte. Sein T-Shirt behielt er an, den Rest musste er abschütteln, um sich auf vier

Beinen bewegen zu können. Nur seine Shorts und seinen Silberopal nahm Ra in der Schnauze mit. Mehr konnte er nicht tragen. Ohne zu zögern, schlug er den Weg ein, der aus dem Ort hinaus in Richtung Partnachklamm führte. Nur gut, dass das Krankenhaus nicht weit entfernt vom südlichen Ortsrand lag. Von dort war es ein vergleichsweise kurzer Weg bis zur Schlucht. Es gab nur einen Weg durch die Klamm. Folglich sollte es auch eine Spur des Seelenfressers geben, der er folgen konnte. Wie der Wind jagte er davon. Nachdem er die letzten Häuser hinter sich gelassen hatte, ging der Weg am Fluss entlang durch Wiesen und kleine Wäldchen. Als das Gelände immer steiler anstieg, war das Felsmassiv nicht mehr weit, durch das sich das Wasser über Jahrhunderte einen Weg gegraben hatte. Bald ragte der Eingang zur Klamm vor ihm auf. Seine vier Pfoten trugen Rakin schnell und leichtfüßig an sein Ziel. Es dauerte nicht lange, bis er den beißenden Geruch der Kreatur wieder in der Nase hatte. Ra schauderte allein in der Dunkelheit, doch er nahm all seinen Mut zusammen und betrat die im Finsteren tosende Klamm, durch die der Fluss rauschte.

Ungeduldig betrachtete Arthur seine Uhr und lief im Eingangsbereich des Krankenhauses auf und ab. Luin ging nicht ans Telefon. Er seufzte und schüttelte den Kopf. Was für ein beschissenes Timing! Die Leute aus dem Hauptquartier waren bereits auf dem Weg zurück in ihre Unterkunft gewesen, nachdem er Rakins Fehlen bemerkt hatte. Ein Anruf genügte jedoch, um sie zum Umkehren zu bewegen. Dank Ras riskantem Alleingang war kurzerhand beschlossen worden, trotz aller Widrigkeiten sofort nach dem Jungen zu suchen, bevor auch ihm etwas zustieß. Doch es dauerte, bis die Truppe anrückte und alle Vorbereitungen getroffen waren. Arthur kam es wie eine Ewigkeit vor. Rastlos schaute er immer wieder auf seine Uhr, während die Minuten verrannen. Das Zifferblatt zeigte bereits Viertel nach elf. Ra war inzwischen seit fast zwei Stunden unterwegs. Arthur musste ihn finden, bevor er irgendeine Dummheit anstellte, die ihn das Leben kostete. Er wusste nur zu gut, wie gefährlich ein Seelenfresser sein konnte, was Ra offenbar in seinem jugendlichen Leichtsinn völlig unterschätzte. Arthur spähte durch die Glastür hinaus auf den beleuchteten Parkplatz, wo ein Konvoi aus zwei großen, schwarzen Geländefahrzeugen eintraf. Die beiden Wagen bremsten abrupt vor dem Haupteingang des Krankenhauses. Ihr Anführer stieg aus dem ersten Auto und kam ihm sofort entgegen.

»Ich hätte nicht gedacht, dass wir uns so schnell wiedersehen.«

»Es tut mir leid, aber die Situation hat sich inzwischen zugespitzt«, entgegnete Arthur knapp und kramte Serafins Mobiltelefon hervor.

»Finns Standpunkt hat sich nicht verändert. Ra wird versuchen, sie zu finden. Ihre Position ist nahe des abgelegenen Schachenhauses, das nur über einen schmalen Pfad erreichbar ist.«

Der Anführer der Truppe legte Arthur eine Hand auf die Schulter.

»Das ist kein gutes Zeichen. Ich kann nur hoffen, dass wir wenigstens den Jungen unversehrt finden. Kommen Sie mit. Wir haben einen Piloten gefunden, der waghalsig genug ist, in der Nacht zu fliegen. Ein Helikopter mit Nachtsichtausrüstung steht für uns bereit.«

Arthur nickte und presste angespannt die Kiefer aufeinander, bevor er sich auf dem Beifahrersitz des vorderen Wagens niederließ.

ZYON

Finns Atemwege brannten. Hustend und würgend kam sie allmählich zu sich. Zunächst nahm sie ihre Umgebung verblasst, wie durch dichten Nebel wahr. Eine verschwommene Gestalt war über sie gebeugt und aus den Augenwinkeln registrierte sie goldene Lichtreflexionen in dem schwach beleuchteten Raum. Sie blinzelte benommen.

»Ganz ruhig. Du musst tief einatmen«, flüsterte eine sanfte Stimme. Jemand strich ihr einige verklebte Haarsträhnen aus dem Gesicht. Finn schnappte wie ein Fisch auf dem Trockenen nach Luft. Als das Bild vor ihren Augen klarer wurde, bemerkte sie, dass die Person an ihrer Seite komplett in schwarze Roben gehüllt war. Das Gesicht war bis auf die untere Hälfte von einer weißen Porzellanmaske verdeckt. Sie sog scharf die Luft ein. Was sie im schummrigen Licht einiger Kerzen erblickte, verwirrte und erstaunte sie zunächst dermaßen, dass sie nicht wusste, wie ihr geschah. Der prunkvolle, antike Raum um sie herum funkelte in goldenen und exotischen Farben. Sie fühlte sich wie in einem Märchen aus tausendundeiner Nacht. Purpurne Vorhänge rahmten bunt verzierte Bleiglas-Mosaikfenster ein. Entlang der Außenwände reihten sich edle Sitzbänke, bezogen mit erlesenen Stoffen, die das orientalisch anmutende Ambiente unterstrichen.

»W-wer sind Sie und wo bin ich hier?«, keuchte sie.

»Hab keine Angst, du bist in Sicherheit. Ich habe dich vor dem Seelenfresser gerettet«, erklärte der Fremde behutsam, bevor er ihr dabei half, sich aufzusetzen.

»Mein Name ist Zyon. Kannst du dich daran erinnern, was passiert ist?«

Finn schüttelte verunsichert den Kopf.

»Warum bin ich hier? Und ... was ist das für ein Ort?«

Sie blickte sich wie ein scheues Tier in alle Richtungen um und verzog angewidert den Mund, als sie an sich hinabblickte. Die untere Hälfte ihres Körpers steckte in einer Art schleimigem Kokon fest.

»Igitt! Was zum Teufel ist das?«, quiekte sie.

Der Fremde seufzte.

»Lass mich dir helfen.«

Mit bloßen Händen befreite er sie aus den zähen Schleimresten und wischte sich die Finger am bunten Orientteppich auf dem Boden ab.

»Kannst du aufstehen?«

Mit einer kraftvollen Bewegung zog er Finn auf die Beine und fing sie auf, bevor sie umzukippen drohte.

»Das funktioniert wohl noch nicht.«

Im Handumdrehen trug er sie zu den prächtigen Sitzbänken hinüber, die den Raum rundherum einfassten, und setzte sie auf dem kostbaren Mobiliar ab. Mit einer eleganten Bewegung ließ er sich neben ihr nieder.

»Was ... was wollen Sie von mir?«

»Keine Angst, ich werde dir alles erklären. Verrätst du mir deinen Namen?«

»Ich heiße Finn.«

Sie riskierte einen scheuen Seitenblick auf den Fremden. Seine Gesichtszüge, die nicht von der Maske verdeckt wurden, wirkten ebenmäßig und faltenlos, während seine dunkelbraunen Augen von einer besonderen Klarheit und Tiefe waren. Auf den ersten Blick schien er höchstens dreißig Jahre alt zu sein, aber genau konnte sie das im dämmrigen Kerzenlicht nicht festmachen. Die schwarze Kapuze seiner Robe hatte er tief ins Gesicht gezogen.

»Finn ist ein schöner Name, wenn auch etwas ungewöhnlich für ein Mädchen. Erinnerst du dich, was passiert ist?«

Sie verspannte sich, als sie sich die verstörenden Erlebnisse wieder ins Gedächtnis rief.

»Das Monster ... Es hat mich gefressen!«, flüsterte sie.

»Dieses Wesen sollte dich auf direktem Wege zu den Arkana bringen. Ich musste ein wenig nachhelfen, um es dazu zu bewegen, dich wieder auszuspucken.«

»Aber ...«, keuchte Finn heiser. Ihr wurde übel.

»Die Arkana kämpfen doch gegen die Seelenfresser! Wieso sollte mich dann eines dieser Monster entführen und zu ihnen bringen? Das ergibt keinen Sinn ...«

»Was für eine Überraschung. Wie ich sehe, hast du schon von den Arkana gehört«, stellte Zyon fest. Finn runzelte die Stirn und krallte ihre Finger in das weiche Samtpolster, auf dem sie saß.

»Was wird das hier? Gehörst du auch zu ihnen?«

Zyon lachte leise.

»Es ist nicht immer alles so, wie es auf den ersten Blick scheint. Um dir deine Fragen zu beantworten, muss ich ein wenig ausholen, wenn du gestattest.« Finn starrte ihn entgeistert an, bevor sie nickte. Der Blick ihres Retters schweifte in die Ferne, als würde er tief in Erinnerungen versinken.

»Lange war ich ein geachtetes Mitglied der Arkana, bis mir ein verhängnisvoller Fehler passiert ist. Ich habe den falschen Menschen vertraut und wurde aufs Bitterste betrogen und verraten. Inzwischen bin ich ein gejagter Abtrünniger. Die Arkana haben mir keine andere Wahl gelassen.« Finn schüttelte ungläubig den Kopf. Konnte sie ihm trauen?

»Wie ist es dazu gekommen?«

»Vor einigen Jahren habe ich etwas herausgefunden, das niemals ans Licht hätte kommen sollen«, flüsterte er.

»Unter den Arkana gibt es eine dunkle, machthungrige Elite, die in streng geheimen Laboren Seelenfresser erschafft. Nennen wir diese schwarzen Schafe der Einfachheit halber die „dunklen Arkana". Sie versuchen, über die Welt zu herrschen, wie sie es schon zum Großteil in Enakrion tun. Aber das kannst du nicht wissen.«

»Ist das der Name der anderen Dimension, in der sich die Arkan Akademie befindet?«, fragte Finn mit großen Augen. Überrascht fuhr Zyon zu ihr herum.

»Ich bin verblüfft, was für ein helles Köpfchen du bist. Jemand aus den Reihen der Arkana hat dir ein paar seiner Geheimnisse verraten, habe ich recht?«

Finn zog den Kopf ein und schwieg.

»Keine Sorge, bei mir ist dein Geheimnis sicher.«

»Und woher weiß ich, dass ich dir vertrauen kann?«

Zyon zuckte mit den Schultern und hob vielsagend die Hände.

»Das liegt ganz bei dir.«

»Na schön«, seufzte sie. »Du hast mir noch nicht erklärt, warum die dunklen Arkana die Seelenfresser erschaffen. Ich kann mir nicht erklären, welchen Grund sie dazu hätten.«

Zyon verzog seinen Mund zu einem schiefen Lächeln.

»Sie sind hinter den Manipura, den Seelenjuwelen her, die sich im Inneren eines Seelenfressers bilden, wenn er Seelen erbeutet. Die dunklen Arkana erschaffen diese Kreaturen und lassen sie auf die Menschen los. Sobald sie erntereif sind, holen sie sich den Manipura aus ihrem Körper.«

»Wie meinst du das?«, stammelte Finn entsetzt.

»Ganz einfach: Sie töten die Monster, um an die Steine zu kommen. Seelenjuwelen sind unvorstellbar wertvoll, aber die dunklen Arkana sind nicht allein deswegen hinter ihnen her.« Zyons Stimme verwandelte sich in ein heiseres Flüstern.

»Wenn du einen Manipura berührst, kann er dir entweder unglaubliche Kräfte schenken oder dich auf der Stelle töten!«

Schaudernd umschlang Finn ihren Oberkörper.

»Und was hat das alles mit mir zu tun?«

Zyon zögerte, bevor er tief Luft holte und ihr direkt in die Augen sah.

»Ich will mich an den dunklen Arkana rächen. Sie haben mir alles genommen, was mir je etwas bedeutet hat!« Er ballte die Hände zu Fäusten und spannte den Kiefer an.

Finn sah verlegen zur Seite.

»Ich begreife leider immer noch nicht, welche Rolle ich in dem Ganzen spiele.«

»Ich erkläre es dir. Die dunklen Arkana versuchen schon seit langem, ein sehr mächtiges Werkzeug in die Finger zu bekommen, das ihnen zu noch größerer Macht verhelfen würde. Bisher ist es ihnen zum Glück nicht gelungen.«

Ihr Gegenüber machte eine bedeutungsvolle Pause.

»Dieses Werkzeug bist du, Finn.«

»Das ... das soll wohl ein schlechter Witz sein.«

»Nein, keineswegs. Die dunklen Arkana suchen wie verrückt nach einem Drachenbluterben. Nachdem die Letzte von ihnen vor sechzehn Jahren spurlos verschwunden ist, ging man davon aus, dass die seltene Blutlinie ausgestorben wäre. Ich glaubte das auch, bis ich durch Zufall auf eine ungewöhnliche Spur gestoßen bin, die mich zu dir geführt hat. Allerdings kann ich erst sicher sein, nachdem ich dich einem Test unterzogen habe.«

Finn starrte ihn mit offenem Mund an.

»Was ist ein Drachenbluterbe?«

Zyon räusperte sich, bevor er erklärte:

»Das sind Menschen mit der Fähigkeit, einen wilden Feuerdrachen nur mit der mentalen Kraft der Gedanken zu kontrollieren. Sie unterscheiden sich von normalen Menschen durch das Drachenblut, das zu einem gewissen Anteil in ihren Adern fließt. Der gesamte Clan wurde Anfang des neunzehnten Jahrhunderts durch eine Tragödie ausgelöscht. Nur eine Handvoll Mitglieder dieser einstmals großen Familie überlebten. Aber die Fähigkeit, Drachen zu bändigen, verschwand über die Jahre zunehmend aus ihrer zusammengeschrumpften Blutlinie.«

Finn fasste sich mit der Hand an die Stirn und schloss für einen Moment die Augen.

»Ist das dein Ernst? Andere Dimensionen, dunkle Arkana und jetzt auch noch Drachen? Was kommt als Nächstes?«

»Du glaubst mir wohl nicht«, stellte Zyon mit herausforderndem Unterton fest.

»Was sagst du dann dazu?«

Er griff umständlich in den Ärmel seiner weiten Robe und holte etwas Widerspenstiges unter seiner Kleidung hervor.

»Abgefahren!« Finns Augen weiteten sich vor Staunen.

Es war eine kleine, etwa fünfzehn Zentimeter lange, blaugrün schillernde Echse. Sie wand und krümmte sich wie eine Schlange und fauchte dabei unheilverheißend.

Erst als sich das Tier kurz beruhigte, entdeckte Finn ein feingliedriges Paar Flügel auf dessen Rücken. Sein Kopf erinnerte an einen Leguan mit spitz zulaufenden Schuppen an den Wangen. Auf der Nase trug er ein winziges Horn, während sein Rückgrat fast bis zur Schwanzspitze mit kleinen stumpfen Stacheln versehen war. Daneben besaß das faszinierende Wesen zwei kupferfarbene Augen, eine lange dünne Zunge und vier klauenbewährte Füße.

»Ruhig, Aoi!«, murmelte Zyon, während er mit dem widerspenstigen Tier kämpfte.

»Leider besitzt der Kleine absolut keine Manieren. Er ist intelligent aber sehr eigenwillig.«

Zyon grinste verschmitzt, als er den Miniaturdrachen mit zwei Fingern an der Schwanzspitze festhielt, sodass er zappelnd herunterbaumelte. Um die Beschreibung seines Besitzers noch zu unterstreichen, holte das Tier ein wenig Schwung und verbiss sich mit seinen kleinen Zähnchen kräftig in Zyons Zeigefinger. Sein Halter versuchte ihn fluchend mit schüttelnden Bewegungen loszuwerden, doch so leicht gab der Winzling nicht auf! Finn verfolgte amüsiert das Schauspiel. Da Aoi noch immer nicht losließ, packte Zyon ihn mit seiner freien Hand seitlich am Kopf. Durch leichten Druck auf seine Kiefergelenke ließ das widerspenstige Reptil allmählich los. Wie ein Schlangenbändiger fixierte er den Schädel der Echse auf seinem Oberschenkel und machte den Drachen damit endgültig bewegungsunfähig.

»Ist das wirklich das, wofür ich es halte?«, stammelte Finn mit großen Augen.

Ihr Gegenüber nickte belustigt.

»Glaubst du mir endlich?«

»Aber wieso hat bisher noch nie jemand einen Drachen gesehen? Ich meine ... das ist doch völlig verrückt? Wo verstecken sich diese Viecher denn?«

»Ursprünglich gab es auf der Erde außer den Elementargeistern keine Drachen, wie du sie aus Märchenbüchern kennst«, erklärte Zyon. »Die Arkana haben sie vor vielen Jahrhunderten im Tauschhandel mit Enakrion erhalten und gezüchtet. Inzwischen werden die wenigen Exemplare, die bei uns noch existieren, streng unter Verschluss gehalten. Daher gibt es von Drachen nur Überlieferungen und Geschichten aus alten Zeiten. In früheren Epochen dienten furchteinflößende Feuerdrachen als mächtige Waffen, um Gegner schnell und einfach auszulöschen. Damals waren die Drachenbluterben mit ihrer Gabe enorm wichtig. Wer die Gunst eines Drachenbändigers besaß, hatte die Macht des Feuers und damit uneingeschränkte Kontrolle über das Land. Aber davon ist leider nur wenig überliefert. Möchtest du dein Glück mit Aoi versuchen?«

Finn blinzelte überrascht.

»Was, ich?«

Zyon grinste und deutete mit seiner freien Hand auf den kleinen Drachen, der leise vor sich hin fauchte.

»Keine Angst, er ist nicht gefährlich. Du brauchst ihn nur kurz auf die Hand zu nehmen. Wenn er versucht, dich zu beißen, werde ich ihn aufhalten.«

Argwöhnisch betrachtete Finn zuerst Zyons geröteten Zeigefinger, dann Aoi, der noch immer böse fauchte. Sie bezweifelte, dass ihr

Gegenüber den erzürnten Winzling aufhalten konnte, nach allem, was sie zuvor beobachtet hatte.

»Ich … Ich weiß nicht …«

»Du kannst ihn für den Anfang auch einfach nur streicheln, während ich ihn festhalte«, schlug er vor.

»Meinetwegen …«

Vorsichtig berührte Finn den Kopf des Drachen. Er fühlte sich rau und schuppig an. Erstaunlicherweise verstummte Aois verärgertes Fauchen und wich einem kehligen Brummen.

»Was macht er?«, fragte sie nervös. Zyon verzog seine Lippen zu einem zufriedenen Lächeln.

»Offensichtlich mag er es von dir gestreichelt zu werden.«

Finn bemerkte, dass das kleine Reptil tatsächlich entspannter wirkte als vorher.

»Na? Willst du es versuchen?«, fragte Zyon aufmunternd.

»Was versuchen?« Sie hatte eine böse Vorahnung.

»Na schauen, wie er auf dich reagiert. Komm schon!«

Bevor Finn ablehnen konnte, lockerte Zyon den Griff um seinen Hosentaschendrachen, der die Gelegenheit zur Flucht sofort nutzte. Flink wie eine Eidechse flitzte er zu ihr hinüber und wuselte in mehreren Zirkeln um sie herum. Finn erstarrte zu einer Salzsäule. Nachdem er sich etwas ausgetobt hatte, kletterte er auf ihren Kopf, wo er es sich wie auf einem Aussichtspunkt gemütlich machte.

Zyon lachte.

»Er sitzt auf deinem Kopf wie ein Erdmännchen.«

»Nimm ihn da weg«, jammerte Finn steif und wagte nicht, sich zu bewegen.

Wie aus Protest rollte sich Aoi behaglich auf ihrem Kopf zusammen und begann ein gemütliches Nickerchen zu halten.

»Sei mir nicht böse, aber ihn jetzt zu wecken, würde ihn bestimmt verärgern«, scherzte Zyon und machte keine Anstalten, den Drachen zu entfernen. Finn hatte das seltsame Gefühl, ein schuppiges Nest auf dem Kopf zu tragen. Seufzend ließ sie es über sich ergehen.

»Und was heißt das jetzt?«, fragte sie verunsichert.

»Er scheint dich zu mögen, aber um herauszufinden, ob du wirklich die Gabe des Drachenbändigens besitzt, musst du-«

»Was muss ich?«, fragte Finn irritiert. Doch sie erhielt keine Antwort. Zyon wirkte auf einmal seltsam angespannt und blickte starr in Richtung der Treppe, die ein Stockwerk tiefer führte. Er kniff den Mund zu einem dünnen Spalt zusammen.

DIE KRAFT DES FEUERS

»Verdammt, wir müssen hier weg!«
Zyon rupfte den Drachen von Finns Kopf und stopfte ihn zurück in seine Robe.

»Was ist denn los?«, fragte sie, erhielt aber keine Antwort. Ihr Gegenüber, der inzwischen aufgesprungen war, packte sie am Handgelenk, um sie auf die Füße zu ziehen.

»Es nähert sich ein Hubschrauber. Die Arkana haben uns gefunden, wir müssen hier weg! Egal was auch passiert - erzähl niemandem, dass Drachenblut in deinen Adern fließt! Solltest du in die Hände der dunklen Arkana fallen, werden sie dich für ihre Zwecke missbrauchen. Zuerst trennen sie dich von deiner Familie, um dich dann ungehindert manipulieren zu können! Wir müssen fliehen, vertrau mir! Ich werde gut für dich sorgen«, versprach er in drängendem Tonfall.

»Was? Ich verstehe nicht? Soll das bedeuten, du willst mit mir untertauchen?«, stammelte Finn mit weit aufgerissenen Augen. Sie schüttelte vehement den Kopf und sträubte sich gegen seinen Griff.

»Nein! Ich ... ich kann nicht! Ich gehe doch noch zur Schule! Was soll ich meinen Eltern sagen ...?«

Sie war so sehr damit beschäftigt, sich von ihm loszumachen, dass sie die immer lauter werdenden Kampfgeräusche erst bemerkte, nachdem ein schaurig kreischender Schemen die Treppen herauf preschte. Finn blieb für einen Moment die Luft weg, als sie im Dämmerlicht der Kerzen den hässlichen Seelenfresser identifizierte, der sie vor kurzem gekidnappt hatte. Allerdings schien er sich ausnahmsweise nicht für sie zu interessieren. Überrascht machte Finn einen menschlichen Umriss aus, der das Monster offenbar hier hinaufgetrieben hatte. Eine hagere Gestalt baute sich angriffslustig vor dem Wesen auf, nachdem sie im Obergeschoss angekommen war. Der Unbekannte fuchtelte mit einem schweren, metallenen Kerzenständer und einem eiförmigen Gegenstand herum, um das Vieh irgendwie auf Abstand zu halten.

»Finn? Bist du okay?«, rief eine atemlose, wohlbekannte Stimme.

»Ra? Ich bin hier!« Finns Herz schlug ihr bis zum Hals. Ihre Worte schienen den Jungen noch mehr anzustacheln. Immer weiter trieb er die Kreatur vor sich her, um tiefer in den Raum vordringen zu können. Erst jetzt bemerkte Finn Ras spärliche Bekleidung. Hatte er sie etwa mit seiner Hundenase aufgespürt und nur diese wenigen Kleidungsstücke mitgenommen? Bevor sie weiter darüber nachdenken konnte, begann Zyon sie in Richtung des Treppenabgangs zu zerren, während der Seelenfresser zu einem jähen Gegenangriff auf Rakin ansetzte.

»Zyon, wir müssen ihm helfen! Ra gehört nicht zu den Arkana, er ist einer meiner Freunde«, flehte Finn und versuchte, sich mit aller Kraft von ihm loszureißen. Doch es half nichts. Sein Griff war eisern und er schien wild entschlossen zu sein, mit ihr zu fliehen.

»Lass mich sofort los, ich kann nicht mit dir gehen!«, krächzte sie und stemmte sich unnachgiebig gegen ihn. Doch Zyon zerrte Finn beharrlich mit sich.

»Komm endlich mit! Das ist unsere Gelegenheit, um zu verschwinden. Du wirst mir noch dankbar sein!«, entgegnete er und hatte große Mühe, sie festzuhalten. In der Zwischenzeit nahm der

Kampf zwischen Ra und dem Monster weiter an Fahrt auf. Der Junge war am Ende seiner Kräfte. Sein überstürzter Aufstieg hatte ihn einen beträchtlichen Teil seiner Energiereserven gekostet. Es dauerte nicht lange, bis die groteske Kreatur die Oberhand gewann und Rakin mit einem wuchtigen Schlag in eine Ecke schleuderte, wo er entkräftet liegen blieb. Sein Silberopal fiel ihm aus der Hand und kullerte in irgendein dunkles Eck. Zyon nutzte die Gelegenheit, um mit Finn an dem Monster vorbeizukommen. Als seine unfreiwillige Begleiterin sich weiterhin wehrte, sah er sich dazu gezwungen, sie ruhigzustellen. Ein präziser Schlag auf den Solarplexus reichte aus, um sie in seinen Armen benommen zusammensinken zu lassen.

»Du verdammter Mistkerl!«, schrie Ra, dem das Ganze nicht entgangen war, blind vor Zorn. Mühsam zog er sich an einem der verzierten Fensterrahmen auf die Füße. Sein Innerstes fühlte sich an wie ein Vulkan, der kurz vor dem Ausbruch stand. Er hörte das Blut in den Ohren rauschen. Seine Wut entfesselte eine ungeahnte Kraft in ihm. Eine starke Energie durchflutete seinen ganzen Körper wie eine Woge brodelndes Magma. Wie von selbst schien sein Arm sich zu bewegen und schleuderte einen kraftvollen Feuerball in Richtung des Fremden, der Finn in seinen Armen trug. Ra hatte ihn beinahe verfehlt, doch ein Teil der feurigen Kugel traf ihn am Rücken. Mit einem Aufschrei ließ der Vermummte das Mädchen fallen und wälzte sich auf dem Boden, um die Flammen zu löschen. Ähnlich erging es dem Seelenfresser, der in der Schusslinie gestanden hatte. Lichterloh brennend preschte die groteske Kreatur unter gequälten Schreien davon. Dabei setzte sie die Vorhänge des Raumes in Brand. Die entsetzlichen Laute hallten unheimlich im Gebäude nach, bis der Seelenfresser verschwunden war. Verstört betrachtete Ra seine Handflächen. Ihm blieb jedoch keine Zeit, sich lange über das Geschehene zu wundern. Bevor er sich versah, brannte fast der gesamte Raum. Die empfindlichen alten Stoffe und hölzernen Möbel fingen innerhalb weniger Augenblicke Feuer, sodass sich der Brand rasend schnell ausbreitete. Von dem Vermummten war inzwischen keine Spur mehr zu sehen. Er musste sich heimlich aus dem Staub gemacht haben, nachdem Ra für einen Moment seine Aufmerksamkeit an den Seelenfresser verschwendet hatte. Erleichtert entdeckte er Finn, die in dem flammenden Chaos zurückgelassen worden war. Sie lag zusammengekrümmt auf dem Boden und rührte sich nicht. Mit zittrigen Beinen schleppte sich Ra zu ihr hinüber. Er fühlte sich ausgelaugt und erschöpft. Eines war sicher, sie mussten so schnell wie möglich hier raus, bevor die gesamte Bude abfackelte!

»Finn! Kannst du mich hören?«, rief er und hoffte, dass sie durch leichte Schläge auf ihre Wangen zu sich kam.

»R-Ra?« Ihre Augenlider flatterten, als würde sie gleich wieder ohnmächtig werden.

»Wir müssen sofort hier raus, es brennt!«

Rakins Stimme überschlug sich, während er sie mit letzten Kräften hochwuchtete. Er legte ihren linken Arm um seinen Hals und seinen rechten um ihre Taille. So schaffte er es, mit ihr ein paar mühselige Schritte weiter zu kommen. Er fürchtete sich bereits vor der steilen Wendeltreppe, die der einzige Weg ins Erdgeschoss war. Plötzlich horchte er auf. Waren das Schritte auf der Treppe? Hatte sich der Seelenfresser etwa schon regeneriert? Hastig zerrte er Finn aus der Schusslinie und duckte sich mit ihr zusammen hinter das Geländer des Treppenaufgangs. Vielleicht übersah sie das Monster und machte kehrt! Der beißende Rauch kratzte in seinem Hals und schnürte ihm allmählich die Luft ab. Rakin schickte stille Gebete zum Himmel, dass sie noch ein bisschen durchhalten würden. Mit angehaltenem Atem versuchte er vergeblich, etwas durch den dichten Qualm zu erkennen. Wenige Meter vor sich erspähte er eine dunkle Silhouette, die die Treppe nach oben eilte.

»Rakin? Finn?«

Ra traute fast seinen Ohren nicht, als er Arthurs vertraute Stimme hörte.

»Wir sind hier!«, rief er hustend durch den beißenden Rauch zurück und versuchte, das Knistern der Flammen zu übertönen.

»Gott sei Dank, ihr seid am Leben!«, rief Arthur. Er stürzte in Begleitung einiger Männer, die nach ihm den brennenden Raum erreicht hatten, auf die beiden zu. Ra seufzte erleichtert, nachdem ihm zwei von ihnen Finn abnahmen und die Treppe hinab trugen, während Arthur mit ihm zurückblieb. Er fühlte sich so kraftlos, dass er glaubte, er würde jeden Moment zusammenbrechen.

»Was ist passiert?«, fragte sein Vater mit Blick auf das tosende Feuer. Ra stöhnte.

»Ich weiß es nicht! Da war dieser Feuerball und er kam direkt aus meiner Hand ...« Sein Vater sog scharf die Luft ein.

»Du hast das also angerichtet?«, fragte er.

»Ich schwöre, es war keine Absicht, aber-«

»Das weiß ich Rakin! Hör zu, wir haben keine Zeit, um zu diskutieren. Wir müssen handeln, wenn wir das Gebäude noch retten wollen. Versuch genau zu tun, was ich dir sage!«

»Aber warum-?«

»Ich erkläre es dir später. Konzentriere dich auf die Flammen. Sieh sie dir genau an und spüre ihre Energie!«

»Was soll das, verdammt noch mal? Willst du mit mir hier oben meditieren?«

»Nein! Du bist der Schöpfer dieser Flammen. Nur du kannst sie auch wieder löschen!«, platzte es ungeduldig aus Arthur heraus, als Ra partout nicht begreifen wollte.

»Und wie mache ich das?«

»Konzentriere dich auf die Flammen, sieh sie dir genau an und spüre ihre Energie!«, wiederholte Arthur gereizt.

Ra seufzte gequält.

»Okay und jetzt?«

»Wenn du die Flammen spüren kannst, stell dir vor, wie sie immer kleiner und kleiner werden und langsam erlöschen. Fühle es!«

Ra kniff angestrengt die Augen zusammen und gab sein Bestes, genau das zu tun, was Arthur ihm aufgetragen hatte. Er fühlte die Flammen, die Kraft, die zerstörerische Hitze, die von ihnen ausging. Erstaunt bemerkte er, dass es sich fast so anfühlte, als würde das Feuer direkt in seinem Inneren lodern. Er sog scharf die Luft ein und stellte sich vor, wie die Flammen allmählich erloschen. Dabei spürte Rakin, wie ihn seine letzten Kräfte verließen.

»Ra? ... Rakin!«, hörte er Arthur wie aus weiter Entfernung rufen, während sein Bewusstsein immer tiefer in Schwärze versank. Seine Lider flatterten ein letztes Mal, bevor die übrigen Reste des Feuers verglühten.

VERBLASSTE ERINNERUNGEN

Tiefe Finsternis und entfernter Kampfeslärm drangen in sein Bewusstsein. Blanke Panik und beißender Rauch drohten ihn zu ersticken. Allmählich formten sich Bilder einer längst vergessenen Zeit aus der Dunkelheit. Verzweifelt klammerte er sich an den Hals seiner Mutter, die durch die brennenden Überreste einer Stadt floh. Sein zwei Jahre älterer Bruder hing an ihrer rechten Hand und versuchte vergeblich, mit seinen kurzen Beinen Schritt zu halten. Er war am Ende seiner Kräfte. Ein metallisches Geräusch ließ sie aufschrecken. Hastig warf seine Mutter einen Blick zurück und stolperte mit einem entsetzten Aufschrei über die Überreste einer leblosen Gestalt. Dumpfer Schmerz lähmte ihn. Er war unter ihr begraben, ihr Gewicht schnürte ihm die Luft ab. Doch am schlimmsten waren ihre Schreie und das unkontrollierte Zittern ihres Körpers.

»Bitte ... Ich flehe euch an ...! Nicht meine Kinder!«

Ein dumpfes, matschiges Geräusch ließ sie verstummen. Ihr Leib erschlaffte kraftlos über ihm. Zeitgleich schwoll das Wimmern seines Bruders zu einem schrillen Schrei des Entsetzens an. Das metallische Summen einer Klinge brachte ihn zum Schweigen.

Keuchend rang er nach Luft, während er versuchte, sich unter seiner Mutter freizukämpfen. Er fühlte, wie das Leben langsam ihren Körper verließ. Quälende Minuten vergingen. Halb ohnmächtig bemerkte er, wie die Last des Gewichts auf ihm nachließ. Verschwommen blinzelte er in das blutbespritzte Antlitz eines schwarz gekleideten Assassinen mit einer auffällig gekreuzten Narbe auf der rechten Wange, der den Leichnam von ihm herunter hievte. Er stand bedrohlich über ihn gebeugt. Der Anblick schnürte ihm die Luft ab, bevor er in einer Woge aus purem Entsetzen ertrank, die alle Erinnerungen hinfort spülte.

Leichte Übelkeit und Schwindel begleiteten Rakins Erwachen. Das drängende Gefühl, etwas wichtiges vergessen zu haben, wühlte sich durch seine Eingeweide und er hatte einen Bärenhunger. Sein Gehirn fühlte sich taub an. Wie lange hatte er geschlafen? Aus müden Augen versuchte Ra die verschwommene Umgebung zu erfassen. Er lag in einem mit weißen Laken überzogenen Bett. Als er sich drehte, spürte er ein leichtes Ziehen in der linken Armbeuge. Benommen stellte er fest, dass er an einem Tropf hing. Sein Blick wurde allmählich klarer. Die cremeweißen Wände um ihn herum bildeten einen faden Kontrast zum stumpfen, dunkelgrünen Linoleumboden und der massiven Metalltür. Neben dem Bett bemerkte er nur schlichte Stühle, einen winzigen Tisch und ein zweckmäßiges Kleiderregal, was die Fadheit des Raumes noch unterstrich. Ein kastiger Röhrenfernseher an einer Wandhalterung, gegenüber von seinem Bett, wirkte wie ein Relikt aus einer anderen Zeit. In der hintersten Ecke des Zimmers glänzte eine sterile Toilettenschüssel aus Edelstahl und ein Waschbecken, das ihn an das Inventar einer Bahnhofstoilette erinnerte. Er stutzte, als er weiter rechts an der Wand zwei schwer vergitterte Oberlichtfenster entdeckte. Wo war er hier gelandet? Rakins Puls schnellte nach oben. Mühsam setzte er sich auf und zwang sich, ruhig zu bleiben. Wie war er hierher gekommen? Mit zitternden Händen massierte er sich seine Schläfen. Die letzten

Erinnerungsfetzen in seinem Kopf waren wie winzige, flinke Grashüpfer, die sich nur schwer fangen ließen. Allmählich erinnerte er sich an den Schock über Finns Entführung durch den Seelenfresser. Sein Freund Serafin und er waren verzweifelt der Fährte des Wesens gefolgt, um sie zu retten. Weitere Fragmente seiner Erinnerungen setzten sich Stück für Stück wie ein Puzzle zusammen, um den Rest dieser schicksalhaften Nacht preiszugeben. Misstrauisch betrachtete Ra seine Handflächen, deren Verbände er jetzt erst bemerkte. Sein Atem ging ungleichmäßig und ein ungutes Gefühl kämpfte sich in seinem Inneren an die Oberfläche. Näherkommende Schritte auf dem Gang ließen ihn aufhorchen. Er hielt die Luft an, als das Türschloss klickte und eine junge Frau in legerer Kleidung mit einer neuen Infusion das Zimmer betrat. Ihre Augen weiteten sich vor Überraschung, als sie bemerkte, dass er bei Bewusstsein war.

»Gott sei Dank, du bist endlich aufgewacht!«, rief sie erleichtert und eilte zu ihm ans Bett. Rakin musterte sie misstrauisch.

»Wer sind sie?«

»Ich bin Maria Lys, deine persönliche Betreuerin, für die Zeit, in der du hier bist. Dein Vater wird sicher gleich zurückkommen. Er wollte sich nur etwas zu Essen holen. Er wird vor Freude ganz aus dem Häuschen sein, wenn er sieht, dass du endlich wach bist. Du warst die letzten drei Tage außer Betrieb«, erklärte sie, bevor sie ihm vorsichtig den Tropf entfernte.

Ra starrte sie entsetzt an.

»Was? Drei volle Tage?«

»Ja, wir haben uns alle große Sorgen gemacht«, entgegnete sie.

Nervös knetete Rakin die Hände, bevor seine Augen zurück zu den Oberlichtfenstern wanderten.

»Was soll das mit den Gittern?«

Die junge Frau stutze für einen Moment.

»Hör zu ... Nach dem mysteriösen Zwischenfall in den Bergen hat man dich zu deinem eigenen Schutz statt ins Krankenhaus direkt hier her gebracht. Das Bergungsteam, das euch gerettet hat, berichtete, dass eine maskierte Person in Begleitung eines Seelenfressers vom

Tatort fliehen konnte. Es liegt nahe, dass der Unbekannte der Drahtzieher hinter den Seelenfresserübergriffen ist. Um auszuschließen, dass er einen Weg findet, euch aufzuspüren, wurden du und das Mädchen sofort ins Arkana-Hauptquartier gebracht. Ihr seid bisher die einzigen Augenzeugen, die maßgeblich zur Festnahme dieses Psychopathen beitragen könnten. Leider waren alle Betten in der Medizineinheit wegen eines tragischen Zwischenfalls belegt, deswegen mussten wir euch kurzfristig hier unten in der Vollzugseinheit unterbringen.«

»Okay ...«

Rakin fühlte, wie die Anspannung jäh von ihm abfiel.

»Also ... nur vorübergehend in Haft?«

Maria lachte herzhaft. »Ja, so kann man es auch ausdrücken.«

»Wo ist Finn? Wissen sie, wie es ihr geht?«

Irritiert beobachtete Ra, wie Frau Lys Lächeln für einen Moment gefror.

»Sie ist ein paar Zimmer weiter hinten untergebracht, aber ...«

Bevor sie ihren Satz beenden konnte, wurde sie vom Geräusch der Türklinke unterbrochen. Arthur schlurfte gähnend zur Tür herein. Unter seinen kleinen Augen zeichneten sich weithin sichtbar dunkle Ringe ab. Sie waren stumme Zeugen davon, dass er in den letzten Tagen nur wenig Schlaf bekommen hatte. Als er bemerkte, dass sein Sohn bei Bewusstsein war, fiel ihm sichtlich ein Stein vom Herzen.

»Na endlich«, seufzte er, bevor er sich zu ihm ans Bett gesellte.

»Hallo Arthur, perfektes Timing. Ich lasse euch ein wenig allein«, begrüßte ihn Maria.

»Ihr habt sicher eine Menge zu erzählen, nach allem, was passiert ist. In ein paar Minuten komme ich mit einer warmen Mahlzeit für den Jungen wieder. Bis später.« Sie zog sich diskret zurück. Arthur nickte ihr zu, bevor er sich einen Stuhl an Rakins Bett rückte und ihm das Haar zerzauste.

»Du hast keine Vorstellung, was für Sorgen wir uns gemacht haben, nachdem du kollabiert bist und drei Tage lang nicht ansprechbar warst. Ich glaube, Serafin hat inzwischen die gesamte Literatur durchgeackert, die es über Seelenjuwelen gibt.«

»Hä? Ich verstehe nicht ...«, stammelte Ra verwirrt.

Arthur seufzte.

»Erinnerst du dich, was am Abend vor drei Tagen geschehen ist?«

Ra nickte vorsichtig.

»Ich wollte Finn befreien, aber meine Kraft war nach dem langen Aufstieg total am Ende. Da war dieser maskierte Freak, der sie gegen ihren Willen davon gezerrt hat und ich konnte nichts dagegen tun ... Ich war so wütend!«

»Und dann war da plötzlich Feuer?«, mutmaßte Arthur. Seine Augen hatten sich zu schmalen Schlitzen verengt.

Ra wich stöhnend seinem Blick aus, bevor er nickte.

»Keine Ahnung was da mit mir passiert ist. Dieser Feuerball ... er kam direkt aus meiner Hand!«

Fahrig raufte er sich durch sein dunkelbraunes Haar.

»... Bin ich jetzt irgendwie abnormal? – Was für eine bescheuerte Frage. Natürlich ist das krank! Ich bin ein gottverdammter Freak!«

Arthur fixierte den Blick auf seine verkrampft ineinander verschränkten Finger.

»Jetzt mach mal halblang. Panik schieben bringt uns hier nicht weiter, auch wenn ich verstehen kann, dass das Ganze sehr befremdlich für dich sein muss.« Er holte tief Luft, bevor er hinzufügte »Ich sage es nur ungern, aber du wirst dich in Zukunft auf einige Herausforderungen gefasst machen müssen. Nichtsdestotrotz – wir bekommen das in den Griff, okay?«

»Na toll, und wie?! - Fuck! Ich hab keine Ahnung, was mit mir los ist und wie das passieren konnte!«

Arthur verschränkte die Arme vor der Brust, lehnte sich in seinem Stuhl zurück und fixierte Rakin mit strengen Blicken.

»Serafin erzählte mir, dass ihr auf der Suche nach Finn von einem riesigen Seelenfresser überfallen wurdet.«

Ra erstarrte für einen Moment, bevor er langsam nickte.

»Stimmt. Nachdem Serafin ihm den Garaus gemacht hatte,

zerbröselte der gesamte Körper der Kreatur zu Asche. Danach erinnere ich mich nur noch an ein pulsierendes, orangerotes Licht in den Überresten ...«, resümierte Ra mit brüchiger Stimme.

»Du hast es berührt, nicht wahr«, hakte Arthur nach. Misstrauisch bohrten sich Ras Blicke in die Augen seines Vaters.

»Was war das?«

»Das, mein Junge, war ein sogenannter Manipura, ein Seelenjuwel, das aus den gestohlenen Seelen der Menschen entstanden ist, die dieses Monster vor seinem Tod gefressen hat.«

»Igitt! Das ist ja ekelhaft!« Ra verzog angewidert das Gesicht, während Arthur zustimmend nickte.

»Ja, es ist abscheulich, wenn man bedenkt, wie viele Leben dieser Seelenkristall gekostet hat. Trotzdem üben Manipura eine unheimliche Faszination auf Menschen aus«, erklärte er finster, bevor er hinzufügte: »Fakt ist, dass dein Körper ein monströses Seelenjuwel absorbiert hat. Deshalb bist du zunächst ohnmächtig geworden. Serafin und ich sind tausend Tode gestorben, bis wir sicher sein konnten, dass die Wirkung des Steins dich nicht umbringt!«

»Wie bitte?«, stammelte Ra entgeistert, »Ich verstehe nicht ...«

Arthur rutschte unbehaglich auf seinem Stuhl herum und sah ihn herausfordernd an.

»Noch mal zum Mitschreiben, Junge. Du hattest gottverdammtes Glück, dass du das Alles überlebt hast! Nur wenige sind in der Lage, die Absorption eines so großen Seelenjuwels zu überleben.«

»O-kay ...« Ra schnappte hörbar nach Luft.

»Offenbar ist das kein Grund zum Feiern.«

Sein Vater zupfte nachdenklich an den Stoppeln seines Dreitagebarts.

»Nur weil man ein Seelenjuwel absorbiert hat, bedeutet das nicht automatisch, dass der Körper auch damit fertig wird.«

Ra schluckte schwer.

»Und was passiert, wenn man nicht mit diesem Scheiß klarkommt?«

Sein Vater blickte ihm direkt in die Augen.

»Manche Menschen können die Energien der Manipura nicht kanalisieren. Sie sterben unter schrecklichen Krämpfen. Andere wiederum verwandeln sich in Seelenfresser und richten große Zerstörung an. Sei froh, dass bei dir alles glimpflich ausgegangen ist.«

Rakin stand der Mund offen – von Erleichterung keine Spur.

»Das Monster, gegen das wir gekämpft haben, war früher mal ein Mensch?«, platzte es entsetzt aus ihm heraus.

Arthur zögerte und wich seinem Blick aus, bevor er sich zu einer Antwort durchringen konnte.

»Die Arkana sind nicht sicher, ob alle Seelenfresser zuvor Menschen waren, aber die Wahrscheinlichkeit ist groß. Trotzdem darf man nicht vergessen, dass diese Monster - was immer sie auch sein mögen - bösartige Kreaturen sind. Selbst wenn sie einmal menschlich waren, können wir sie nicht einfach verschonen, solange sie unersättlich die Seelen Unschuldiger fressen.«

Ra hielt für einen Moment die Luft an, bevor er die richtigen Worte fand.

»Gibt es denn keine Möglichkeit, diese Wesen zurückzuverwandeln?«

Arthur stutzte.

»Ich fürchte nicht. Sobald sich ein Mensch in einen Seelenfresser verwandelt hat, bleibt den Arkana nichts anderes übrig, als ihn von seinem schrecklichen Schicksal zu erlösen.«

Ra schwieg und starrte Löcher in seine Bettdecke. Für einen Moment zogen Arthurs Worte wie leere Papierfetzen an ihm vorüber.

»... Gott sei Dank ist dir nichts passiert. Wenn ich nur daran denke, was hätte sein können, dreht sich mir der Magen um!« Sein Vater schüttelte hastig den Kopf.

»Du scheinst das Seelenjuwel ohne Nebenwirkungen aufgenommen zu haben, aber ...« Er brach verunsichert ab.

»Gibt es noch einen Haken? Stellt dieses Ding irgendwas mit meinem Körper an?«, krächzte Ra. Er spürte, wie sich all seine Muskeln anspannten.

»Nein - ... zumindest nicht, wenn du lernst, damit umzugehen«, erklärte Arthur. »Aber lass mich etwas ausholen, damit du verstehst, auf was ich hinaus will.«

Ra nickte ungeduldig.

»Seelenjuwelen verleihen ihrem Träger mächtige Fähigkeiten. Bei dir ist es die Beherrschung des Feuerelements, eine sogenannte Elementarkraft. Daneben existieren diverse Mental-Kräfte und physikalische Begabungen, die den eigenen Körper beeinflussen. Es gibt kaum etwas, das es nicht gibt. Serafin kann dir darüber mehr erzählen.«

»Abgefahren! Das heißt, ich bin nicht allein mit diesem ... Manipura-Problem?«, platzte es aufgewühlt aus Rakin heraus.

Arthur nickte.

»Ja, es gibt noch ein paar von der Sorte.« Er lachte trocken.

»Welche Ironie ... Du nennst es ein Problem, andere Menschen würden für den Erhalt deiner Fähigkeit, über Leichen gehen!« Arthur fuhr sich nachdenklich mit Daumen und Zeigefinger entlang seiner Kinnlinie.

»Wie so vieles birgt eine starke Kraft auch gefährliche Risiken. Du hast ja gesehen, wie schnell das Schachenschloss abgebrannt ist, als du dein Feuer zum ersten Mal entfesselt hast. Wenn du nicht schleunigst lernst, diese Gabe zu kontrollieren, könnte sie unbeabsichtigt aus dir herausbrechen und dich und andere in große Gefahr bringen. Außerdem verbraucht sie Unmengen deiner Kraft. Du hast nicht umsonst drei Tage durchgeschlafen.«

»Na super! Ich werde also jedes Mal ohnmächtig? Das ist ja ätzend!«, stöhnte Ra und ließ seinen Kopf frustriert zurück ins Kissen sinken.

»Nur wenn du alle Energiereserven bis zum Anschlag erschöpfst«, setzte Arthur nach.

»Bei Finns Rettung war dein Körper schon völlig am Ende, als das Feuer unbeherrscht aus dir herausbrach. Es hat beinahe all deine übrige Lebensenergie aufgebraucht! Ein bisschen mehr und du wärst draufgegangen.«

Arthur atmete hörbar aus und fasste sich an die Stirn.

»Versprich mir bitte, dass du vorsichtig bist. Ich habe zwar von Serafin gehört, dass es möglich ist, das Energiepotential durch Training zu erweitern, aber das Wichtigste ist jetzt erst mal, dass du deine Kräfte überhaupt kontrollieren kannst.«

Rakin nickte betroffen.

»Und wann kann ich mit dem Training anfangen?«

»Solange du hier bist, hältst du erst mal schön die Flossen still, verstanden? Unterdrück es unter allen Umständen, bis du aus dem Hauptquartier draußen bist. Keine Ahnung, was die Arkana sonst mit dir anstellen, sollten sie Wind davon bekommen, dass du ein Manyokai bist. Wenn´s blöd läuft, stecken sie dich in eine ihrer Spezialeinheiten – unbeschwerte Jugend adieu, sag ich da nur.«

»Ein Manyokai?«

»Ja, so nennt man Menschen, die Fähigkeiten durch einen Manipura erhalten haben. Und nur zur Info: Dein Energielevel kratzt immer noch am untersten Minimum. Mit dem Feuer zu spielen würde dich im Handumdrehen zurück in den Tiefschlaf versetzen. Daneben könntest du binnen weniger Minuten hier alles in Staub und Asche verwandeln!«, drohte Arthur. Rakin ächzte.

»Bleib locker, du glaubst doch nicht im Ernst, dass ich hier drin Versuche starte!«

Sein Vater zog besserwisserisch die Augenbrauen nach oben.

»Dir würde ich alles zutrauen.«

»Ja-ja, hack nur auf mir herum.«

Ra verdrehte die Augen, bevor er etwas anderes loswerden musste, das ihm schon länger auf der Zunge brannte.

»Sag mal ... wie geht´s eigentlich Finn?«

Arthurs Lider zuckten kaum merklich und sein Gesicht verfinsterte sich.

»Was ist los?«, drängte Rakin.

Sein Vater raufte sich schweigend sein angegrautes Haar, bevor er endlich den Mund aufmachte.

»Es geht ihr ... ziemlich bescheiden.«

»Hat der zwielichtige Typ sie schlimm erwischt? Ich hätte den Kerl so richtig grillen sollen, als ich die Gelegenheit dazu hatte«, knurrte Ra wütend und ballte die Hände zu Fäusten. Überrascht bemerkte er, wie brodelnde Hitze in ihm hochstieg und die Luft um ihn herum zu flimmern begann.

»Beruhig dich, Ra! Tief durchatmen«, überschlug sich Arthurs Stimme. Zum Glück schienen seine Worte schnell Wirkung zu zeigen.

»Was zum Henker tust du? Wenn du so weiter machst, brennst du hier echt noch alles nieder!«, schimpfte er. Rakin zog ein saures Gesicht.

»Aber ich hab doch gar nichts gemacht! Es passiert einfach«, verteidigte er sich. Arthur schwieg zunächst beklommen und massierte sich nachdenklich die Nasenwurzel.

»Wir müssen schnellstmöglich hier raus, um mit deinem Training zu beginnen, bevor noch irgendwas passiert. Erzähl niemandem von deinen kleinen Geheimnissen, hast du verstanden?! Ich könnte es nicht ertragen, wenn du auch verschwindest ...«

»Was ... Was meinst du damit?«

Arthur seufzte und wandte hastig den Blick ab. »Nicht so wichtig ...«

Es entstand ein Vakuum aus Stille, das keiner so recht zu durchbrechen wagte. Irgendwann hielt Ra es nicht mehr aus.

»Und? Was ist nun mit Finn? Ist sie verletzt worden?«

Arthur strich sich nervös eine ergraute Strähne aus der Stirn. Durch sein wirr abstehendes Haar erinnerte er heute mehr denn je an eine verrückte Mischung aus Einstein und Sean Connery.

»Ich hatte gehofft, du würdest nicht weiter fragen ...«

»Wieso, was ist denn los? Nun sag schon! «

Mit einem Seufzer sank Arthur müde in sich zusammen.

»Nachdem wir euch vor drei Tagen in Sicherheit gebracht hatten, versuchten Luin und ich, Finns Eltern zu erreichen, aber es ging niemand ans Telefon. Am nächsten Morgen wurden die beiden tot in ihrem Haus aufgefunden.« Er brach ab und holte tief Luft.

»Der Angreifer muss durch eines der Fenster im Erdgeschoss eingedrungen sein, die Ermittlungen laufen noch.«

»WAS? Ich ... ich verstehe nicht ... Wie konnte das passieren ...?« Ra stand der Mund sperrangelweit offen.

Sein Vater fixierte den Boden zwischen seinen Füßen, als er weitersprach.

»Ich kann es selbst kaum begreifen. Am schlimmsten ist es für Finn. Seit der Nachricht vom Tod ihrer Eltern hat sie sich unter ihrer Decke zusammengerollt, verweigert das Essen und spricht mit niemandem. Sie ist völlig traumatisiert.«

Ra fehlten zunächst die Worte, bevor er mit leiser Stimme fragte: »Kann ich zu ihr?«

Arthur schüttelte deprimiert den Kopf.

»Nach Allem, was zwischen euch passiert ist, glaube ich, dass das keine so gute Idee wäre. Gib ihr Zeit, die Sache zu verarbeiten. Die Psychologen hier geben ihr Bestes, ihr zu helfen. Aber im Moment lässt sie niemanden an sich heran.«

Rakin wollte gerade etwas entgegnen, als es an der Tür klopfte. Eine Dame mittleren Alters mit markanter Brille und einem schlichten blauem Etuikleid betrat in Begleitung eines jungen Mannes den Raum.

»Hallo Rakin, wie geht´s dir? Mein Name ist Frau Warden. Das hier ist mein Kollege, Herr Evers. Wir sind in diesem Fall die leitenden Ermittler und kommen wegen einer Zeugenbefragung. Keine Sorge, es wird nicht lang dauern«, erklärte sie, den Blick auf ihren Begleiter gerichtet, der neben ihr etwas unbeholfen wirkte.

»Äh ... Hallo«, stammelte Rakin und schielte verunsichert zu Arthur hinüber.

Sein Vater blinzelte ihm heimlich zu, bevor er den Neuankömmlingen die Hände schüttelte.

»Guten Tag, ich hatte mir schon gedacht, dass sie bald hier aufkreuzen würden. Nehmen sie ihn nicht zu sehr in die Mangel, er ist erst vor kurzem aufgewacht.«

»Selbstverständlich.«

Frau Warden schob sich an Arthur vorbei und musterte den Jungen aufmerksam.

»Du brauchst keine Angst haben, Rakin. Wir wurden von der Abteilung für innere Sicherheit geschickt. Es geht um den Vorfall, in den du und Finn verwickelt wart. Unser Ziel ist es, den Drahtzieher hinter den Seelenfresserangriffen dingfest zu machen. Jeder noch so kleine Hinweis könnte entscheidend sein.«

»Kein Problem, ich helfe gerne.«

Ra setzte sich im Bett auf, während seine Besucher sich Stühle zurechtrückten und Platz nahmen. Frau Warden räusperte sich.

»Gut, dann lass uns loslegen. Finn hat am Abend ihrer Rettung etwas von einem maskierten Unbekannten erzählt. Es gibt Indizien, dass er der Drahtzieher hinter den Seelenfresser-Angriffen sein könnte. Deshalb ist es wichtig, dass wir alle Details über ihn erfahren.«

»Ich verstehe«, sagte Ra, bevor er tief Luft holte und die ganze Geschichte, bis auf den Zwischenfall mit dem Feuer, ausführlich erzählte. Selbst den jungen Begleiter von Frau Warden ließ seine Erzählung nicht kalt.

»Das war echt mutig von dir, einem Seelenfresser in der Dunkelheit in die Wildnis zu folgen.« – »Ich würde es eher leichtsinnig nennen! Gott sei Dank ist nichts Schlimmeres passiert ...«, sprudelte es aus den beiden heraus. Frau Warden schüttelte fassungslos den Kopf.

»Woher wusstest du, wo sich Finn und ihr Entführer aufhielten? Und wie hast du es allein in der Dunkelheit bis dort hoch geschafft?«, wunderte sie sich. Rakins Augen suchten für einen Moment Hilfe bei Arthur, bevor er den Mund aufmachte.

»Finn hatte einen Peilsender dabei, über den Serafin sie orten konnte. Ich war im Krankenhaus bei ihm und habe mitbekommen, dass ihr Standort sich länger nicht mehr verändert hat. Der Rest war ein Klacks. Ich kenne mich gut aus in den Bergen«, log Ra, bevor er demonstrativ gähnte.

»Ich ... ich fühl mich total erledigt ...«

Frau Warden schob ihre Brille nach oben und lächelte ihm freundlich zu.

»Du scheinst noch nicht ganz auf der Höhe zu sein. Ich denke, wir lassen es fürs Erste gut sein. Vielen Dank für deine Hilfe. Ruh dich ein bisschen aus, Rakin.«

Herr Evers nickte zustimmend. »Gute Besserung.«

Danach verabschiedeten sie sich kurz angebunden und verließen den Raum. Ra sank erleichtert zurück in sein Kissen.

»Puh! Ich hatte Angst, sie würden Verdacht schöpfen!«

»Ach, du machst dir zu viele Gedanken«, entgegnete sein Vater. Rakin hatte ihnen weisgemacht, dass der maskierte Fremde durch das Umstoßen einer Kerze den lodernden Brand ausgelöst hatte. Arthur rieb sich den Nacken, bevor er sich streckte und seinen Platz verließ.

»Versuch ein bisschen zu schlafen, Ra. Ich muss einer Sache auf den Grund gehen, die mir keine Ruhe lässt. Spätestens heute Abend bin ich zurück.«

»Na gut, aber lass mich hier nicht zu lang hängen, okay? Ich hab noch tausend Fragen an dich.«

»Komm du zuerst wieder richtig zu Kräften. Bis später.«

Mit diesen Worten verließ ihn sein Vater.

UNTER ARREST

Finn lag zusammengerollt in ihrem Bett und fühlte sich vollkommen leer. Der kahle, kleine Raum ohne Fenster war noch so trostlos, wie an dem Tag, an dem sie hierher gebracht worden war. Sie fühlte sich schrecklich allein. Arthur war als einziges bekanntes Gesicht kurz nach dem Angriff zu Besuch gekommen, bevor er Hals über Kopf verschwunden und seitdem nicht mehr aufgetaucht war. Finn erinnerte sich nur verschwommen an das seltsame Gespräch. Seine letzte Warnung, nachdem sie ihm von ihrer Begegnung mit Zyon erzählt hatte, war ihr lebhaft in Erinnerung geblieben.

»... Hör mir jetzt genau zu, Finn! Niemand darf erfahren, was dein Entführer über dich und die Drachenbluterben gesagt hat, verstanden? Bekommen die Arkana Wind von der Sache, kommst du in Teufels Küche. Ich muss sofort los und ein paar Dinge überprüfen. Sobald ich mehr herausgefunden habe, besuche ich dich wieder!«

· · ·

Finn zog resigniert die Bettdecke über den Kopf. Sie hoffte, dass alles nur ein böser Alptraum war, aus dem sie bald erwachen würde, doch ein Ende schien nicht in Sicht. Wie flüssiges Gift tropften Erinnerungsfetzen von Zyons letzten Worten aus ihrem Unterbewusstsein. Sie deckten sich auf erschreckende Weise mit Arthurs Anweisungen.

»Egal was auch passiert - erzähl niemandem, dass Drachenblut in deinen Adern fließt. Solltest du in die Hände der dunklen Arkana fallen, werden sie dich für ihre Zwecke missbrauchen. Zuerst trennen sie dich von deiner Familie, um dich dann ungehindert manipulieren zu können...«

Warum hatte Arthur fast dieselben Worte wie ihr Entführer benutzt? Sie schnappte nach Luft und versuchte verzweifelt eine logische Erklärung zu finden, doch Zweifel und Verunsicherung blockierten ihr rationales Denken. Die Umrisse ihrer Eltern tauchten vor ihrem inneren Auge auf und verschwammen allmählich zu dunklen Schemen. Schluchzend drehte sich Finn auf den Rücken und vergrub das Gesicht unter den Armen.

»Ich ... Ich bin an allem schuld ...!«

Verzweiflung und Selbstvorwürfe überschwemmten jede Faser ihres Körpers.

Während sie immer tiefer in ihrer Depression versank, begann sie unkontrolliert zu zittern. Unter ihrer Bettdecke bahnte sich eine kleine blaugrüne Schnauze einen Weg nach draußen. Finn hielt blinzelnd inne. Ein winziger Drache beäugte sie mit besorgten Blicken und schob sich direkt vor ihr Gesicht aufs Kopfkissen. Dort starrte er in ihre verheulten braunen Augen und wippte rhythmisch mit dem Kopf. Finn wusste nicht, ob sie lachen oder weinen sollte und holte schluchzend Luft, während sie ihren schuppigen Freund mit zittrigen Fingern streichelte. Sie hatte keine Idee, wann Zyons Flohdrache beschlossen hatte, den Besitzer zu wechseln. Vermutlich war er im Flammenchaos, am Abend ihrer Entführung, klangheimlich von seinem Vorbesitzer geflüchtet und hatte sich unbemerkt in ihrer dünnen Sommerjacke eingenistet. Erst als Finn im Hauptquartier erwachte, war das raffinierte kleine Reptil aus ihrer Jackentasche aufgetaucht. Seitdem versteckte er sich häufig im Ärmel ihres Pullovers. Anfänglich hatte sie sich noch vor ihm gefürchtet, doch inzwischen war sie vollkommen in ihn vernarrt.

»Hallo, kleiner Kumpel, hast du gut geschlafen? Ich reiß mich ja schon zusammen. Geht´s dir gut?«

Wieder dieses lustige Nicken. Finn versuchte zu lächeln. Sie holte Schinken aus ihrer Nachttischschublade, den sie dort heimlich vom Frühstück hortete und machte kleine Stücke daraus. Mit großen Augen und gerecktem Kinn fixierte Aoi das begehrte Futter in ihren Händen und rollte sein filigranes Schwänzchen zu einem Kringel ein. Vorsichtig fütterte sie ihn mit mundgerechten Häppchen, die er wie ein gieriges Krokodil verspeiste.

»Wenn die wüssten, dass ich hier einen Drachen verstecke, würden sie dich mir garantiert wegnehmen«, seufzte Finn.

Aoi legte den Kopf schief und wirkte für einen Moment, als würde er verstehen, was sie sagte. Einen Augenblick später kuschelte er sich an ihren Hals, wo er sich zufrieden für ein Schläfchen zusammenrollte. Finn wusste nicht, was sie ohne ihn tun würde. Dank Aoi fühlte sie sich nicht so verlassen und allein in diesem dunklen Zimmer. Plötzlich spitzte sie die Ohren, als sich gedämpfte Schritte ihrer Tür näherten.

Schnell steckte sie Aoi zurück in den Ärmel ihres Pullovers und sog scharf die Luft ein.

»Du musst jetzt ganz leise sein, Aoi, hast du gehört?«, flüsterte sie in Richtung der kleinen Ausbeulung unter ihrer Kleidung. Höchstwahrscheinlich verstand er kein Wort von dem, was sie sagte, doch es beruhigte sie, mit ihm zu reden. Hastig zog sie ihre Decke hoch bis zu den Schultern, für den Fall, dass ihr schuppiger Freund herum zappelte. Nur wenige Sekunden später klopfte es an der Tür.

Da war sie wieder – diese grässliche Frau mit ihrem Anhängsel. Demonstrativ drehte Finn ihnen den Rücken zu.

»Hallo Finn, wie geht´s dir heute?«, wurde sie von ihr begrüßt. Sie spürte die Ungeduld unter der oberflächlich freundlichen Begrüßung.

»Beschissen ...«, antwortete Finn monoton. Sie machte sich nicht die Mühe, Höflichkeit zu heucheln. Ihre Besucherin seufzte und strich sich eine dunkelblonde Strähne hinters Ohr, die sich aus ihrem strengen Dutt gelöst hatte.

»Komm schon, wir beide hatten einen etwas holprigen Start, aber ich werde es wieder gut machen, versprochen.«

»Ich will aber nicht mit Ihnen reden! Lassen sie mich in Ruhe!«

Frau Warden schnappte kaum hörbar nach Luft und verschränkte die Arme vor der Brust.

»Das würde ich ja gern, aber wir brauchen deine Kooperation, um den Kerl zu fassen, der dich entführen wollte.«

»Ich habe Ihnen bereits alles gesagt, was ich weiß.«

»Bist du sicher? Einer der Männer, der an diesem Abend bei deiner Rettung dabei war, sagte aus, du hättest auf der Fahrt ins Hauptquartier von Drachenbluterben und einem abtrünnigen Arkana gesprochen.«

»Ich ... keine Ahnung - vielleicht hab ich ja halluziniert wegen der Rauchvergiftung!«

»Bitte Finn! Das ist verdammt wichtig! Deine Aussage könnte einen entscheidenden Hinweis auf den Schöpfer der Seelenfresser liefern. Durch seine Ergreifung wären wir in der Lage, viele Menschenleben zu retten.«

Finns Magen verkrampfte sich schmerzhaft, als Frau Wardens Geduld am Ende war.

»Komm schon, inzwischen haben wir alle kapiert, dass du uns etwas verschweigst. Hat dein Entführer dich erpresst, dass du den Mund hältst? Oder war es Arthur?«

»Halten Sie Arthur da raus! Was wissen Sie denn schon?« Finns Stimme begann zu bröckeln.

»Es ... es ist alles meine Schuld ...!« Sie schlug die Hände vors

Gesicht und weinte, dass ihr gesamter Körper zitterte. Für einen Augenblick herrschte Stille im Raum, der nur von ihren Schluchzern durchbrochen wurde. Frau Warden kramte seufzend in ihrer Tasche, bevor sie ihr eine Packung Taschentücher reichte.

»Hier nimm. Tiiiieef durchatmen. Du hast keine Schuld am Tod deiner Eltern. Selbst wenn du an diesem Abend zuhause geblieben wärst, hättest du das Unglück nicht verhindern können.«

»Ach nein?«, platzte es verzweifelt aus Finn heraus. Sie biss hart die Zähne zusammen und versuchte, die bitteren Worte daran zu hindern, einen Weg aus ihrem Kopf in die Freiheit zu finden – vergebens.

»Wäre ich nicht davongelaufen, wäre Serafin zum Zeitpunkt des Angriffs da gewesen. Er hätte meine Familie beschützen können!«

»Ach Kleines, manche Dinge passieren einfach und man kann nichts dagegen tun. Egal wie sehr du dir Vorwürfe machst, die Schuld bei dir oder anderen suchst, am Ende hilft dir nur die Zeit über alles hinweg. Psychologische Begleitung und das Aussprechen deiner Gefühle können helfen, Wut und Trauer zu verarbeiten. Wenn du schon nicht mit mir sprechen willst, gib wenigstens unserer Psychologin eine Chance an dich ranzukommen.«

Finn zog demonstrativ die Decke über den Kopf, als versuchte sie, die ganze Welt auszusperren.

»Finn, bitte rede mit uns! Lass uns zumindest die Sache mit Arthur besprechen. Wir haben dein Umfeld überprüft. Es liegt auf der Hand, dass er derjenige war, der Informationen über die Arkana an dich weitergegeben hat.«

»Noch einmal fall ich nicht auf Ihre Psychotricks rein! Ich hab doch schon gesagt, dass er nichts verraten hat«, piepste Finn unter der Decke.

Frau Warden verschränkte die Arme vor der Brust und presste ihre Lippen zu einer schmalen Linie zusammen.

»Und wer war es dann? Hör zu, wenn du nicht kooperierst, müssen wir–«

Ihr Begleiter räusperte sich lautstark und unterbrach sie mitten im Satz.

»Elena, hör auf damit. Das bringt doch nichts. Sie braucht noch ein bisschen Zeit.«

Seine Begleiterin schüttelte niedergeschlagen den Kopf.

»Die Führungsebene sitzt uns im Nacken! Die wollen endlich Ergebnisse sehen, schon vergessen?«

»Ich weiß, aber in diesem Zustand ist eine Befragung schlichtweg unmöglich.« Er blickte auf die schluchzenden Umrisse unter der Decke. Seine Begleiterin verdrehte die Augen und erhob sich seufzend von ihrem Stuhl.

»Na schön Finn, du hast fürs Erste gewonnen. Aber wir kommen wieder.«

Zusammen machten sie auf dem Absatz kehrt.

»... Im Moment haben wir genug Indizien, um Arthur zumindest vorläufig in Gewahrsam zu nehmen. Bin mal gespannt, wie er sich diesmal herauswindet ...«

Finn zuckte zusammen, als die Tür ins Schloss fiel und die drückende Stille zurückkehrte.

»Was soll das? Wie können Sie es wagen, mir Handfesseln anzulegen?«

»Das ist das Zentralarchiv des Hauptquartiers. Zutritt haben nur ausgewählte Leute mit Sondergenehmigung ... Und ich bin ziemlich sicher, dass Sie nicht mehr dazugehören, Kamon!«

»Das ... das habe ich nicht gewusst!«

»Machen Sie sich nicht lächerlich! Sie haben unsere Sekretärin ausgetrickst, um heimlich an den Schlüssel zu gelangen. Denken Sie, ich kann nicht bis zwei zählen?«

»Ach kommen Sie schon, Evers. Sie schulden mir noch einen Gefallen.« Arthur bedachte ihn mit flehenden Blicken, doch es nützte nichts. Der junge Arkana seufzte.

»So funktioniert das hier nicht mehr Kamon! Es besteht zu allem Übel der Verdacht, dass Sie geheime Details über die Arkana an Finn verraten haben. Das Mädchen ist eine komplett Außenstehende. Das ist ein massiver Verstoß gegen den Geheimhaltungscodex! Sie wissen, was das bedeutet. Kommen Sie mit, ich habe den Befehl, Sie vorläufig unter Arrest zu setzen, bis wir den Sachverhalt genau untersucht haben.«

»Das ist nicht Ihr Ernst? Was hätte ich denn tun sollen? Das Mädchen war vollkommen verängstigt und wusste nicht, an wen sie sich wenden konnte! Ich habe ihr nur gesagt, dass es eine Organisation gibt, die die Seelenfresser bekämpft. Weiter nichts!«

»Sparen Sie sich ihre Argumente für den Hohen Rat. Ob Sie die Wahrheit sagen, werden wir spätestens bei einem kleinen Gläschen Wahrheitsserum herausfinden. Sie weiß ohnehin schon zu viel. Eine Schande, dass sie keine Angehörigen bei den Arkana hat. Wenn sie eine Nachfolgerin wäre, könnten wir über alles hinwegsehen. Aber so wie es aussieht, bleibt uns nur das Unvermeidliche übrig.«

»Was meinen Sie damit?«

»Ach kommen Sie, Kamon. Als ehemaliges Mitglied des Hohen Rates kennen Sie doch das Prozedere.«

Arthur schnappte empört nach Luft.

»Das könnt ihr nicht machen! Sie ist fast noch ein Kind und kann nichts dafür, dass sie in diese Sache hineingeraten ist!«

Herr Evers seufzte.

»Hören Sie zu, Kamon, mir ist bewusst, dass es von Ihrem Standpunkt aus nicht fair ist, aber so sind nun einmal unsere Regeln. Wir können das Mädchen nicht frei herumlaufen lassen, solange sie zu viel weiß. Bitte folgen Sie mir und veranstalten sie hier kein Theater. Sie werden vor dem Hohen Rat die Möglichkeit haben, ihre Beweggründe darzulegen.«

Arthur ballte die Hände zu Fäusten, bevor er sich eines Besseren besann und sich seinem Schicksal ergab. Widerstand oder gar ein Fluchtversuch, hatten keinen Zweck, solange er sich mitten im Hauptquartier der Arkana befand. Wenn Evers ihn nicht einbuchtete, dann sicher irgendjemand anderes. Deprimiert ließ er die Schultern hängen und folgte ihm in die unteren Geschosse des verwinkelten Gebäudekomplexes. Im Zellentrakt waren bereits ein paar Kammern besetzt. Die Insassen wirkten allesamt niedergeschlagen und demoralisiert, genau wie er selbst, stellte Arthur schnell fest.

»Da wären wir.« Der junge Arkana hielt ihm eine der dicken Stahlgittertüren auf und deutete auf das Innere der Zelle.

Missmutig trat Arthur hinein, bevor hinter ihm die Tür ins Schloss fiel.

»Ich muss Ihnen noch die Fesseln abnehmen«, erklärte Evers und bedeutete ihm, ans Gitter zu kommen.

Wortkarg streckte Arthur seine Hände durch die kalten Metallstreben, wo sein junger Kollege bereits mit einem Schlüssel auf ihn wartete. Mit einem »Klick« sprangen die Handschellen auf.

»Wie lange plant ihr, mich hier gefangenzuhalten? Und was passiert mit meinem Sohn, wenn er aus dem Hauptquartier entlassen wird?«, fragte Arthur hastig, bevor er verschwinden konnte.

»Lassen Sie das unsere Sorge sein«, entgegnete Evers einsilbig und wandte sich ab. Das hallende Geräusch seiner Schritte wurde immer leiser, je weiter er sich entfernte. Wütend klammerte sich Arthur an den kühlen Gitterstäben fest und lehnte seine vernarbte Wange gegen den kalten Stahl. Er hatte endlich ein wenig aufatmen können, nachdem die Arkana Finn und Ra vor ein paar Tagen lebend gerettet hatten, und nun das! Nervös raufte er sich durch seine dichten, grauen Haare und zermarterte sich den Kopf darüber, was er tun konnte, um zu verhindern, was die Arkana mit Finn vorhatten. In den Tiefen seines Bewusstseins flüsterte ihm eine leise Stimme zu: »... Du kennst die Antwort ...« Seufzend rutschte er mit dem Rücken am kalten Gitter hinab. Er hatte sein Geheimnis all die Jahre verdrängt und beim Verschwinden seiner Tochter geschworen, es für immer zu bewahren. Wollte er wirklich den Preis dafür bezahlen und Finn diese schwere Last aufbürden? Er wusste es nicht und vergrub verzweifelt sein Gesicht zwischen den Händen.

GUTE RATSCHLÄGE

Ra wartete vergeblich auf Arthur. Es kam ihm vor, als wären seit ihrem Gespräch viele Stunden vergangen. Aus Langeweile wälzte er sich unruhig hin und her und zappte durch die Kanäle des alten Röhrenfernsehers. Bei einem Nachrichtensender blieb er schließlich hängen.

»… hat sich die mysteriöse Mordserie innerhalb kürzester Zeit fast auf den gesamten süddeutschen Raum ausgeweitet. Auf der Nachtaufnahme einer Parkhaus-Kamera, die den Mord an einem der jüngsten Opfer dokumentiert hat, ist deutlich ein unheimliches Wesen erkennbar, bei dem sich die derzeitigen Ermittler noch nicht sicher sind, um was es sich handelt …«

Rakin hielt für einen Moment die Luft an, als die schlechten Aufnahmen eines eher kleinen Seelenfressers über den Bildschirm flimmerten. Jetzt war es also passiert, dass die Öffentlichkeit Wind von den schrecklichen Monstern bekommen hatte. Er rückte gerade sein Kissen zurecht, als es an seiner Zimmertür klopfte. In freudiger Erwartung, dass sein Vater mit Neuigkeiten aufkreuzen würde, rappelte sich der Junge hoch. Leider war es nur Frau Lys, die ihm das Essen brachte.

»Hallo Ra, du hast sicher Hunger«, begrüßte sie ihn freundlich.

»Ist etwa schon Zeit fürs Abendessen?«, fragte er verunsichert.

Sie nickte.

»Wundert mich nicht, wenn du kein Zeitgefühl hast. Diese schmalen Schachtfenster lassen kaum Licht herein. Aber bald kommst du hier raus.«

»Was für ein Knastessen gibt´s denn zum Abendbrot?«, scherzte Ra halbherzig, während die Nachrichtensprecherin im Fernsehen weitere Details zum Tathergang erläuterte.

Maria stellte das Tablett auf seinem Nachttisch ab.

»Gulasch mit Nudeln und Salat. Ich hoffe, du magst das.«

Ra nickte eifrig.

»Ich liebe Gulasch! ... Würde nur gern wissen, wo sich mein Vater so lange rumtreibt ... Sie haben ihn nicht zufällig irgendwo gesehen?«

Frau Lys Augenbrauen zuckten kurz nach oben, bevor sie ihre Emotionen geschickt hinter einem Lächeln versteckte.

»Vielleicht wurde er aufgehalten. Mach dir keine Sorgen.«

Ra beobachtete sie misstrauisch aus den Augenwinkeln, während er das Essen gierig in sich hineinschaufelte. Er hatte einen sechsten Sinn dafür, wenn man ihn anlog. »Ist Serafin auch hier untergebracht? Falls ja, kann ich ihn nach dem Abendbrot besuchen?«

Frau Lys legte nachdenklich den Kopf schief, bevor sie nickte.

»Du bist ein Arkana Anwärter, dann sollte es schon in Ordnung gehen. Ich frage ihn nur kurz, ob er Besuch will.«

Sie huschte aus dem Zimmer und ließ ihn einen Moment allein. Ra schlang gerade den letzten Bissen seines Essens hinunter, als sie zurückkam.

»Da bin ich wieder! Serafin freut sich auf dich. Du kannst gern zu ihm rüber,ich zeige dir den Weg.« Sie räumte seine Teller ab und deutete ihm an, ihr zu folgen.

Vorsichtig ließ sich Ra aus dem Bett gleiten, schlüpfte in seine Schuhe und stolperte ihr etwas wacklig auf den Beinen hinterher. Nachdem sie sein Zimmer hinter sich gelassen hatten, ging es ein paar Meter den Gang entlang, bis Frau Lys zielstrebig eine Tür auf der rechten Seite ansteuerte. Sie klopfte kurz und steckte dann ihren Kopf ins Zimmer.

»Rakin ist da.«

»Vielen Dank, schicken sie ihn zu mir rein.«

Frau Lys wandte sich an den Jungen, bevor sie ihm den Vortritt ließ. »Bitte sag Bescheid, wenn du wieder in dein Zimmer willst. Du solltest nicht ohne Begleitung hier auf dem Gang gesehen werden.«

»Ja mache ich.«

Ra stürmte an ihr vorbei, direkt ans Bett seines Freundes.

»Serafin! Geht es dir gut?«, rief er aufgedreht.

»Hey, Ra! Schön, dich so putzmunter zu sehen. Hab gehört, du bist heute erst aus deinem Dornröschenschlaf erwacht«, triezte Serafin den Jungen gleich zur Begrüßung.

»Ha-ha, sehr witzig! Sagt ausgerechnet die lebende Mumie«, stichelte Ra zurück und zeigte mit dem Zeigefinger direkt auf Serafins dick einbandagierte Brust und sein wie üblich bis zur Hälfte von einer schwarzen Stoffmaske verdecktes Gesicht.

»Pass bloß auf, der lebenden Mumie geht es schon wieder ziemlich gut! Dir komm ich noch hinterher!«, entgegnete er scherzhaft, bevor er allmählich ernst wurde.

»Spaß bei Seite, du hast uns einen echten Schrecken eingejagt, weißt du das, Ra?« Er seufzte und schraubte die Lautstärke seiner Stimme zu einem Flüstern herunter.

»Hat Arthur es dir schon erzählt?«

»Was erzählt?«, fragte Ra irritiert.

»Schhhhh, nicht so laut! Wer weiß, ob die Tante vor der Tür uns heimlich belauscht«, zischte Serafin und bedeutete ihm, etwas leiser zu reden.

»Okay, was hätte mir Arthur erzählen sollen?«, flüsterte Ra zurück.

»Na die Sache mit dem Manipura ... du weißt schon, das leuchtende Ding, das du vor drei Tagen in der Asche des Seelenfressers gefunden hast.«

»Ja, Arthur hat mir alles erklärt. Er sagte, ich sollte den Vorfall um jeden Preis geheim halten, um keine schlafenden Hunde zu wecken.

Außerdem meinte er, du könntest mir mehr über die Manipura und ihre Kräfte erzählen«, krächzte er heiser.

Serafin nickte.

»Wie ich mitbekommen habe, hast du das halbe Schachenschloss abgefackelt, daher brauche ich nicht weiter zu fragen, was für eine Fähigkeit du erhalten hast. – Oh Mann ich fass es nicht, mein kleiner Ersatzbruder ist ein waschechter Maniyokai! Kannst du mir dein Feuer zeigen?«

Ra stutzte und ließ sich deprimiert auf einen Stuhl neben Serafins Bett fallen.

»Nein lieber nicht ... Arthur meinte, dass ich hier womöglich irgendwas anzünde, wenn ich nicht vorsichtig bin. Ich kann meine Kräfte noch nicht richtig kontrollieren. Aber mit ein bisschen Training sollte ich das hinkriegen. Du bekommst eine Feuershow, sobald wir hier rauskommen - versprochen!«

Serafin nickte breit grinsend und zerzauste ihm sein in alle Richtungen abstehendes Haar. »Ich kann´s kaum erwarten! Aber jetzt erzähl doch mal die ganze Geschichte. Ich war ja leider nach dem Kampf mit dem Seelenfresser keine große Hilfe mehr und musste im Hospital bleiben.«

»Puh ... Wo soll ich anfangen?«

»Wie wär´s an der Stelle, als du aus dem Krankenhaus geflüchtet bist?«, schlug Serafin vor.

»Na gut ...« Ra holte tief Luft und schilderte sein Erlebnis vor drei Tagen in allen Details. Seine Stimme bebte vor Aufregung. Schließlich beendete er seine Geschichte an der Stelle, an der sein Vater ihm beim Löschen des Feuers zu Hilfe gekommen war.

»... Ein Glück, dass Arthur gerade noch rechtzeitig mit einer Gruppe Arkana am Ort des Geschehens eintraf. Wir beide blieben allein zurück, um das Feuer mit Hilfe meiner Kräfte zu löschen, während die Anderen Finn aus dem Gebäude brachten. Die Aktion hat den Rest meiner Energiereserven verschlungen.«

Ra ließ ächzend den Kopf in den Nacken fallen.

Sein Freund zog staunend die Augenbrauen nach oben.

»Schon heftig, wie viel Energie deine Elementarkraft verbraucht.«
Rakin starrte Serafin mit großen Augen an.

»Arthur hat was davon gefaselt, dass man seinen Energieverbrauch durch gezieltes Training verringern kann. Ist das wahr?«

Sein Freund nickte zögernd.

»Ja, aber das ist gar nicht so einfach. Versprich mir, extrem vorsichtig zu sein, wenn du mit deiner Elementarkraft experimentierst. Such dir am besten ein abgelegenes Trainingsgelände, möglichst weit weg von Häusern oder leicht brennbaren Dingen. Außerdem solltest du zu Beginn niemals deine volle Kraft einsetzen, solange du nicht den Hauch einer Ahnung hast, wozu du überhaupt fähig bist. Die meisten Maniyokais in den Reihen der Arkana fangen beim Training mit Regulationsübungen an, denn es fällt Anfängern oft schwer, ihre Kräfte gezielt einzusetzen. Die Kunst der Beherrschung liegt jedoch darin, beispielsweise eine simple Kerze anzuzünden, ohne sie gleich in die Luft zu jagen. Wenn du das schaffst, kannst du die nächste Herausforderung angehen und versuchen, zwei Kerzen gleichzeitig mit kleinen Feuerbällen zu entzünden. Dabei musst du deine Konzentration auf mehrere Objekte aufteilen, was dir am Anfang sicher schwerfallen wird. Wenn das klappt, erhöhe die Anzahl der Kerzen und stelle sie in größeren Abständen auseinander. Glaub mir, das ist nicht so einfach, wie es sich anhört.«

»Und wann kommen die coolen Sachen, wie Explosionen und große Feuerbälle?«, fragte Rakin fast ein bisschen enttäuscht.

»Damit solltest du dich erst befassen, wenn du ein Gefühl für deine Kräfte entwickelt hast und das Anzünden von mindestens drei Kerzen gleichzeitig beherrschst. Ansonsten kann ich dir prophezeien, dass du früher oder später irgendein Gebäude ungewollt in Brand setzt«, erklärte Serafin mit angespannten Gesichtszügen.

»Also nimm diese Sache nicht auf die leichte Schulter, Ra! Versprich mir, in jeder freien Minute zu üben. Aber lass dich nicht erwischen und mach keinen Scheiß.«

»Ja-ja! Glaubst du echt, ich jage mit Absicht irgendwas hoch, oder was?«

»Ich habe Bauchschmerzen, wenn ich an dein hitziges Temperament denke«, entgegnete Serafin trocken.

»Na vielen Dank auch für dein Vertrauen«, schmollte Rakin mit vor der Brust verschränkten Armen.

»Hey, komm schon! Du weißt genau, was ich meine. Du musst in Zukunft wirklich achtgeben, deine Gefühle unter Kontrolle zu halten, sonst könnte die Feuerkraft Besitz von dir ergreifen und unkontrolliert ausbrechen.«

Ra blinzelte.

»Wie ... Wie meinst du das?«

»Na so, wie ich es eben gesagt habe. Versuch immer, so cool wie möglich zu bleiben und lass dich nicht provozieren - besonders in der Schule, okay?«

Rakin raufte sich zerknirscht sein dunkelbraunes Haar.

»Ich hoffe, ich krieg´ das hin«, stöhnte er mit hängenden Schultern. Serafin boxte ihn aufmunternd in den Oberarm.

»Du schaffst das! - Du MUSST es einfach schaffen«, fügte er mit Nachdruck hinzu.

Ra seufzte.

»Ich werde mir größte Mühe geben, versprochen.«

Freundschaftlich zerzauste Serafin ihm das Haar.

»Mach nicht so ein Gesicht. Das wird schon werden. In ein bis zwei Wochen bin ich hier wieder draußen und dann trainieren wir jeden Tag, okay? Bis dahin musst du mit Arthur klarkommen. Ich hoffe nur, ihr beiden schlagt euch in der Zwischenzeit nicht die Köpfe ein.«

»Das hoffe ich auch.«

Ra hielt kurz inne und kaute gedankenverloren an seinem Daumennagel.

»Apropos Arthur. Du weißt nicht zufällig, wo er sich gerade herumtreibt? Er hat mich seit heute Mittag hängen lassen.«

»Nein, woher denn?«

»Ich dachte, vielleicht war er ja bei dir und hat irgendwelche Details fallen lassen.«

»Leider nein«, gestand Serafin. »Aber er wird sicher bald wieder auftauchen. Weit kann er ja nicht sein.«

»Hoffentlich hast du recht. Ich hab ein komisches Bauchgefühl. Er wollte irgendetwas herausfinden und versprach, bald wieder zurück zu sein. Inzwischen ist es Abend und ich habe immer noch nichts von ihm gehört.«

Serafin kratzte sich nachdenklich am Kinn.

»Hmmm wenn mich nicht alles täuscht, sollte heute eine Befragung von Finn stattfinden. Möglicherweise ist er deswegen noch nicht zurück.«

»Wie meinst du das?«

»Naja, es liegt nahe, dass man ihn hinzugezogen hat. Schließlich war er ja wie ihr an der Sache beteiligt. Aber das ist nur so ein Gedanke«, versuchte Serafin den Jungen zu beschwichtigen.

Ra nickte.

»Hoffen wir, dass du Recht hast«.

»Mach dir keine Sorgen. Wenn du magst, kann ich versuchen, mich ein wenig bei meinen Kollegen umzuhören«, erklärte Serafin mit Blick auf sein Handy.

»Ich geb dir Bescheid, sobald ich Genaueres weiß. In der Zwischenzeit kannst du das hier auf deinem Zimmer durchlesen.«

Er reichte ihm ein dünnes, abgegriffenes Notizbuch.

Ra betrachtete es neugierig.

»Was ist das?«

»Trainingstipps für Anfänger von einem mir bekannten Maniyokai. Du wirst es gebrauchen können.«

»Krass! Du bist echt genial!«

»Ich weiß. Lass dich lieber nicht von meinen Kollegen damit erwischen, wenn du keinen Verdacht erregen willst. Und nun zurück ins Bett mit dir. Du siehst immer noch aus, wie ein Schluck Wasser in der Kurve.«

Serafin drückte den Klingelknopf auf seinem Nachttisch. Binnen weniger Minuten klopfte es an der Tür und Frau Lys streckte ihren Kopf durch den Türspalt.

»Soll ich den Jungen zurück auf sein Zimmer bringen?«, fragte sie.

»Ja, bitte.«

»Bis später, Ra!«, verabschiedete sich Serafin.

Ra verharrte kurz im Türrahmen.

»Vergiss nicht, dich bei mir zu melden!«, erinnerte er ihn, bevor die Tür hinter ihm ins Schloss fiel.

ZELLENGEFLÜSTER

Arthur saß zusammengesunken in seiner Zelle und wusste nicht weiter. Seine Hände zitterten und sein Magen krampfte, als wolle er sich gleich erbrechen. Die kommenden Tage würden der blanke Horror werden. Hier gab es nichts für ihn zu tun. Er konnte nur mutmaßen, wann die Arkana Finn mit dem Wahrheitsserum befragten. Von da an war es nur eine Frage der Zeit, bis ihm richtig Ärger drohte. Von weitem näherkommende Schritte und Stimmen auf dem Gang unterbrachen seinen zermürbenden Gedankenzirkel.

»... er ist dort hinten links in der letzten Zelle untergebracht. Klopfen Sie vorn an der Tür, wenn Sie aus dem Zellentrakt wieder raus wollen, aber bleiben Sie nicht zu lange ...«

Überrascht rappelte sich Arthur auf und blickte erwartungsvoll zur vergitterten Tür hinüber. Zu seinem Erstaunen entdeckte er bald Serafin, der sich eine Fleecejacke über seine mit Verbänden eingehüllte Brust gezogen hatte. Er ging gekrümmt. Arthur konnte ihm ansehen, dass jeder Schritt ihm Schmerzen bereitete, doch das hatte ihn offenbar nicht davon abgehalten, ihn in diesem dunklen Loch zu besuchen.

»Arthur, Grundgütiger! Was ist passiert?! Warum hat man dich hier eingesperrt?«, sprudelte es fassungslos aus ihm heraus.

»Ra hat dich vermisst und als ich bei meinen Kollegen herumtelefoniert habe, sagte man mir, du wirst des Verrats verdächtigt!«

Arthur seufzte.

»Das ist eine lange Geschichte.« Es dauerte eine Weile, bis er Serafin erklären konnte, was zu seiner Einkerkerung geführt hatte. Schwermütig ließ er den Kopf hängen.

»Zugegeben – die Sache mit dem Einbruch ins Zentralarchiv war eine Scheißidee, aber ich musste sichergehen, dass ich mich nicht geirrt habe ... Und Finn kann ich keinen Vorwurf machen. Sie hat vermutlich nur am Rande erwähnt, dass ich ihr von der Existenz der Arkana erzählt habe. Aber auf so eine Gelegenheit haben die Typen vom Hohen Rat nur gewartet. Wahrscheinlich reiben sie sich gerade die Hände, dass sie mich endlich fertig machen können. Sie haben angekündigt, Wahrheitsserum bei Finn einzusetzen, dann bin ich geliefert! Auf Brechen der Geheimhaltungspflicht stehen hohe Strafen. Nicht umsonst habe ich euch ständig in den Ohren gelegen, dass ihr beim Thema Geheimhaltung vorsichtig sein müsst.«

Sein Gegenüber schnappte nach Luft und ließ den Kopf in den Nacken fallen.

»Verdammt! Ich dachte, das Zeug wird nur bei Schwerverbrechern eingesetzt?«

Arthur zuckte hilflos mit den Schultern.

»Offenbar machen sie bei Finn eine Ausnahme. Ich fürchte, sie haben die Lunte gerochen und gemerkt, dass sie ein paar Details ihrer Entführung verschweigt, woran ich nicht ganz unschuldig bin. Laut deinen Arkana-Kollegen gibt es Hinweise, dass Finns Kidnapper der Schöpfer der Seelenfresser sein könnte. Daher wollen sie verständlicherweise um jeden Preis an alle Informationen kommen, denen sie nur habhaft werden können. Allerdings haben die Dinge, über die Finn schweigt, mit ihrer persönlichen Sicherheit zu tun. Daher habe ich ihr geraten, tunlichst den Mund zu halten.«

»Tut mir leid, ich kapier das alles nicht. Warum sollte sie in Gefahr sein? Bei uns ist sie vollkommen sicher. Und überhaupt! Wie kommst du dazu, ihr zu raten, den Ermittlern wichtige Dinge zu verschweigen?«

Serafin hatte empört die Hände in die Hüften gestützt.

»Wegen dieser bescheuerten Sache, wollen sie also das Wahrheitsserum bei ihr einsetzen. Dann werden sie auch erfahren, dass ich meinen Codex gebrochen und unerlaubt mit ihr Kontakt aufgenommen habe ... Ich war sogar bei ihr in der Wohnung!«

Serafin klatschte sich die Handflächen ins Gesicht, als er allmählich den Ernst der Lage begriff. Seine Züge erinnerten für einen Moment an das Gemälde „der Schrei" von Edvard Munch.

»So eine Scheiße! Sobald sie Finn das Zeug verabreichen, bin ich höchstwahrscheinlich meinen Job los. Shit-Shit-Shit-Shit-Shit...!«

»Na toll, du bist also auch geliefert?«, fragte Arthur spitz.

»Nicht so laut! Die werden noch früh genug rauskriegen, dass ich gegen die Regeln verstoßen habe!«, zischte Serafin gereizt, während er sich fahrig sein strohblondes Haar raufte.

»Scheiße! Was machen wir jetzt?«

Arthur schüttelte mühsam beherrscht den Kopf.

»Was glaubst du, was sie mit dir anstellen, wenn das rauskommt?«

Serafin drückte seine Stirn ans kalte Gitter.

»Keine Ahnung! Entweder werden sie mich feuern oder irgendwo an den Arsch der Welt strafversetzen, sobald mein guter Ruf ruiniert ist«, knurrte er verbittert.

»Teamleader, adieu!«

Arthur atmete einmal tief durch und versuchte vergeblich, das Zittern seiner Hände zu verbergen.

»Ruhe bewahren. Was wir jetzt dringend brauchen, ist ein Plan. Das Schlimmste an der Sache kommt nämlich erst noch.«

Er zog seinen jungen Besucher näher zu sich ans Gitter, wo er ihm hastig etwas ins Ohr flüsterte.

»WAS?«, überschlug sich Serafins Stimme.

»Das wollen sie ihr antun?!« Er fluchte und massierte sich ratlos die Schläfen.

»Was machen wir denn jetzt? Hast du irgendeine grandiose Idee, wie wir aus der Nummer wieder heil raus kommen?«, fragte er ironisch. Er erwartete keine Antwort.

Arthur schloss verzweifelt die Augen und brummte etwas Unverständliches in sich hinein, bevor er Serafin erneut zu sich heranwinkte.

»Ich hasse mich dafür, dass ich das tue, aber ich fürchte, mir bleibt keine Wahl. Serafin, ich brauche deine Hilfe ...«

Sein junger Freund runzelte die Stirn und schüttelte den Kopf.

»Kannst du ein bisschen präziser sein?«

Arthur fixierte ihn mit eindringlichen Blicken.

»Hör zu, du musst handeln, bevor sie Finn das Wahrheitsserum verabreichen, sonst sitzt du vielleicht schneller neben mir in der Zelle, als dir lieb ist.«

»Okay ... Und was soll ich tun?«

Arthur rückte noch ein wenig näher an das kalte Metallgitter seiner Tür, bevor er ihm erneut etwas ins Ohr flüsterte. Serafins Augen weiteten sich vor Überraschung.

»Verdammt, wie stellst du dir das vor?«, wandte er zerknirscht ein.

»Weißt du, was hier los ist, wenn mich jemand erwischt?«

Arthur klopfte ihm auf die Schulter.

»Ich denke, in Anbetracht des Verlustes deiner Karriere und Finns Gedächtnisses, ist das unser kleinstes Problem. Du wirst das schon irgendwie hinkriegen ... Und jetzt beeil dich!«

ALARM!

Finn blinzelte. Es musste noch früh am Morgen sein. Sie wälzte sich herum und konnte nicht mehr schlafen. Ihr leerer Blick wanderte zum Lichtschacht, durch den spärliches Morgenlicht zu ihr ins Zimmer fiel. Wie lange war sie nun schon hier eingeschlossen? Sie zählte die Tage in ihren Gedanken, die in ihrer Erinnerung wie graue Nebelschleier an ihr vorbeizogen. Heute musste der vierte Tag sein, den sie isoliert wie eine Gefangene im Hauptquartier der Arkana verbrachte. Resigniert wälzte sie sich auf die Seite und zog ihre Knie zur Brust. Die Einsamkeit breitete sich wie Betäubungsmittel in ihrem Körper aus und raubte ihr für einen Moment den Atem. Finn holte tief Luft und zwang sich, aus ihrem depressiven Gedankenkarussell auszubrechen. Ihre Finger suchten nach Aoi, der sich zum Schlafen stets rechts neben ihrem Kopfkissen zusammenrollte. Doch heute war sein Plätzchen leer. Sie rieb sich ihre geröteten Augen und schaute auf der anderen Seite ihres Kissens, aber auch hier war keine Spur von ihm. Verwirrt schlug Finn die Bettdecke zurück, doch Aoi blieb verschwunden. Ihr Puls schnellte nach oben. Wo war ihr kleiner Freund geblieben? Hastig hob sie ihr Kopfkissen und suchte sogar zwischen den Laken – nichts! Hatte er sie etwa auch verlassen? Was, wenn die Arkana ihn gefunden hatten?

Sie bemerkte, wie ihr Sichtfeld verschwamm. Zitternd wischte sie sich mit dem Ärmel ihres schlichten weißen Krankenhausnachthemds die Tränen aus den Augenwinkeln. Sie ignorierte das Schwächegefühl in ihren Beinen und glitt barfuß aus dem Bett. Bis zur Tür waren es nur wenige Schritte. Vielleicht wusste ja der mürrische Wächter vor ihrem Zimmer irgendetwas über Aois Verbleib. Doch als sie in den Gang hinaus spähte, war der Stuhl neben ihrer Tür überraschenderweise leer. Plötzlicher Schwindel überfiel sie, sodass sie sich kurz am Türrahmen anlehnen musste. Ein leises Quäken ließ sie herumfahren. Dort entdeckte sie ihren winzigen Drachen, der verschlafen aus ihrem Schuh heraus blinzelte.

»Aoi!«, seufzte Finn erleichtert, als der kleine Kerl zu ihr herübergewuselt kam und in mehreren Zirkeln an ihr hoch krabbelte, bis er auf ihrer Schulter saß.

»Mann hast du mir vielleicht einen Schrecken eingejagt«, flüsterte sie und streichelte vorsichtig seinen Kopf. Er schloss genüsslich die Augen und lehnte sich mit der Wange an ihren Zeigefinger. Ein zartes Lächeln stahl sich auf Finns Lippen, bevor sie von allmählich näherkommenden Schritten auf dem Gang aufgeschreckt wurde. Ihr Blick wanderte zurück auf den leeren Stuhl neben der Zimmertür. Das drängende Gefühl, ihrem düsteren Zimmer entfliehen zu wollen, gepaart mit Neugier und der Sehnsucht nach Tageslicht, überfiel sie wie ein plötzliches Sommergewitter. Das hier war vielleicht eine einmalige Gelegenheit, zumindest für kurze Zeit hier raus zu kommen. In den Tiefen ihres Unterbewusstseins hegte sie die leise Hoffnung, Arthur zu finden. Warum hatte er ihr wie Zyon eingebläut, Stillschweigen über die Drachenbluterben zu wahren? Sie brauchte so dringend Antworten auf ihre Fragen. Binnen weniger Augenblicke hatte sich Finn entschieden. Schnell schlüpfte sie durch den Türspalt, zog die Tür hinter sich zu und schlich in die entgegengesetzte Richtung, aus der die sich nähernden Geräusche kamen. Hastig bog sie um eine Ecke, wo sie einen Tisch mit einem großen Wasserspender erspähte. Die hellgelbe Tischdecke reichte fast bis zum Boden. Aus Angst, entdeckt zu werden, suchte Finn darunter

Unterschlupf. Sie war kaum unter dem Tisch, als Stimmen sich rasch näherten.

»... erzähl mir endlich, was los ist!«

»Schhhh nicht so laut! Die Sache muss nicht das halbe Hauptquartier mitkriegen.«

Finn hielt die Luft an und zog die Beine zur Brust, als ein schwarzes Paar polierter Lederschuhe und altrosa Pumps vor ihrem Versteck zum Stehen kamen. Der Wasserspender gluckerte zwei Mal. Ein junger Mann seufzte.

»Ich war gestern noch bei Magister Goldman wegen der Sache mit dem Wahrheitsserum.«

»Wieso? Was ist damit?«, fragte eine verwunderte Frauenstimme.

Der Mann gab einen verächtlichen Laut von sich.

»Die Idioten aus Sektion zwölf haben all unsere Vorräte bei dem Versuch verbraucht, einem Glyphonix damit die Wahrheit über den Verbleib der verschwundenen Manipura zu entlocken. Wie kann man nur so blöd sein, das kostbare Wahrheitsserum so zu verschwenden! Jeder Novize weiß, dass bei einem Glyphonix selbst die stärkste Magie nichts ausrichtet.«

»Tja, das haben wir Lennard zu verdanken, er war schon als Junge ein ziemlicher Idiot«, ächzte seine Begleiterin.

Finn erkannte die Stimme von Frau Warden.

»Das heißt wohl im Klartext, wir werden das Mittel bei der Kleinen so schnell nicht einsetzen können. Eine neue Lieferung Serum ist frühestens in sechs Wochen zu erwarten. Aber uns bleibt keine Wahl, wenn das Mädchen weiter schweigt und ihren Entführer deckt. Wir müssen die Wahrheit aus ihr herausbekommen, koste es, was es wolle. Wir sind so nah dran, diesen Kerl zu schnappen!«

»Du sagst es. Aber das würde bedeuten, dass ihre geplante Gedächtnislöschung erst nach der Befragung mit dem Wahrheitsserum stattfinden kann. Das würde alles um Wochen verzögern.«

Finn erstarrte in ihrem Versteck. Fröstelnd umschlang sie ihre angezogenen Beine mit den Armen und lauschte in völliger Reglosigkeit weiter.

Frau Warden nahm ein paar Schlucke aus ihrem Wasserbecher.

»Werden wir sie die komplette Zeit über hierbehalten müssen?«

»Uns bleibt gar keine andere Wahl. Sie weiß zu viel. Außerdem können wir nicht riskieren, dass ihr Entführer erneut zuschlägt. Mir ist schleierhaft, welchen Nutzen das Mädchen für ihn hat«, rätselte ihr männlicher Kollege.

»Die Sache ist ziemlich mysteriös, wenn du mich fragst. Ich hoffe nur, Finns Zustand bessert sich bald. Die bevorstehende Gedächtnislöschung könnte einiges von ihr abverlangen.«

»Wieso das denn? Ich dachte der Typ beherrscht sein Handwerk?«

Frau Warden begann zu flüstern.

»Hast du die Geschichte von Alexandro Dorados gar nicht gehört?«

»... Äh ... Wer war das noch mal? - Ich und Namen ...«

»Der Maniyokai mit der Fähigkeit, Erinnerungen zu manipulieren. Er sollte auch die Gedächtnislöschung bei Finn durchführen, wäre da vor ein paar Tagen nicht dieser schreckliche Unfall in Osaka gewesen ... Leider hat er nicht überlebt.«

Ihr Kollege verschluckte sich hörbar am Getränk und hustete lautstark.

»WAS? Verdammt, davon habe ich überhaupt nichts mitbekommen! Ist bekannt, was mit seinem Manipura passiert ist? Sollte das Teil in falsche Hände kommen, könnte das eine Katastrophe auslösen«, platzte es aus ihm heraus, bevor sie ihn beruhigen konnte.

»Der Fall ist tragisch, aber zum Glück ist das Juwel nicht in den Besitz mafiöser Banden geraten. Ein Junge hat den Stein gefunden und versehentlich sofort absorbiert. Er ist bereits in der Obhut unserer japanischen Kollegen. Er wird zwar von den besten Maniyokai-Meistern unterrichtet, aber er steht noch ganz am Anfang mit seinen Fähigkeiten. Und du weißt ja, wie lange es dauert, bis junge Maniyokai ihre Kräfte ansatzweise beherrschen können.«

Mit angehaltenem Atem hörte Finn, wie der Mann nervös mit der Zunge schnalzte.

»Die Gabe der Gedächtnismanipulation ist extrem selten und sehr riskant. Wir haben leider niemanden, der Alexandro ersetzen könnte. Das heißt, uns bleibt keine Wahl. Wir müssen uns bei der bevorstehenden Gedächtnislöschung wohl oder übel auf den Jungen verlassen.«

Frau Warden holte tief Luft und ließ sie langsam aus ihren Lungen entweichen.

»Ich habe Angst, dass er aus Versehen ihr komplettes Gedächtnis löschen könnte, sollte er noch nicht dazu bereit sein. Aber die oberste Führungsebene kennt kein Erbarmen. Sie werden trotz der Risiken auf eine schnellstmögliche Löschung von Finns Erinnerungen mit den Arkana und dem Seelenfresser drängen.«

»Aber das ist doch Wahnsinn! Es muss-« Weiter kam Frau Wardens Begleiter nicht. Das aufdringliche Klingeln eines Mobiltelefons unterbrach ihn mitten in seiner Empörung. Seufzend nahm er den Anruf entgegen und legte nach wenigen einsilbigen Sätzen auf.

»Tut mir leid, ich muss los. Lass uns später noch mal reden.«

»Bis nachher. Ich werde bei Finn vorbeischauen, vielleicht komme ich ja heute einen Schritt weiter.«

Finn beobachtete, wie die beiden Schuhpaare sich in entgegengesetzte Richtungen in Bewegung setzten und kurze Zeit später aus ihrem begrenzten Sichtfeld verschwanden. Sie zitterte am ganzen Körper und ihr Magen war so flau, als würde sie sich gleich übergeben. Trotz allem trieb sie eine innere Stimme zur Eile an. Sie musste hier weg, bevor man ihr Verschwinden entdeckte. Hastig krabbelte sie unter dem Tisch hervor, zog sich auf die Füße und rannte davon.

Rakin drehte sich brummend im Bett herum, als er vom Klopfen an seiner Tür geweckt wurde. Frau Lys kam mit einem Frühstückstablett zu ihm ins Zimmer.

»Guten Morgen, Rakin. Gut geschlafen?«

»Geht so«, murmelte Ra einsilbig. Frau Lys zwinkerte ihm lächelnd zu.

»Du scheinst wohl eher vom Typ Morgenmuffel zu sein, was? Aber ich habe gute Neuigkeiten.«

Ra hob erwartungsvoll seine Augenbrauen.

»Die obere Führungsebene hat entschieden, dass du heute zurück nach Hause darfst, ist das nicht toll?«

»... Ja ... super«, entgegnete Ra halbherzig. Irgendetwas fühlte sich komisch an. Er konnte nur nicht genau sagen, was es war. Maria stellte das Tablett auf dem kleinen Tisch neben seinem Bett ab.

»Wenn du magst, kannst du dich nach dem Frühstück schon auf deine Entlassung vorbereiten. Bis später!«

Nachdem die Tür hinter ihr ins Schloss gefallen war, schälte sich Rakin aus seiner Decke und setzte sich an den Tisch. Er wollte gerade in ein Marmeladenbrot beißen, als ihn ein verstörendes Alarmsignal aufschreckte. Vor seiner Tür schwoll lautes Stimmengewirr und das Geräusch hektischer Schritte an. Er zuckte zusammen, als die Tür schlagartig aufgerissen wurde. Serafin stand atemlos im Türrahmen. Seine Blicke scannten den Raum in Sekundenbruchteilen.

»Verdammt, ich dachte schon, du hast diesen Alarm ausgelöst«, seufzte er erleichtert, als er keinen Brand feststellen konnte. Hastig schloss er die Tür und ließ sich auf einen Stuhl fallen. Rakin bemerkte, dass ihm sein Brot vor Schreck aus der Hand geglitten war. Es klebte mit der Marmeladenseite am Boden. Mit finsterer Miene pendelten seine Blicke zwischen Serafin und der Absturzstelle.

»Hättest du nicht ein bisschen weniger Wirbel veranstalten können? Gestern hast du mich genauso wie Arthur hängen lassen und heute trittst du mir in aller Herrgottsfrüh fast die Tür ein!«

»Tut mir leid, ich hatte Angst, dass das ganze Chaos draußen auf dem Gang wegen dir wäre«, rechtfertigte sich Serafin und hielt sich seine verwundete Brust.

»Nimm es mir nicht übel, dass ich gestern nicht mehr gekommen bin. Es gab ernsthafte Komplikationen. Luin Alba, dein Mathelehrer, wird dir etwas mehr darüber erzählen, nachdem er dich abgeholt hat. Du weißt ja, dass wir beide gute Freunde sind und Luin ebenfalls zu den Arkana gehört. Weil ich wegen dieser blöden Verletzungen noch ein paar Tage hierbleiben muss, hat er sich bereit erklärt, dich solange bei sich aufzunehmen, bis ich gesund bin -«

»Hä? Ich verstehe nicht – warum muss ich zu Luin? Was ist mit meinem Vater?«, fragte Rakin, während sich seine Finger unbehaglich an der Armlehne des Stuhls festkrallten. Da war es wieder, dieses ungute Gefühl, das er seit dem Frühstück verdrängt hatte. Serafin schien angestrengt zu überlegen, wie er es Ra am schonendsten beibringen sollte.

»Versprich mir, dass du dich nicht aufregst, ok?«

Ra nickte mit zusammengepressten Lippen.

»Ich versuch´s. Sag mir endlich, was hier los ist!«

Niedergeschlagen massierte Serafin seine Nasenwurzel.

»Gestern habe ich erfahren, dass dein Vater ...« Er unterbrach sich und suchte fieberhaft nach den richtigen Worten.

»Arthur wurde in Untersuchungshaft gesteckt, weil er Finn angeblich zu viel über die Arkana verraten hat. Aber mach dir keine Sorgen, er ... er sagt, er hätte einen Plan ...«

Rakin schnappte nach Luft.

»WAS?! Und warum sagt mir das keiner?!«

»Arthur hat höchstpersönlich angeordnet, dass du es zuerst von mir erfahren solltest. In Anbetracht deiner unkontrollierbaren, neuen Fähigkeiten eine weise Entscheidung. ... Apropos ... ist es normal, dass die Luft um dich herum flimmert? Oder stehst du kurz vor einer Explosion?«

»Scheiße!«

Ra massierte sich die Schläfen und versuchte ruhig zu atmen.

Seine Maßnahme schien nach ein paar Minuten endlich Wirkung zu zeigen.

»Reg dich nicht auf, Ra. Wir haben alles unter Kontrolle. Arthur kommt hoffentlich mit einem blauen Auge davon, aber du musst etwas Geduld haben. Das Verfahren könnte sich ein wenig in die Länge ziehen«, redete Serafin beruhigend auf ihn ein. Seine Worte wirkten enthusiastischer als sein Gesichtsausdruck.

»Wieso bin ich immer der Letzte, der sowas erfährt? Kann ich wenigstens –?«

Rakin wurde mitten im Satz durch ein hektisches Klopfen unterbrochen. Einen Augenblick später stand ein atemloser junger Mann im Türrahmen, der sich hastig im Zimmer umsah, bevor er sich direkt an Serafin wandte.

»Es tut mir sehr leid, dass ich hier so ungelegen reinplatze, aber wir haben einen Notfall! Kann ich unter vier Augen mit Ihnen sprechen, Elrayo?«

»Ja, einen Moment.«

Serafin warf Rakin einen eindringlichen Blick zu, bevor er sich von seinem Platz erhob.

»Mach keinen Blödsinn bis Luin kommt, hast du verstanden? Und du weißt ja ... Immer schön cool bleiben.«

Er zwinkerte ihm zu, bevor er das Zimmer verließ.

»Tzzz«, knurrte Rakin und trat mit dem Fuß gegen eines der Tischbeine. Mit verschränkten Armen und saurer Miene blieb er allein zurück.

DER SECHSTE SINN

Serafin eilte durch die Gänge und hielt sich seine schmerzende Brust. Sollte ihn sein Arzt hier erwischen, würde er ihm die Hölle heiß machen, aber es war ihm egal. Er hatte von seinem Kollegen erfahren, dass Finn trotz Wachposten spurlos verschwunden war. Alle möglichen Leute suchten wie aufgeregte Hennen das Gebäude nach ihr ab. Er bog um eine Ecke und schnappte im Näherkommen ein paar Gesprächsfetzen zwischen seinem Vorgesetzten und Frau Lys auf, die sich neben Rakin auch um Finn kümmerte.

»... keine Ahnung, wo sie steckt! Der Wachposten, der auf sie aufpassen sollte, hat sich angeblich nur schnell einen Kaffee geholt. Das war der einzige Zeitpunkt, an dem sie sich davongemacht haben könnte ... Was, wenn ihr etwas passiert?«, jammerte die junge Frau. Ihre Stimme hörte sich an, als wäre sie kurz davor in Tränen auszubrechen.

Ihr Kollege hatte Mühe, sie zu beruhigen.

»Nur keine Panik, ich bin sicher, dass wir sie bald finden. Sie kann nicht weit sein und es würde an ein Wunder grenzen, sollte sie es vom Grundstück des Hauptquartiers schaffen. Unsere Mauern sind drei Meter hoch und das Haupttor ist streng bewacht.«

»Ich hoffe nur, dass sie nicht zusammenbricht. Ihr Zustand ist besorgniserregend! Vor Kummer hat sie seit Tagen kaum etwas gegessen, außer ein paar Scheiben Schinken zum Frühstück.« Frau Lys Stimme überschlug sich.

Serafin rieb sich kopfschüttelnd übers Gesicht und ließ die beiden hinter sich zurück. So ein verdammter Mist! Wie hatte das passieren können? Seufzend hielt er inne.

»Was würde *ich* tun, wenn *ich* Finn wäre? Hmmm ...«, brummte er nachdenklich. Sein Blick schweifte den Gang entlang und blieb beim Treppenaufgang hängen, wo das Tageslicht von oben in den düsteren Flur hinab fiel. Sein Instinkt zog ihn zum Licht. Ungeduldig nahm er gleich zwei Stufen auf einmal. Irgendetwas in seinem Inneren trieb ihn zur Eile an. Es war ein beklemmendes Gefühl, das sich mit jeder Minute verdichtete. Serafin war nicht durch Zufall einer der jüngsten Seelenfresser-Assassinen geworden. Er besaß eine Gabe, die viele scherzhaft »den sechsten Sinn« nannten – ein intuitives Gefühl, das ihn noch nie im Stich gelassen hatte. Seine Sorge um Finn wuchs. War ihr etwas zugestoßen? Oder hatte es ihr mysteriöser Kidnapper geschafft, sich hier einzuschleichen und erneut zuzuschlagen? Serafin schüttelte den Gedanken schnell wieder ab. Eine Entführung am helllichten Tag, mitten im Hauptquartier der Arkana – unmöglich! Trotzdem blieb ein ungutes Gefühl zurück. Er hetzte durch die Gänge und prüfte alle unverschlossenen Räume – nichts! Schließlich versuchte er es ein Stockwerk höher. Als er an einer großen Fensterfront im ersten Stock vorbei kam, warf er einen Blick nach draußen in den weitläufigen Garten. Es hatte vor einer halben Stunde geregnet. Ein Trupp aus vier Männern in Gummistiefeln suchte das Gelände ab. Sie riefen lautstark Finns Namen. Plötzlich zog eine rasche Bewegung am Rande seines Sehfeldes Serafins Aufmerksamkeit auf sich. Ganz links, nahe der Mauer, befand sich ein Tümpel, der von einem dichten Schilfgürtel umgeben war – ein perfektes Versteck, wenn man nicht gesehen werden wollte. Das Schilf wackelte. Jemand oder etwas bahnte sich einen Weg hindurch. Nach einer Weile entdeckte er Finn, die sich auf wackeligen Beinen zu einem alten Steg durchkämpfte. Serafin holte tief Luft für einen erleichterten Seufzer, doch schon im nächsten Moment raubte ihm blankes Entsetzen den Atem.

»Okay ... nur für´s Protokoll ... Ich werde also vorerst bei dir wohnen?«, wiederholte Ra und strich sich nervös eine kinnlange Haarsträhne aus dem Gesicht. Luin nickte.

»Hör zu, ich weiß, dass diese Situation komisch für dich sein muss. Wer wohnt schon gern bei seinem Mathelehrer?«

Luin versuchte, witzig zu sein, doch Ra zog nur unbeeindruckt eine Augenbraue nach oben.

»Okay, war nicht lustig ...« Sein Lehrer seufzte, bevor er einen neuen Versuch startete.

»Dein Vater war mein Mentor. Ich verdanke ihm einiges. Er hat Serafin und mich gebeten, dass wir uns um dich kümmern, bis er wieder zurück ist. Da Serafin noch stationär im Hauptquartier in medizinischer Behandlung ist, werde ich diese Aufgabe zunächst übernehmen. Du kannst vorerst bei mir bleiben und dann werden wir in jeder freien Minute zusammen lernen, damit du die letzten Prüfungen gut hinter dich bringst. Wenn du mitmachst, besteht vielleicht noch Hoffnung für die Arkan Akademie.«

Ra seufzte niedergeschlagen.

»Ich weiß nicht, Luin ... Dein Angebot ist nett, aber ich gehe lieber nach Hause. Keine Sorge, ich komm schon klar.«

»Und wer schaut nach dir, solange Arthur weg ist? – Hör mal, ich habe deinem Vater versprochen, dass ich mich um dich kümmere. Du bist noch zu jung, um allein in dieser alten Bude zu hausen. Zieh nicht so ein Gesicht, du bekommst auch ein eigenes Zimmer«, ließ Luin nicht locker.

»Na schön ...«

Grummelnd rutschte Rakin von der Bettkante und begann etwas widerwillig seine Klamotten in eine große Sporttasche zu stopfen.

»Was hältst du davon? Ich lade dich zum Essen ein und danach fahren wir zu dir nach Hause, um ein paar Sachen zu holen. Hört sich doch gut an, oder?«, versuchte Luin ihn aufzumuntern.

»Meinetwegen ... Gib mir einen Moment um meinen Kram zu packen.«

Luin streckte sich.

»Alles klar, ich geh kurz zu Serafin rüber, bis du fertig bist. In fünf Minuten bin ich zurück. Reicht dir die Zeit?«

»Denke schon.«

»Gut, dann bis gleich.«

Rakin blickte ihm hinterher, als er durch die Tür verschwand. Widerwillig sammelte er seine wenigen Habseligkeiten ein, während ihn ein aufwühlendes Gefühl wie einen Schweizer Käse durchlöcherte. Verdammt, wie hatte das mit Arthur nur passieren können? Er lehnte seine Stirn an die kühle Schranktür und hielt einen Moment inne. Alles drehte sich in seinem Kopf und sein Herz klopfte wie wild. *»Immer schön cool bleiben«*, hallten Serafins Worte wie ein verblasstes Echo in seiner Erinnerung. Er holte tief Luft, bevor er sich erneut ans Packen machte. Wenig später schloss er den Reißverschluss seiner Sporttasche und warf sie sich über die Schulter. Er beschloss kurzerhand, Luin entgegenzugehen und ebenfalls kurz bei Serafin vorbei zu schauen. Auf dem Gang herrschte ungewohnte Betriebsamkeit, doch niemand schien Notiz von ihm zu nehmen.

»... ist das Mädchen immer noch weg?«

»Ich bin mir nicht sicher. Wir sollten ...« Ra spitzte die Ohren, als er ungewollt Gesprächsfetzen zweier Männer im Anzug aufschnappte, die wenige Meter vor ihm auf eine Abzweigung zusteuerten. Sein Herz raste. Er wusste, dass er hier nicht allein herumstreunen sollte. Doch etwas in seinem Inneren zog ihn unaufhaltsam in die Richtung, in die die Männer verschwunden waren. Unauffällig stahl er sich davon. Nur wenige Augenblicke später kam er an einer Tür vorbei, neben der ein bequemer Stuhl und ein kleiner Tisch aufgestellt worden waren. Leere Kaffeebecher, eine Tüte Chips und eine Zeitung deuteten darauf hin, dass hier bis vor kurzem noch jemand Wache geschoben hatte. Ra stutzte. War das etwa Finns Zimmer? Seine Finger bewegten sich fast wie von selbst zur Türklinke. Das Metall fühlte sich eiskalt an. Er zögerte und holte tief Luft. Doch bevor er den Griff betätigen konnte, spürte er das Gewicht einer Hand auf seiner Schulter.

DIE MASKE FÄLLT

»Finn, verdammt!«, brüllte Serafin, als er das Fenster aufriss und sich auf den Sims hochzog. Links an der Außenmauer entdeckte er eine Dachrinne, an der er überstürzt nach unten glitt. Sein Herz raste, seine Schmerzen waren vergessen. Er begann zu rennen, so schnell ihn seine Füße trugen, sobald er den Boden erreichte. Das Blut rauschte ihm in den Ohren, als er sich wenig später durch den dichten Schilfgürtel kämpfte, der den Tümpel umgab. Als die spiegelnde Wasserfläche endlich vor ihm lag, stach ihm zuerst der alte Holzsteg ins Auge, bevor er eine zierliche Gestalt leblos im Wasser treiben sah. Es war Finn! Ein winziger Drache hatte sich an ihren Haaren festgeklammert und versuchte verzweifelt mit hektischen Flügelschlägen, ihren Kopf über Wasser zu halten. Aber er konnte dank seiner geringen Größe nur wenig ausrichten.

»Finn!« Serafin stürzte zum Steg hinüber, dessen Holz vom Regen so glatt und schlüpfrig war, dass er beinahe ausrutschte. Jede Sekunde zählte! Ohne nachzudenken, hechtete er in den Tümpel und schwamm mit ihr zurück zum Ufer. Dort zog er sich mit ihr an Land, legte sie vorsichtig ab und fühlte mit zittrigen Fingern nach ihrem Puls. Er konnte jedoch kaum etwas spüren. Eine blutige Wunde an der Stirn zeugte von ihrem Ausrutschen auf dem nassen Holz, das

Serafin vom Fenster aus beobachtet hatte. In seinem Kopf fragte er sich unentwegt, was er tun sollte. Er war nicht gut in Erste-Hilfe.

»Komm schon Mädchen, atme ...!«, brüllte er, während er mit leichten Schlägen auf ihre Wangen versuchte, sie wieder zurück ins Bewusstsein zu holen. Doch es zeigte keine Wirkung.

»Scheiße!«

Plötzlich fiel es ihm wie Schuppen von den Augen. Er riss sich die Maske vom Gesicht und beugte sich zu ihr hinunter.

Hustend und würgend kam Finn zu sich, als sich eine verschwommene Silhouette schnell von ihr zurückzog. Der Geruch von Seewasser und Aftershave brannte wie Feuer in ihren Atemwegen. Nach Luft ringend, drehte sie sich blinzelnd zur Seite. Sie traute zunächst ihren Augen nicht, als das Bild eines jungen Mannes mit strohblondem Haar und saphirblauen Augen immer klarer wurde. Seine untere Gesichtshälfte war von goldenen Schuppen entstellt. Daneben hatte er Mühe, Aoi Herr zu werden, der ihn offenbar als Bedrohung für Finn erachtete und sie mit Zähnen und Klauen verteidigte.

»S- Serafin ...?«, keuchte sie und würgte noch einen Schwall Wasser empor.

»Gott, was machst du für Sachen, Mädchen?!«, seufzte er und schob sich hastig die schwarze Gesichtsmaske über die untere Hälfte des Gesichts. In der Zwischenzeit verbiss sich Aoi knurrend an seinem linken Ohrläppchen und baumelte wie eine zu groß geratene, fauchende Wäscheklammer daran herunter.

»Autsch! Was für ein nerviges, kleines Mistvieh!«, schimpfte er, während er den Miniaturdrachen umständlich von seinem Ohr entfernte und mit dem Kopf am Boden fixierte.

Entsetzt stemmte sich Finn hoch.

»Bitte tu ihm nicht weh!« Sie hustete erneut einen Schwall Wasser aus ihren Lungen.

Überrascht hielt Serafin in der Bewegung inne, was Aoi sofort ausnutzte.

»Au-ah, verdammt! Ich fürchte, du bist mir eine Erklärung schuldig!«

Er hielt ihr seinen rechten Zeigefinger vors Gesicht, in den sich der Drache als Nächstes verbissen hatte.

»Oh nein! Aoi, hör auf damit«, rief sie mit bröckelnder Stimme und machte den kleinen Rebell sofort von Serafins Finger los. Schnell wuselte er zu Finn zurück und legte sich dort wie eine Kette um ihren Hals, ohne die blonde Bedrohung für einen Moment aus den Augen zu lassen.

»Keine Angst, er ist eigentlich ganz harmlos. Bitte erzähl den anderen Arkana nichts von ihm, sonst nehmen sie ihn mir bestimmt weg«, stammelte sie apathisch und strich sich eine nasse Strähne aus der Stirn. Serafin rollte mit den Augen.

»Harmlos? Finn, das ist ein Drache! Wer weiß wie groß das Vieh wird. Und wo zur Hölle hast du den Ohrenzwicker überhaupt her?!« Er rieb sich fluchend mit den Händen übers Gesicht. »Unfassbar dieses Kind! Erst wird sie von einem Seelenfresser und einem Wahnsinnigen entführt. Dann flüchtet sie aus ihrem Zimmer und ertränkt sich fast im Morastloch des Hauptquartiers ... Und als Krönung versteckt sie ein kleines Monster. Du und Rakin würdet wirklich perfekt zusammenpassen.« Serafin holte tief Luft und blickte ihr direkt ins Gesicht, bevor seine Ozeanaugen Aoi missbilligend fixierten.

»Finn, weißt du, auf was du dich da einlässt? Dieses Ding ist kein Hamster. Raus mit der Sprache! Woher hast du das Vieh?«

»Na los! Antworte gefälligst!«, fügte er mit Nachdruck hinzu, als sie schwieg.

Finn ballte ihre Hände zu Fäusten und fixierte zerknirscht den Boden.

»Er gehörte Zyon«, gab sie leise zu.

»Zyo-wer?«

»... Der Typ, der mich entführt hat.«

»Nicht dein Ernst oder? Was, wenn das Vieh gefährlich ist?«

Er schüttelte ungläubig den Kopf, bevor sich drückende Stille zwischen ihnen breitmachte. Finn kaute auf ihrer Unterlippe und wich seinem Blick aus. Der Tod ihrer Eltern hatte all ihre Gedanken vereinnahmt, weshalb sie diese Frage bisher erfolgreich verdrängt hatte.Erschöpft rieb sie sich die schmerzende Stirn und erstarrte beim Anblick ihrer blutigen Hand.

»Das ist nur eine kleine Wunde«, beruhigte Serafin sie. Er holte tief Luft und machte eine wegwerfende Geste.

»Verschieben wir das Verhör auf später. Wie fühlst du dich?«, fragte er und strich ein paar Haarsträhnen zur Seite, um vorsichtig Finns Verletzung zu inspizieren. Dabei fasste er mit seinem Zeigefinger aus Versehen in ihre Wunde und zuckte fluchend zurück.

»VERDAMMTE SCHEIßE ...!«

Serafin starrte mit weit aufgerissenen Augen auf seinen leicht blutenden Finger. Aois kleine Zahnabdrücke waren immer noch gut sichtbar.

»Scheiße!« Sein Fluchen riss nicht ab.

»Was ... Was ist denn los?«, stammelte Finn verunsichert.

»Stimmt irgendwas nicht?«

Serafin schien sie kaum wahrzunehmen. Die Augen hatte er noch immer starr auf seinen Finger gerichtet und er wirkte, als würde er fieberhaft nachdenken. Finn sah ein chaotisches Spektrum an Gefühlen über sein Gesicht flackern. Von Schuldgefühlen, bis hin zu nackter Panik war alles vertreten.

»Oh nein, ich bin so ein gottverdammter Idiot!« Aufgewühlt schlug er sich mit der flachen Hand gegen die Stirn, bevor er hastig ein durchnässtes Taschentuch aus seiner Tasche fischte und mit zitternden Fingern ihre Wunde abtupfte.

»Halt still!«

Verstört ließ Finn die seltsame Prozedur über sich ergehen.

»Fuck, ich bin so ein Trottel«, murmelte Serafin unaufhörlich weiter.

»Jetzt sag doch endlich, was los ist! Ist es wegen Aoi? Ist er ...

giftig?«, fragte Finn mit bröckelnder Stimme. Für einen Moment herrschte Stille.

»Ich hoffe nicht«, entgegnete er zögernd.

»Dann solltest du dir mal lieber Sorgen um dich selbst machen, schließlich wurdest *du* gebissen und nicht ich.« Finn schüttelte den Kopf. Anstatt darauf zu antworten, machte Serafin nur eine abwehrende Handbewegung.

»Unkraut vergeht nicht, ich werd's schon überleben.«

Allmählich schien er sich wieder unter Kontrolle zu haben. Verwirrt legte Finn den Kopf schief.

»Das klang aber gerade noch ganz anders.«

»Ist ja gut jetzt. Ich geh gleich zu einem Arzt und lass es behandeln. Zufrieden?«

Er seufzte und deutete auf die schwarze Maske, die einen Teil seines Gesichts bedeckte.

»Hast du gesehen, was darunter ist?« Seine Stimme war nur noch ein heiseres Flüstern.

Sofort erinnerte Finn sich an die golden glänzenden Schuppen. Sie nickte verunsichert, als sie beobachtete, wie ihr Gegenüber in sich zusammen sank und für einen Moment die Augen schloss.

»... Kannst du das bitte für dich behalten? Ich ... ich möchte nicht wie ein Monster behandelt werden.«

Finn stutzte.

»Kein Problem, ich kann schweigen wie ein Grab, wenn ich dafür Aoi behalten darf ...«

Ihr Gegenüber verdrehte die Augen und warf den Kopf in den Nacken.

»Bleibt mir denn eine Wahl?«

»Ich fürchte nicht«, kicherte Finn.

»Meinetwegen behalt das Vieh, aber sei bloß vorsichtig.«

»Ich verspreche es! Du brauchst dir keine Sorgen machen, Aoi ist echt harmlos. Er hat mich noch nie gebissen.«

Serafin kratzte sich unbehaglich am Hinterkopf.

»Hoffentlich bleibt das auch so.«

Finn holte tief Luft und wurde wieder ernst.

»Serafin?«

»Hmm?«

»Was waren das für seltsame Schuppen in deinem Gesicht? Hattest du die schon immer oder ...?« Sie brach ab und wich seinem Blick aus.

Serafin blähte die Wangen wie eine Kröte und ließ die Luft langsam entweichen. Es dauerte eine Weile, bis er mit der Sprache herausrückte.

»Nein ... Die Sache ist ein wenig kompliziert. Ich bin selbst noch dabei, herauszufinden, was das ist. Reicht dir die Erklärung vorerst?« Er ließ niedergeschlagen die Schultern hängen.

Finn fehlten für einen Moment die Worte.

»Du hast echt keine Ahnung, was das ist?«

Serafin schüttelte nur traurig den Kopf. Das Thema war ihm unangenehm, also lenkte er schnell davon ab.

»Lass uns zurück in dein Zimmer gehen. Du zitterst wie Espenlaub. Außerdem sucht das halbe Hauptquartier nach dir.«

»Netter Versuch, da bringen mich keine zehn Zebras mehr hin! Ich hab gehört, die wollen mein Gedächtnis löschen. Bitte hilf mir, von hier zu verschwinden!«, flehte Finn.

»Das kann ich nicht machen. Wo willst du denn hin? Du hättest niemanden, der auf dich aufpasst, jetzt wo deine Eltern ...« Er brach hastig ab, als er realisierte, auf welche Landmine er getreten war.

»Hör zu, ich hab das nicht so gemeint, aber du wärst ein gefundenes Fressen für den Typen, der dich entführen wollte«, setzte er hastig nach. In Finns Augen standen Tränen.

»Bitte Serafin, hilf mir! Ich ... ich könnte doch untertauchen und vielleicht eine Weile bei dir wohnen?«, bettelte sie.

»Das ist totaler Quatsch, Finn! Die Arkana würden dich schneller finden, als du das Wort *untertauchen* auch nur aussprechen könntest. Und mir würde ein saftiges Disziplinarverfahren drohen.«

»Heißt das, dir ist es scheißegal, dass ich vielleicht mein gesamtes Gedächtnis verliere?!«, platzte es enttäuscht aus ihr heraus.

»Ach Finn! Wer sagt denn, dass dir deine kompletten Erinnerungen genommen werden? Du wirst dich nur nicht mehr an die Arkana und den Seelenfresser erinnern können. Das ist alles«, versuchte Serafin sie zu beruhigen.

»Erzähl mir doch keinen Bullshit! Ich habe es mit eigenen Ohren gehört. So eine Gedächtnislöschung ist verdammt heikel! Wenn dabei etwas schief läuft, kann ich mich vielleicht an überhaupt nichts mehr erinnern. Du bist nicht besser als die anderen Arkana mit ihren Lügen!«, warf sie ihm wild gestikulierend vor.

»Komm schon, Finn, ich-« Serafin griff nach ihren Handgelenken.

»Lass mich! Ich will nach Hause!« Sie stieß ihn grob von sich weg und schluchzte herzzerreißend. Ihr ganzer Körper bebte und ihre Gegenwehr wurde immer schwächer.

»Finn? Finn! ...«

Serafin bemerkte, wie ihre Lider flatterten, bevor sie kraftlos zur Seite kippte. Ihr Körper musste ausgezehrt und erschöpft sein, nachdem sie vor Kummer seit Tagen kaum etwas gegessen hatte. Er biss sich hart auf die Unterlippe und rang mit seinem Gewissen. Widerwillig traf er eine Entscheidung, bevor er sich hastig mit Finn in den Armen einen Weg durchs Schilf bahnte.

EINE BOX VOLLER ÜBERRASCHUNGEN

Es war still im Zimmer und der dezente Deckenfluter verbreitete wie üblich sein dämmriges Licht. Finn kannte diesen Blickwinkel bereits und glaubte zunächst erleichtert, dass sie einfach nur schlecht geträumt hatte. Sie streckte sich gähnend. Als sie einen Verband an ihrer Stirn ertastete, stutzte sie. Allmählich fluteten immer mehr Details und Erinnerungen in ihr Bewusstsein zurück. Verdammt, das war kein Traum gewesen! Erschrocken setzte sich Finn auf und bemerkte einen Infusionsbeutel mit der Aufschrift NaCl, der seinen Inhalt gemächlich tropfend über einen Schlauch in eine ihrer Armvenen abgab. Ihre Blicke wanderten weiter an sich hinab. Sie trug saubere, trockene Klamotten und vom sumpfigen Wasser war nichts mehr zu riechen. Seufzend schlug sie die Decke zurück, um nach Aoi zu suchen, doch sie konnte ihn nirgends finden. Diejenigen, die ihre Kleidung gewechselt hatten, mussten unweigerlich auch Aoi entdeckt haben, schließlich versteckte sich der kleine Drache immer im Ärmel ihres Nachthemdes! Die Erkenntnis versetzte ihr einen Stich ins Herz. Sie hörte das Blut in ihren Ohren rauschen. Was war mit ihrem schuppigen Freund geschehen und wohin hatten sie ihn gebracht? Würde sie ihn je wieder sehen? Ihr kleiner frecher Aoi war das Einzige, was ihr noch geblieben war. Ein plötzliches Klopfen an der

Tür riss sie aus ihren negativen Gedanken. Hastig zwang sie sich zu einem neutralen Gesichtsausdruck und wischte sich mit dem Ärmel die Tränen aus den Augenwinkeln. Sie hielt für einen Augenblick die Luft an, als Serafin mit frisch bandagiertem Oberkörper den Raum betrat. Er ging leicht gekrümmt und balancierte ein voll beladenes Tablett auf seiner Hand. Neben verschiedenen Obstsorten entdeckte Finn Smoothies und ein Stück Kuchen.

»Hey ... du bist ja schon wach ... Ich dachte ... du hast sicher Fragen?«, stammelte Serafin. Verlegen massierte er sich mit der freien Hand seinen Nacken.

Finn schüttelte nur traurig den Kopf und blickte demonstrativ an ihm vorbei.

»Wie bin ich hierher gekommen ...?«

»Na wie wohl? Ich hab dich zurückgebracht. Du warst nicht ansprechbar. Frau Lys hat sich im Anschluss darum gekümmert, dich neu einzukleiden.«

Er lächelte Finn aufmunternd zu.

»Na? Hungrig? Ich hab dir was mitgebracht.«

Er deutete auf das vollgeladene Tablett, das er inzwischen auf ihrem Nachttisch abgestellt hatte.

»Wie wäre es mit einem Snack? Du hast ja kaum noch was auf den Rippen«, erklärte er, während er demonstrativ einen Apfel für sie schälte und in Stücke schnitt.

»Hier nimm ...«

Seufzend starrte Finn auf seine Hand, in der er ein paar Apfelschnitze hielt. Hastig griff sie nach dem Obst und begann mit sichtlicher Abneigung daran zu knabbern. Bald bemerkte sie jedoch, wie ihr Hungergefühl mit voller Wucht zurückkehrte. Ihr Gegenüber beobachtete mit breitem Lächeln und hochgezogenen Augenbrauen, wie sie im Anschluss zwei Mandarinen und eine Banane verdrückte. Als sie das Tablett von sich wegschob, versuchte Serafin Blickkontakt herzustellen.

»Was macht deine Stirn? Tut sie noch weh?«

Finn schüttelte den Kopf.

»Hey, ich weiß, dass du mich wahrscheinlich lieber so schnell nicht mehr zu Gesicht bekommen hättest. Aber ich dachte mir, bevor du wieder so eine Aktion wie heute Vormittag bringst, um nach deinem Reptil zu suchen, komme ich lieber gleich vorbei.«

Serafin holte eine kleine Schachtel aus seiner Tasche, die er gut mit Klebeband verschlossen hatte. Finns Herz schlug sofort höher, als sie begriff, was er ihr da brachte.

»Ist das ... ist das etwa Aoi?!«

Serafin nickte.

»Du glaubst gar nicht, wie froh ich bin, dass ich den kleinen Kameraden wieder los bin. Er hat mich bestimmt zehnmal gezwickt, als ich ihn von dir losmachen und in diesen Karton stopfen wollte. Ich konnte ihn ja nicht bei dir lassen, sonst hätten meine Kollegen ihn mit Sicherheit gefunden und konfisziert. Also bin ich zuerst in mein Zimmer, um den bissigen Kerl dort zu bunkern, bevor ich dich bei den Ärzten abgeladen habe«, meinte er augenzwinkernd.

»Wie lieb von dir«, entgegnete Finn dankbar. Sie schien nicht erwartet zu haben, dass er ihr half, nach allem, was passiert war.

»Keine Ursache, wie gesagt: Ist Ehrensache! Ich hoffe nur, du hältst im Gegenzug auch dein Wort.«

»Klar! Was denkst du von mir«, entgegnete Finn entrüstet, bevor sie seufzend hinzufügte: »Tut mir leid, wenn ich gemein zu dir war ... Ich weiß einfach nicht, wem ich nach allem überhaupt noch trauen kann.«

Serafin nickte langsam.

»Ich kann verstehen, wie du dich fühlst. Aber versprich mir bitte, dass du nie wieder allein hier herumschleichst.«

Finn schmunzelte.

»Das klingt ja fast so, als hättest du dir Sorgen gemacht.«

»Sorgen? Du hättest vorhin mal sehen sollen, was hier auf dem Gang los war! Der Leiter des Hauptquartiers hat das gesamte Team aufgescheucht, um dich zu suchen! Wir dachten zunächst, du wärst entführt worden«, erzählte Serafin wild gestikulierend, bevor er tief Luft holte.

»Hör zu, Finn, die Arkana sind keine schlechten Leute, nur steht Geheimhaltung an oberster Stelle. Und sei mal ganz ehrlich, du weißt schon viel zu viel über unsere Organisation.« – »Und wer ist schuld daran?«, fiel ihm Finn beleidigt ins Wort. Serafin seufzte.

»Okay, ich geb ja zu, dass ich an der Sache nicht ganz unbeteiligt war«, gestand er mit zerknirschtem Gesichtsausdruck.

»Aber keiner hätte damit gerechnet, dass es so enden würde. ... Außerdem kannst du nicht leugnen, dass du auch verdammt neugierig warst.«

Finn zog eine Schnute und atmete hörbar aus.

»Na schön, ich bekenne mich mitschuldig – zufrieden?«

Ächzend ließ sie sich zurück in die Kissen fallen, bevor sie sich erneut ein paar Tränen aus den Augenwinkeln wischte.

»Tut eine Gedächtnislöschung weh?«

»Ach Finn. Glaub mir, du wirst kaum etwas merken. Es fehlen nur ein paar Erinnerungen, sonst nichts.«

»Aber ich werde mich danach weder an dich, noch an Arthur und meine Freunde erinnern können, die ebenfalls Verbindungen zu den Arkana haben.«

Diesmal verlor sie das Wettrennen mit ihren Tränen, von denen es eine über die Wange bis zum Kinn schaffte, bevor Finn sie mit ihrem Ärmel wegwischen konnte.

»So ein Quatsch! Sie werden nur die Dinge löschen, die mit der Organisation direkt in Verbindung stehen. Der Rest bleibt erhalten ... wenn alles glattgeht«, fügte er hastig hinzu.

»Wenn alles glattgeht ...«, wiederholte Finn zweifelnd.

Serafin tippte ihr spontan mit dem Finger auf die Nase. »Jetzt sieh doch nicht gleich schwarz. Du wirst sehen, am Ende ist es überhaupt nicht schlimm und du hast dich umsonst verrückt gemacht.«

»Du hast leicht reden! Schließlich bist du nicht derjenige, der als Versuchsobjekt für einen praktisch unerfahrenen Maniyokai herhalten muss.«

Hastig erklärte sie ihm, was sie heute früh auf dem Gang aufgeschnappt hatte.

Serafin fixierte nachdenklich einen Punkt in der Ferne und fuhr sich nervös übers Kinn.

»Verdammt, davon habe ich noch gar nichts gehört ... Aber keine Bange, ich werde alle Hebel in Bewegung setzen, um das zu verhindern.«

Finn schenkte ihm einen dankbaren Blick.

»Danke, dass du versuchst, mir zu helfen. Am liebsten würde ich dich jetzt drücken!«

Die feinen Lachfältchen um Serafins Augen verrieten, dass er grinste.

»Das ist nett von dir, aber Umarmungen sind momentan eher kontraproduktiv. Das heutige Bad im Teichwasser war für meine Verletzungen nicht so prickelnd. Ich hab das Gefühl, meine gesamte Brust brennt wie Feuer. Nur gut, dass die Schmerztabletten inzwischen wirken.«

Er machte eine Pause und drückte Finn den raschelnden Karton in die Hände, den er schon eine Weile auf seinem Schoß liegen hatte.

»Meinst du nicht, dass es langsam Zeit wird, dass du deinen schuppigen Ohrenzwicker aus der Schachtel befreist? Ich hatte den Eindruck, dass ihm diese Zwangsbehausung nur wenig Freude bereitet ...«

»Oh, ja natürlich!«

Hastig entfernte Finn das Klebeband und ließ Aoi aus der Box. Der kleine Drache konnte es anfangs kaum fassen, dass er endlich wieder frei war. Er flitzte wie ein geölter Blitz aus dem Karton und kletterte rasant an seiner menschlichen Freundin hinauf, um sich zufrieden auf ihrer Schulter niederzulassen. Dort angekommen begann er rhythmisch mit seinem Kopf zu nicken. Es sah aus wie ein seltsamer kleiner Tanz zu einer Musik, die nur er hören konnte. Als er Serafin entdeckte, fauchte er missbilligend und stellte angriffslustig den Kamm im Nacken auf, während seine Färbung von Blaugrün zu leichtem Rostrot wechselte.

»Er scheint dich wirklich seeeehr zu mögen«, scherzte Finn ironisch. Um den kleinen Kerl zu beruhigen, strich sie ihm sanft über seinen schuppigen Rücken. Es zeigte sofort Wirkung. Sein Fauchen verwandelte sich binnen kurzer Zeit in ein genüssliches Brummen. Serafin beobachtete das Ganze fasziniert.

»Also eins ist mal sicher: Das widerspenstige Kerlchen steht total auf dich«, staunte er.

»Ich habe übrigens ein wenig über seine Art recherchiert, schließlich musste ich sicherstellen, dass er nicht gefährlich ist.« Serafin machte eine wirkungsvolle Pause, bevor er fortfuhr.

»Dein kleiner Freund hier gehört zur Gattung der Flohdrachen. In ihrer natürlichen Umgebung leben sie üblicherweise in großen Familienverbänden, um gemeinschaftlich zu jagen ... sozusagen wie Piranhas, nur eben an Land. Allein ist er harmlos, aber in der Gruppe nicht zu unterschätzen. Außerdem sollen Flohdrachen sehr intelligent und oftmals hinterhältig sein, was ich nur bestätigen kann, aber giftig ist er nicht.« Serafin wedelte demonstrativ mit seinen malträtierten Händen vor Finns Gesicht herum, bevor er hinzufügte: »Du solltest ihn lieber gut verstecken. Der Besitz eines Drachens, egal welcher Art, ist streng verboten!«

»Oh nein ...«, flüsterte Finn verunsichert.

»Ja, ich mache keine Witze. Mich würde mal interessieren, wie dein Entführer an den schuppigen Frechdachs rangekommen ist.«

»Ich fürchte, das werden wir wohl nicht erfahren.«

Finn legte den Kopf schief.

»Weißt du, wie lange ich noch hierbleiben muss?«

»Leider nein, aber ich habe gehört, dass du schon bald ein Stockwerk höher ziehen darfst. Das Kellerloch hier unten ist nur ein Notquartier. Außerdem wird dir Luin – ähm ... dein Mathelehrer, Herrn Alba – demnächst ein paar Bücher und Arbeitsblätter vorbeibringen.«

»An die Schule habe ich gar nicht mehr gedacht«, stöhnte Finn unglücklich und wischte sich mit den Händen über die Augen.

»Nach dem belauschten Gespräch von heute früh kann es Wochen dauern, bis neues Wahrheitsserum kommt und ich denke nicht, dass die mich vorher hier raus lassen. Hoffentlich muss ich nicht das Schuljahr wiederholen.«

»Mal den Teufel nicht gleich an die Wand. Vielleicht kommst du doch schneller hier raus.«

Finn schnalzte ungläubig mit der Zunge.

»Schön wär´s! Woher nimmst du nur diesen Enthusiasmus?«

»Tja, ich bin eben ein Optimist!«, entgegnete Serafin lachend, bevor er zusammenzuckte und sich seine schmerzende Brust hielt. Er sog die Luft zwischen zusammengebissenen Zähnen ein.

»... Geht gleich wieder. Ich fürchte, irgendwas hat sich entzündet ...«

»Tut mir leid«, stammelte Finn kleinlaut.

»Geh dich ausruhen, bevor du wegen mir noch aus den Latschen kippst.«

»Du sprichst mir aus der Seele«, gestand Serafin und zog sich ächzend auf die Füße.

»Ich komme wieder, sobald es mir besser geht. Bis dahin musst du versprechen, dass du keine Dummheiten anstellst und ein bisschen mehr isst.«

Finn zog die Augenbrauen nach oben.

»Ich geb mir Mühe. Vielleicht solltest du jetzt erst mal auf dich schauen, bevor du dir um mich Gedanken machst.«

Trotz schmerzverzerrtem Gesicht zwinkerte Serafin ihr zu.

»Halt die Ohren steif, Kleine. Ich bin dann mal weg.«

Finn sah ihm mit einer Sorgenfalte auf der Stirn hinterher, als die Tür ins Schloss fiel.

EIN NEUES ZUHAUSE

Luin seufzte und stopfte Ras Sporttasche in seinen Kofferraum, bevor er sich neben dem Jungen ans Steuer setzte. Mit einem Knall schlug er die Tür zu.

»Was sollte diese Aktion eben? Hast du eine Ahnung, was hier los gewesen wäre, wenn dich jemand anderes beim Herumschnüffeln ertappt hätte?«

»Aber es ist doch gar nichts passiert!«, verteidigte sich Rakin trotzig. Luin startete kopfschüttelnd den Motor.

»Es geht hier ums Prinzip! Ich dachte, du wärst alt genug, dass ich dich für einen Augenblick allein lassen könnte, ohne dass du auf dumme Gedanken kommst.«

Rakin antwortete nicht und blickte stattdessen verlegen aus dem Fenster, als sie die gut bewachte Pforte passierten. Wenige Minuten später zog die Berglandschaft der bayerischen Alpen an ihnen vorbei. Nur die Musik des Autoradios übertönte die aufkommende Stille. Ra hörte AC/DCs *Highway to hell* durch den Lautsprecher rocken und seufzte.

»Ist alles in Ordnung?«, fragte Luin aus heiterem Himmel.

»Ja, es ist nur …« Ra brach kopfschüttelnd ab.

»Na los, spuck's schon aus.«

»Ach, keine Ahnung. Da war dieser seltsame Alarm vorhin und ich habe zwei Männer auf dem Gang fragen hören, ob das Mädchen immer noch verschwunden ist. Die können doch eigentlich nur Finn gemeint haben ...«

»Tja, darüber weiß ich leider genauso wenig wie du. Mach dir keinen Kopf. Das Hauptquartier hat eine drei Meter hohe Mauer und die Pforte ist streng bewacht.«

»Ich frage mich, was passiert ist«, murmelte Ra nachdenklich.

Luin streckte sich.

»Weißt du was? Lass uns erst mal ne Kleinigkeit essen, dann können wir Serafin anrufen, ob er was von dem ganzen Trubel mitbekommen hat. Lust auf einen Burger?«

Ra nickte. »Gute Idee! Ich hab nen Bärenhunger!«

Schmunzelnd setzte Luin den Blinker und bog in die Einfahrt eines beliebten Schnellrestaurants ein, das auf ihrem Weg gelegen hatte. Zu dieser Uhrzeit war recht viel Betrieb, aber sie hatten Glück und konnten trotz allem relativ schnell bestellen. Mit zwei großen Hamburgern und einigen Beilagen beladen setzten sich die beiden an einen Tisch am Fenster und begannen gemütlich zu essen. Luin holte sein Handy aus der Tasche, wählte Serafins Nummer und führte ein kurzes Gespräch.

»Und? Was sagt er?«, drängte Rakin, sobald er aufgelegt hatte.

»Unser Freund hatte leider nur wenig Zeit. Seine Verbände wurden gerade gewechselt. Serafin meinte, dass es Finn gut geht und kein Grund zur Sorge besteht. Er hat sie im Garten wieder eingefangen.«

»Okay ...«, seufzte Ra erleichtert, während er seinen zerquetschten Burger inspizierte, der in Wirklichkeit nur halb so gut aussah, wie auf dem Werbeplakat im Fenster.

»Wie sieht der Plan nach dem Essen aus, Luin?«

»Zuerst holen wir Klamotten und deine Schulsachen aus Arthurs Haus und dann fahren wir zu mir. Sobald du dich eingerichtet hast, würde ich vorschlagen, dass wir damit beginnen, an deinem optimierungsbedürftigen Notenschnitt zu feilen.«

Ra fiel das Grinsen aus dem Gesicht.

»Was? Schon heute?«, jammerte er.

»Warum nicht? Ich dachte, du willst auf die Arkan Akademie? Mit deinen aktuellen Noten bräuchtest du entweder ein Wunder, um aufgenommen zu werden, oder du paukst mit mir in jeder freien Minute, die dir bis zum Notenschluss bleibt. Ich mache das übrigens nicht, um dich zu ärgern, sondern weil ich dir helfen will. Wenn du keinen Bock hast, sag es lieber gleich, dann verschwende ich nicht meine kostbare Zeit. Du allein hast es in der Hand«, erklärte Luin nachdrücklich.

»Okay-okay! Hab ja schon kapiert«, seufzte Ra und ließ niedergeschlagen den Kopf hängen. Im Anschluss spülte er seinen letzten Bissen frustriert mit einem Schluck Limonade hinunter.

»Du hast gewonnen, von mir aus können wir das Lern-Straflager heute offiziell eröffnen«, brummte er.

»Fein, also haben wir einen Deal. Solltest du bestehen, hab ich was gut bei dir«, entgegnete Luin lachend und boxte ihm freundschaftlich in die Schulter.

»Na dann lass uns weiter ziehen. Wir haben noch ein bisschen was vor heute.«

Rakin nickte und folgte ihm wenig später hinaus ans Auto. Nach etwa zwanzig Minuten Fahrt erreichten sie Arthurs heruntergekommenes Haus, das etwas versteckt in einer abgelegenen Ortsrandstraße lag.

Ra suchte zwischen den verwelkten Blumen im Topf neben der Eingangstür nach dem Schlüssel, mit dem er hastig das Schloss öffnete. Er zögerte, bevor er die Tür aufdrückte.

»Kannst du hier warten? .... Ich ... ich brauch nicht lange, versprochen!«

»Soll ich dir nicht beim Tragen helfen?«

»Nein, das ist schon ok. Ich beeil mich!«

Hastig zwängte sich Ra durch den Türspalt und ließ seinen Lehrer vor dem Haus zurück. Nachdenklich kratzte sich Luin an der rechten Schläfe. Was hatte Ra zu verbergen? Zögernd drückte er die verrostete

Türklinke und spähte verstohlen in den dunklen Hausflur hinein. Mit Entsetzen erblickte er die Unordnung im Haus, die sich über Jahre hier ausgebreitet hatte. Er presste die Lippen zu einem dünnen Spalt zusammen, als ihm ein muffiger, abgestandener Geruch entgegenschlug. Trotz allem zog es ihn weiter ins Haus hinein. Am Ende des verstopften Ganges entdeckte Luin die Küche, in der sich schmutziges Geschirr und benutzte Töpfe in der alten Spüle stapelten. Daneben reihten sich auf der Arbeitsfläche eine Menge leerer Schnapsflaschen aneinander und ein alkoholischer Geruch erfüllte das Zimmer. Auf dem Esstisch und in den Ecken des Raumes türmten sich vergilbte Briefe und Altpapier. Entsetzt stolperte Luin rückwärts und wäre beinahe über eine überquellende Wäschetonne gestolpert. Inzwischen konnte er verstehen, warum Ra´s äußere Erscheinung in der Schule oft zu wünschen übrig gelassen hatte. Luin seufzte und strich sich sein schwarzes Haar aus der Stirn.

»Ra? Wo steckst du? Kann ich dir helfen?«

»Hey, du solltest doch draußen warten!«, hörte er Ra verlegen aus dem oberen Stockwerk rufen.

»Ich komme gleich!«

Nur wenige Augenblicke später hörte Luin polternde Schritte auf der alten Holztreppe. Ra kam mit seinem zerschlissenen Schulrucksack und einer vollgestopften Sporttasche die Treppe hinunter gesaust und taxierte ihn verunsichert.

»Wie lang ist das hier schon so?«, fragte Luin mit zusammengekniffenen Augen, während sein Blick über das Chaos schweifte. Ra schwieg. Er schluckte schwer und fixierte unbehaglich seine ausgelatschten Sneaker.

»Sag was, Ra! Wie lang lebt ihr schon in diesem Zustand? ... Warum hast du mir nie irgendwas davon erzählt?«, platzte es aus Luin heraus. Rakin rührte sich nicht. Traurige Stille tauchte den Moment wie in eine zähflüssige Zeitlupe, die nur durch das Tropfen des alten Wasserhahns in der Küche unterbrochen wurde.

»Was hätte ich denn tun sollen? ... Am Ende wäre das Jugendamt gekommen und hätte mich in irgendein Heim verfrachtet.«

Luin sog hörbar die Luft ein und wischte sich frustriert mit der Hand über die rechte Gesichtshälfte. Kopfschüttelnd machte er kehrt.

»Komm mit. Lass uns von hier verschwinden.«

Rakin folgte ihm wortlos. Schweigend stopften die beiden seine wenigen Habseligkeiten ins Auto. Den Rest der Fahrt hingen beide stumm ihren eigenen Gedanken nach, bis der Wagen in eine steile Seitenstraße am Nordwestrand der Kleinstadt einbog. Ra entdeckte auf einem Schild den Straßennamen Maximilianshöhe.

»Wir sind bald da. Gibt es irgendein Essen, das du gar nicht magst?«

Ra überlegte kurz, bevor er den Kopf schüttelte.

»Ich esse fast alles, außer Paprika und Spinat.«

»Okay, das klingt nach einem unkomplizierten Allesfresser«, entgegnete Luin mit einem schiefen Lächeln, als er auf ein geräumiges, teilweise holzvertäfeltes Haus in alpenländlichem Stil zurollte. Von hier aus hatte man einen tollen Ausblick Richtung Süden auf das Wettersteingebirge.

»Ist das dein Haus? Nicht schlecht, die Aussicht«, staunte Ra.

»Ja, wir sind da. Ich habe das Gebäude vor ein paar Jahren geerbt und etwas renoviert. Es ist zwar ein gutes Stück bis zur Innenstadt, aber dafür hat man hier oben seine Ruhe. Ich bin sicher, du wirst es mögen.«

Ra blinzelte.

»Und du wohnst hier ganz allein?«

»Naja, inzwischen habe ich ja einen Mitbewohner«, entgegnete Luin grinsend und zwinkerte Rakin amüsiert zu. Er stellte den Motor ab, stieg aus dem Auto und schloss wenig später die Haustür auf.

»Komm mit, dann zeig ich dir alles.«

Ra kramte seine Taschen aus dem Kofferraum und taumelte ihm zum Haus hinterher. Im Eingangsbereich angekommen, legte er sein Gepäck ab, bevor er Luin in eine helle Landhausküche folgte. Sein Lehrer hatte sich entspannt an einen Küchenblock gelehnt.

»Herzlich willkommen in deinem vorläufig neuen Zuhause. Wenn du Hunger hast, kannst du dir jederzeit was aus dem Kühlschrank holen. Fühl dich wie daheim. Da findest du Teller, dort das Besteck und da drüben im Schrank sind Gläser.« Luin zeigte auf verschiedene Schubladen und Schränke und führte Ra im Anschluss ins Wohnzimmer. Eine behagliche graue Couch voller Kissen stand einer schlichten weißen Wohnwand mit vielen Büchern gegenüber. Breit grinsend ließ sich Rakin rücklings auf das weiche Polster fallen und machte es sich für einen Moment bequem.

»Das hier wird mein Lieblingsplatz!«

Luin setzte sich neben ihn.

»Du kannst gerne den Fernseher hier nutzen. Allerdings fürchte ich, dass du nur wenig Gelegenheit dazu haben wirst. Wenn du deinen Schnitt schaffen willst, wirst du jede freie Minute zum Lernen opfern müssen.«

»Ach, menno!« Ra ließ den Kopf deprimiert in die Lehne sinken, bevor ihn Luin aufscheuchte.

»Los, ich zeig dir noch den Rest des Hauses.«

»Dort drüben, quer über den Gang findest du das Gästebad.«

»Und was ist hinter dieser Tür da?«, fragte Ra neugierig, nachdem sie im Flur angekommen waren.

Luin stutze.

»Ach, da geht es nur in den Keller hinunter. Die alte Holztreppe ist schon ziemlich morsch, deshalb habe ich die Tür vorsorglich abgeschlossen, bis ich mal dazu komme, den unteren Teil zu renovieren«, erklärte er und schob den Jungen sanft ein Stück weiter.

»Lass uns nach oben gehen.« Staunend folgte Ra ihm über eine moderne Treppe in den ersten Stock. Dort steuerte Luin gezielt auf ein helles Zimmer mit Blick Richtung Süden zu.

»Das ist das Gästezimmer. Ich hoffe, es gefällt dir.«

Ra nickte begeistert.

»Wow, die Aussicht ist der Hammer! Und ich hab hier sogar einen Schreibtisch.«

Mit strahlenden Augen öffnete er das große Fenster und ließ sich für einen Moment die Sonne ins Gesicht scheinen, die gerade zwischen ein paar Wolken hindurch blinzelte.

Luin beobachtete ihn schmunzelnd vom Türrahmen aus.

»Schön, wenn es dir gefällt. Komm, lass uns deine Sachen holen, ich helfe dir beim Einräumen«, bot er an.

»Gerne.«

Da Rakin nicht viel besaß, war die Aufgabe gemeinsam schnell erledigt. Luin seufzte, als er die letzten löchrigen Shirts und Hosen des Jungen ordentlich zusammenlegte.

»Das wäre schon mal geschafft. Lass uns die Zeit nutzen und deine Schwachpunkte in der Schule ansehen. Das Wetter ist heute eh wechselhaft, also perfekt für einen Lernnachmittag«, schlug er vor.

Rakin seufzte niedergeschlagen, verkniff sich jedoch einen Kommentar. Er wollte nicht undankbar sein, nach allem, was sein Lehrer für ihn tat. Wenig später saß er mit Luin zusammen am Küchentisch und kramte in seiner chaotischen Schultasche.

»Wie findest du in dem Verhau nur deine Sachen?«, beschwerte sich sein Gegenüber kopfschüttelnd. Ra griff zielsicher in den ungeordneten Haufen aus Schulutensilien hinein und zog sein Mathebuch und sein Heft daraus hervor.

»Voilà! Sie wünschen, wir spielen!«, entgegnete er triumphierend, bevor er noch ein Zitat von Einstein oben drauf setzte.

»Ordnung braucht nur der Dumme, das Genie beherrscht das Chaos.«

Luin verschluckte sich vor Lachen an seinem Wasser, an dem er zuvor genippt hatte.

»Du bist wirklich unverbesserlich!«, meinte er schmunzelnd, bevor er nachdenklich wurde.

»Du erinnerst mich manchmal ein wenig an mich selbst, als ich in deinem Alter war.«

»Echt? Ich kann mir kaum vorstellen, dass du mal unordentlich warst ... Vielleicht besteht ja doch noch Hoffnung für mich«, kicherte Ra, bevor beide in amüsiertes Gelächter ausbrachen. Luin beruhigte sich als Erster wieder.

»Weißt du was? Ich hab eine Idee, wie wir deine Lernmotivation ein bisschen anspornen können.«

»Was meinst du?«

»Wir geben jetzt Vollgas und wenn du bis heute Nachmittag um fünf die Aufgaben verstanden hast, die ich mit dir durchgehe, fahren wir in die Stadt und besorgen dir ein paar neue Sachen zum Anziehen. Wie hört sich das an?«

Ra konnte sein Glück kaum fassen.

»Ist das dein Ernst?«

»Was denkst du denn?«

Ra führte ein kleines Freudentänzchen auf, bevor er mit Feuereifer sein Buch aufschlug.

»Los, los, sonst schaffen wir das nie!«

Luin klopfte sich im Geiste auf die Schulter und begann mit einem breiten Grinsen die Aufgaben zu erklären.

WIEDERSEHEN

Lara räkelte sich gähnend, als sie an diesem Montag übermüdet die Stufen in den ersten Stock der Schule hinauf stapfte. Sie hatte heute Nacht kaum geschlafen. Seit Finns mysteriösem Verschwinden vor einer Woche war der Unterricht einfach nur öde. Dabei konnte sie sich eigentlich nicht beschweren. Alex leistete ihr in den Pausen Gesellschaft und begleitete sie oft auf ihrem gemeinsamen Heimweg. Seit Rakin und Finn von einem Tag auf den anderen spurlos verschwunden waren, rätselten sie täglich, was mit den beiden passiert sein könnte. Lara seufzte. Sie machte sich ernsthafte Sorgen um ihre Freunde und hatte bestimmt schon hundert Mal versucht, Finn zu kontaktieren, aber sie ging nie an ihr Handy. Ra war ebenfalls nicht zu erreichen. Das Ganze war wie verhext! Es kursierten seltsame Gerüchte an der Schule. Manche behaupteten gar, sie wären dem Seelenfresser zum Opfer gefallen, dessen Existenz inzwischen medial bestätigt worden war. Bei dem Gedanken daran biss sie sich schmerzhaft auf die Unterlippe. Schnell schüttelte sie ihre Befürchtung wieder ab und trottete mit hängenden Schultern ein paar Schülerinnen aus der Parallelklasse hinterher, die sich angeregt miteinander unterhielten.

»Hey, schaut mal da unten auf dem Pausenhof! Ist das nicht Ra?«, platzte es überrascht aus einem der Mädchen heraus. Ihre Freundin nebenan reckte den Kopf Richtung Fenster, bevor sie mit einem breiten Grinsen ihre Zahnspangenfront entblößte.

»Ja, du hast recht, Mister Assi-Boy ist wieder da ... Hä?! Was ist denn mit dem passiert?«

»Wo? Lasst mich auch mal sehen!«, quengelte die Dritte und schob sich zwischen ihren Freundinnen ans Fenster.

Lara hielt für einen Moment die Luft an, bevor sie sich überstürzt zu den Mädchen drängte. Stirnrunzelnd kniff sie die Augen zusammen, während ihr Herz wie verrückt raste. Sie blinzelte. War der Junge auf den Stufen wirklich Rakin? Er wirkte verändert, trug neue Klamotten, die ihm überraschend gut standen und sein schulterlanges Haar war einem modernen Kurzhaarschnitt gewichen. Daneben fiel ihr seine brandneue Schultasche auf.

»Hey, wie sieht der denn aus? Projekt Makeover, oder was?«, witzelte das Mädchen neben Lara. Ihre Freundin daneben kicherte verlegen.

»Shit, er guckt direkt zu uns hoch!«

»Schnell, lasst uns verschwinden!« Giggelnd stob das Grüppchen auseinander, bis nur noch Lara übrig blieb. Sie bemerkte, wie Ra zu ihr emporschaute und spürte, wie sich eine Hitzewelle in ihrem Körper ausbreitete, als er ihr zuwinkte. Hastig wandte sie den Blick ab und stolperte zurück Richtung Haupteingang.

»Ra, verdammt! Wo hast du so lange gesteckt?«, rief sie schon von weitem. Er kam ihr zusammen mit Alex entgegen, der sich bereits etwas früher zu ihm gesellt hatte.

»Hi Lara! ... Bist du noch böse wegen der Sache mit Finn?«

Sie stemmte die Hände in die Hüften.

»Du hast vielleicht Nerven! Erst schleichst du dich als Hund bei Finn ein und dann verschwindet ihr einfach beide. Hast du eine Ahnung, was für Sorgen wir uns um euch gemacht haben? Du bist mir eine Erklärung schuldig – und glaub ja nicht, dass du mir so leicht davon kommst!«

Rakin seufzte.

»Es tut mir wirklich leid, was passiert ist. Aber die ganze Geschichte sofort zu erzählen würde ewig dauern. Wir reden in der großen Pause. Es gibt ziemlich krasse Neuigkeiten«, flüsterte Ra verschwörerisch, als er nah genug bei ihr war.

»Weißt du irgendwas von Finn?«, fiel ihm Alex ins Wort. Rakin zögerte.

»Ja, aber das würde jetzt vor dem Unterricht alle Rahmen sprengen.«

Seine Worte wurden vom Schulgong begleitet, der sie zur Eile antrieb.

»Wir reden später. Unser Treffpunkt ist das lustige Graffiti an der Schulmauer, das wie ein mutierter Frosch mit fünf Beinen aussieht.«

»Gut, bis dann!«

Wie ein Haufen aufgescheuchter Bienen stoben sie auseinander. Nach drei Stunden zähem Unterricht hielt es Lara fast nicht mehr aus, bis sie mit Alex im Schlepptau den vereinbarten Treffpunkt erreichte. Rakin lehnte bereits lässig an der Schulmauer und erwartete sie. Es war ein schöner, frühsommerlich warmer Tag und die meisten Schüler schienen gute Laune zu haben.

»Was ist passiert, Ra? Wo zum Teufel hast du die letzte Woche über gesteckt und wo ist Finn?«, platzte es vorwurfsvoll aus Lara heraus.

»Psst, nicht so laut! Kommt etwas näher«, flüsterte Ra verschwörerisch.

Schnell rückten seine Freunde zu ihm auf und steckten die Köpfe zusammen, damit er hastig die Geschehnisse der letzten Woche mit ihnen teilte.

»Verdammt, die Sache mit Finn ist echt harter Tobak«, fluchte Alex und kickte deprimiert einen Kiesel davon.

»Können wir denn nichts tun, um wenigstens Kontakt mit ihr aufzunehmen und sie ein bisschen aufzumuntern?«, fragte Lara mit belegter Stimme. Rakin seufzte.

»Ohne Hilfe kommen wir beim Hauptquartier nicht mal bis zur Pforte, solange wir keine vollwertigen Mitglieder sind.«

Nachdenklich rutschten die drei mit dem Rücken an der Mauer hinunter und setzten sich auf das kühle Pflaster.

»Und was machen wir jetzt?«, fragte Lara niedergeschlagen.

»Wir können nur abwarten und hoffen, dass die Arkana sie bald wieder gehen lassen«, entgegnete Ra mit hängendem Kopf.

Nachdem eine Weile nachdenkliches Schweigen geherrscht hatte, brach Alex die Stille mit einem Themenwechsel.

»Was ist eigentlich mit dir passiert, Ra? Hast dich ganz schön verändert.« Er musterte seinen Freund von oben bis unten. Verlegen kratzte sich Ra am Kopf.

»Ich weiß, es hört sich verrückt an, aber ich wohne seit Samstag bei Luin Alba. Mein Vater ist ... noch eine Weile im Hauptquartier und Serafin liegt mit seinen Verletzungen flach. Deshalb bin ich vorerst bei ihm untergekommen. Seitdem besteht meine Freizeit nur noch aus Lernen«, ächzte Ra.

»Man könnte eher denken, aus Shopping«, stichelte Alex mit hochgezogener Augenbraue.

»Ha-ha, sehr witzig!«

»Das ist doch jetzt vollkommen unwichtig«, wandte Lara mit gerunzelter Stirn ein.

»Ich habe ein komisches Gefühl, wenn ich an Finn denke. Warum dauert ihre Befragung so lange und weshalb halten sie sie immer noch im Hauptquartier fest? Meint ihr, die haben spitz gekriegt, dass sie zu viel weiß?«

Für einen Augenblick herrschte beklemmende Stille zwischen den dreien.

»Hoffentlich nicht, sonst sind wir alle dran«, antwortete Alex mit hängenden Schultern. Lara boxte ihn unsanft in die Flanke.

»Ich mache mir mehr Sorgen um Finn. Habt ihr eine Ahnung, was die dann mit ihr anstellen?«

»Was meinst du?« Rakin fixierte sie mit bohrendem Blick.

»Naja ...«, druckste Lara herum und zwirbelte eine blonde Haarsträhne zwischen Daumen und Zeigefinger.

»Früher drohte mein Vater, dass die Arkana den Vergesser

schicken, wenn ich zu neugierig war oder er Angst hatte, dass ich irgendwas ausplaudere. Er hat mir damit immer eine Heidenangst eingejagt, aber es hat durchaus geholfen. Möglicherweise gibt es jemanden unter den Arkana, der die Fähigkeit besitzt, Erinnerungen zu manipulieren. Was ist, wenn sie ihr Gedächtnis löschen und Finn sich an keinen von uns erinnert, sobald sie zurückkommt?«

»Du spinnst doch! Sowas gibt es nicht«, tat Alex die Sache ab. Rakin dagegen wurde still und starrte Lara aus geweiteten Augen an.

»Scheiße! Was machen wir denn dann?«

»Du glaubst doch nicht im Ernst an diese Ammenmärchen, oder?« Alex zog die Augenbrauen nach oben und gab seinem Freund einen Rüffel mit dem Ellbogen.

»Autsch! Hey, lass das!«

Lara verdrehte die Augen.

»Benehmt euch, ihr beiden. Ich hab keine Ahnung, ob an der Sache was dran ist, aber ich versuche, Informationen aus meinem Vater heraus zu bekommen. Ansonsten können wir nur abwarten und Tee trinken.«

»Na, das sind ja tolle Aussichten«, beschwerte sich Ra mit gerunzelter Stirn.

»Finn geht es auch ohne drohende Gedächtnislöschung schon ziemlich dreckig. Ihr habt sicher von dem Doppelmord an einem Ehepaar hier in Partenkirchen gehört.«

»Waren das etwa Finns Eltern?«, flüsterte Lara mit erstickter Stimme. Rakin nickte.

»Nein!«, platzte es erschüttert aus Alex heraus.

Beide waren für einen Augenblick sprachlos und bedeckten bestürzt mit den Händen ihre unteren Gesichtshälften. Erst nach einer Weile fand Lara ihre Stimme wieder.

»Oh nein! Sie muss sich schrecklich fühlen ... Ich habe von der Sache in den Nachrichten gehört, aber sie haben keine Namen genannt.«

»Weißt du, wie es ihr geht?«, fragte Alex vorsichtig.

»Nein, die haben mich nicht zu ihr gelassen, aber Arthur meinte, dass sie traumatisiert wäre«, seufzte Ra.

Lara fuhr mit den Händen durch ihr blondes Haar.

»Na toll, was machen wir denn jetzt?«

Es herrschte für einen Moment nachdenkliche Stille, bevor Rakin eine zündende Idee kam.

»Luin hat mir erzählt, dass er Arbeitsblätter und Bücher für Finn hergerichtet hat, die er ihr morgen Abend bringen will ...« Er blickte zögernd zur Seite und rieb sich nervös mit einer Hand im Nacken.

»... Vielleicht kann ich heimlich eine Nachricht zwischen die Bücher schmuggeln. Ich denke, das würde sie bestimmt etwas aufmuntern. Wir könnten uns heute nach der Schule zusammensetzen ...«

»Das ist eine super Idee!« »Ich bin mit dabei!«, stimmten seine Freunde zu.

»Dann treffen wir uns in der Bibliothek, da haben wir genug Platz und–« Alex wurde mitten im Satz durch den Gong unterbrochen.

»Mist! Warum fühlt sich die Pause immer so verdammt kurz an, wenn man wichtige Dinge zu besprechen hat?«, jammerte Lara, bevor sie wiederholte: »Also Treffpunkt Bücherei zehn Minuten nach Schulschluss. Ich überleg mir bis dahin schon ein bisschen, was ich schreiben will. Das solltet ihr übrigens auch tun. Bis später!« Sie zwinkerte Rakin zu und machte sich im Anschluss mit Alex auf den Weg in ihr gemeinsames Klassenzimmer.

Ra blieb noch einen Moment zurück. Sein Blick schweifte über den sich leerenden Pausenhof, hinüber zu dem Mauervorsprung, auf dem Finn früher immer gern gesessen hatte. Er ließ den Kopf in den Nacken fallen und schloss für einen Moment die Augen.

Finn starrte apathisch aus dem Fenster. Inzwischen war sie in ein helles, komfortables Krankenzimmer im ersten Stock des Gebäudes verlegt worden, doch das änderte nichts an ihrer grauen Laune. Seufzend drehte sie sich auf die Seite, um Aoi zu beobachten, der sich gemütlich neben ihrem Kopf zusammengerollt hatte. Er sah so niedlich aus, wenn er schlief, als könne er keiner Fliege etwas zu Leide tun. Ihr Blick schweifte weiter auf den schiefen Bücherstapel, den Herr Alba bei seinem Besuch vor einer halben Stunde für sie auf dem Tisch dagelassen hatte. Aoi gähnte neben ihr und wälzte sich mit zappelnden Füßchen auf die andere Seite. Blinzelnd hob er sein Köpfchen und folgte ihrem Blick zu dem bunten Bücherstapel. Irgendetwas daran schien sein Interesse zu wecken. Er streckte sich, flatterte kurz mit seinen filigranen Flügeln, als wolle er testen, ob sie noch funktionierten, bevor er abhob. Neugierig schwirrte er um den Bücherberg und landete nach ein paar Runden auf dem Gipfel des schiefen Bücherturms.

»Aoi, nein!« Vor Finns Augen stürzte das Konstrukt samt seines verwegenen Besteigers ein. Unter lautem Gepolter verwandelte sich Finns Zimmer in ein wildes Bücherchaos. Schuldbewusst kroch Aoi zwischen den zerknickten Büchern hervor.

»Du kleiner Tollpatsch«, seufzte sie und befreite ihn aus den Buchtrümmern.

»Alles okay mit dir?«

Wie zu erwarten, erhielt sie außer einem kleinlauten Quäken keine Antwort. Bis auf einen leichten Schreck schien ihm nichts zu fehlen. Erschrocken suchte Aoi sofort Schutz im Ärmel ihres Sweaters. Es kitzelte, als er unter dem Stoff mit seinen kleinen Krallen über ihren Arm bis zu ihrer Schulter hoch krabbelte, wo er wie ein Erdmännchen mit seinem Kopf aus dem Kragen auftauchte und sich hastig in alle Richtungen umsah. Finn kicherte, obwohl ihr beim Anblick des verpassten Schulstoffes zum Heulen zumute war. Sie streichelte seinen Hals und machte sich im Anschluss daran, den Verhau aufzusammeln. Bald fiel ihr ein merkwürdiges Stück Papier auf, das aus einem der Bücher gefallen sein musste. Zögernd entfaltete Finn die Seite und schnappte überrascht nach Luft, als sie Laras Handschrift erkannte. Aufgeregt begann sie zu lesen.

Hallo Finn,

leider konnten wir dich auf deinem Handy nicht erreichen, deshalb hoffen wir, dass dieser Brief bei dir ankommt. Ra kam heute endlich wieder zur Schule und hat erzählt, was passiert ist. Hoffentlich darfst du auch bald nach Hause. Wir alle vermissen dich sehr. Obwohl wir gern kommen würden, gibt es leider keine Chance, dich im Hauptquartier zu besuchen. Wir haben die Sache mit deinen Eltern gehört. Es ist schrecklich. Ich fürchte, dass es momentan keine Worte gibt, die dich trösten könnten. Aber versprich uns, dass du den Kopf trotzdem nicht hängen lässt. Du hast schließlich immer noch uns! Wenn wir irgendwas für dich tun können, lass es uns wissen (vielleicht kannst du ja auch heimlich einen Brief über Herr Alba rausschmuggeln). Wir freuen uns, wenn du zurückkommst. Pass auf dich auf und melde dich, sobald du kannst!

Tausend liebe Grüße senden dir auf diesem Schleichweg.

Lara, Alex und Ra

Finn war zu Tränen gerührt, dass ihre Freunde an sie dachten. Sie las den Brief ein weiteres Mal und stellte sich vor, wie die drei zusammen an dieser Nachricht geschrieben hatten. Lara, mit ihren langen, strohblonden Haaren und ihrem gewitzten Lachen und Alex der Ra freundschaftlich in die Seite boxte. Wenn sie an Ra dachte, spürte sie ein flaues Gefühl in der Magengegend. Ein Teil von ihr wurde immer noch wütend beim Gedanken daran, dass er sich wochenlang in seiner Hundegestalt bei ihr eingeschlichen hatte. Finn schüttelte verwirrt den Kopf, als plötzlich die Bilder von dem Abend ihrer Entführung vor ihrem inneren Auge auftauchten. Ein schiefes Lächeln stahl sich unbemerkt auf ihre Lippen. Wie durch ein Wunder war er allein an diesem gottverlassenen Ort aufgetaucht, um sie zu finden. Finn seufzte und versuchte, die aufwühlenden Gedanken dorthin zu verdrängen, wo sie die letzten paar Tage sicher verstaut gewesen waren. Gerade wollte sie den Brief zur Seite legen, als sie einen Pfeil am unteren Rand des Papiers bemerkte. Verwundert wendete sie das Blatt. In einer anderen Handschrift war dort nachträglich eine weitere Botschaft hinzugefügt worden. Finn sog überrascht die Luft ein, als sie auf der Rückseite eine persönliche Nachricht von Ra entdeckte.

Hallo Finn,

ich hoffe, es geht dir gut. Ich stelle mir oft die Frage, ob du wegen der Diego-Geschichte immer noch sauer auf mich bist. Leider hatte ich bisher nicht die Gelegenheit, mich bei dir zu entschuldigen. Mir ist inzwischen klar, dass es total hirnrissig war, als Hund bei dir Unterschlupf zu suchen. Eigentlich war der Plan, so schnell wie möglich wieder zu verschwinden, nachdem du mich gefunden und gesund gepflegt hattest, aber ich weiß auch nicht. Am Ende wollte ich nicht zurück nach Hause. Die Geschichte mit mir und Arthur kennst du ja inzwischen. Wir hatten damals einen größeren Streit, wegen dem ich von Zuhause weglief. Ich wusste nicht wohin ...

und dann kamst du. Mann, ich höre mich wie ein kompletter Idiot an, aber ich schwöre bei allem, was mir heilig ist, dass ich keine komischen Hintergedanken dabei hatte. Im Nachhinein war es egoistisch und dumm von mir und es tut mir unendlich leid, was passiert ist. - Auch die Sache mit deinen Eltern. Wenn ich die Möglichkeit hätte, es wieder gut zu machen, würde ich alles dafür tun. Unglücklicherweise kann ich die Zeit nicht zurückdrehen. Vielleicht ist es zu viel verlangt, dich zu fragen, ob du mir verzeihen kannst, aber es würde mir eine Menge bedeuten. Hoffentlich kommst du bald wieder zurück.

Viele Grüße

Ra

Finn hielt für einen Moment die Luft an. In ihren Ohren hörte sie das Rauschen ihres Herzschlags. Verlegen fuhr sie sich über die Stirn und strich sich ein paar Haarsträhnen aus den Augen, die inzwischen wieder gekürzt gehörten. Zaghaftes Klopfen an der Tür riss sie aus ihren Gedanken. Sie hatte niemanden kommen hören, so sehr war sie in den Brief vertieft gewesen. Hastig packte sie das Papier und schob es zusammen mit Aoi unter ihr Kopfkissen.

»Hi Finn, es gibt Abendessen.«

Frau Lys brachte wie jeden Tag um sechs ihre Mahlzeit aufs Zimmer.

»Ist alles okay bei dir? Ist dir heiß? Ich kann die Klimaanlage einschalten, wenn du magst.«

»Nein, nein, mir geht´s prima, bin nur ein bisschen durch den Wind.« Finn wandte sich überstürzt von ihr ab und tat so, als würde sie ihre Pantoffeln suchen.

»Na dann lass es dir schmecken. Melde dich, wenn du was brauchst, okay? Guten Appetit.« Frau Lys verließ mit einem gutmütigen Lächeln den Raum. Als die Tür endlich ins Schloss fiel, atmete Finn erleichtert auf und setzte sich fluchend auf einen Stuhl am Tisch. Der Duft von leckerem Reiscurry lenkte ihre Aufmerksamkeit aufs Essen und ließ sie Rakin für eine Weile vergessen.

FEUER FREI!

Ra stellte die letzte der sechs Kerzen auf, die er hierher mitgebracht hatte. Vorsorglich holte er den kleinen Feuerlöscher heraus, den er heimlich aus dem Keller der Schule hatte mitgehen lassen. Von der Maximilianshöhe aus, wo er zusammen mit Luin unter einem Dach wohnte, war er über einen Forstweg ein Stück den Berg hinauf gewandert und querfeldein gegangen, bis er ein Plateau erreicht hatte. Hier würde ihn vorerst niemand stören. Es war ein perfekter Platz, um seine Feuerfähigkeiten zu testen, ohne Gefahr zu laufen, jemanden zu verletzen. Wie Serafin ihm geraten hatte, wollte er zunächst mit dem Anzünden von Kerzen beginnen. Er holte das abgegriffene Notizbuch heraus, das er von seinem Freund bekommen hatte und überflog nervös die Anleitung zur ersten Übung. Danach krempelte er sich die Ärmel hoch und nahm einen tiefen Atemzug, bevor er sich auf Kerze Nummer eins fokussierte. Das konnte doch nicht so schwer sein, redete er sich ein und konzentrierte die feurige Kraft in seinem Inneren. Sofort schoss ein Feuerball aus seiner Hand und zerfetzte sein erstes Ziel in tausend Stücke. Schockiert stand Ra für einen Moment da wie ein Stockfisch und starrte auf die überall verstreut liegenden Wachsreste. Allmählich dämmerte ihm, warum Serafin so eindringlich davor gewarnt hatte, diese Kräfte auf die leichte Schulter zu nehmen. Ra wollte sich gar nicht erst vorstellen, was passiert wäre, wenn sein Feuerball statt der Kerze einen Menschen getroffen hätte! Er bemerkte, dass seine Hände zitterten. Mit einem tiefen Atemzug versuchte er sein Glück von neuem. Diesmal achtete er darauf, nicht zu viel Energie zu verwenden, doch dadurch fokussierte er sich nicht genug auf den Docht der nächsten Kerze. Mit einem Knall verfehlte sein Feuerball das Ziel und landete ein ganzes Stück weit dahinter im trockenen Gras, das sofort Feuer fing. Aufgeregt packte Ra den kleinen Feuerlöscher, den er für einen Fall wie diesen mitgebracht hatte, und überflog hastig die dort aufgedruckte Gebrauchsanweisung.

Zum Glück war die Bedienung des Löschers kein Hexenwerk und der daraus hervorkommende Schaum löschte den Brand binnen weniger Augenblicke. Erleichtert ließ sich Ra ein Stück daneben rücklings ins Gras fallen. Er hätte nie gedacht, dass das Training so ein nervenaufreibendes Drama werden würde. Doch er gönnte sich nur eine kurze Verschnaufpause. Er durfte jetzt nicht aufgeben! Wenn er seine Kräfte nicht bald beherrschte, konnte es schlimme Konsequenzen haben, sollten sie unkontrolliert aus ihm herausplatzen. Er stellte sich vor, wie er Finn mit seinen Fähigkeiten beeindruckte, sobald sie zurück war. Mit neuer Motivation zog sich Ra auf die Füße und positionierte sich vor den noch übrigen Kerzen, die er mitgebracht hatte. Argwöhnisch betrachtete er die letzten vier Ziele und versuchte, sich zu sammeln. Wenn er Erfolg haben wollte, musste er es schaffen, die Feuerenergie auf ein Minimum zu reduzieren und seine Aufmerksamkeit gleichzeitig aufs Zielen zu konzentrieren. Ra atmete tief ein und schloss die Augen, um sich vorerst nur auf die Energie in seinem Inneren zu fokussieren. So fiel es ihm leichter, seine Kraft zu dosieren. Sobald er glaubte, die richtige Energiemenge gefunden zu haben, öffnete er die Augen und fokussierte sich auf die dritte Kerze. Er hielt den Atem an, als sich der Docht wie durch Zauberhand mittels eines kleinen Feuerballs entzündete. Ein Teil des Wachses war zwar angeschmolzen, doch zumindest hatte er es geschafft! Ra jubelte vor Freude. Was würde Serafin dazu sagen, wenn er ihm erzählte, dass er nur drei Versuche für seine erste Kerze gebraucht hatte? Nach seinem Erfolgserlebnis brannte Ra darauf weiter zu üben. Wieder konzentrierte er sich, doch diesmal war er wohl zu euphorisch. Mit einem Knall explodierte die nächste Kerze in tausend Fetzen. Sein Feuerball war viel zu groß gewesen. Trotzig versuchte es Ra erneut, aber auch Kerze Nummer fünf sprengte er zielsicher.

»Verdammter Müll!«, schimpfte er und kickte frustriert einen Kiesel von sich weg. Hatte er vorhin etwa nur Glück gehabt? Er seufzte und probierte es erneut. Diesmal gelang ihm endlich ein weiterer kleiner Feuerball, der jedoch die Kerze um Haaresbreite verfehlte. Das umliegende, trockene Gras entzündete sich sofort. Ra wollte gerade zum Feuerlöscher greifen, als ihm Arthurs Worte im brennenden Schloss wie ein verblasstes Echo durch den Kopf hallten:

»Konzentrier dich auf die Flammen! Sieh sie dir genau an! Spüre ihre Energie! ...Wenn du die Flammen fühlen kannst, stell dir vor, wie sie immer kleiner und kleiner werden und langsam erlöschen. Fühle es!«

Er versuchte, sich daran zu erinnern, wie er es damals angestellt hatte, das Flammenchaos unter Kontrolle zu bringen und nutze seinen Instinkt, um das Feuer vor sich zu fühlen. Bald spürte er die heiße Kraft, die von ihm ausging. Vor seinem inneren Auge malte er sich aus, wie es immer weiter schrumpfte. Fasziniert beobachtete er, wie parallel die Flammen im Gras vor ihm erloschen. Zurück blieb nur ein wenig Asche und Rauch. Ra lächelte triumphal bis über beide Ohren. Für den Anfang war das doch gar nicht schlecht! Plötzlich kam ihm eine Idee. Um seine Kräfte besser zu beherrschen, war es vielleicht einfacher, in aller Ruhe nur kleine Feuerbälle zu üben, bevor er seine Konzentration aufs Zielen fokussierte. Ra setzte sich im Schneidersitz ins Gras und lehnte sich an einen Felsbrocken. Als er es sich halbwegs gemütlich gemacht hatte, schloss er die Augen und konzentrierte sich nur auf die Energiemenge, die er für seine Feuerbälle verwenden wollte. Sobald er sich nur auf diese eine Sache fokussierte, merkte er schnell, wie es immer besser funktionierte.

Bald erschuf er perfekte Miniatur-Feuerkugeln, die nicht größer waren als der Nagel seines Daumens. Er schleuderte sie vor sich ins Gras, das er anschließend sofort löschte. Nachdem es ihm zunehmend leichter fiel, testete er aus, welche Energiemengen er für handtellergroße Feuerbälle benötigte. Inzwischen fühlte er sich schon ein ganzes Stück sicherer im Umgang mit seiner Gabe. Zufrieden machte er eine kleine Pause und genoss das Bergpanorama, das er von seinem Platz aus sah.

Luin seufzte und stemmte die Hände in die Hüften.

»Rakin, wo hast du den ganzen Nachmittag über gesteckt? Wir wollten doch lernen!«, beschwerte er sich mit vorwurfsvollem Unterton. Sein junger Mitbewohner kam sichtlich erschöpft, aber mit einem breiten Grinsen zur Tür herein. In seinen Händen trug er eine brennende Kerze.

»Was hast du denn damit vor?«, hakte Luin stirnrunzelnd nach.

»Äh ... Ich hab nur etwas ausprobiert«, stammelte er knapp.

»Aha ... Und dein Experiment war wichtiger als unser Lernplan? Du weißt schon, dass du nicht mehr viel Zeit bis zur nächsten Prüfung hast«, beschwerte sich Alba.

»Tut mir leid, Luin, ich wollte dich hier nicht allein hängen lassen.«

Ra grinste entschuldigend und wischte sich den Schweiß von der Stirn.

»Naja ... wie dem auch sei. Es ist letztendlich deine Entscheidung, ob du meine Hilfe annimmst, oder nicht. Mehr kann ich nicht tun«, seufzte Luin und zuckte frustriert mit den Schultern.

»Keine Sorge, ich pack das schon. Wenn es für dich ok ist, können wir noch bis in den Abend hinein lernen, ehrlich.«

Luin holte tief Luft und ließ sie langsam aus seinen Lungen entweichen. Der Junge stellte seine Geduld wirklich auf die Probe.

»Meinetwegen, aber wehe, du gibst dir keine Mühe.«

»Hey, für wen hältst du mich!«

»Na gut. Aber lass uns zuerst noch was essen. Ich war am Nachmittag wieder bei Finn, um ihr ein paar Arbeitsblätter zu bringen, nachdem du nicht aufgetaucht bist. Jetzt habe ich einen Bärenhunger. Wie sieht´s bei dir aus?«

»Gute Idee, ich könnte einen Riesen verdrücken«, stimmte Ra sofort zu und setzte sich zu ihm an den Küchentisch. Durch die geöffnete Wohnzimmertür drang gedämpftes Geplapper vom Fernseher herüber.

»Psst, sei mal kurz leise«, bat Luin und spitzte die Ohren.

»... gibt es Neuigkeiten zu den aktuellen Mordfällen im südbayerischen Raum, die die Bevölkerung in Angst und Schrecken versetzen. Inzwischen wird angenommen, dass die Taten von bisher unbekannten Kreaturen ausgeübt werden. Da sich die Fälle immer stärker häufen, wurde ein Sondereinsatzkommando zur Eliminierung dieser Wesen gegründet ...«

Hastig sprangen Ra und Luin von ihren Plätzen auf und eilten ins Wohnzimmer, wo gerade eine Liveaufnahme von einer Gruppe schwarz gekleideter Menschen gezeigt wurde. Jeder von ihnen trug ein schwarzes Gesichtsschild mit weißem, isometrischem Würfelmuster, das entfernt an eine Fechtmaske erinnerte. Er bedeckte das gesamte Gesicht, nur für die Augen gab es dezente Aussparungen. In der nächsten Sequenz wurde eine verwackelte Videoaufnahme eines Privathandys eingeblendet, die den nächtlichen Kampf der Truppe mit einem der Monster zeigte. Die Aufnahme ging nur wenige Sekunden und endete mit dem Tod des Seelenfressers, der in seine Bestandteile zerfiel.

»Krasse Typen«, staunte Rakin ehrfürchtig.

»Das sind definitiv Leute von den Arkana.«

Luin konnte seinen Blick kaum vom Monitor wenden.

Ra bemerkte die Sorgenfalten auf seiner Stirn. Als die Nahaufnahme eines drei Zentimeter großen Seelenjuwels eingeblendet wurde, wanderte seine Aufmerksamkeit zurück zum Bildschirm.

»Alle Bürgerinnen und Bürger werden zu ihrer Sicherheit gebeten, nicht auf eigene Faust auf die Jagd nach den Monstern zu gehen, da von ihnen ungeahnte Gefahren ausgehen. Selbst die Überreste der Kreaturen sind hochgefährlich. Es wird ausdrücklich davor gewarnt, die zurückbleibenden Kristalle zu berühren.«

Verstörende Bilder von Menschen, die unter unerträglichen Krämpfen zusammenbrachen, flimmerten über den Bildschirm.

»Wäre mir das auch passiert, wenn mein Körper das Juwel abgestoßen hätte?«, fragte Ra mit rauer Stimme.

»Höchstwahrscheinlich«, brummte Luin und wandte sich vom Fernseher ab, als sich der Nachrichtensprecher in Details über die bisherigen Tathergänge verlor.

»Lass uns was essen. Ich fürchte, die Nachrichten werden in nächster Zeit voll von ähnlichen Vorfällen sein, wenn es so weitergeht. Die Seelenfresser breiten sich wie eine Plage über das Land aus. Mich würde nur interessieren, wo sie auf einmal überall herkommen und wer sie erschafft ...« In Gedanken versunken ging er zurück in die Küche und wärmte die Lasagne von gestern auf. Ra setzte sich an den Küchentisch und beobachtete ihn bei der Arbeit.

»Und? Wie lief es so bei Finn? Geht es ihr gut?«

Luin zögerte.

»Was soll ich sagen ... Sie ist ziemlich deprimiert. Aber was kann man nach so kurzer Zeit auch erwarten? Es wird eine Weile dauern, bis sie wieder die Alte ist. ... Und ich soll dir das hier von ihr geben ...«

Luin zog ein zusammengefaltetes Stück Papier aus seiner Hosentasche.

»Hä? Mir? Bist du sicher, dass sie nicht Alex oder Lara gemeint hat?«, fragte Ra überrascht.

»Ja, sie sagte, es wäre für dich«, entgegnete Luin grinsend und reichte ihm den Zettel.

»Die Mühe könnt ihr euch übrigens das nächste Mal sparen, Briefchen in Finns Büchern zu verstecken. Ich spiele gern offiziell den Kurier«, erklärte er mit einem Augenzwinkern. Ra spürte förmlich, wie ihm die Röte ins Gesicht stieg und verfluchte sich stumm für seine eigene Durchschaubarkeit. Hastig schnappte er nach dem Papier und wandte sich ab, um es zu entfalten.

»Und? Was schreibt sie?«, zog ihn Luin weiter auf.

»Schon mal was von Privatsphäre gehört?«, konterte Ra mürrisch, bevor er Finns Zeilen überflog:

Hallo Rakin,

ich wusste lange nicht, was ich dir auf deine Nachricht antworten sollte.

Seit das mit meinen Eltern passiert ist, fühlt sich die Welt schrecklich grau an. Es vergeht kein Tag, an dem ich mir keine Vorwürfe mache, dass ich an diesem Abend von zuhause weggelaufen bin. Trotzdem versuchen mir alle einzureden, dass es nicht meine Schuld ist. Ich hasse die Psychotante im Hauptquartier. Ständig will sie mit mir reden, aber deswegen kommen meine Eltern auch nicht mehr zurück. Außerdem werde ich erst hier rauskommen, nachdem die Arkana mein Gedächtnis gelöscht haben. Der Typ, der die Prozedur bei mir durchführt, ist ein blutiger Anfänger. Es ist also gut möglich, dass mir neben den Erinnerungen an die Arkana auch viele andere Dinge fehlen, wenn sie mit mir fertig sind. Ich habe schreckliche Angst, plötzlich aufzuwachen und mich an niemanden mehr zu erinnern. Also ja, mir geht es richtig beschissen. Trotzdem danke für eure Nachricht. Es hat mich ein bisschen aufgemuntert. Sag Lara und Alex liebe Grüße von mir, ich vermisse euch.

Rakin fühlte sich, als hätte man ihm einen Schlag in die Magengegend verpasst. Mit versteinertem Gesichtsausdruck drehte er sich zu Alba um.

»Alles klar bei dir?«, fragte Luin.

Ra durchbohrte ihn mit finsteren Blicken.

»Ist es wahr, dass sie Finns Gedächtnis löschen wollen?«

Luin hielt für einen Moment die Luft an.

»Ich hatte befürchtet, dass du irgendwann Wind von der Sache kriegen würdest.«

»Es stimmt also!«

»Beruhig dich, das letzte Wort in dieser Angelegenheit ist noch nicht gesprochen.«

Luins Beschwichtigungsversuche scheiterten kläglich.

»Finn schreibt, dass es möglich ist, dass sie sich nach der Prozedur an nichts mehr erinnert!«

»Hör zu, Serafin und ich versuchen, alle Hebel in Bewegung zu setzen. Aber wir können nichts garantieren. Fakt ist, dass Finn zu viel über die Arkana weiß. Damit bleibt uns keine andere Wahl, wenn wir alle Geheimnisse und unseren guten Ruf wahren wollen.«

»Das ist nicht dein Ernst!«

Rakin stand inzwischen mit geballten Fäusten und angespanntem Kiefer vor ihm. Er hörte das Blut in seinen Ohren rauschen, während eine Welle flüssiger Lava in seinem Körper brodelte. Bevor er die Kontrolle verlor, drehte er sich um und rannte zur Tür hinaus. Er schaffte es gerade noch ins Freie, ehe die Feuerkraft ungezügelt aus ihm herausplatzte. Drei riesige Feuerbälle zischten, begleitet von einem Schrei, aus seiner Handfläche gen Himmel, wo sie in einiger Entfernung wie ein Feuerwerk zerplatzten. Keuchend ging Rakin in die Knie. Er fühlte die Erschöpfung seine Beine hochkriechen.

»Ra, ist alles okay, bei dir?«

Luin kam hinter ihm hergeeilt und musterte ihn mit gerunzelter Stirn. Offenbar hatte er nichts von dem Spektakel am Himmel mitbekommen, sonst hätte er anders reagiert.

»Komm zurück ins Haus, du bist furchtbar blass. Lass uns über die Sache in Ruhe reden, in Ordnung?«

Ra nickte nur. Ihm hatte es für einen Moment die Sprache verschlagen. Seine Wut war zusammen mit den Flammen am frühen Abendhimmel verpufft. Zurück blieb nur Leere und Fassungslosigkeit über alles, was soeben passiert war.

EIN ETWAS ANDERER WANDERTAG

Serafin schlenderte gähnend den Gang entlang. Nach ein paar Tagen Bettruhe fühlte er sich schon viel besser. Höchste Zeit, Finn wieder einen Besuch abzustatten. Frau Wardens Berichte über ihren seelischen Zustand hatten ihn beunruhigt. Er nickte dem Wachposten vor ihrer Tür zu und wollte gerade klopfen, als Finns Psychologin deprimiert das Zimmer verließ. Sie seufzte.

»Hallo Serafin. Es ist zum Verzweifeln. Ich komm einfach nicht an sie ran. Sie macht dicht, sobald ich ihre Entführung anspreche.«

»Wie geht´s ihr?«

»Unverändert ... Sie wird jeden Tag weniger.«

Serafin legte die Stirn in Falten und fuhr sich bekümmert durch sein strohblondes Haar.

»Ich schau mal, ob ich was bei ihr erreichen kann.«

Entschlossen drückte er die Tür auf, nachdem er kurz geklopft hatte. Ihm fiel sofort die zusammengerollte Silhouette unter der Bettdecke auf. Wie eine Raupe hatte sich Finn in einen Kokon aus Decken eingerollt und blickte demonstrativ mit dem Gesicht abgewandt zum Fenster hinaus. Serafin holte tief Luft.

»Guten Mittag, Schlafmütze! Raus aus den Federn!«

Schwungvoll zog er ihr die Decke weg und setzte sich zu ihr ans Bett.

»Hey! ... Was soll das?! Lass mich in Frieden!«, beschwerte sich Finn und zupfte ihren Sweater zurecht. Ihr überraschter Gesichtsausdruck sprach Bände. Derweilen stemmte ihr Besucher die Hände in die Hüften.

»Das hättest du wohl gern. Heute ist Wandertag, also beweg deinen Hintern.«

»Was?! Wer ist denn auf diese bescheuerte Idee gekommen?«

»ICH. Und jetzt hoch mit dir.«

Finn rappelte sich ächzend auf und saß anschließend zusammengesunken auf der Bettkante.

»Aber ich fühle mich total kaputt ...«

»Kein Wunder, wenn du nichts isst und ständig nur mit trüben Gedanken im Bett rumhängst. Da, nimm und iss!«

Serafin nahm eine Banane aus der gefüllten Obstschale auf dem kleinen Seitenschrank und begann sie zu schälen.

»Aber–«

»Keine Widerrede, oder willst du, dass deine Eltern sich da oben Sorgen um dich machen müssen?«

Er deutete mit dem Zeigefinger gen Himmel.

Widerwillig nahm Finn das Obst und begann, wie ein Eichhörnchen kleine Bissen davon zu nehmen. In ihren Augen glitzerten Tränen, die sich stumm einen Weg über ihre Wangen bahnten.

»So ist es gut«, ermunterte sie Serafin mit einem sanften Lächeln.

Als sie aufgegessen hatte, stopfte er sich noch ein Paar Äpfel in die Taschen seiner dünnen Sommerjacke, bevor er sich von seinem Platz erhob.

»Na? Was meinst du? Startklar?«

»Hast du das wirklich ernst gemeint?«, fragte Finn mit hochgezogenen Augenbrauen.

»Aber sowas von. Weißt du, das Einzige, was bei Sorgen hilft, ist

Abwechslung. Du wirst schon sehen, ein bisschen Sonne und frische Luft werden dir guttun.«

Seufzend schob sich Finn aus dem Bett und zog ihre Schuhe an.

»Und wohin gehen wir?«

»Lass dich überraschen.«

Serafin zwinkerte ihr zu und hielt ihr die Tür auf. Zusammen verließen sie den Raum und durchquerten das Gebäude. Er führte sie auf direktem Weg zu einer Tür, die in das weitläufige Gartengelände des Hauptquartiers hinausführte, das wie eine Kaserne von einer drei Meter hohen Mauer umgeben war.

»Was für eine schöne Aussicht. Man fühlt sich gleich wie im Gefängnis«, stichelte Finn ironisch. Serafin konnte sich ein Lachen nicht verkneifen.

»Dein schwarzer Humor scheint immer noch ganz gut zu funktionieren, was? Hab ein bisschen Geduld, okay?«

»Meinetwegen.«

Er brachte sie in eine abgelegene Ecke der Anlage, in der sich ein Trainingsplatz im Schatten einiger alter Bäume befand. Am Ende blieb er neben einer knorrigen Trauerweide stehen und klopfte an den Stamm, als wäre sie ein Kumpel von ihm.

»Ich hoffe, du bist gut im Klettern.«

»Nicht dein Ernst, oder?«

»Allmählich solltest du wissen, dass ich keine Witze mache«, feixte Serafin, als er behände wie ein Affe, an den Ästen nach oben kletterte.

»... Hey, warte auf mich!«

Finn gab ihr Bestes, ihm hinterherzukommen. Der alte Baum war dank seiner vielen Verzweigungen leicht zu erklimmen. In acht Metern Höhe setzte sich Serafin auf einen dicken, moosbewachsenen Ast, der wie ein Ausleger fast waagrecht vom Stamm abzweigte. Er klopfte mit der Handfläche auf den Platz neben sich, als Finn ihm keuchend hinterherkam.

»Setz dich.« Er grinste breit und deutete auf den freien Ausblick Richtung Berge, den man von hier oben hatte.

»Na hab ich zu viel versprochen?«

»Wow, coole Aussicht!«

Zum ersten Mal seit langem stahl sich ein Lächeln auf ihre Lippen. Sie schloss die Augen, atmete tief ein und genoss den leichten Wind, der ihr hier oben um die Nase wehte. Aoi spitzelte verschlafen aus dem Kragen ihres Pullovers und machte es sich wenig später auf ihrer Schulter gemütlich.

»Hier fang.«

Finn blinzelte und sah gerade noch, wie Serafin ihr einen Apfel aus seiner Tasche zuwarf. Verdattert fing sie das Obst in letzter Sekunde auf.

»Hier, iss was«, meinte er schmatzend, nachdem er einmal herzhaft in seinen eigenen Apfel gebissen hatte. Finn nickte und tat es ihm gleich. Es schmeckte herrlich saftig.

»Danke.«

»Wofür?«

»Du weißt schon ... Dafür, dass du mich da rausgeholt hast.«

Finn fixierte seufzend den Apfel in ihren Händen.

»Gerne.«

Schweigend betrachteten sie für eine Weile das Panorama vor ihnen. Finn schielte nervös zu ihm hinüber. Sie holte tief Luft.

»Sag mal ... hast du jemals von den Erben des Feuers gehört?«

Sie versuchte, ihre Stimme möglichst gleichgültig klingen zu lassen.

Serafins Augen weiteten sich vor Überraschung. Er runzelte die Stirn, als glaubte er, sich verhört zu haben.

»Was? ... Wo hast du das denn aufgeschnappt?«

Finn presste nervös die Lippen zusammen und fixierte ihre Sneaker, die unter ihr in der Luft baumelten. Das Rascheln der Blätter im Wind untermalte für einen Augenblick die angespannte Stille zwischen ihnen.

»Versprichst du mir, dass du das nicht an deine Kollegen weitergibst?«

Ihr Gegenüber schluckte schwer, als er zu ahnen begann, in welche Richtung das Gespräch sich bewegte.

»Ich gebe dir mein Ehrenwort.«

Finn sah ihm direkt in die Augen, als versuchte sie, damit herauszufinden, ob er die Wahrheit sagte.

»Mein Entführer, Zyon ... Er hat von einem *Erben des Feuers* gesprochen. Weißt du etwas darüber?«

Serafin hatte die Augen nachdenklich zusammengekniffen.

»Bist du sicher, dass er es so formuliert hat?«

»Ja.«

Er seufzte.

»Die Erben des Feuers waren ein altes Geschlecht der Drachenbändiger, deren Ahnenlinie weit bis ins Mittelalter zurückreicht. Ihr Name rührte daher, weil in ihren Adern ein gewisser Anteil Drachenblut floss. Das befähigte sie, mit Drachen zu kommunizieren und sie zu kontrollieren ...«, er brach ab und musterte Aoi auf Finns Schulter, der sich dort vertrauensselig zusammengerollt hatte und friedlich vor sich hin döste.

»Doch über die Jahrhunderte verlor der Familienclan immer mehr an Einfluss und wurde durch einige Schicksalsschläge fast ausgelöscht. Es existiert seither nur noch ein winziger Seitenzweig dieser mächtigen Familie, der lange Zeit keinen Drachenbändiger hervorbrachte. Vor etwa 30 Jahren wurde dann die letzte Erbin des Feuers aus dieser Blutlinie geboren. Ihre Begabung war beeindruckend.«

»Und was ist aus ihr geworden?«, hakte Finn nach.

»Tja, das wüsste ich auch gern ...«, antwortete Serafin nachdenklich.

»Sie war fünfzehn, als sie spurlos verschwand. Nach langwieriger Suche fand man blutige Kleidung und persönliche Gegenstände an einem verlassenen Ort. Die damaligen Ermittler gingen von einem Gewaltverbrechen aus. Eine Leiche wurde jedoch nie gefunden.«

Bekümmert schüttelte Serafin den Kopf.

»Ihre Eltern haben den Verlust nie verkraftet. Für die Drachenblutlinie war ihr Verschwinden eine Katastrophe.«

»Heißt das, mit diesem Mädchen ist die Blutlinie der Erben des Feuers ausgestorben?«

Serafin nickte langsam, während sein Blick in die Ferne schweifte.

»In welchem Zusammenhang hat dein Entführer die Drachenbluterben erwähnt?«

Finn zögerte.

»Er ... er behauptete, ich wäre eine Erbin des Feuers«, stammelte sie kopfschüttelnd.

Serafin stutzte.

»Das ist praktisch unmöglich ... es sei denn, einer deiner Elternteile gehörte über zwölf Ecken dem Drachenblutclan an. Doch das wäre bekannt, das darfst du mir glauben. Der Stammbaum der Erben des Feuers wurde akribisch dokumentiert. Aber wenn du magst, werde ich versuchen auf eigene Faust dieser Spur nachzugehen.« Er brach stirnrunzelnd ab.

»Weißt du, ich habe leider nicht die leiseste Ahnung, was dieser Kerl dir alles eingeredet hat. Aber ich bin mir sicher, dass seine Absichten nicht die besten waren. Vielleicht wollte er dich einfach nur manipulieren, dass du ihm ohne Widerstand folgst.«

Nachdenklich massierte er sich die Nasenwurzel.

»Hast du diese Sache mit den Drachenbluterben den Ermittlern gesagt, die dich befragt haben?«

»Nein«, flüsterte Finn und ließ die Schultern hängen.

»Warum nicht? Was ist passiert, dass du so misstrauisch gegenüber den Arkana bist?«

Sie schüttelte deprimiert den Kopf.

»Es ... tut mir leid.«

»Komm schon Finn, ich kann dir nicht helfen, solange du alles in dich hineinfrisst. Ich gebe dir mein Ehrenwort, dass ich dichthalte, egal was du mir anvertraust.«

Serafin schielte vorsichtig zu ihr hinüber. Sie hatte die Beine zur Brust gezogen und das Gesicht in ihren verschränkten Armen vergraben. Eine ganze Weile war nur das Rauschen der Blätter im

Wind zu hören. Frustriert wandte Serafin den Blick ab und beobachtete die Wolken, die über den Himmel zogen.

»Zyon hat gesagt, dass es unter den Arkana böse Menschen gibt, die ihm schwere Verbrechen in die Schuhe geschoben haben, um ihn aus dem Weg zu räumen ...«

Serafin blickte überrascht in ihre Richtung. In seinem Kopf rasten die Gedanken.

»Du meinst, er ist ein Abtrünniger?«

Finn nickte und blinzelte über den Rand ihrer Arme zu ihm hinüber.

»Er sagte, dunkle Arkana wären die Drahtzieher hinter den Seelenjägerangriffen und sie würden versuchen, mich von meinen Eltern zu trennen, um mich in ihre Gewalt zu bringen, sobald sie vom Geheimnis der Drachenblutlinie wüssten ...« Sie schluchzte leise »... Und wenig später waren sie tot ...«

»Im Ernst? Das hat er zu dir gesagt? Bist du nicht auf die Idee gekommen, dass ER vielleicht der Mörder deiner Eltern sein könnte?«

»Genau das ist ja das Problem! Ich habe keine Ahnung, wem ich noch trauen kann. Arthur hat mir ebenfalls gleich nach der Entführung eingebläut, dass ich bloß vor den Arkana die Klappe über die Drachenbluterben halten soll ... Dabei gehört er ja auch zu dieser Organisation. Irgendwie ergibt das alles keinen Sinn.«

Finns Blick schweifte in die Ferne, als versuchte sie, die Antworten, die sie sich erhoffte irgendwo dort draußen zu finden. Serafin war für einen Moment sprachlos. In seinem Kopf setzte sich allmählich ein Puzzle zusammen, dessen Ausmaß er selbst noch nicht abschätzen konnte.

»Arthur ist ein Sonderfall«, erklärte er zögernd.

»Er war früher ein sehr angesehenes Mitglied, aber er wurde in ein Machtkomplott verwickelt, das ihn letztendlich all seine Stellung und seinen guten Ruf gekostet hat. Er selbst behauptet, dass er unschuldig verurteilt wurde. Diese Tatsache hat unter anderem dazu geführt, dass er die Arkana inzwischen meidet. Er sieht hinter allem eine Verschwörung ...« Serafin seufzte. »Ich versuche herauszufinden, warum er so reagiert hat, du musst dich aber ein bisschen gedulden. Arthur kann stur sein wie ein Esel.«

»Mir würde schon reichen, wenn er mich endlich wieder besuchen kommt. Dann könnte ich ihn selbst danach fragen.«

Zerknirscht kratzte sich Serafin an der rechten Schläfe.

»Ich fürchte, das wird in nächster Zeit nur schwer möglich sein ... Er ... steht unter Arrest.«

»Warum das denn?!«, entgegnete Finn fassungslos, bevor Serafin ihr grob umriss, um was es ging.

»Man hat ihn im Zentralarchiv erwischt, in das er sich unbefugt Zutritt verschafft hatte. Laut eines Kollegen wurde er dabei ertappt, wie er Dokumente verschwinden lassen wollte.«

Serafin verschwieg ihr, dass Arthur auch wegen des Verdachts auf Verrat in Untersuchungshaft war, um ihr nicht zusätzliche Gewissensbisse aufzubürden.

»Ich kapier das alles nicht!«

Finn schüttelte fassungslos den Kopf.

»Mach dir keine Sorgen, wir kriegen das schon wieder hin. Lass das mal mein Problem sein. Du dagegen solltest dir ernsthaft überlegen, ob du deinen Entführer weiterhin decken willst. Ich fürchte, dass er dir nur eine warmweiche Geschichte aufgetischt hat, um dich für sich zu gewinnen und dein Vertrauen in die Arkana zu untergraben. Vielleicht ist er sogar der Mörder deiner Eltern. Wenn was an der Sache dran ist und wir ihn schnappen, werde ich ihn persönlich zur Hölle schicken, das verspreche ich dir!«

Serafin ballte seine rechte Hand zu einer wütenden Faust.

Zunächst herrschte eine Zeit lang Stille zwischen den beiden, bis Finn erleichtert seufzte.

»Danke ... es hat echt gutgetan, mit jemandem zu reden ... Ich hatte das Gefühl, ich würde bald platzen, wenn ich das Ganze noch länger in mich hineingefressen hätte.«

Ihr Gegenüber lächelte.

»Na dann ist ja gut. Ich würde dir gern etwas zeigen. Lust, mitzukommen?«

Finn nickte.

»Klar! Wo gehen wir diesmal hin? Klettern wir aufs Dach des Hauptquartiers?«, scherzte sie.

»Das wirst du gleich sehen. Wer zuerst unten ist!«

»He! Warte auf mich!«

HITZEFLIMMERN

Lara verdrehte die Augen, als sie schon wieder zwei Mädchen dabei ertappte, wie sie ihn heimlich anstarrten, um danach sofort kichernd die Köpfe zusammen zu stecken. Sie ließ sie links liegen und steuerte direkt auf Ra zu, der sich gerade mit Alex unterhielt.

»Hi Ra! Gibt es Neuigkeiten von Finn?«

»Hey Lara.«

Sie bemerkte sofort an seinem finsteren Gesichtsausdruck, dass etwas nicht stimmte.

»Du hattest recht.«

»Was meinst du damit?«, fragte Lara beunruhigt.

»Sie wollen tatsächlich Finns Gedächtnis löschen.«

Für einen Moment war es totenstill zwischen den dreien.

»Aber ... Das können die doch nicht machen!«, platzte es fassungslos aus Lara heraus.

Alex stand der Mund sperrangelweit offen.

»Sowas geht? ... Ich meine, gibt es den Vergesser, von dem sie gesprochen hat, also wirklich?«

Rakin zuckte nur mit den Schultern. Seine Lippen waren zu einer schmalen Linie zusammengepresst.

Lara schüttelte begriffsstutzig den Kopf.

»Heißt das, sie kann sich danach nicht mehr an uns erinnern?«

»Keine Ahnung!«, platzte es wütender als gewollt aus Ra heraus. Die Luft um ihn herum begann wild zu flimmern.

»Hey, alles in Ordnung ...?« Alex legte ihm versöhnlich eine Hand auf die Schulter.

»Autsch! ... was zur Hölle!«

Hastig zuckte er zurück, als hätte er einen Geist gesehen. Sein Freund sog scharf die Luft ein und distanzierte sich sofort ein paar Schritte, als er realisierte, was passiert war.

»Sorry ... ich ... ich muss weg!«

Lara und Alex standen da wie paralysiert, als sie Rakin hinterherblickten, wie er überstürzt in der Schülermenge verschwand.

»Was war das denn eben?« Lara verschränkte die Arme vor der Brust und musterte Alex, der entgeistert seine schmerzende Handfläche betrachtete.

»Verdammt, er ... er war heiß wie ein Bügeleisen ...«

»Jetzt red doch keinen Blödsinn!«

»Es war aber so!«

Alex seufzte.

»Ich habe das unbestimmte Gefühl, dass Ra in Schwierigkeiten steckt.«

»Nicht schon wieder ...«

Lara ließ genervt den Kopf in den Nacken fallen.

»Los, hinterher!«

Serafin holte tief Luft, bevor er an das dicke Eichenholzportal mit dem verschnörkelten Wappen der Arkana klopfte. Wenige Augenblicke später wurde ihm vom Generalsekretär geöffnet.

»Kommen Sie rein, Elrayo. Der Direktor erwartet sie bereits.«

Serafin erwiderte den Gruß und trat mit angespannter Miene ein.

Wenig später stand er vor dem Schreibtisch des amtierenden Leiters des Hauptquartiers, Professor Elyssar Goldstein. Er hatte elegant die Beine übereinandergeschlagen und wirkte mit seinem gepflegten Drei-Tage-Bart, dem schlichten dunklen Rollkragenpullover samt hellgrau abgesetztem Jackett wie ein in die Jahre gekommenes Hugo-Boss-Model. Seine graublauen Augen musterten Serafin von Kopf bis Fuß, als er den Raum betrat.

»Guten Tag, sie wollten mich sehen?«

Goldstein rührte geschäftig in einer Tasse schwarzen Kaffees.

»Setzen Sie sich, Elrayo. Sagen sie, wie haben sie es angestellt, das Mädchen zum Reden zu bringen?«

Serafin blinzelte, während er widerwillig Platz nahm.

»Äh ... wie bitte?«

»Es geht um Finn Maron. Unsere Psychologen versuchen seit fast zwei Wochen vergeblich Details über ihren Entführer aus ihr herauszubekommen. Kaum ist die Kleine einen Nachmittag mit Ihnen an der frischen Luft, ist sie plötzlich wie umgekrempelt. Im Gespräch mit einem Ermittler hat sie heute eine Menge Hinweise auf ihren Entführer preisgegeben. Unser Team arbeitet mit Hochdruck daran, dem Täter anhand der neuen Indizien auf die Spur zu kommen. Gute Arbeit, Elrayo.«

Elyssar Goldstein fixierte Serafin mit einem anerkennenden Lächeln.

»Oh ... ähm ... Danke. Ich schätze, ich habe einfach nur einen guten Draht zu ihr.«

»Das ist schön zu hören. Leider sind mir in letzter Zeit auch andere Gerüchte zu Ohren gekommen.«

Serafin erstarrte für einen Moment, als er sah, wie Goldsteins Augen schmal wurden.

»Hören Sie, Elrayo. Sie sind einer unserer besten Männer und Ihre Reputation ist tadellos. Dennoch bereitet mir Ihre enge Verbindung zu Arthur Kamon Sorgen. Er macht nur Ärger und hat möglicherweise einen schlechten Einfluss auf Sie.«

Elyssar Goldstein taxierte Serafin mit strengem Blick, während er mit einem imposanten Siegelring am linken Zeigefinger spielte.

»Machen Sie sich keine Sorgen. Arthur ist nur ein alter Bekannter, dem ich hin und wieder aus Gefälligkeit einen Besuch abstatte. Das heißt aber nicht, dass ich seine zweifelhaften Ansichten teile.«

Serafin versuchte, seiner Stimme einen festen Klang zu verleihen.

»Ich vertraue Ihnen, Elrayo. Enttäuschen Sie mich nicht.«

Sein Vorgesetzter lehnte sich in seinem schwarzen Ledersessel zurück und verschränkte die Finger vor der Brust. Seine scharfen Adleraugen ruhten noch immer auf seinem jungen Kollegen, der den Blick entschlossen erwiderte.

»Sie können sich auf mich verlassen.«

»Gut, dann habe ich einen Auftrag für Sie. Keine Sorge, es ist buchstäblich eine kinderleichte Aufgabe.«

Hallo meine liebe Finn,

ich hoffe, es geht dir gut, nach allem, was in letzter Zeit passiert ist. Ra ist erst vor kurzem wieder in die Schule gekommen und hat uns ausführlich erzählt, was an dem Tag deiner Entführung geschehen ist. Das muss krass für dich gewesen sein! Am liebsten würde ich dich besuchen kommen, aber Unbefugte haben leider keinen Zutritt zum Hauptquartier. Also bleibt mir nichts übrig, als mich zu gedulden und darauf zu warten, bis du endlich wiederkommst. In der Schule ist es total öde ohne dich. Die anderen Mädchen in unserer Klasse sind richtige Giftnudeln und streuen alle möglichen Gerüchte, weil du schon so lange weg bist. Aber das blöde Geschwätz braucht dich nicht zu

kümmern. Schau lieber, dass es dir bald wieder besser geht. Allerdings muss ich dich vorwarnen. Der vorsommerliche Prüfungsmarathon geht bald los. Das wird eine harte Zeit. Aber ich denke, wir kriegen das schon irgendwie gebacken. Zur Not lernen wir zusammen, bis wir umfallen - vorausgesetzt du bist bis dahin zurück. Mir wäre momentan jede Abwechslung recht. Mein Vater benimmt sich seit ein paar Wochen total seltsam und ist noch öfter weg, als er es eh schon war. Keine Ahnung, was mit ihm los ist. Ich habe das drängende Gefühl, dass er mir aus dem Weg geht. Hast du eine Idee, wie ich das Eis brechen könnte? Ich vermisse unsere Gespräche und hoffe, ich höre bald wieder von dir.
Viele liebe Grüße und fühl dich von mir gedrückt!

Lara

Finn seufzte wehmütig, als sie Laras Brief zur Seite legte, den Luin ihr samt neuer Arbeitsblätter und Übungsaufgaben hierher gebracht hatte. Sie vermisste ihre Freundin. Sofort nahm sie Stift und Block zur Hand, um ihr eine Antwort zu schreiben. Kaum hatte sie zwei Sätze auf dem Papier, klopfte es stürmisch an der Tür. Serafin stolperte fast mit der Tür ins Zimmer. Er wirkte mürrisch und etwas durch den Wind, was Finn an der großen Falte zwischen seinen Augenbrauen festmachte.

»Hey Serafin, ist irgendwas passiert?«

Er zuckte einmal kurz mit den Schultern und verdrehte die Augen

Richtung Decke.

»So könnte man es wohl auch ausdrücken ... Darf ich vorstellen: der Nanny.« Er zeigte theatralisch mit beiden Zeigefingern auf sich.

»Hä? Soll das ein Witz sein?«

»Tja, das dachte ich zunächst auch, aber da du offenbar mit niemand anderem, außer mit mir sprichst, hat Direktor Goldstein mich dazu verdonnert, dich täglich zu bespaßen. Da ich keine Ahnung habe, was ich die ganze Zeit über mit dir anstellen soll, dachte ich, ich tue einfach das, was ich am besten kann: Trainieren! Daneben hält es dich fit, bringt dich auf andere Gedanken und wird dir später in allerlei brenzligen Situationen hilfreich sein.«

Entgegen seiner Erwartung wurden Finns Augen immer größer.

»Ist das dein Ernst? Heißt das ich darf hier raus?«

»Ähm ... ja. Solange du in meiner Begleitung auf dem Trainingsgelände bist ...«

»Gut, wann werden wir anfangen?«

Serafin grinste breit.

»Gleich heute ...«

Alex hüpfte vor Freude durchs Zimmer. Er hatte vom Fenster aus die Limousine seines Vaters entdeckt, die die Einfahrt zum Haus entlang rollte. Seine Mutter war vor zehn Minuten gekommen, was bedeutete, dass sie endlich einmal wieder alle gemeinsam zu Abend essen würden. Schnell zog er sich sein Lieblingsshirt über und kramte die blaue Papiermappe aus seinem Rucksack. Beschwingten Schrittes lief er die imposante Marmortreppe hinunter in Richtung des Speisezimmers. Er stutzte.

»Das ist nicht dein Ernst, Julius!«, hörte er seine Mutter bereits von weitem.

»Du willst mir jetzt nicht erzählen, dass du in zwei Tagen schon wieder für drei Wochen nach Boston abreist! Hast du etwa eine Andere?«

»So ein Blödsinn! Wie kommst du auf diese bescheuerte Idee?«

Alex näherte sich vorsichtig dem Durchgang und hielt für einen Moment die Luft an. Er spähte verhalten in den Raum. Sein Vater saß zusammengesunken auf einem der Stühle, während seine Mutter ihm gegenüber saß und ihn mit finsteren Blicken durchbohrte. Alex´s zweitältester Bruder Robert war auch schon da. Er starrte teilnahmslos auf sein Handy, als wäre ihm das Ganze egal. Vielleicht hatte er sich auch bereits an das ständige Theater gewöhnt.

»Das heißt also, du wirst an Alex´s Geburtstag schon wieder nicht da sein?«, legte seine Mutter nach. Das Geräusch der herunterfallenden Mappe ließ die versammelte Gesellschaft zusammenzucken und zu Alex herumfahren.

»Sorry, ich ... Ich wollte nicht stören«, stammelte er verlegen, bevor er hastig die Mappe aufhob.

»Hallo Paps! Schön, dass du mal wieder da bist.«

Alex umarmte seinen Vater von hinten über die Stuhllehne, bevor er um den Tisch herumging und seine Mutter auf dieselbe Art begrüßte. Robert, der nur kurz vom Handy aufschaute, boxte er locker in die Schulter. Verkrampft ließ er sich neben seinem Vater auf den nächsten freien Stuhl fallen. Seine Mutter seufzte.

»Hallo Alex, Schätzchen. Wie war dein Tag?«

»Ach, ganz ok.«

»Das hört sich ... gut an.« Sie machte eine kurze Pause, bevor sie erneut ansetzte.

»Hör zu, dein Vater hat dir etwas mitzuteilen -«

»Marlene, bitte!«, unterbrach Julius sie scharf.

»Ich kann nichts dafür, dass ich so plötzlich wegmuss. Ich wäre auch lieber daheim! Es gibt einen dringenden Notfall im Werk in Boston.«

»Sicher, du musst mal wieder die Welt retten, weil du ja ach so unabkömmlich bist. Es ist immer das gleiche mit dir!«

»Und was glaubst du, wovon du dir all den Luxus hier leisten kannst?«, trumpfte sein Vater mit ausladender Gestik auf.

Seine Mutter lachte bitter.

»Hast du vergessen, dass ich auch Vollzeit arbeite? Ist mein Einkommen als Ärztin etwa nichts?! Ich habe es so satt, ständig mit den Kindern hier alleine zu sitzen!«

»Jetzt ist mal wieder gut, ja? Du wusstest von Anfang an, dass ich die Firma übernehmen würde. Damals konnte es dir gar nicht schnell genug gehen, in eine reiche Familie einzuheiraten!«

»Willst du mir hier vor den Kindern etwa unterstellen, dass es mir immer nur um´s Geld ging?«

Alex sank in seinem Stuhl zusammen und starrte auf den leeren Tisch, während sich der Streit seiner Eltern mit zunehmender Lautstärke fortsetzte. Erst als die Haushälterin mit dem Speisewagen aus der Küche kam und das Essen servierte, hielten sie für einen Moment inne. Alex zögerte, bevor er die Mappe hervorholte, die er neben sich auf einem freien Stuhl deponiert hatte.

»Ach übrigens«, versuchte er hastig das Thema zu wechseln.

»Ich habe in Englisch eine glatte Eins geschrieben«, erklärte er lächelnd und schob das korrigierte Blatt Papier stolz zu seinem Vater hinüber. Der riskierte einen flüchtigen Blick und nickte, nachdem er sich ein Stück Entrecôte in den Mund schob.

»Toll. Sieht so aus, als hätten sich die Englisch-Feriencamps ausgezahlt.« Er hatte kaum das letzte Wort ausgesprochen, als es am Türrahmen klopfte und der älteste Sohn der Familie verspätet den Raum betrat. Gewohnt lässig schlurfte Frank mit löchriger Baggy-Jeans, ungeschnürten, halbschäftigen Boots und einem grauen, obszön bedruckten Band-Shirt ins Zimmer. Seine langen, schwarzen Haare trug er lose im Nacken zusammengebunden, was den Blick auf seinen geröteten Hals lenkte. Dort prangte ein offensichtlich frisch gestochenes Tattoo in Form eines Zombie-Stierschädels, der den Betrachter aus dämonischen Augen angrinste.

»Oh nein! Du hast dir doch nicht etwa schon wieder so ein schreckliches Tattoo stechen lassen?«, sprach Alex´s Mutter die unübersehbare Tatsache mit spitzer Stimme aus. Sie rang einen Moment um Fassung und schnappte wie ein gestrandeter Fisch nach Luft.

»Du bist eine Schande für unsere ganze Familie!«, schloss sich sein Vater mit enttäuschter Stimme an. In diesem Punkt waren sich die beiden ausnahmsweise einig. Frank fläzte sich unbeeindruckt in einen Stuhl. Ein kaum merkliches, selbstzufriedenes Lächeln umspielte seine Lippen.

»My body, my choice«, flapste er trocken auf Englisch, was so viel bedeutete wie „mein Körper, meine Entscheidung".

»Hey, bringen Sie mir eine Cola«, wandte er sich an die Haushälterin, als sie ihm eine Mahlzeit servierte. Sie duldete sein schlechtes Benehmen, doch den Unmut darüber konnte man unverhohlen von ihren Gesichtszügen ablesen. Marlene war inzwischen fast den Tränen nahe.

»Man könnte nicht meinen, dass du aus gutem Hause stammst!«,jammerte sie mit vorwurfsvoller Stimme. Alex spürte, wie ihm der Appetit verging. Er schlang die Reste seines Essens hinunter, bevor der Streit am Tisch weiter eskalierte. Mit den Worten »Ich muss noch was für die Schule lernen«, zog er sich auf die Füße und wünschte allen kurz angebunden eine gute Nacht, bevor er den Raum verließ. Oben in seinem Zimmer schmiss Alex seine Mappe achtlos aufs Bett und riss wütend die gläserne Schiebetür zum Balkon auf. Seufzend stützte er sich mit dem Ellbogen auf dem Geländer auf und durchsuchte mit der anderen Hand aufgewühlt seine Hosentasche. Bald wurde er fündig und zog die zerknautschte Zigarettenpackung und das billige Feuerzeug hervor, das ein Kumpel ihm heute heimlich in der Pause geschenkt hatte. Er steckte sich eine Zigarette in den Mund und versuchte sie unbeholfen anzuzünden. Plötzlich klopfte es an seiner Zimmertür.

»Alex, darf ich reinkommen?«, hörte er die Stimme seines Vaters. Vor Schreck ließ er Schachtel samt angekokelter Zigarette fallen, die über die Brüstung in den Garten hinunter purzelten.

»Shit!«, zischte Alex leise, bevor er sich zur Tür umdrehte.

»Ja, ich bin hier draußen.«

Sein Vater öffnete die Tür, durchquerte den großen Raum und gesellte sich zu seinem Sohn auf den Balkon. Er schwieg einen

Moment und betrachtete zusammen mit ihm das nächtliche Bergpanorama im Süden, das sich als dunkle Silhouette vom Nachthimmel abhob.

»Was gibt´s?«, fragte Alex. Er versuchte, seiner Stimme einen unbekümmerten Ton zu geben. Sein Vater seufzte.

»Hey, hör mal. Es tut mir leid, wie das heute Abend gelaufen ist ... und dass ich an deinem Geburtstag nicht da sein kann«, fügte er schnell hinzu.

»Ich weiß, wie viel dir daran liegt ...« Verlegen fuhr er sich durch sein dunkelbraunes Haar, das an den Schläfen allmählich ergraute.

»Hör zu, es ist leider unvermeidlich, dass ich schon wieder wegmuss ... Was hältst du davon, wenn wir beide zusammen ein Wochenende wandern gehen und auf einer Hütte übernachten, sobald ich zurückkomme? Nur du und ich, so wie früher, als du noch ein Kind warst. Die Anderen haben auf sowas eh keine Lust.«

Alex, der bisher starr vor sich den Nachthimmel fixiert hatte, blinzelte überrascht.

»Meinst du das ernst?« Er konnte die Freude in seiner Stimme kaum verbergen.

»Ja, großes Ehrenwort.«

ASCHE ZU ASCHE

Es war ganz früh am Morgen, als Finn unter ihrer Bettdecke
hervor kroch und sich ans Fenster setzte. Die Sonne war noch
nicht aufgegangen, aber es dämmerte bereits und die Vögel
draußen gaben ein Galakonzert an diesem Frühsommertag. Finn
genoss die Stille und schloss für einen Moment die Augen. Sie hatte
die ganze Nacht kaum geschlafen. Heute war das Ereignis, vor dem sie
sich schon seit Tagen fürchtete. Mit zittrigen Knien ging sie zum
Schrank hinüber und holte das schlichte, knielange Kleid hervor, das
man ihr extra für diesen Anlass besorgt hatte. Es war aus einem
feinen, schwarzen Spitzenstoff, der an den Ärmeln und am Rücken
leicht durchsichtig wirkte. Seufzend hängte sie es wieder zurück und
marschierte rastlos im Zimmer auf und ab. Aoi blinzelte unter ihrem
Kissen hervor und gähnte herzhaft, bevor er seine kleinen Flügelchen
entfaltete und zu ihr hinüber flatterte. Zielsicher landete er auf ihrer
Schulter und ließ sich genüsslich am Kinn kraulen. Er schien zu
spüren, wie schrecklich sie sich fühlte. Finn hatte das Gefühl, ihr
ganzer Körper bebte innerlich. Die wachsende Verzweiflung schnürte
ihr die Luft ab. Mit zittrigen Fingern öffnete sie das Fenster und sah
hinaus in die Morgendämmerung. Die aufgehende Sonne tauchte
alles in ein warmes, rotgoldenes Licht. Finn seufzte beim Anblick der

herannahenden Wolkenfront, die sich im Westen zusammenbraute. Wie viele Leute würden wohl da sein? Sie hoffte im Stillen, dass es nur wenige sein würden und umklammerte fröstelnd mit den Armen ihre Taille. Aoi kletterte in der Zwischenzeit an ihrem Hals nach oben und baute sich in ihren Haaren ein gemütliches Nestchen. Er hatte ihre Anspannung bereits seit Tagen gespürt. Finn war froh über die kleine Ablenkung. Stumm stand sie da und blickte ins Leere, bis es an der Tür klopfte.

»Finn? Schläfst du noch? Zeit zum Aufstehen. In einer Stunde musst du los. Frühstück kommt gleich«, hörte sie Frau Lys vor ihrer Tür rufen.

»... Bin wach«, entgegnete sie kraftlos und tastete auf ihrem Kopf nach Aoi, der dort friedlich döste.

»Komm schon Kleiner, du solltest allmählich in meinen Ärmel verschwinden, bevor dich noch jemand sieht«, flüsterte sie und holte ihn von seiner hohen Warte herunter. Aoi war darüber nicht gerade begeistert, aber er schien es inzwischen gewohnt zu sein, dass er von ihr versteckt wurde, sobald sich Schritte von draußen näherten. Kurze Zeit später brachte Frau Lys das Frühstück auf einem Tablett.

»Guten Morgen, ... wie geht es dir heute?«, fragte sie vorsichtig.

»Weiß nicht. Ich habe eigentlich gar keinen Hunger«, entgegnete Finn blass und rührte lieblos in ihrem Kakao herum.

»Du musst aber was essen, Mädchen, sonst klappst du uns heute zusammen«, seufzte Frau Lys. Sie nahm eine kleine schwarze Umhängetasche von ihrer Schulter.

»Ich habe noch etwas für dich.«

Sie reichte Finn die Tasche.

»Hier ... für Taschentücher und so ... du wirst sie bestimmt brauchen ...«

»Danke.«

Finn fühlte, wie Tränen unaufhaltsam in ihre Augen stiegen. Sie hatte geahnt, dass es ein tränenreicher Tag werden würde, hatte sich aber fest vorgenommen, nicht schon vor dem Frühstück zu weinen.

»Ach, Finn ... Es tut mir so leid.«

Frau Lys drückte sie tröstend an sich.

»Du schaffst das heute. Die Kirche wird nicht ewig dauern«, redete sie ihr Mut zu.

Finn konnte sich inzwischen nicht länger zurückhalten. Die Tränen brachen unter tiefen Schluchzern unaufhaltsam aus ihr heraus und bahnten sich einen Weg über ihre Wangen. Es dauerte einige Minuten, bis sie sich etwas beruhigt hatte. Frau Lys schaute zerknirscht auf ihre Uhr.

»Tut mir leid, Kleines. Ich will nicht drängen, aber du musst dich fertig machen. Die Zeit wird allmählich knapp.«

»Ist schon ok«, antwortete Finn und wischte sich mit dem Ärmel die Tränen ab.

»Ich geh kurz unter die Dusche.«

»Gut. Ruf mich, wenn du fertig bist.«

Finn nickte stumm und sah Frau Lys hinterher, als sie den Raum verließ. Fröstelnd zog sie sich aus und drehte die Dusche heiß auf. Die Wärme des Wassers half, die Leere in ihrem Inneren ein Stück weit zu verdrängen. Sie musste sich dazu zwingen, ihre kleine Zuflucht zu verlassen. Schnell trocknete sie sich ab und schlüpfte in das schwarze Kleid, das man für sie gekauft hatte. Es passte wie angegossen. Nur flüchtig streifte ihr Blick den angelaufenen Badezimmerspiegel. Hastig föhnte sie ihr Haar, das inzwischen die Länge eines Pixie Cuts erreicht hatte. Als sie damit fertig war, ließ sie sich zurück aufs Bett fallen, wo Aoi bereits auf sie gewartet hatte. Er krabbelte frech über ihr Gesicht und schnüffelte gierig in Richtung des Frühstückstabletts. Finn wusste sofort, was er wollte. Sie rappelte sich hoch, nahm ihn in ihre Hand und kitzelte Aoi am Bauch. Danach setzte sie sich zusammen mit ihm an den Frühstückstisch und pickte dort den Schinken vom Teller, der neben Marmelade und Käse zur Auswahl stand. Aoi konnte es kaum mehr erwarten.

»Schau mal, der ist wie immer für dich.«

Finn zupfte die Scheiben in kleine Stücke und fütterte ihren hungrigen Drachen, der alles gierig in sich hineinschlang.

»Nicht so hastig, sonst bekommst du wieder Blähungen!«

Ihren kleinen Freund schien das jedoch reichlich wenig zu kümmern. Er stopfte munter alles in sich hinein. Finn seufzte. Wenigstens einer, der Appetit hatte, dachte sie und versuchte, sich zu einem halben Marmeladenbrot zu zwingen. Doch schon nach wenigen Bissen hatte sie genug. Niedergeschlagen schob sie das Tablett weg. Ein Blick auf die Uhr an der Wand verriet ihr, dass sie nicht mehr viel Zeit hatte. Sie schnappte die schwarze kleine Umhängetasche, die ihr Frau Lys mitgebracht hatte, und füllte sie mit Taschentüchern. Daneben ließ sie etwas Platz für Aoi.

»Finn, es wird Zeit! Bist du fertig?«

Frau Lys Stimme vor ihrer Tür schreckte sie auf.

»Bin gleich so weit!«

Hastig ließ sie Aoi in ihre Tasche krabbeln. Er schien sein neues Versteck sofort zu mögen, bemerkte Finn erleichtert. Bevor sie ihr Zimmer verließ, warf sie einen letzten Blick in den Spiegel. Ein trauriges, ausgezehrt wirkendes Mädchen blickte ihr farblos entgegen. Sie holte tief Luft.

»Ich schaffe das ...«, flüsterte sie ihrem unglücklichen Spiegelbild zu, bevor sie all ihre Kraft zusammen nahm und das Zimmer verließ.

»Meinst du, ich kann so gehen?«, fragte Ra skeptisch. Er trug ein schlichtes schwarzes Hemd über einer dunklen Jeans. Luin schaute kurz auf, während er die Spülmaschine ausräumte, und reckte den Daumen in die Höhe.

»Mach dir keinen Kopf, es werden eh kaum Leute kommen. Die Beerdigung von Finns Eltern wurde nirgends angekündigt.«

»Ich bin trotzdem hypernervös. Was ist, wenn Finn mich dort gar nicht sehen will?«

»Dann halten wir uns eben im Hintergrund. Oder machst du jetzt etwa einen Rückzieher, nachdem du mir seit Tagen damit in den Ohren gelegen hast, dass du hingehen möchtest?«

»Nein ... es ist nur ...«

Ra brach kopfschüttelnd ab. Wer wusste schon, ob er Finn vor ihrer bevorstehenden Gedächtnislöschung noch einmal zu Gesicht bekommen würde. Er wollte sie zumindest ein letztes Mal sehen, falls sie sich danach nicht mehr an ihn erinnerte.

»Jetzt sei kein Frosch. Lass uns gehen.«

Luin band sein langes Haar geschickt zu einem losen Dutt, bevor er in ein schwarzes Jackett schlüpfte.

»Okay, dann los«, entgegnete Ra mit bebender Stimme.

»Wir sollten vorsichtshalber einen Schirm mitnehmen. Ich habe das ungute Gefühl, dass es regnen wird«, meinte Luin und fischte zwei marineblaue Regenschirme aus einem Schirmständer. Ra sah die düsteren Wolken, als er die Tür öffnete.

»Keine schlechte Idee.«

Schweigsam machten sich die beiden in Luins Wagen auf den Weg. Rakin sah nervös zum Fenster hinaus. Seine Gedanken waren so trüb wie das Wetter. Bei der Kirche angekommen, begaben sie sich auf direktem Weg ins Innere und suchten sich einen Platz in den hinteren Reihen. Die schwarzen Särge vorn am Altar waren mit weißen Blumen geschmückt. Ra schluckte schwer bei ihrem Anblick. Er konnte sich kaum vorstellen, dass sich Finns Eltern darin befanden. Sein Blick huschte weiter zur ersten Reihe. Dort entdeckte er, wonach er Ausschau gehalten hatte. Finn kauerte zusammengesunken auf ihrem Platz. Er hörte ihr herzzerreißendes Schluchzen. Links neben ihr saß Serafin, der ihr hin und wieder frische Taschentücher reichte. Ra runzelte die Augenbrauen, als er zu ihrer rechten Seite drei breitschultrige Männer in schwarzen Anzügen entdeckte. Sie waren identisch gekleidet und schienen sich nur am Rande für Finns erbärmlichen Zustand zu interessieren. Ihre Blicke scannten in regelmäßigen Abständen jeden Winkel des alten Gemäuers.

»Sind das Arkana?«, flüsterte Ra Luin verschwörerisch zu.

Sein Begleiter nickte kaum merklich.

»Die sind zu Finns Schutz hier, für den Fall, dass ihr Entführer es immer noch auf sie abgesehen hat. Sie wollen kein Risiko eingehen.«

»Ach so.«

In der zweiten und dritten Reihe saßen nur eine Handvoll Leute, vermutlich enge Freunde der Familie, die Ra nicht kannte. Ein kleines Glöckchen läutete den Beginn der Messe ein, dann betrat der Pfarrer den Altar. Es war eine schlichte, kurz gehaltene Trauerfeier, die nur 30 Minuten dauerte. Als der Priester andächtig aus der Kirche auszog, folgten ihm die Trauergäste aus den vorderen Reihen stumm hinterher zum Friedhof. Finn schien Ra und Luin gar nicht zu bemerken. Sie kämpfte mit den Tränen und hatte bekümmert den Blick gesenkt. Bevor er sich versah, war sie schon an seiner Bankreihe vorbeigezogen. Serafin, der direkt hinter ihr lief, entdeckte die beiden dagegen sofort. Er warf ihnen einen überraschten Blick zu und deutete zur Begrüßung ein leichtes Kopfnicken an. Als der Trauerzug die Kirche verlassen hatte, schlossen sich auch Rakin und Luin an.

»Finn sieht furchtbar mitgenommen aus«, flüsterte Ra besorgt.

»Was erwartest du? Auf einen Schlag sind beide Elternteile gestorben, ihr steht eine Gedächtnislöschung bevor, ein Seelenfresser und ein Verrückter sind hinter ihr her und sobald sie aus dem Hauptquartier entlassen wird, droht eine Bleibe im Heim ihr nächstes Zuhause zu werden«, flüsterte ihm Luin zu.

»Können wir denn gar nichts für sie tun?«, fragte Ra zerknirscht.

»Ich glaube das, was ihr jetzt am meisten hilft, sind gute Freunde, die ihr beistehen.«

Ra nickte zustimmend.

»... Wenn sie doch nur endlich zurück in die Schule dürfte ...«

Er kaute frustriert auf der Unterlippe. Zusammen mit Luin hielt er sich etwas im Hintergrund. Die anderen Trauergäste hatten sich inzwischen in einem Halbkreis um das Grab versammelt. Ein leichter Wind wehte ihm den Geruch von Zedern, Säulenzypressen, Kerzen und frischer Erde entgegen. Ra fröstelte in seinem dünnen Hemd. Missmutig schaute er zum wolkenverhangenen Himmel empor, während er der Stimme des Priesters lauschte, der mit seiner Grabrede begonnen hatte. Die Worte perlten an ihm ab, wie Tautropfen auf einem Lotusblatt. Eine Windböe und einsetzender

Regen rissen ihn wenig später aus seiner Apathie, als der Pfarrer die letzten Sakramente sprach.

»...Asche zu Asche, Staub zu Staub ...«

Es folgte die Schlussrede, bevor er Finn sein Beileid ausdrückte. Ihre Schluchzer waren inzwischen nicht mehr zu überhören. Serafin hatte ihr tröstend einen Arm um die Schulter gelegt und versuchte, sie mit seiner Jacke vor dem Regen zu schützen. Der Stoff ihres leichten Kleides flatterte in der aufkommenden Brise.

Luin stupste Ra in die Seite.

»He, Ra, hast du deinen Schirm nur zur Deko mitgenommen? Mach ihn auf, bevor du klitschnass bist.«

»Äh ... ja ...«, stammelte er und öffnete mit einem leisen »Klick« seinen Regenschirm. Die anwesenden Trauergäste kondolierten Finn hastig, bevor sie schnellen Schrittes den Friedhof verließen, um in ihren Autos Schutz vor der Nässe zu suchen. Serafin und Finn blieben allein vor dem Grab zurück. Ihre Schutzwachen standen in einiger Entfernung zusammen und rauchten stumm ein paar Zigaretten. Suchend drehte sich Serafin nach Ra und Luin um. Er flüsterte Finn kurz etwas zu, bevor er sich umdrehte und auf die beiden zusteuerte. Sie blieb zusammengesunken vor dem offenen Grab zurück. Seine viel zu große Jacke baumelte pitschnass an ihr herab. Ra konnte seinen Blick nicht von ihr abwenden.

»... hey Rakin, Serafin hat dich was gefragt«, nahm er Luin am Rande wahr, ignorierte ihn jedoch. Sein Puls beschleunigte sich, als er alle Pläne, im Hintergrund zu bleiben, in den Wind schoss. Wahrscheinlich war es der schlechteste Zeitpunkt, um sich bei Finn zu entschuldigen, aber vielleicht war das alles, was ihm blieb, bevor sie alle Erinnerungen an ihn verlor. Er holte tief Luft und setzte sich in Bewegung. Vorsichtig näherte er sich von der Seite und hielt seinen Schirm über sie.

»... Hey ...«

Sie blinzelte verwirrt, als sie realisierte, wer da neben ihr stand.

»Rakin? ... Was ... Was tust du denn hier?«

Ra reagierte aus einem Impuls heraus und fackelte nicht lange.

Bevor sie wusste, wie ihr geschah, zog er sie an sich, um sie zu trösten. Er kümmerte sich nicht um den Regenschirm, der mit einem leisen »Plop« zu Boden fiel.

»... Es tut mir alles so schrecklich leid, was passiert ist ... «

Finn versuchte, sich halbherzig aus seiner Umarmung zu lösen, doch er ließ nicht locker.

»... Ich kann mir kaum ausmalen, wie schlimm das alles für dich sein muss und wahrscheinlich bin ich der Letzte, den du gerade sehen willst. Trotzdem werde ich hier nicht weggehen, bevor du mir nicht wenigstens eine Chance gegeben hast, mich richtig bei dir zu entschuldigen ...«

Finn fehlten die Worte. Sie starrte reglos mit verheulten Augen über seine Schulter. Ra holte tief Luft.

»Hör zu, ich hatte nie die Absicht, dich in irgendeiner Weise auszuspionieren oder dich zu verletzen ... Alles, was ich wollte, war ein Zuhause ... Und ich hatte wirklich das Gefühl, so etwas in der Art bei dir und deinen Eltern gefunden zu haben ...«, er seufzte und brach verlegen ab, bevor er sie noch ein wenig näher an sich heranzog. Erstaunlicherweise kam von Finn keine Gegenwehr.

»Verzeihst du mir?«, flüsterte er kaum hörbar.

Lange Zeit hörte er nur ihre Schluchzer an seiner Schulter, bis sie fast unmerklich nickte. Rakin wagte nicht zu atmen. Er verharrte stumm an ihrer Seite, während sich ein warmes Gefühl in seinem Körper ausbreitete. Der Moment fühlte sich an wie eine kleine Ewigkeit. Sein Herz raste wie wild und er konnte kaum einen klaren Gedanken fassen. Da war so viel, was er ihr sagen wollte. Er holte tief Luft und kratzte all seinen Mut zusammen.

»Finn, ...ich ...« Er brach verlegen ab.

»...Versprich mir, dass du mich nicht vergisst ...«

Sie schluchzte leise und wischte sich mit dem Ärmel die Tränen aus dem Gesicht.

»Ich versuch´s ...«

Ra hörte das Blut in seinen Ohren rauschen, er spürte weder Nässe noch Kälte. Seine Augen weiteten sich vor Schreck, als er vereinzelte Funken bemerkte, die wie Glühwürmchen um ihn herum gen Himmel tanzten und die Luft zum Flirren brachten. Aus dem Augenwinkel entdeckte er, wie Serafin auf ihn zustürzte.

»Das reicht jetzt, wir müssen los!«, rief er hastig und stülpte die Kapuze seiner Jacke, die um Finns Schultern hing, tief über ihren Kopf. Übereilt zerrte er sie in die entgegengesetzte Richtung und deutete Ra mit einer eindeutigen Geste an, dass er schleunigst von hier verschwinden sollte. Rakin versuchte verzweifelt, seine Emotionen unter Kontrolle zu bringen, die seine Kräfte triggerten. Wenn es darum ging, Wut zu unterdrücken, hatte er schon Fortschritte gemacht, aber das hier? Inzwischen hatten auch die drei Arkana, die zu Finns Schutz angeheuert worden waren, Wind davon bekommen, dass irgendetwas nicht stimmte. Sie starrten angespannt in seine Richtung. In seiner Not flüchtete Ra so schnell ihn seine Beine trugen durch den strömenden Regen.

GESTÄNDNISSE IM REGEN

Luin seufzte. Es dämmerte bereits und Rakin war noch immer nicht zurück. Sein seltsames Verhalten und die überstürzte Flucht nach der Beerdigung hatten bei allen Anwesenden für Verwirrung gesorgt. Unruhig begann Luin in der Küche auf und ab zu laufen. Sollte er noch einmal alle Straßen abfahren und Arthurs Haus einen Besuch abstatten, wie er es heute Nachmittag mehrfach getan hatte? Entschlossen stapfte er zur Garderobe und warf sich eine leichte Jacke über. Mit den Autoschlüsseln in der Hand verließ er das Haus in Richtung seines Wagens. Dabei hätte er ihn beinahe übersehen.

»Ra? Bist du das etwa? Was machst du denn hier draußen auf dieser kalten Steinmauer? Du bist ja ganz nass!«

Der Junge hatte sich an seinem Platz fröstelnd zusammengekauert und antwortete zunächst nicht.

»Hey, Erde an Rakin. Komm, sprich mit mir, vielleicht kann ich dir helfen. Ein heißes Bad und eine Tasse Kakao würden dir sicher auch guttun.«

Ra blinzelte ihn durch den Regen an.

»Du ... bist nicht sauer wegen heute?«

Luin schüttelte begriffsstutzig den Kopf.

»Was ist denn passiert? Ich meine, du bist plötzlich einfach davongerannt, schön und gut. Serafin hat sich auch total seltsam verhalten, aber keiner hat so richtig kapiert, was da auf einmal bei euch abging.« Er brach ab und spannte seinen Schirm über dem Jungen auf.

»Willst du darüber reden, was heute passiert ist?«

Rakin presste die Hände an seine Schläfen und kniff für einen Moment die Augen zusammen, als wüsste er nicht, was er tun sollte. Sekunden später fielen all seine Verteidigungsmauern.

»Luin, ich habe Angst ...« Seine Stimme zitterte.

Sein Lehrer legte die Stirn in Falten.

»Angst? Wovor?«

»Davor!«

Rakin streckte ihm seine Handfläche entgegen, auf der sofort eine lodernde Flamme in der Größe eines Fußballs tanzte. Seine Hand zitterte, als hätte er Mühe, das Feuer zu kontrollieren.

»Grundgütiger!« Luin zuckte erschrocken zurück.

»Allmählich wird mir so einiges klar.« Er sah sich hastig in alle Richtungen um.

»Bist du etwa in Kontakt mit einem Seelenjuwel gekommen?«

Ra nickte niedergeschlagen und ließ die Flamme verpuffen. Luin seufzte.

»Nun komm erst mal rein, du holst dir hier draußen noch den Tod. Wir werden schon eine Lösung für dein Feuerproblem finden.«

Ra schenkte ihm ein dankbares Lächeln und rutschte steif von seinem erhöhten Sitzplatz herunter. Zurück im Haus steckte Luin ihn sofort in die Badewanne und kam wenig später, wie versprochen, mit zwei Bechern heißem Kakao zu ihm.

»Na, wie fühlst du dich?«

Er setzte sich auf den Badewannenrand und reichte Rakin eine dampfende Tasse, er selbst nippte an der anderen.

»Geht schon wieder«, antwortete der Junge knapp. Es ragte nur noch der Kopf von ihm aus dem Schaumbad. »Jetzt erzähl mal. Wie bist du überhaupt in den ganzen Schlamassel hineingeraten?«

Rakin ließ erschöpft seinen Kopf rücklings auf den Wannenrand sinken und starrte für einen Moment stumm zur Decke, bevor alles aus ihm herausprudelte. Er erzählte Luin von Finns Entführung, der Verfolgung des Monsters und dem unerwarteten Angriff des riesigen Seelenfressers, den Serafin schließlich mit Müh und Not zur Strecke gebracht hatte. Seine Geschichte endete mit dem seltsamen Fund in den staubigen Ascheüberresten der getöteten Kreatur und der Absorption des Manipuras.

»Seit diesem Zeitpunkt brechen die Feuerkräfte immer wieder aus mir heraus ... aber ich habe irgendwie das Gefühl, dass es mit jedem Mal schlimmer wird ...«

Luin rieb sich nachdenklich das Kinn.

»Hätte ich das nur früher gewusst ... So wie es aussieht, beginnt dein Manipura gerade erst sein wahres Potential zu entfalten. Wir müssen uns schleunigst etwas einfallen lassen, bevor du deine Kräfte nicht mehr kontrollieren kannst.«

»Und wie stellst du dir das vor? Bisher waren all meine Übungen zur Kontrolle des Feuers nutzlos! Sobald ich wütend oder nervös werde, verliere ich die Beherrschung!« Rakin schlug mit der Faust ins schaumige Wasser.

»Hey, ganz ruhig. Ich hab da eine Idee ...«

ENTFESSELTE ELEMENTE

Herr Balzac räusperte sich.

»... Bevor ich den Unterricht beende und euch die Ergebnisse des letzten Tests herausgebe, möchte ich noch einen Hinweis von der Schulleitung an euch weitergeben. Wie ihr bereits wisst, gibt es seit kurzer Zeit immer wieder Sachbeschädigungen an unserer Schule. Anfang der Woche war der Vorhang im Filmsaal versengt, vor ein paar Tagen wurde ein riesiges Brandloch in den Kabinen der Jungentoilette entdeckt und gestern hat wohl jemand mit einem Böller einen kleinen Teil der Schulmauer gesprengt. Falls ihr irgendetwas davon mitbekommen habt, oder die Verantwortlichen kennt, meldet euch bitte umgehend im Sekretariat. So etwas ist kein Spaß mehr.«

Die meisten Schüler tuschelten aufgeregt untereinander, denn die Vorfälle waren seit kurzem das Thema Nummer eins. Herr Balzac sortierte seine Unterlagen, bevor er erneut das Wort ergriff.

»Und jetzt gebe ich euch wie angekündigt die Ergebnisse der letzten Schulaufgabe heraus. Ich muss gestehen, dass ich etwas vom Gesamtnotenschnitt enttäuscht bin«, beschwerte er sich, als er die Arbeiten austeilte.

»Allerdings«, fügte er hinzu, »gab es auch ein paar unerwartet positive Überraschungen.«

Er legte Ra seinen Test auf den Tisch, auf dem mit roter Farbe eine Eins prangte. Ra blinzelte verdattert. Während ihm heiß und schwindlig wurde, hörte er das Läuten der Schulglocke. Unter lautem Tumult packten alle ihre Sachen zusammen, um nach Hause zu gehen. Auf dem Pausenhof entdeckte er seine Freunde, die flink zu ihm aufschlossen.

»Hi Ra, wie ist es heute gelaufen? Hast du Lust, ein bisschen im Park mit uns abzuhängen?«, fragte Alex gleich zur Begrüßung.

»Tut mir leid, ich habe Luin versprochen zu lernen.«

»Schon wieder?«, beschwerte sich Lara mit ungläubigen Blicken.

»Also ich würde sterben, wenn ich jeden Tag so viel lernen müsste.«

»Zum Glück sind ja bald Ferien«, entgegnete Alex erleichtert.

»Ich kann kaum erwarten, dass wir auf die Akademie kommen. In meiner Familie ist in letzter Zeit ein Wettstreit ausgebrochen, wer sich am schlimmsten daneben benimmt.«

»Herrscht wieder Stunk mit Frank?«, fragte Ra vorsichtig.

»Ne, diesmal sind alle involviert. Robert ist handysüchtig, Ma ist eifersüchtig, mein Vater ist an meinem Geburtstag wieder mal abwesend und Frank ist wie immer an Hemmungslosigkeit kaum zu überbieten. Ich wundere mich echt, wie ich es geschafft habe, der einzig Normale in dieser Familie zu bleiben.«

»Ach, mach dir nichts draus, mein Vater verhält sich in letzter Zeit auch ganz komisch«, versuchte Lara ihn aufzumuntern.

»Und mit Arthur muss ich gar nicht erst anfangen«, fügte Rakin hinzu. »Ich glaube, jeder hat irgendwo sein Päckchen zu tragen.«

Alex nickte deprimiert.

»Wahrscheinlich habt ihr Recht. Gibt es Neuigkeiten von Finn?«, wechselte er hastig das Thema.

Ra´s fröhliche Fassade fiel in sich zusammen.

»Nein ... leider noch keine Antwort.« Er seufzte und ließ den Kopf hängen.

»Wieso sagst du uns nicht endlich, was neulich auf der Beerdigung passiert ist?«, beschwerte sich Lara.

»Das ist privat!«, entgegnete Ra knapp, während er spürte, wie ihm noch heißer wurde.

»Wieso? Hast du irgendwas Verbotenes getan? He! Hiergeblieben! Wir haben eh schon gesehen, dass du rot anläufst«, versuchte Alex ihn aufzuhalten.

»Tut mir leid, ich muss los ... Wir sehen uns morgen«, konterte Ra mit heißerer Stimme. Ohne ein weiteres Wort ließ er seine Freunde stehen und eilte davon. Lara blinzelte verwirrt.

»Hey, Ra! Jetzt warte doch mal!«

Er war jedoch so schnell verschwunden, dass es keinen Sinn machte, ihm hinterherzurennen.

»Verdammt! Er benimmt sich so komisch, seit er aus dem Hauptquartier zurück ist«, seufzte Alex.

Lara nickte geistesabwesend, bevor sie von einem lauten Knall aufgeschreckt wurde.

»Was war das denn?«

»Verdammt, da hinten steigt Rauch auf! Los, lass uns nachsehen!«

Abgehetzt und mit tief ins Gesicht gezogener Kapuze stolperte Rakin durch die Eingangstür. Luin, der heute früher Zuhause gewesen war und am Küchentisch einige Unterlagen durchsah, blickte überrascht von seiner Arbeit auf, als der Junge völlig aufgelöst zu ihm ins Zimmer stürmte.

»Luin, ich halt´s nicht mehr aus! Ich brauch deine Hilfe!«

»Was ist denn passiert?«

Ra lief wie ein eingesperrter Tiger im Raum auf und ab. Seine Halsschlagadern waren hervorgetreten und pulsierten, als wäre er soeben einen Marathon gelaufen.

»Das Feuer – ich kann es nicht zurückhalten! Es bricht einfach unkontrolliert aus mir heraus. Bitte ... Du musst mir helfen!«

»Es ist also schon wieder passiert?«

»Das sag ich doch gerade!«

»Tief durchatmen. Versuch dich zu beruhigen.«

»Wie denn? Vorhin hätten mich meine Freunde um ein Haar dabei erwischt, wie ich eine Mülltonne in die Luft gejagt habe! Ich schwöre, es war keine Absicht!«

Luin seufzte.

»Komm mit. Gehen wir nach draußen in den Garten.«

»Meinst du wirklich, das ist eine gute Idee? Was ist mit den Nachbarn? Ich hab das Gefühl, ich explodier' gleich! Lass uns irgendwo hingehen, wo mich niemand sehen kann.«

»Mitkommen. Atmen nicht vergessen. Immer tieeeef durchatmen. Der Garten reicht völlig aus. Ich werde nicht zulassen, dass du irgendwas in die Luft jagst.«

»Und wie willst du das anstellen?«

Luin verschränkte die Arme vor seiner Brust.

»Abwarten. Los jetzt, raus hier. Ich würde meine Küche gerne in intaktem Zustand behalten.«

Er öffnete die Terrassentür und schickte Rakin mit einer eindeutigen Geste nach draußen. Mit zusammengekniffenen Augenbrauen tat Ra, wie ihm geheißen wurde. Wenig später standen sie zu zweit auf Luins kleiner Terrasse.

Der Junge ächzte und presste angestrengt die Lippen aufeinander.

»Hey ... Ich weiß echt nicht, wie lange ich noch durchhalte. Ich fühl mich wie ein Vulkan, der in den nächsten fünf Sekunden explodiert!«

»Ist ok, ich bin da. Vertrau mir, es kann nichts passieren!«

»Du hast gut reden! Hier nimm. Das hat mir Serafin gegeben. Vielleicht findest du da drin ja irgendetwas, das mir auf die Schnelle weiterhelfen kann.« Rakin zog das handgeschriebene Notizbuch aus seiner Jackentasche, das sein Freund ihm im Hauptquartier mitgegeben hatte, und warf es Luin zu, der es gekonnt auffing. Hastig blätterte er durch die Notizen und schüttelte nur den Kopf.

»Diese Übungen sind nicht schlecht, aber meiner Meinung nach, beginnen sie an der völlig falschen Stelle.«

»WAS?!«, platzte es aus Rakin heraus.

»Heißt das, alles, was ich bisher gemacht habe, war kompletter Bullshit?«

Ras Puls und Atmung beschleunigten sich. Er kämpfte mit aller Kraft gegen den Impuls in seinem Inneren, der sich mit ungeheurer Wucht einen Weg nach draußen bahnte. Mit der linken Hand an der Kehle ging er keuchend in die Knie.

»Luin! Hilf mir!«, flehte er.

Mit einem knurrenden Geräusch schmiss Luin das Büchlein zur Seite. Sein gesamter Körper spannte sich an, als würde er sich für einen Angriff bereitmachen.

»Ich fürchte, es ist zu spät, es kontrollieren zu wollen. Du musst es gezielt freisetzen, Ra, hast du gehört? Wenn du weiter versuchst, deine Kräfte zu unterdrücken, werden sie ungezügelt in alle Richtungen aus dir herausplatzen.«

Die Worte drangen kaum zu dem Jungen durch. In seinem Kampf hörte er nur noch das Blut in seinen Ohren rauschen. Luins Prophezeiung wurde in erschreckendem Tempo zur Realität. Rakin schrie auf. Sein gesamter Körper ging wie der Kopf eines Streichholzes in Flammen auf, die sich um ihn herum explosionsartig ausbreiteten. Der Junge musste mit ansehen, wie ihm das letzte bisschen Kontrolle über seine Fähigkeiten endgültig entglitt. Doch überraschenderweise schien das Feuer in einem Umkreis von vier Metern, wie von einer unsichtbaren Barriere, zurückgehalten zu werden. Ra bemerkte einen goldenen Schimmer in der Luft, der sich wie eine Kuppel um ihn herum aufspannte. Luin neben ihm wirkte bis zum Zerreißen angespannt. Er konzentrierte sich verbissen auf einen Punkt, an dem das Feuer seine Grenzen erreichte. Schweißperlen standen auf seiner Stirn. Der goldene Schimmer in der Luft schien sich noch weiter zu verdichten. Sekunden oder Minuten – Ra wusste nicht, wie lange er in diesem Berserker-Zustand zugebracht hatte. Irgendwann ließ der Druck in seinem Inneren allmählich nach, bis das Feuer um ihn herum schwächer wurde und schließlich gänzlich verpuffte. Eine Woge der völligen Erschöpfung überrollte ihn, bevor er realisieren konnte, was passiert war. Sein Bewusstsein stürzte in die Tiefen seines Unterbewusstseins, zurück zu den brennenden Häusern aus seiner Kindheit.

DAS BARRIERESIEGEL

»K omm schon! Nicht schwächeln!«, feuerte Serafin sie vom Rand des Trainingsgeländes an, während er es sich im Schatten gemütlich gemacht hatte. Finn rang nach Atem und machte schließlich erschöpft vor ihm schlapp.

»... Meinst du nicht ... dass es ... allmählich reicht?«

»Eine Runde geht noch. Streng dich ein bisschen an.«

»... Aber ... ich kann nicht mehr ... wirklich!«, keuchte sie mit Nachdruck.

»Meinetwegen. Denk aber nicht, dass ich immer so schnell nachgebe. Heute bekommst du noch den Anfängerbonus. Durch das viele Rumsitzen in deinem Zimmer hast du stark an Kondition abgebaut«, erklärte Serafin, bevor er ihr eine Flasche Wasser zuwarf, die Finn dankbar auffing und in einem Zug hinunterstürzte.

»Kannst dich schon mal darauf einstellen: Solange du hier bist, wird tägliches Zirkeltraining dein bester Freund werden.«

Finn stöhnte erschöpft. So hatte sie sich das nicht vorgestellt.

»Wolltest du mir nicht Kampftechniken beibringen? Wir machen jeden Tag nur Aufbautraining.«

Serafin lachte. »Karate Kid musste auch zuerst Gartenzäune

streichen und allen möglichen Käse erledigen, bevor sein Meister ihm den geilen Scheiß beigebracht hat.«

»Kenn ich nicht. Ist mir auch egal«, moserte Finn frustriert.

»Hast du heut eine Laune. Hör mal, wir müssen zunächst mal deine Kondition verbessern, dann kann ich dir Techniken beibringen. Setz dich zu mir und mach Pause.«

Finn nahm sein Angebot dankbar an und ließ sich neben ihm ins Gras fallen. Nachdem sie wieder etwas zu Atem gekommen war, fixierte sie Serafin mit herausforderndem Blick.

»Ich hab mein Essen heute komplett gegessen und mich wie versprochen durch 20 Runden Zirkeltraining gekämpft. Jetzt bist du mit deiner Abmachung dran. Los erzähl! Was war denn nun auf der Beerdigung los? Warum hast du mich einfach weggezerrt? War es wegen Ra?«

»Naja, ich hatte den Eindruck, dass er dir etwas zu aufdringlich war. Also dachte ich, ich rette dich aus dieser Situation. Aber das war offenbar unnötig.«

Serafin schielte mit süffisantem Grinsen zu Finn hinüber, deren Wangen rot anliefen.

»Nein ... das ... das war schon ok.«

»Dann bin ich ja beruhigt. Oh und mir fällt gerade ein, dass es Neuigkeiten gibt, die dich interessieren werden. Vor kurzem habe ich erfahren, dass das Datum deiner Gedächtnislöschung auf Ende August angesetzt wurde, sofern alles gut läuft.«

»Das heißt, wenn der Maniyokai, der das bei mir macht, bis dahin gut genug ist, dass man ihm die Prozedur bei mir zutraut?«, hakte Finn nach. Ihre Stimme klang bitter.

»Bevor wir nicht sicher sind, dass er es schafft, wird er gar nicht erst zu dir gelassen. Du brauchst dir keine Sorgen machen.«

Finn verschränkte trotzig die Arme vor der Brust.

»Du hast gut reden! Geht ja nicht um dein Gedächtnis, sondern um meines!«

»Ich kann dich ja verstehen, Finn. Mir würde es an deiner Stelle sicher ähnlich ergehen. Aber du brauchst keine Angst zu haben. Wir werden alles dafür tun, dass die Sache glatt läuft.«

Finn fuhr sich stöhnend mit den Handflächen übers Gesicht.

»Dein Wort in Gottes Ohr.«

»Komm schon, lass uns noch ein bisschen trainieren. Das bringt dich auf andere Gedanken.«

Finn rappelte sich mit hängenden Schultern hoch, beschwerte sich aber nicht. Vielleicht hatte Serafin ja recht.

Rakin fühlte sich schlapp und zerknittert, als er auf Luins Sofa im Wohnzimmer erwachte. Die Erinnerung an seinen Kontrollverlust schwappte wie eine Welle zurück in sein Bewusstsein. Erschöpft setzte er sich auf und rieb sich die Augen.

»Oh, du bist ja schon wach«, hörte er Luin durch die geöffnete Tür zur Küche rufen. Er war gerade damit beschäftigt, die Spülmaschine auszuräumen, ließ aber sofort alles stehen und liegen, als er bemerkte, dass der Junge ansprechbar war. Mit einem Glas Wasser für Ra setzte er sich zu ihm auf die Couch.

»Hier nimm und trink erst mal. Ganz schön heftig, was heute Nachmittag passiert ist. Ich muss gestehen, dass ich deine Fähigkeiten unterschätzt habe. Dachte nie, dass ein frischgebackener Maniyokai schon solche Kräfte entwickeln könnte.«

Seine Worte schienen an Rakin ungehört vorbeizuziehen. Er fuhr sich tief in Gedanken versunken durch sein dunkelbraunes Haar, bevor er Luin mit zusammengekniffenen Augen fixierte.

»Du ... Du hast es aufgehalten, nicht wahr? Wie ist das möglich?«

Luin schwieg für einen Moment, in dem es Ra allmählich dämmerte.

»Bist du etwa auch ein Maniyokai?«

Seine Frage war mehr ein ungläubiges Flüstern. Anstatt einer Antwort seufzte Luin zunächst.

»Ich hatte gehofft, dass du es nicht herausfindest ...«

»Warum? Was ist denn so schlimm daran?«

Luin ließ sich tief in die Lehne des Sofas sinken. Er wirkte erschöpft und müde.

»Du bist der Einzige, der bisher davon weiß.«

Rakin schüttelte begriffsstutzig den Kopf.

»Das kapier ich nicht. Warum hältst du das Ganze geheim?«

»Aus demselben Grund, aus dem Arthur und Serafin auch dir eingebläut haben, deine Begabung nicht an die große Glocke zu hängen. Sobald jemand von den Arkana Wind von der Sache bekommt, wird meine Fähigkeit registriert. Das an sich wäre nicht schlimm, würden wir Maniyokais nicht auf Schritt und Tritt überwacht werden. Daneben ist es ein ungeschriebenes Gesetz, als Arkanamitglied den Spezialeinheiten zu dienen, wenn man Kräfte durch einen Manipura erhalten hat. Das würde dir vermutlich genauso blühen wie mir. Aber das ist nicht das, was ich will. Ich bin gern Lehrer und ich habe keine Lust, wie Serafin täglich mein Leben bei gefährlichen Missionen aufs Spiel zu setzen.«

Rakin nickte nachdenklich. Allmählich schien er die Tragweite seiner Worte zu begreifen.

»Verstehe ... Ich fürchte nur, dass ich meine Fähigkeit nicht mehr länger geheim halten kann, wenn sie weiter in dieser krassen Intensität aus mir herausplatzt. Früher oder später wird es irgendjemand mitkriegen. Es ist nur eine Frage der Zeit.«

Sein Gegenüber rutschte unbehaglich auf seinem Platz herum.

»Darüber wollte ich auch mit dir reden.« Luin verstummte und schien nach den richtigen Worten zu suchen.

»Du hast das zweifelhafte Glück, sehr gefährliche Kräfte erhalten zu haben. Um ehrlich zu sein, fürchte ich sogar, dass es nur wenige Maniyokai gibt, die es mit der Stärke deiner Fähigkeiten aufnehmen können, sobald sie voll entwickelt sind. Das bedeutet im Umkehrschluss aber auch, dass dich niemand aufhalten kann, solltest du wieder die Kontrolle verlieren. Mein Schild hat gerade so gereicht, dabei hält es der Sprengkraft einer Bombe stand.« Er schüttelte fassungslos den Kopf.

»Um ehrlich zu sein, habe ich echt Bauchschmerzen, wenn ich mir vorstelle, dich so in die Schule gehen zu lassen - oder schlimmer noch, so ein Zwischenfall passiert auf der Arkan Akademie! Ich will gar nicht daran denken.«

»Und was schlägst du vor, soll ich jetzt machen?«, fragte Rakin verzweifelt. Luin holte tief Luft und ließ sie langsam aus den Lungen entweichen. Seine Finger massierten nervös die Nasenwurzel.

»Es gibt eine Möglichkeit ...«, flüsterte er fast.

Rakin schüttelte begriffsstutzig den Kopf.

»Was denn?«

»Ich kann mit meiner Fähigkeit Barrieresiegel erschaffen.«

»Ok und was heißt das jetzt konkret?«

»Es wäre möglich, deine Kräfte zu versiegeln.«

»Ist das ... ist das dein Ernst?« Ra starrte Luin völlig entgeistert an.

»Warum hast du das nicht früher gesagt?«

Luin verdrehte die Augen.

»Schon vergessen? Ich weiß erst seit gestern von deinem Dilemma. Außerdem war ich mir nicht sicher, wie du darauf reagieren würdest.«

»Okay, Ausrede akzeptiert. Lass uns gleich damit anfangen«, drängte Ra. Sein Lehrer machte eine beschwichtigende Geste.

»Mach mal halblang. Wir sollten nichts überstürzen. Bei dir muss ich das Siegel extrem verstärken, damit es hält. Im Gegenzug wird es selbst für mich unmöglich werden, es wieder zu lösen. Also überleg es dir gut, ob du das wirklich machen willst. Bevor wir zu dieser drastischen Maßnahme greifen, können wir auch zuerst versuchen, deine Fähigkeiten mit einem speziellen Training unter Kontrolle zu bekommen. Was meinst du?«

Rakin schwieg für einen Moment und schien angestrengt nachzudenken.

»Also gut. Lass es uns zuerst mit Training probieren.«

Luin wirkte erleichtert.

»Das klingt vernünftig. Ich habe Skrupel, ein so großes Talent zu versiegeln. Aber falls es gar nicht anders geht, haben wir damit noch ein Ass im Ärmel. Und jetzt ab ins Bett mit dir. Du bist sicher furchtbar erschöpft, nach allem, was heute passiert ist. Ich lass mir bis morgen was einfallen.«

WACHSENDE STÄRKE

Lara seufzte und schüttelte den Kopf, während sie zusammen mit Alex den Heimweg antrat.

»Wieso musstest du nur wieder die Sache mit Finn ansprechen? Du weißt doch, dass er sich immer furchtbar darüber aufregt, wenn es um ihre Gedächtnislöschung geht. Und dann ausgerechnet heute, nachdem er sich zum ersten Mal seit über zwei Wochen wieder mit uns getroffen hat. Nicht mal an deinem Geburtstag hat er sich blicken lassen.«

»Na toll, man wird ja wohl noch fragen dürfen. Außerdem war dein Kommentar auch nicht gerade hilfreich. *'Wenn ich Superkräfte hätte, würde ich sie einfach entführen'*«, ahmte Alex Laras Stimme ironisch nach.

»Hast du seinen Blick gesehen? Ich hoffe nur, du hast ihn nicht auf irgendwelche dummen Gedanken gebracht.«

Lara verdrehte die Augen.

»Sei nicht albern.«

Ihr Freund zog nur die Augenbrauen nach oben, während er sich offenbar einen weiteren Kommentar darauf verkniff. Missmutig kickte er eine leere Getränkedose vor sich her.

»Trotzdem hätte er ja nicht gleich wieder auf und davon stürmen müssen. Er ist in letzter Zeit echt übersensibel.«

»Naja, er hat auch ganz schön viel um die Ohren. Dieser enorme Druck mit den Noten und die Sache mit Arthur, der bei den Arkana festsitzt ...«

»Zum Glück ist morgen endlich Notenschluss. Dann werden wir ihn hoffentlich wieder öfter zu Gesicht bekommen.«

Alex streckte sich genüsslich und blinzelte erleichtert gegen die Sonne. Lara blieb still. An ihrem abwesenden Blick erkannte er, dass sie tief in Gedanken versunken war. Er räusperte sich.

»Ich will nicht neugierig sein, aber irgendwie hab ich den Eindruck, dir liegt auch was auf der Seele.«

Lara zuckte zusammen.

»Was? Mir? Wie kommst du denn da drauf?«, stammelte sie hastig.

»Naja ... du hast schon mal fröhlicher gewirkt.« Alex schwieg einen Augenblick, bevor er seine Stimme senkte.

»Ist es wegen deines Vaters?«

Lara seufzte. Sie schien noch einen Moment zu zögern, bevor sie mit Tränen in den Augen nickte.

»Ach Shit, warum musst du auch immer so scharfsinnig sein.«

Hastig wischte sie sich mit dem Ärmel übers Gesicht und schnappte nach Luft.

»Mein Vater hat eine neue Frau kennen gelernt ...«

»Hat er sie dir vorgestellt?«, wollte Alex sofort wissen. Lara schüttelte nur deprimiert den Kopf.

»Er kam öfter mal spät nach Hause, doch in letzter Zeit ist es besonders auffällig. Aber das ist noch nicht alles.«

Sie machte eine effektvolle Pause.

»Gestern Abend wollte ich ihm einen Kaffee in sein Arbeitszimmer bringen. Die Tür war einen Spalt offen und er war in ein Telefonat vertieft, daher hat er mich erst gar nicht bemerkt. Ich wollte nicht stören und hab an der Tür gewartet. Dieses Gesülze – einfach ätzend! Nach einer Weile hab ich´s nicht mehr länger ausgehalten und bin wütend davon gestampft, da hat er mich endlich bemerkt. Das Ganze war ihm später auch furchtbar peinlich, aber ich wollte seine Ausreden nicht hören und hab mich in mein Zimmer eingeschlossen.«

»Und jetzt?«, fragte Alex vorsichtig.

»Konntet ihr euch versöhnen?«

Seine Freundin ächzte und kämpfte erneut mit den Tränen. »Was glaubst du denn? Seitdem haben wir nicht mehr miteinander geredet. Ich bin ihm bis jetzt, so gut es ging, aus dem Weg gegangen.«

Lara ließ den Kopf in den Nacken fallen und stöhnte frustriert.

»Und weißt du, was das Schlimmste an der Sache ist? Ich hab mich schon seit einer Weile gewundert, warum er plötzlich so entspannt ist. Er lacht endlich wieder nach Mamas Tod. ... Eigentlich sollte ich mich für ihn freuen. Er hat lange genug gelitten. Aber ... aber ...« Sie brach ab und schnappte nach Luft, als sie ihre Tränen nicht länger zurückhalten konnte.

»Warum fühlt es sich dann so beschissen an?«

Hastig suchte Alex in seiner Hosentasche nach Taschentüchern.

»Hier nimm.«

Er stand ratlos neben ihr und wusste nicht, was er sagen sollte, während Lara vergeblich versuchte, ihre Emotionen unter Kontrolle zu bringen.

»Hey ... ist schon okay. Du musst dich nicht dafür schämen«, stammelte er, bevor er ihre Hand ergriff und sie von der belebten Hauptstraße in eine wenig befahrene Seitenstraße führte. Zielsicher steuerte er eine alte Holzbank an, von der aus man einen Teil des südlichen Alpenpanoramas sehen konnte.

»Komm, setz dich.«

Alex ließ sich neben ihr auf die Bank fallen und suchte etwas in seinem Rucksack.

»Hier nimm. Ich weiß zwar nicht, ob das nur ein Gerücht ist, aber meine Mutter behauptet felsenfest, dass Schokolade in der Lage ist, alle Probleme zu lösen«, versuchte er, sie aus der Reserve zu locken. Sein Witz schien tatsächlich zu wirken. Ein kleines Lächeln stahl sich zwischen die Tränen auf Laras Lippen, bevor sie sich dankbar ein Stück in den Mund schob.

»Weißt du«, schluchzte sie, »es wäre vielleicht alles nicht so schlimm für mich, wenn er es nicht vor mir verheimlicht hätte. So fühlt sich das Ganze ... wie ein Vertrauensbruch an.«

Alex seufzte.

»Ich denke, dein Vater hatte einfach nur große Angst davor, wie du reagieren würdest. Es ist sicher nicht leicht für dich, eine neue Frau an seiner Seite zu akzeptieren – und das weiß er auch.«

»Und was soll ich deiner Ansicht nach machen?«, entgegnete Lara trotziger, als sie gewollt hatte. Ein neuer Schwall Tränen bahnte sich einen Weg über ihre Wangen.

»Wahrscheinlich kommt es ihm gerade recht, dass ich bald weg bin, dann kann er ungestört ein neues Leben mit ihr anfangen!«

»Jetzt sei nicht albern, vielleicht ist seine Freundin ja voll ok und ihr kommt super miteinander klar.«

»Ich kann sie trotzdem nicht ausstehen!«, knurrte Lara.

»Ich bin sicher, er verbringt mehr Zeit mit ihr als bei mir zuhause!« Um ihre Aussage noch zu bekräftigen, stampfte sie wütend mit dem Fuß. Alex kratzte sich nachdenklich am Kopf.

»Daher weht der Wind also.«

Er lehnte sich zurück und sah in den unverschämt blauen Himmel.

»Weißt du, ich bin vielleicht keine allzu große Hilfe, aber ich glaube, das Einzige, das hilft, ist miteinander zu reden. Sei nicht zu hart zu ihm. Ich denke, ihm fällt das Ganze genauso schwer wie dir.«

»Vielleicht hast du Recht.«

Sie saßen noch eine Weile schweigend nebeneinander und blickten auf das malerische Bergpanorama.

»Es ist also schon wieder passiert?«, seufzte Luin. Rakin saß ihm stumm gegenüber und nickte niedergeschlagen.

»Ich bin gerade noch rechtzeitig von den beiden weggekommen, bevor es losging. Das ist echt zum Kotzen! Ich hoffe nur, es hat niemand bemerkt, dass ich die Hecke an der Kurve eingeäschert habe.«

Luin strich sich eine Strähne seines schwarzen Haares aus dem Gesicht und schien fieberhaft nachzudenken.

»Ich fasse es nicht! Deine Kräfte sind immer noch so unberechenbar, dabei dachte ich wirklich, unser Training der letzten Wochen hat endlich gefruchtet.«

»Hat es ja auch irgendwie.« Rakin saugte die Luft lautstark ein.

»Im Großen und Ganzen kann ich das Feuer besser beherrschen, aber wenn ein bestimmtes Thema zur Sprache kommt, wird es schwierig.«

»Und was ist das für ein Thema?«

Rakin zögerte.

»Jaaa ... ähm ... wenn mich Pascal ärgert und so ... zum Beispiel.«

Luin wirkte nicht überzeugt, fragte aber nicht weiter nach.

»Gut, dann lass uns sofort mit dem Training anfangen, sobald wir gegessen haben. Morgen werde ich dich in der Schule krank melden. Du wirst erst wieder gehen, wenn du deine Fähigkeiten so weit beherrschen kannst, dass du nichts mehr ungewollt in Brand steckst. Alles andere wäre zu gefährlich. Ich habe das Gefühl, deine Kräfte wachsen von Tag zu Tag und das Training scheint das Ganze noch zu beschleunigen.«

Ra zog die Beine zur Brust und umschlang sie nachdenklich mit seinen Armen.

»Luin, ich ... hab echt Schiss, dass ich nicht das Zeug zu einem guten Maniyokai habe ...«

»Red keinen Stuss! Am Anfang ist es für alle schwierig. Wir kriegen das schon hin. Jetzt iss erst mal was, dann sieht die Welt gleich anders aus.«

Er schob Rakin einen Teller heiße Suppe hin, doch seine Laune besserte sich dadurch kaum.

»Ich hoffe, du hast Recht.«

Beim Essen verging die Zeit wie im Flug, während Ra ein wenig über seinen heutigen Schulalltag erzählte. Die Ablenkung schien ihm gutzutun. Doch Luin ließ ihm nur eine kurze Verschnaufpause.

»Schön, dass es dir geschmeckt hat. Lass uns gleich mit dem Training loslegen. Je mehr wir an deiner Kontrolle arbeiten, desto eher zeigen sich Erfolge.«

»Üben wir wie immer im Garten?«

»Ja. Nimm dir eine Unterlage zum Sitzen mit.«

Ra öffnete die Terrassentür und steuerte wenig später mit Luin einen schattigen Baum an. Dort setzte er sich wie beim letzten Mal im Schneidersitz auf seine Matte und lehnte sich mit dem Rücken gegen den Stamm.

»Bist du bereit?«, fragte Luin.

Der Junge nickte.

»Gut. Dann schließ die Augen und versuch dich zuerst nur auf deine Atmung zu konzentrieren, wie ich es dir gezeigt habe. Lass alle Gedanken ziehen und übe dich darin, an nichts zu denken. Einatmen ... und laaaangsam wieder ausatmen ...«

Rakin kniff angestrengt die Augen zusammen. Nach einer Weile seufzte er lautstark.

»Wie soll das funktionieren? In meinem Kopf jagt ein Gedanke den anderen. Es ist unmöglich, das abzustellen!«

»Nur Geduld. Das kommt von ganz allein, wenn du es oft genug übst. Es ist noch kein Meister vom Himmel gefallen.«

»Das sagst du jedes Mal ...«

Rakin holte Luft und ließ sie lautstark entweichen. Er wusste, dass es keinen Sinn hatte, mit Luin zu diskutieren. Schließlich war er der Einzige, der ihm bei diesem Schlamassel helfen konnte. Nach etwa zwanzig Minuten, die ihm endlos vorgekommen waren, gab es neue Anweisungen von seinem Mentor.

»Das hast du gut gemacht. Als Nächstes versuche dich auf das Innere deines Brustbereichs zu fokussieren. Stell dir vor, im Zentrum deines Körpers ist ein Raum, den nur du betreten kannst, dein ganz persönlicher Kraftort. Versuch nun, deine gesamte Energie dort zu konzentrieren. Alle Gedanken, die dich nicht loslassen und sämtliche Gefühle, die dich beschäftigen, fließen in die Erde ab ...«

Rakin musste ständig an den Streit mit Alex heute in der Schule denken und wie es angefangen hatte. Es fiel ihm schwer, sich auf die Aufgabe einzulassen. Angestaute Wut machte sich in ihm breit, als nichts richtig klappen wollte.

»Das ist doch Bullshit, Luin! Ich kann mir nicht vorstellen, was das bringen soll!«

Sein Lehrer lächelte nur.

»Glaub mir, ich kann deine Ungeduld verstehen. Als ich damals mit dem Training anfing, habe ich mir genau dieselben Fragen gestellt. Aber aus langjähriger Erfahrung weiß ich, dass die Vorstellungskraft dein größter Helfer ist, wenn es um die Beherrschung von Maniyokai-Kräften geht. Irgendwann wirst du damit im Stande sein, dich blitzschnell zu zentrieren, sobald deine Fähigkeiten überkochen oder du von Außen provoziert wirst. Gib nicht auf und versuch es weiter.«

Rakin zog die Augenbrauen nach oben und ließ den Kopf motivationslos in den Nacken fallen, doch letztendlich gab er sich einen Ruck und folgte Luins Anweisungen.

NEUER ZÜNDSTOFF

Finn war gerade dabei, die letzten Arbeitsblätter auszufüllen, die Luin vor ein paar Tagen vorbeigebracht hatte, als es an der Tür klopfte. Serafin spitzelte, beladen mit reihenweise Trainingsmaterialien, durch den Türspalt.

»Hey Finn! Na wie sieht´s aus? Endlich fertig mit den Hausaufgaben? Ich dachte, vielleicht hast du Lust auf ein bisschen Abwechslung«, rief er zur Begrüßung.

»Oh ja, gern. Sind wir wieder auf dem Übungsplatz?«

Serafin stutzte, bevor er sich verstohlen umsah und seine Lautstärke drosselte.

»Nein. Leider müssen wir heute woanders trainieren. Irgendjemand hat in der Nacht versucht, ein Loch in die Außenmauer des Hauptquartiers zu sprengen. Es war ganz in der Nähe des Trainingsplatzes. Unsere Ermittler sind immer noch dabei, die Stelle nach Spuren zu untersuchen.«

»Was? Das ist ja krass! Gibt es schon Hinweise, wer es gewesen sein könnte?«, fragte Finn schaudernd. Serafin schüttelte nur den Kopf.

»Im Moment können wir nur mutmaßen. Hab keine Angst. Du

bist hier sicher. Dein Entführer wäre nicht weit gekommen, hätte er tatsächlich versucht ins Gebäude einzudringen.«

Finn nickte beklommen.

»Mach kein solches Gesicht. Heute üben wir zur Abwechslung wieder Stockkampf. Das magst du doch am liebsten. Komm schon, wo ist dein begeistertes Finn-Lächeln?«

Allmählich schaffte Serafin es, sie aus ihrer Reserve zu locken.

»Ich bin gleich soweit. Warte vor der Tür auf mich.«

Wenig später schlenderten sie zu zweit durch die Gartenanlage des Hauptquartiers. Auf ihrem Weg kamen sie an der Stelle vorbei, an der der Angriff gestern Nacht stattgefunden haben musste. Finn saugte erschrocken die Luft ein.

»Da ist ja ein riesiges Loch in der Mauer!«

»Ja, leider. Aber keine Sorge, wir versiegeln es, gleich heute, sobald die Untersuchungen abgeschlossen sind. In der Zwischenzeit wird dieser Abschnitt streng bewacht werden.«

Finn hatte es für einen Moment die Sprache verschlagen. Ohne es zu merken, war sie stehengeblieben und lauschte zwei Ermittlern, die ganz in der Nähe in eine Mappe vertieft waren.

»... kann mir den Laborbericht nicht erklären. Es ist praktisch unmöglich, dass keinerlei Spuren von Sprengstoff gefunden wurden! ... Es sei denn ...«

»Finn, kommst du bitte?«, rief Serafin aus einiger Entfernung.

»Da hinten ist ein guter Platz mit genug Schatten.«

»Bin schon da!«

Aufgeregt schloss sie zu ihm auf. Als sie bei Serafin ankam, warf er ihr aus einiger Entfernung einen Stock zu. Finn fing ihn gekonnt auf, doch er ließ ihr keine Zeit zum Nachdenken und setzte bereits zum Angriff an. Hastig riss sie ihren Stock hoch und parierte mit knapper Mühe, bevor sie ein paar weitere Treffer abschmetterte.

»Nicht übel! Deine Reflexe sind nicht von schlechten Eltern«, lobte Serafin zwischen zusammengebissenen Zähnen. Angespornt von seinem Kompliment, setzte auch Finn zu einem Gegenangriff an, scheiterte aber kläglich an seiner soliden Verteidigung.

»Dafür musst du noch ein paar Jährchen trainieren«, spöttelte Serafin, der seine Geschwindigkeit beschleunigte, um sie auf Trab zu halten. Es dauerte nicht lange, bis er sie zermürbt hatte. Keuchend verharrte Finn in ihrer Bewegung. Ihr Trainingspartner hatte es mal wieder geschafft, ihre Blocks zu umgehen. Sein Stock schwebte knapp vor ihrer Nasenspitze und hätte sie getroffen, wäre dies keine Übungssituation gewesen.

»Schachmatt, meine Süße«, zog er sie auf.

»Ja-ja, lass es nur raushängen, dass du besser bist. Aber irgendwann kommt die Heimzahlung«, stichelte Finn zurück. Serafin grinste.

»Vielleicht wenn ich alt und grau bin.«

»Wer zuletzt lacht, lacht am besten«, konterte sie mit herausgestreckter Zunge. Daraufhin stemmte ihr Mentor mit gespielter Entrüstung die Hände in die Hüften.

»Eine rausgestreckte Zunge verstößt gegen alle guten Manieren und wird mit einer Extrarunde Zirkeltraining geahndet.«

»Sei mal ein bisschen kreativer, ich hab mich schon gefragt, warum wir nicht wie üblich zuerst damit angefangen haben.«

»Nicht so viel mosern, mehr trainieren. Los, los!«, scheuchte er sie lachend vor sich her.

Luin saß am Küchentisch und korrigierte die letzten Prüfungen. Er verzog keine Miene und man konnte schwer erahnen, was genau in ihm vorging. Es war still im Haus und genauso fühlte es sich auch zwischen Rakin und Luin an. Ra hielt die erdrückende Funkstille inzwischen nicht mehr länger aus. Außerdem plagte ihn sein schlechtes Gewissen. Wie ein geprügelter Hund schlich er sich ins Zimmer und setzte sich ihm gegenüber.

»Es tut mir leid, Luin, wirklich. Bist du immer noch sauer?«

Sein Lehrer blickte nur kurz von seinen Unterlagen auf und bedachte den Jungen mit einem giftigen Blick.

»Ja, verdammt! Was glaubst du denn? Diese hirnrissige Aktion gestern hätte alles ruinieren können: Meinen Job, mein Leben, deine Aufnahme auf die Arkan Akademie ...«, zählte er auf und brach kopfschüttelnd ab.

»Nur gut, dass ich dich in letzter Minute aufhalten konnte, bevor die Wächter uns finden konnten. Mach sowas noch einmal und ich frage nicht mal mehr, ob ich deine Fähigkeiten versiegeln darf!«

Rakin schrumpfte auf seinem Platz zusammen.

»Soll ich Serafin anrufen, ob ich bei ihm unterkommen kann?«

Luin rollte mit den Augen.

»Nein, lass stecken. Aber ich kann nicht einfach so tun, als wäre nichts gewesen. Wie bist du überhaupt auf diesen Gehirnfurz gekommen?«

Ra zuckte nur mit den Schultern. Er wagte es nicht, Luin in die Augen zu blicken.

»Ist ja auch egal, es war eh absehbar«, stöhnte Luin, bevor er sich die Schläfen massierte. Seine dunklen Augenringe zeugten von den Turbulenzen der letzten Nacht.

»Wenn du es wieder gutmachen willst, geh in den Garten und übe dich in Zentrierung, wie ich es dir beigebracht habe. Ich komme nach, sobald ich hier fertig bin.«

Ra fiel sichtlich ein Stein vom Herzen.

»Ist okay. Ich verspreche, ich werde dir keinen Ärger mehr machen«, schwor er, bevor er das Zimmer durch die Terrassentür verließ.

Luin nickte nur und fokussierte sich wieder auf seine Unterlagen.

»Hoffentlich kannst du das einhalten«, murmelte er leise, als Rakin verschwunden war.

Zuerst rückte sie sich ihren Schemel zurecht, dann streifte sie die großen Kopfhörer über und setze sich ans Schlagzeug. Die Sticks fühlten sich kalt an, aber Lara wusste, dass sie gleich glühen würden.

Sie fokussierte sich auf den Beat in ihren Ohren und drehte die Musik noch ein Stück weiter auf. Wütend peitschte sie den Beat über die Drums. Ihr Vater war schon wieder zu spät. Das Essen, das sie ihm als Überraschung gekocht hatte, war inzwischen kalt geworden und stand wie ein Mahnmal unangerührt auf dem Tisch. Eigentlich hatte sie geplant, einen Versöhnungsversuch zu wagen, aber das war gründlich nach hinten losgegangen. Lara legte alle Energie in ihr Spiel und verlor sich im Rhythmus. Es war so befreiend, mal wieder ein bisschen die Sau rauszulassen, auch wenn ihr die Nachbarn leidtaten. Sie bemerkte ihren Vater erst, als er direkt neben ihr stand und ihr mit zerknirschtem Gesichtsausdruck auf die Schulter tippte. Lara legte die beste Verpiss-dich-Miene an den Tag, die sie finden konnte und ignorierte ihn demonstrativ. Ihr Beat wurde noch aggressiver. Mit hängenden Schultern verließ ihr Vater den Raum, nur um fünf Minuten später mit einem kleinen Stapel bekritzelter DinA4-Zettel zurückzukehren. Er stellte sich direkt vor ihrem Schlagzeug auf und trotzte tapfer den wütenden Trommelsalven seiner Tochter.

»ES TUT MIR LEID«, las Lara flüchtig auf dem ersten Zettel, den er ihr unübersehbar vor die Nase hielt.

»ICH HAB KAPIERT, DASS DU SAUER BIST, LASS UNS ÜBER ALLES REDEN«, stand auf dem Nächsten. Laras frostige Stimmung taute gegen ihren Willen auf, aber noch wollte sie sich nicht geschlagen geben.

»KOMM SCHON, ICH HAB DEIN LIEBLINGSESSEN VOM ITALIENER MITGEBRACHT«, las sie auf dem nächsten Zettel. Ihr Vater versuchte es mit Dackelaugen und streckte ihr versöhnlich die Hand hin. Lara ließ das Schlagzeug verstummen. Sie musterte ihn vorwurfsvoll, bevor sie sich die Kopfhörer abstreifte und hinter dem Instrument hervorkam.

»Und? Was hast du zu deiner Verteidigung zu sagen?«

»Es gab schon wieder einen neuen Seelenfresserübergriff, nicht weit von hier. Wir mussten alle rausfahren und Überstunden machen. Wenn ich gewusst hätte, dass du extra für mich gekocht hast-«

»Hey, ist schon gut«, unterbrach Lara ihn seufzend.

»Ich dachte, du wärst wieder mit IHR unterwegs«, fügte sie leise hinzu und wich seinem Blick aus.

»Ach Schätzchen, ich weiß, dass das alles nicht einfach für dich ist, aber ich verspreche dir, du wirst immer meine Nummer eins bleiben. Glaub mir, du wirst Iris bestimmt mögen. Sie freut sich bereits darauf, dich kennen zu lernen. Komm schon, du weißt doch, dass ich dich wahnsinnig lieb habe.«

Behutsam kam ihr Vater ein Stück näher und umarmte seine Tochter. Lara konnte nicht verhindern, dass ihr die Tränen kamen. Sie kuschelte sich noch ein bisschen enger an ihn.

»Ich dich auch, Paps ...«

"ALLES UNTER KONTROLLE ..."

Wo warst du so lang, Ra? Wir haben uns echt Sorgen gemacht«, warf Lara ihm vor. Sie hatte sich mit verschränkten Armen vor ihm aufgebaut.

»Ich ... Ich war krank«, seufzte Rakin kleinlaut.

»Ist ja nicht so, dass es Handys gibt«, stichelte Alex aus dem Hintergrund und schob sich an Lara vorbei.

»Wieso hast du nie geantwortet?«

»Sorry, die Funkstille war echt keine Absicht. Es ist gerade alles zu viel für mich.«

Ra massierte sich verlegen den Nacken, während Lara ihm mitleidige Blicke schenkte.

»Du Armer! Ich wäre an deiner Stelle auch fertig, nach der ganzen Büffelei.«

Rakin verkniff sich eine Antwort und nickte stattdessen zustimmend. Seine Freundin plapperte in der Zwischenzeit ohne Punkt und Komma weiter.

»Ich habe übrigens im Kalender gesehen, dass das neue Schuljahr an der Arkan Akademie für uns Novizen schon etwas früher beginnt. Die machen das, um alle auf den gleichen Stand zu bringen. Das bedeutet aber, dass wir Finn gar nicht mehr sehen, wenn sie Ende August entlassen wird.«

»Darüber habe ich mir auch schon den Kopf zerbrochen«, brummte Alex mit hängenden Schultern. Rakin seufzte frustriert und setzte sich auf einer der Stufen zum Haupteingang der Schule.

»Das ist echt zum Kotzen!«

Alex ließ sich neben ihm nieder und stupste ihn gegen die Schulter.

»Mach dir keine Sorgen, Finn packt das schon. Bestimmt wird sie bald neue Freunde finden«, versuchte er ihn aufzumuntern. Rakins Gesichtsausdruck verfinsterte sich noch weiter. Er ballte seine rechte Hand hilflos zu einer Faust. Zu Alex´s Überraschung schloss er die Augen und atmete mehrmals tief ein und aus.

»Alles in Ordnung mit dir?«

»Klar, mir geht´s blendend«, entgegnete sein Freund mit ironischem Unterton.

»Komm schon, Ra, lass dich nicht so hängen. Wir können eh nichts daran ändern.«

»Vielleicht könnten wir unser Taschengeld zusammenlegen und Finn zumindest ein kleines Abschiedsgeschenk kaufen, dass sie sich weiterhin an uns erinnert«, schlug Lara vor. Alex Laune hellte sich auf.

»Prima Idee! Wie wäre es, wenn wir uns morgen Nachmittag treffen, um etwas Schönes für sie auszusuchen?«

Rakin nickte zustimmend.

»Abgemacht.«

Der Pausengong riss die Drei aus ihrer Planung.

»Los, rein in die Hütte. Lasst uns den letzten Tag hinter uns bringen.« Alex stutzte und kratze sich am Kopf, als Ra zurückblieb.

»Ich weiß nicht ... ist wirklich alles okay, Ra? Du siehst gar nicht gut aus.«

»Blödsinn! Alles unter Kontrolle, ich bin nur ein bisschen nervös. In der letzten Stunde gibt es Zeugnisse.«

»Mach dich nicht verrückt. Das schaffst du schon«, ermutigte ihn Lara und zog ihn beschwingt an der Hand von den Treppen hoch.

»Nun komm schon, bevor du von den anderen Schülern noch zertrampelt wirst.« Ra gehorchte widerwillig und folgte seinen Freunden nach drinnen.

Alex streckte sich entspannt, nachdem er sich Jacke und Schuhe an der Garderobe angezogen hatte. Er wartete auf Lara, die sich neben ihm im Getümmel fertig machte.

»Voll sozial, dass uns Herr Barth schon zehn Minuten früher hat gehen lassen.«

»Was hätte er auch mit uns tun sollen? Der Film war zu Ende, die Zeugnisse sind ausgeteilt ...«, zählte Lara schulterzuckend auf, bevor sie das Thema wechselte.

»Hey, hast du Lust, zu Ras Klasse rüberzugehen und auf ihn zu warten? Ich bin neugierig, wie es bei ihm gelaufen ist. Danach können wir uns zur Feier des Tages ein Eis holen.«

»Gute Idee.«

Gemeinsam liefen sie den Gang entlang und wurden fast von der Tür des Klassenzimmers erwischt, die stürmisch geöffnet wurde. Wie ein Schwarm wilder Bienen stürmten die Schüler aus Ras Klasse zur Garderobe, doch ihr Freund war nicht unter ihnen. Vorsichtig spähten die beiden in den fast leeren Raum, in dem noch ein paar Nachzügler ihre Sachen zusammenpackten. Rakins Platz war bis auf seine Schulsachen verlassen. Alex und Lara tauschten verwirrte Blicke.

»Wo ist er hin?«

»Lass uns wen fragen.«

Zögernd betrat Lara den Raum und wandte sich an den Lehrer, der ebenfalls noch damit beschäftigt war, ein paar Unterlagen zusammenzupacken.

»Ähm ... Entschuldigen Sie, wissen Sie vielleicht, wo Rakin steckt?«

»Oh, ihr seid wohl Freunde von ihm, oder?« Lara und Alex nickten synchron.

»Gut, dass ihr da seid. Ich weiß leider auch nicht, was plötzlich in ihn gefahren ist. Gleich nachdem er sein Zeugnis erhalten hat, ist er auf einmal auf und davon. Dabei hat er gar nicht schlecht abgeschnitten, wenn man bedenkt, wie sein Schnitt noch vor kurzem ausgesehen hat.« Er seufzte.

»Würdet ihr mir einen Gefallen tun? Ich kann hier nicht abschließen, solange Ra nicht zurück ist und seine Sachen geholt hat. Könntet ihr vielleicht seinen Rucksack mitnehmen? Er ist bestimmt noch irgendwo auf dem Schulgelände.«

»Kein Problem, machen wir.« Alex hatte bereits angefangen, Rakins übrige Sachen zusammenzupacken.

»So, das war´s, lasst uns gehen.«

Sie wünschten dem Lehrer schöne Ferien, bevor sie den Raum verließen.

»Ich fürchte, er hat den Schnitt für die Akademie knapp verfehlt, sonst hätte er bestimmt nicht so reagiert«, fluchte Alex. Lara nickte traurig.

»Das befürchte ich leider auch. Das Wichtigste ist jetzt erst mal, dass wir ihn finden. Ich habe Angst, dass er irgendeine Dummheit anstellt.«

Hastig wählte Lara Ras Nummer, doch zu ihrer Enttäuschung hörten sie das Klingeln des Handys aus seinem Rucksack, den Alex sich über die Schulter geworfen hatte.

»Okay, das war´s dann wohl mit dem Telefonjoker. Was nun?«

»Gleich hier vorn ums Eck ist eine Jungentoilette, dort suchen wir als Erstes nach ihm.«

»WIR? Keine Chance, du kriegst mich nicht in eine Jungentoilette! Weißt du, was los ist, wenn mich dort jemand erwischt?«

»Ach komm schon, Lara. Die meisten haben inzwischen eh fluchtartig das Gebäude verlassen, um ihre Ferien zu genießen. Ich mache den Kundschafter und wenn die Luft rein ist, hol ich dich, ok?«

»Meinetwegen.«

Alex drückte die Klinke und spähte vorsichtig in den Raum hinein. Auf den ersten Blick schien alles verlassen zu sein, bis er bemerkte, dass die letzte Kabine auf der rechten Seite versperrt war.

»Ich glaube, wir haben ihn gefunden«, flüsterte er nach draußen und winkte Lara hastig zu sich herein. Als die Tür ins Schloss gefallen war, holte er tief Luft.

»Rakin? Bist du hier?«

Er erhielt keine Antwort. Alex zuckte mit den Schultern und steuerte auf die letzte Kabine zu. Vorsichtig klopfte er an die Trennwand.

»Hey Ra, wir wissen, dass du da drin bist. Los komm da raus. Vielleicht können wir dich ein bisschen aufmuntern.«

Zunächst herrschte weiterhin Stille, bis er ein rasselndes Atemgeräusch wahrnahm, das immer lauter wurde.

»Lasst mich ... in Ruhe!« Rakins Stimme klang völlig verzerrt. Alex bekam eine Gänsehaut und zuckte erschrocken zurück.

»Ist alles okay? Du ... Du hörst dich gar nicht gut an«, mischte sich nun auch Lara ein, die neben Alex getreten war.

»Nein, gar nichts ist ok! Geht! Verschwindet von hier!«, seine Stimme wurde immer verzweifelter.

»Ra, wir können doch über alles reden-«

»Lauft, verdammt noch mal!«

Wie von einer seltsamen Eingebung geleitet, packte Alex Lara am Handgelenk und zerrte sie überstürzt Richtung Ausgang. Sie hatten die Tür kaum erreicht, als sie einen Aufschrei vernahmen, der sich wie ein gequältes Tier anhörte. Noch im selben Moment wurden die beiden von einem ohrenbetäubenden Knall und einer Druckwelle zu Boden gerissen, die einen Teil der Decke zum Einsturz brachte.

Während der gesamten Fahrt herrschte drückende Stille. Rakin blickte mit unergründlichem Gesichtsausdruck zum Fenster hinaus, bis er seine linke Hand zu einer Faust ballte und der Mittelkonsole einen wütenden Schlag versetzte.

»He, lass mein Auto in Ruhe. Es kann nichts dafür«, brummte Luin, der mit gerunzelter Stirn. Sein junger Mitbewohner ließ ächzend den Kopf in den Nacken fallen. In seinen Augen standen Tränen.

»Verdammt, ich hab das alles nicht gewollt, Luin!«

»Das weiß ich doch. Vielleicht ist es nur ein schwacher Trost, aber die Beiden werden trotz eines gebrochenen Armes, ein paar Prellungen und geplatzten Trommelfellen bald wieder auf den Beinen sein. Sonst ist niemand zu Schaden gekommen und das Gebäude kann man richten. Was mir mehr Sorgen bereitet, sind die Schlagzeilen, die das Ganze machen könnte.« Er schwieg und wischte sich gedankenverloren mit der Handfläche über die rechte Wange.

»Ich hoffe nur, Lara und Alex haben nicht gecheckt, dass du das warst. Dann besteht zumindest eine Chance, dass der Vorfall vielleicht mit einem Gasleck oder maroder Bausubstanz begründet wird. Aber mach dir darüber keine Sorgen, wir müssen jetzt zuerst einmal schauen, wie wir deine Kräftekontrolle verstärken können.« Noch während er sprach, brach Rakin vollends in Tränen aus.

»Luin«, schluchzte er mit erstickter Stimme, »ich will, dass du meine Fähigkeiten versiegelst.«

Sein Lehrer musterte ihn mit angehaltenem Atem von der Seite.

»Bist du dir sicher?«

»Ja.«

Eine Brise wehte ihm sanft übers Gesicht, als die Nachmittagssonne schon weit im Westen stand. Rakin starrte Löcher in den perfekt blauen Himmel. Die Bank am Gipfel des Wanks, auf der er es sich gemütlich gemacht hatte, bot einen herrlichen Ausblick. Im Süden erstreckte sich seine Heimatstadt über das gesamte Tal und dahinter thronte majestätisch das imposante Wettersteingebirge. Rakin setzte sich auf und nahm sein Handy aus der Tasche. Seit dem Zwischenfall in der Schule trieb er sich ständig irgendwo herum, um sich abzulenken. Mit dem Verfehlen des notwendigen Notenschnittes war für ihn eine Welt zusammengebrochen. In welche Richtung er auch schaute, er hatte keine Perspektive. All seine Träume und Pläne für die Zukunft waren wie ein Kartenhaus in sich zusammengestürzt. Mit angehaltenem Atem flippte er durch die vielen Nachrichten auf seinem Handy, die ihm seine Freunde bereits geschickt hatten. Bisher hatte er sich nicht getraut, sie zu öffnen. Verdiente er ihre Freundschaft überhaupt noch? Seufzend steckte er das Gerät weg und ließ Kopf und Arme hinterrücks über die Lehne baumeln. Das Siegel in seinem Körper fühlte sich komisch an, wie ein ungewohnter Fremdkörper. Zumindest hatte er dadurch eine Sorge weniger. Nach weiteren zehn Minuten raffe er sich endlich auf. Er musste an den Abstieg denken, wenn er nicht in die Dämmerung geraten wollte. Tatsächlich erreichte er Luins Haus erst nach Sonnenuntergang. Er zögerte, als er den Schlüssel ins Schloss steckte. Wem gehörte der fremde schwarze Wagen in Luins Einfahrt? Mit den Schultern zuckend sperrte er auf. Was kümmerte ihn der Besuch seines Lehrers? Ra hatte noch keine zwei Schritte ins Haus gesetzt, als auch schon die Wohnzimmertür aufgerissen wurde.

»Mensch, Junge, wo hast du heute so lange gesteckt? Wir haben uns alle Sorgen gemacht«, schalt ihn Luin zur Begrüßung.

»Wen meinst du mit *wir*?«

Sein Gegenüber seufzte.

»Es fing damit an, dass am frühen Abend plötzlich deine Schulfreunde vor meiner Tür standen und feierlich verkündeten, sie würden sich nicht vom Fleck rühren, bis du endlich auftauchst. Laut ihren Aussagen haben sie dich seit dem Vorfall in der Schule nicht mehr erreicht. Am Ende habe ich mich ihrer erbarmt und sie reingebeten. Ich konnte sie ja nicht einfach da draußen vor meiner Tür sitzen lassen«, flüsterte Luin ihm hastig zu, bevor er Luft für eine weitere Erklärung holte.

»Die beiden waren noch keine zehn Minuten da, als Serafin hier zur Einfahrt rein rauschte. Er muss angeblich auch dringend mit dir reden und wartet zusammen mit deinen Freunden im Wohnzimmer. Du scheinst heute ein sehr gefragter Typ zu sein.«

Rakin schluckte schwer.

»In der Tat ...«

Etwas in seinem Inneren zog sich unangenehm zusammen. Am liebsten wäre er sofort wieder gegangen, aber das würde die ganze Sache nur verkomplizieren. Er holte tief Luft, bevor er Luin ins Wohnzimmer folgte. Alle Augen waren auf ihn gerichtet, als er das Zimmer betrat.

»Hi«, war das Einzige, das er vorerst herausbrachte, während er sich ein wenig hinter Luin versteckte.

»Mann Ra! Du bist uns definitiv eine Erklärung schuldig!«, begrüßte ihn Alex sichtlich gekränkt. Sein linker Arm war noch immer eingegipst. Lara neben ihm hatte die Arme vor der Brust verschränkt und wirkte ähnlich beleidigt.

»Also echt! Du verschwindest einfach nach diesem mysteriösen Vorfall von der Bildfläche und kein Mensch kann dich mehr erreichen. Hast du eine Ahnung, was für Sorgen wir uns gemacht haben?«

Rakin entglitten für einen Moment die Gesichtszüge.

»Ihr ... habt euch Sorgen gemacht? ... Um mich?«, fragte er mit brüchiger Stimme. Hastig wandte er den Blick ab und wischte sich mit dem Ärmel übers Gesicht.

»Na, was glaubst du denn? An dem Tag, als die Gasexplosion passiert ist, warst du völlig neben der Spur, wie ein Zombie. Seitdem haben wir dich nicht mehr gesehen!«

Lara schielte nervös zu Serafin hinüber. Es war offensichtlich für Rakin, dass ihr noch ganz andere Fragen auf der Zunge brannten. Aber vor den Erwachsenen traute sie sich nicht offen zu sprechen.

Ra ließ Kopf und Schultern hängen, als würde er eine riesige Last auf seinem Rücken tragen.

»Es tut mir unendlich leid, was an diesem Tag passiert ist. Das ist alles meine Schuld! ... Ich ... ich ...«

Luin legte ihm vorsichtig eine Hand auf die Schulter.

»Hey, du konntest doch nichts dafür«, versuchte er, ihn zu beruhigen.

»Also ich weiß nicht, wie es euch geht, aber ich habe das Gefühl, eine heiße Schokolade wäre wunderbar. Wer möchte gern eine?«, lenkte er geschickt vom Thema ab. Alle nickten dankbar, bis auf Serafin, der einen Kaffee bevorzugte. Alex räusperte sich, als Luin in die Küche verschwunden war.

»Hör zu, Ra, wir machen dir keine Vorwürfe. Das Datum unserer Reise zur Akademie rückt immer näher und wir haben dich einfach nicht erreicht. Dabei hatten wir doch so viele gemeinsame Pläne für die Ferien. Vielleicht können wir ja wenigstens in der letzten Woche etwas zusammen unternehmen, bevor wir losmüssen.«

Er brach kopfschüttelnd ab, um die richtigen Worte zu finden.

»Mann, es ist so verdammt schade, dass du nicht mitkommen kannst!«

Lara nickte stumm und fixierte deprimiert den Fußboden.

»Ähm ... Darf ich kurz?«, klinkte sich Serafin ein, der sich bisher zurückgehalten hatte. Die drei Jugendlichen blickten überrascht zu ihm hinüber.

»Ich will euch nicht in eurer Sentimentalität stören, aber ich habe hier etwas für Rakin.« Er zog einen Umschlag aus teuer aussehendem Papier aus seiner Tasche.

»Für mich? Was ist das?«

»Am besten du liest selbst.«

Ra riss hastig das Kuvert auf und begann den Brief im Inneren zu überfliegen. Sein Gesichtsausdruck wechselte binnen Sekunden von beklommen zu komplett außer sich.

»Nein!«

Er war aufgesprungen und starrte seinen Freund völlig fassungslos an.

»Ich kapier´s nicht!«

Ihm fehlten die Worte.

»Setz dich, tieeeef durchatmen«, versuchte Serafin ihn zu

beruhigen, bevor er etwas lauter in Richtung Küche rief »Luin! Wo bleibt die *heiße Schokolade*? Wir haben hier einen Notfall!«

»Einen Moment noch«, kam es aus der Küche zurück.

Lara und Alex warfen sich besorgte Blicke zu.

»Was ist denn passiert?«, fragte Lara vorsichtig. Zu ihrem Erstaunen verwandelte sich Rakins ungläubiger Gesichtsausdruck vor ihren Augen zu einem irisierenden Strahlen.

»Das gibt´s doch nicht! Wie habt ihr das denn hingekriegt?«

Er sprang stürmisch von seinem Platz auf und umarmte Serafin.

»Ist ja schon gut, das hast du dir redlich verdient, Blutsbrüderchen.«

Serafin klopfte dem Jungen anerkennend auf den Rücken, bevor er auch für Alex und Lara das Geheimnis lüftete.

»So wie es aussieht, braucht ihr in näherer Zukunft nicht auf Rakin verzichten. Ihr dürft ihm gerne gratulieren. Er hat die Aufnahme an der Arkan Akademie – sagen wir über Umwege – geschafft.«

»Hey, das ist ja fantastisch!«, jubelte Lara, während Alex bereits johlend aufgesprungen war und Ra wie ein Sandwichbrötchen von hinten umarmte. In der Zwischenzeit balancierte Luin ein Tablett mit Heißgetränken zu ihnen ins Wohnzimmer. Er grinste breit, was darauf hindeutete, dass er von Serafin zuvor schon über den Inhalt des Briefes unterrichtet worden war. Nachdem jeder Ra überschwänglich gratuliert hatte und sie zusammen mit Kakao angestoßen hatten, musste Rakin noch eine Frage loswerden, die ihm seit dem Öffnen seiner Zusage auf der Zunge lag.

»Jetzt sag doch mal ehrlich, Serafin. Wie ist das denn gelaufen?«

Er las laut vor:

Sehr geehrter Herr Kamon,

uns hat ein persönliches Empfehlungsschreiben aus der Führungsebene des Hauptquartiers der Arkana erreicht. Auf direkte Anweisung von Herrn Direktor Prof. Goldstein können wir Ihnen mitteilen, dass Ihre Aufnahme an der Arkan Akademie wegen besonderer Verdienste erfolgreich genehmigt wurde. Bitte finden Sie sich am 15. Juli pünktlich um 19:30 Uhr am Bahnhof Ihres Heimatortes ein. Dort wird ein Shuttlebus für alle neuen Schüler bereitstehen. Anbei finden Sie ausführliches Informationsmaterial, das Sie sich vor dem Schulstart intensiv durchlesen sollten. Wir wünschen Ihnen eine gute Anreise und freuen uns, Sie schon bald an der Akademie begrüßen zu dürfen...

»Was habe ich denn für besondere Verdienste geleistet?«

»Na dann denk mal scharf nach. Wie wäre es zum Beispiel mit Finn, für die du vor ein paar Wochen fast dein Leben aufs Spiel gesetzt hast, um sie zu retten? Professor Goldstein war ganz aus dem Häuschen von deinem Mut. Als ich ihm letzten Freitag durch Zufall über den Weg lief und ihm davon erzählte, wie schade es ist, dass du den Notenschnitt zur Aufnahme knapp verpasst hast, zog er los und setzte alle Hebel für dich in Bewegung. Sonst wäre auch bei dir eine Gedächtnislöschung unausweichlich gewesen.«

»Wisst ihr was?«, fragte Luin breit grinsend und hob seine Tasse. »Darauf stoßen wir gleich noch mal an, Cheeers!«

Die anderen folgten fröhlich seinem Beispiel.

»Cheeeers!«

ABSCHIED

Ra packte hektisch die letzten Dinge in seinen Koffer, bevor er Luins Stimme aus dem unteren Stockwerk hörte.

»Ra? Bist du fertig? Es wird Zeit!«

»... Komme schon!«

Der Tag der Abreise war letztendlich schneller da, als ihm lieb war. Die Aufregung über die bevorstehende Reise brachte seinen Kreislauf auf Hochtouren. Eilig zog er sich seine besten Klamotten an und kämmte sich die Haare. Mit gepacktem Koffer und Rucksack bewaffnet kam er die Treppen runter. Aus der Küche stieg ihm bereits von weitem der Duft von Rührei in die Nase.

»Tut mir leid, dass es nichts Besseres zum Abschied gibt. Deine Verabschiedung von Arthur heute Nachmittag hat doch länger gedauert, als erwartet.«

»Das macht doch nichts. Mein Vater war mir wichtiger. Wir sind zwar wie Hund und Katz, aber ich werde ihn trotzdem vermissen.« Rakin seufzte und ließ sich hängen. Tröstend legte ihm Luin eine Hand auf die Schulter.

»Mach dir keine Sorgen, wir schaffen das schon, ihn da wieder rauszuboxen, okay?«

Ra nickte hastig und wich seinem Blick aus, bevor er sich am Küchentisch auf einen Stuhl fallen ließ.

Luin stellte ihm einen vollen Teller vor die Nase und schob Ra den Brotkorb hin. Er wirkte unruhig, als er sich ihm gegenüber mit einer Tasse Kaffee auf einem Stuhl niederließ. Plötzlich fiel Ra etwas ein, das er fast vergessen hätte.

»Würdest du das hier bitte Finn geben?«

Er zog verstohlen ein Kuvert aus der Tasche seiner Weste.

»Ein Abschiedsbrief? ... Ganz schön dick, der Umschlag ...«

»Jetzt tu nicht so gekünstelt. Lara und Alex haben auch einen«, rechtfertigte sich Ra, bevor er verlegen in die entgegengesetzte Richtung blickte.

Luin grinste nur allwissend und sparte sich weitere Kommentare.

»Verlass dich auf mich. Finn wird sich bestimmt freuen.«

Er hatte kaum das letzte Wort ausgesprochen, schon klingelte es an der Tür.

»Das wird unser dritter Mann sein. Iss du in Ruhe dein Abendessen, ich geh und mach auf«, sagte Luin und erhob sich von seinem Platz. Wenige Augenblicke später gesellte sich Serafin zu ihnen in die Küche.

»Hey Ra! Na? Bereit für deine große Reise?«

Der Junge nickte.

»Du bist ganz schön früh dran. Lass mich noch essen, dann bin ich startklar.«

Luin schenkte eine Tasse ein und stellte sie Serafin vor die Nase.

»Hier nimm, du siehst aus, als könntest du auch einen Kaffee vertragen.«

»Oh, vielen Dank. Mein Tag war ein bisschen turbulent heute. Es ist total verrückt, aber ich bin genauso hibbelig, wie damals, als wir zusammen das erste Mal die Arkan Akademie besucht haben ... Mann war das aufregend!«

Luin verschluckte sich vor Lachen an seinem Kaffee.

»Ich erinnere mich noch wie heute daran, als du dich am Ende der langen Reihe vor der Zimmerzuteilung anstellen wolltest und dabei mit Schwung gestolpert bist. Die Hälfte der Leute ist wie Bauklötzchen umgekippt und du hast ein riesengroßes Chaos verursacht. Seitdem war dieser Vorfall unter Insidern als Elrayo-Domino bekannt.«

»Echt jetzt?«, kicherte Rakin mit vollem Mund. Luin zwinkerte ihm nickend zu.

»Hey! Das war furchtbar peinlich! Alle haben sich über mich lustig gemacht!«, entgegnete Serafin mit gespielter Entrüstung, bevor er ebenfalls in Gelächter ausbrach. Während sich die Erwachsenen weiter über amüsante Vorkommnisse in ihrer Schulzeit austauschten, verging die Zeit wie im Flug.

»Genug in alten Erinnerungen geschwelgt. Allmählich sollten wir schauen, dass wir loskommen«, ermahnte Luin mit einem Blick auf seine Uhr.

»Nicht dass alle anderen noch auf uns warten müssen.«

Nervös schob Rakin den Stuhl zurück.

»Verdammt, ich bin so aufgeregt!«

»Mach dir nicht ins Hemd, Aufregung gehört mit dazu«, erklärte Serafin breit grinsend. Zusammen zogen sie sich Schuhe und Jacken an und begaben sich mitsamt des Gepäcks zu Luins Auto. Nachdem alles eingeladen war, ging es endlich los. Rakin sah wehmütig die bergige Nachtlandschaft am Fenster vorbeiziehen und fragte sich insgeheim, wie es wohl in Enakrion sein würde. Doch es blieb kaum Zeit zum Nachdenken. Wenige Minuten später parkten sie in der Nähe des Bahnhofs. Ein moderner Doppeldeckerbus mit getönten Scheiben wartete bereits in einiger Entfernung auf seine Passagiere. Luin war der Erste, der Rakin väterlich umarmte.

»Ich werde dich vermissen, Ra! Stell nicht zu viel Unfug an und vergiss nicht, dass du dich jederzeit bei mir melden kannst, sollte es irgendwelche Schwierigkeiten geben.«

»Danke, Luin. Du hast wirklich was gut bei mir. Ich komme dich in den nächsten Ferien besuchen.«

»Gerne. Du bist immer willkommen.«

Er zerzauste dem Jungen das Haar, bevor Serafin an die Reihe kam.

»Ich bin echt stolz auf dich, Ra und wünsche dir alles Gute für deinen Start an der neuen Schule. Auf dass du bald eine Menge toller Freunde findest! Hab Spaß, stell die Schule nicht auf den Kopf und lass uns eine Nachricht zukommen, sobald du mal etwas Zeit erübrigen kannst.« Serafin seufzte und kramte ein paar Sachen aus seiner Jackentasche.

»Hier, ich hab da noch etwas für dich, das ich dir geben soll. Der Umschlag hier ist von Finn und der andere ist von Arthur. Mach ihn auf, wenn du ein bisschen Ruhe hast«, meinte er geheimnisvoll.

»Und bevor ich es vergesse, hier ist noch ein kleines Abschiedsgeschenk, das ich dir von Arthur geben soll. Er hat mir eingebläut, dir zu sagen, dass du es erst öffnen darfst, wenn du allein bist.« Er reichte Ra eine handflächengroße, in vergilbtes Packpapier gewickelte Schachtel.

Rakin blinzelte, als er das kleine Päckchen entgegennahm. Irgendetwas daran ließ sein Herz schneller schlagen. Er schob es vorerst auf die allgemeine Aufregung und steckte es in seine Jackentasche.

»Richtet Arthur von mir ein ganz dickes Dankeschön aus.« Ra seufzte.

»Ich fürchte, ich habe nicht mehr viel Zeit. Tausend Dank für eure Unterstützung, ich werde euch vermissen.«

Er fiel Serafin und Luin um den Hals, bevor er sich widerwillig von ihnen losmachte und seinen Koffer packte.

»Vergesst nicht, Finn von mir zu grüßen.«

»Machen wir. Pass auf dich auf Ra, gute Reise!«, riefen die beiden ihm hinterher, bevor Ra sich von ihnen entfernte und auf den wartenden Bus zusteuerte. Der Fahrer half ihm, sein Gepäck zu verladen, dann verschwand er im Inneren des Fahrzeugs, das sich kurz darauf in Bewegung setzte. Bald war der Bus im abflauenden Stadtverkehr verschwunden. Luin seufzte schweren Herzens und hoffte im Stillen, dass mit Rakin alles gut gehen würde. Plötzlich spürte er eine Hand auf seiner Schulter.

»Mach dir keine Sorgen, ich bin sicher, Ra wird das packen ... Ein bisschen frustriert bin ich trotzdem, dass du seine Elementarfähigkeit versiegeln musstest. Zumindest wird er es nun leichter haben.«

»Mir tut es auch leid, aber er hat darum gebeten, nachdem dieser Vorfall an der Schule passiert ist.«

»Hoffen wir, dass es die richtige Entscheidung war«, seufzte Serafin.

Luin nickte.

»Es wird eine ganz schöne Umstellung werden, wenn auf einmal keine Nervensäge mehr im Haus ist, die versehentlich meine Möbel anzündet und meine gesamte Zeit für sich beansprucht.«

»Höre ich da so etwas wie Einsamkeit mitschwingen?«

Serafin grinste breit.

»Sollte dem so sein, kann ja ich statt Rakin als Untermieter bei dir einziehen. Ganz wie in früheren Zeiten ...«, fügte er mit einem spöttischen Augenzwinkern hinzu.

Luin schob ihn sanft zur Seite.

»Spar dir die schlechten Witze und überleg dir lieber, wo wir jetzt hingehen. Ich lade dich zur Feier des Tages zum Essen ein.«

»Das ist ja mal eine Überraschung. Na dann sollten wir schleunigst los, bevor wir nirgends mehr einen Platz bekommen.«

DIE HÜTER DES HIMMLISCHEN WOLKENWASSERS

»Hey Ra, hier drüben!«

Alex und Lara winkten ihm bereits aus dem Mittelteil des Busses zu. Erleichtert kämpfte sich Ra durch den fast voll besetzten Bus und gesellte sich zu seinen Freunden. Dort ließ er sich auf einem freien Platz hinter den beiden nieder.

»Mal wieder typisch, dass du der Letzte bist«, stichelte sein Kumpel.

»Aber ich war ja noch pünktlich, also reg dich ab«, konterte Rakin und streckte ihm die Zunge heraus. Lara verdrehte die Augen.

»Mann, ihr beiden seid echt so kindisch!«

Sie wollte gerade zu einer neuen Spöttelei ansetzen, als das Mikrofon rauschte. Eine junge Frau mit weißblonden, schulterlangen Haaren und ungewöhnlich hellgrauen Augen hatte sich neben dem Busfahrer aufgestellt.

»Hallo, alle zusammen! Mein Name ist Melinda Kuon und ich darf euch ganz herzlich im Namen der Schulleitung an Bord willkommen heißen. Als Vertrauenslehrerin werde ich euch auf unserer Fahrt die grundlegendsten Dinge erklären, die ihr vorerst wissen müsst. Um zur Arkan Akademie zu gelangen, durchqueren wir zuerst ein sogenanntes Raum-Zeit-Portal in eine andere Dimension.«

Sie machte eine kurze Pause, als das erstaunte Gemurmel der Schüler für einen Moment anschwoll. Im Gegensatz zu den drei Freunden hatten viele bis eben noch keinen blassen Schimmer, was auf sie zukommen würde. Frau Kuon räusperte sich, um die Schülermenge erneut auf sich aufmerksam zu machen.

»Keine Sorge, ihr werdet bald genug Zeit haben, euch auszutauschen oder Fragen zu stellen. Bitte schenkt mir bis dahin eure volle Aufmerksamkeit. Unser aktuelles Ziel ist der Untersberg an der deutsch-österreichischen Grenze. Dieses Felsmassiv umranken nicht umsonst seit langer Zeit Mythen über unglaubliche Zeitphänomene. Wer die Gegend kennt, weiß auch, dass sich unter dem Berg ein riesiges Höhlen- und Tunnelsystem erstreckt, das noch immer nicht ganz erforscht ist. Gut versteckt, tief in der Erde liegt das Raum-Zeit-Portal, das wir erreichen müssen. Aber keine Sorge, wir werden uns heute nicht durch enge Felsspalten zwängen. Wir nehmen eine Abkürzung, die außer den Arkana niemandem bekannt ist. Die Portalwächter werden uns Einlass gewähren. Ich muss euch nur an dieser Stelle vorwarnen. Sie sind Wesen aus einer anderen Zeitebene und sehen ein wenig ... gewöhnungsbedürftig aus. Seid respektvoll zu ihnen, sonst könnte es sein, dass euch der Eintritt verweigert wird. Aber ihr braucht keine Angst vor ihnen haben.« Sie hatte kaum ausgesprochen, als große Unruhe im Bus aufkam.

»Das klingt ja abgefahren«, staunte Lara mit weit aufgerissenen Augen. Alex nickte hastig.

»Wie diese Wächter wohl aussehen?«

Es gab viel zu diskutieren, sodass die Fahrtzeit von knapp zweieinhalb Stunden wie im Flug verging. Kurz vor ihrer Ankunft teilte Frau Kuon kleine, verschnörkelte Glasphiolen aus, die jeweils einen Schluck einer öligen, durchscheinend orange-rötlichen Substanz enthielten. Rakin verzog skeptisch das Gesicht, als er aus Neugier daran schnupperte.

»Riecht nach irgendwelchen Kräutern«, flüsterte er seinen Freunden verschwörerisch zu, als die Lehrerin an seinem Platz vorbei war. Kurze Zeit später gab es dazu wieder eine Ansage: »Ihr werdet euch sicher gefragt haben, was ich gerade ausgeteilt habe. Die Antwort ist simpel. Mit diesem Cognitio-Elixir werden sich eure Sinne schärfen und ihr werdet in der Lage sein, Dinge zu sehen, die normale Menschen nicht wahrnehmen können. Allerdings besteht der Effekt nur eine begrenzte Zeit. Bitte trinkt daher den kompletten Inhalt aus und lasst nichts übrig, sobald ich es euch explizit sage. Wenn es unterdosiert ist, hält die Wirkung nicht lang genug an. Hat das jeder verstanden?«

Zustimmendes Gemurmel ging durch die Reihen der Schüler.

»Gut. Wir werden bald da sein. Bitte gehorcht meinen Anweisungen und den Hinweisen der Männer, die auf dem Parkplatz zu uns stoßen werden. Um euer Gepäck müsst ihr euch keine Gedanken machen, darum kümmern wir uns.«

Nur fünf Minuten später hielt der Bus mit quietschenden Bremsen.

»Wir sind endlich da!«, rief Rakin euphorisch, bevor er sich zusammen mit den anderen durch das Gedränge auf dem Gang kämpfte. Vor dem Bus warteten wie bereits angekündigt einige Männer in seltsamen Roben auf die Jugendlichen. Sie trugen Fackeln und wiesen die Neuankömmlinge an, sich zur nahegelegenen Bergbahn zu begeben, die trotz der späten Stunde noch für sie geöffnet hatte. Mit einem mulmigen Gefühl folgte Ra der Gruppe, die auf mehrere Gondeln aufgeteilt wurde. Auf der Fahrt nach oben betrachtete er die Lichter im Tal. Melancholie breitete sich in seinem Inneren aus, als Finn jäh in seiner Vorstellung auftauchte. Sofort biss er sich schmerzhaft auf die Unterlippe. Er hatte nicht damit gerechnet, dass es ihn so schlimm erwischt hatte. Plötzlich stupste ihn jemand vorsichtig von der Seite an.

»Alles okay?«, fragte Alex leise.

»Ja, passt schon. Geht gleich wieder.« Er sah demonstrativ in die entgegengesetzte Richtung.

»Bist du sicher?«

»Ja, hör auf, mich so anzustarren, ich bin ok.«

»Kleiner Tipp gegen vorzeitiges Heimweh: versuch an was Schönes zu denken«, ließ Alex nicht locker.

»Und an was, bitte?«

»Na wie wäre es mit warmem Klima, exotischen Speisen, Abenteuern ... und Mädels in Schuluniformen ...«, zählte er breit grinsend auf.

»... Du meinst wohl eher Lara in Schuluniform«, scherzte Ra, der allmählich seine Fassung wiederfand. Er konnte aus dem Augenwinkel beobachten, wie Alex verlegen mit den Augen rollte.

»Volltreffer!«, stichelte Ra weiter. Sein Freund seufzte niedergeschlagen.

»Ich fürchte, dass ich leider schlechte Karten bei ihr habe. Sie hat schon jemanden, den sie mag«, gestand er mit enttäuschtem Unterton.

»Ach komm, hör auf zu jammern. Die Wahrscheinlichkeit ist äußerst gering, dass ihr Schwarm ebenfalls an die Akademie geht. Damit gilt: Neues Spiel, neues Glück, würde ich sagen.«

Alex schüttelte den Kopf.

»Ach Ra, du Vollpfosten! Du hast mal wieder nichts kapiert, oder?«

»Hey! Warum bin ich jetzt ein Vollpfosten?«

»Ach, vergiss es einfach!«

»Wegen was habt ihr euch denn nun schon wieder in den Haaren?«, klinkte sich Lara ins Gespräch mit ein, die sich bisher mit einem anderen Mädchen unterhalten hatte.

»Nichts!«

»Wir diskutieren nur.«

Die beiden Jungs waren sich in diesem Punkt ausnahmsweise sofort einig.

»Wer´s glaubt ...«, moserte Lara ein wenig beleidigt, bevor sie mit dem Finger in Fahrtrichtung deutete.

»Schaut mal, wir sind oben. Seht ihr die vielen Fackeln?«

Die Gondel stoppte und der Pulk aus Novizen drängte nach draußen. Nachdem auch die restlichen Schüler aus den nachfolgenden Gondeln versammelt waren, stellte sich Frau Kuon vor den Jugendlichen auf und bat um Ruhe.

»Hört zu, wir haben nun einen zwanzigminütigen Fußmarsch vor uns, bis wir auf den Zugang stoßen. Bitte trinkt jetzt das Cognitio-Elixir, das ich euch vorhin gegeben habe, damit sich die Wirkung entfalten kann, bis wir unser Ziel erreicht haben. Und noch was: Bitte nicht in Panik ausbrechen, wenn sich eure Wahrnehmung erweitert. Ihr werdet Dinge und Kreaturen sehen, denen ihr wahrscheinlich noch nie zuvor in eurem Leben begegnet seid. Aber ihr müsst keine Angst haben. Immer schön zusammen bleiben.«

Ra und Alex hielten sich die Nasen zu, während sie sich das Gebräu in den Rachen schütteten. Lara war ein bisschen mutiger und trank es in kleinen Schlucken. Allerdings verzog sie schnell das Gesicht.

»Oh Gott, ist das bitter. Ich brauch was zum Nachspülen!«

»Igitt!«, stimmten die beiden Jungs mit ein. Es blieb jedoch kaum Zeit für Beschwerden, da sich Frau Kuon bereits an der Spitze der Gruppe in Bewegung setzte und einem mit Fackeln gesäumten Weg folgte. Ra ließ sich bewusst ans Ende der Schülermenge zurückfallen. Er fühlte sich komisch. Verwirrt wischte er sich mit dem Handrücken über die Stirn.

»Hey Ra, du hast doch gehört, wir sollen zusammenbleiben«, rief Alex und schob ihn weiter.

»Sag mal, geht es nur mir so, oder siehst du auch diese Lichtpunkte überall in der Dunkelheit?«

»Sag mal, was ist los mit dir? Das sind Sterne!«

»Nein, die mein ich nicht. Schau nur, da ist ein überdimensional großes Glühwürmchen!«

»Wo denn?«

Rakin versuchte, dem orange leuchtenden Lichtpunkt zu folgen, doch er wurde bald von einem der Männer in Roben aufgehalten, die den Schluss der Gruppe bildeten.

»Das solltest du schön bleiben lassen. Die Eiwari verstehen keinen

Spaß, wenn man sie anfasst«, erklärte er in fremdländischem Dialekt und schob Ra zurück auf den Weg.

»Ein Eiwari?«

»Ja, kleine Dunkelfeen, die verirrte Wanderer gern in die Irre führen, sofern man sie sehen kann. An diesem Ort gibt es wirklich viele. Scheint so, dass das Elixier bei dir besonders schnell wirkt. Warte noch ein bisschen, dann bemerken die anderen sie auch.«

»Abgefahren«, stammelte Rakin entgeistert. Aus den Augenwinkeln nahm er eine weitere Bewegung wahr. Als er sich umdrehte, entdeckte er schwarze, rundliche Kreaturen mit einer Vielzahl feingliedriger Beinchen und Ärmchen, die emsig in einiger Entfernung hinter der Gruppe marschierten. Jede von ihnen trug mindestens einen Koffer.

»Krass! Was ist das denn?«, platze es neugierig aus ihm heraus.

»Das sind Wusler. Super Kerlchen – tragen das vielfache ihres Gewichts mit Leichtigkeit.«

»Mann! Ich seh immer noch nichts!«, beschwerte sich Alex. Doch allmählich wurden mehr und mehr verwunderte Stimmen unter den Schülern laut. Die Männer in den Roben hatten alle Hände voll damit zu tun, das kleine Grüppchen beisammen zu halten. Nach einer Weile war es endlich auch bei Alex so weit.

»Oh. Mein. Gott! Jetzt seh ich sie auch! Mann sind die Viecher … gewöhnungsbedürftig.«

»Hey, hör auf sie zu beleidigen, schließlich schleppen sie deinen Koffer«, erinnerte ihn Ra. Einer der Wusler ganz in ihrer Nähe gab einen energischen Quieklaut von sich, als versuchte er, Rakins Worte zu bestätigen. Alex verdrehte die Augen.

»Das mag ja sein, aber schön sind sie trotzdem nicht«, flüsterte er mit gerümpfter Nase.

Wenig später erreichten sie ein kleines Plateau, bei dem ihre Vertrauenslehrerin halt machte. Sie wandte sich an ihre Schüler.

»So, da wären wir. Bitte alle zurücktreten.«

Die Männer schoben sich vor die Schülergruppe und legten ihre

Hände auf einen seltsam wirkenden, knubbligen Felsen. Gemeinsam rezitierten sie eine Art Zauberformel in einer Sprache, die Rakin noch nie zuvor gehört hatte. Er blinzelte vor Erstaunen, als der Fels sich plötzlich bewegte. Es wirkte fast, als würde etwas darin erwachen. Bald verwandelte sich der Stein vor den Augen der Gruppe in ein etwa fünfzig Zentimeter großes Männchen, dessen gesamter Körper von oben bis unten grau-bläulich behaart war. Neben seinem schmalen Körperbau besaß es einen überdimensionalen Kopf mit plattgedrücktem Gesicht, großen Glubschaugen und einer kleinen, breiten Nase genau dazwischen. Sein fröhlicher Mund, aus dem ein paar stumpfe Zähne herausragten, zog sich beinahe komplett über die untere Gesichtshälfte, während rechts und links hinter den spitzen Ohren eigenartige Hörner wuchsen, die sich geschwungen nach oben wanden. Unterm Kinn wucherte ein langer Bart, der fast bis zum Boden reichte. Neben zahlreichen Amuletten trug der Gnom einen groben braunen Kapuzenumhang und einen knorrigen Stock mit allerlei Fläschchen daran.

»Sei gegrüßt, Xyris. Ich hoffe, wir stören dich nicht. Die neuen Novizen sind hier«, begrüßte Frau Kuon das Kerlchen, ohne jegliche Berührungsängste.

»So-so«, quiekte der großohrige Bartverschnitt.

»Sehr viele interessante Gesichter ich sehen ...«, fügte er allwissend hinzu, nachdem er alle der Reihe nach gemustert hatte.

»Gut, gut. Wissen, weshalb ihr hier sein. Geduld, Geduld. Xyris euch geheimen Pfad zum Portal öffnen.«

Er hob die Hände zum Himmel und hüpfte freudig, bevor er sich umdrehte und zum hoch aufragenden Felsmassiv wackelte. Dort wirbelte er seinen Stock durch die Luft, während er einen seltsamen Singsang anstimmte. Der Boden begann leicht zu vibrieren, als sich das Gestein vor ihm teilte und einen verborgenen Pfad ins Innere des Berges freigab.

»Folgen mir.«

Mit kleinen, schnellen Schritten hüpfte er voraus. Nachdem er einmal kurz mit seinem Stock auf den Boden geklopft hatte, erschien ein helles Licht an der Spitze, das allen den Weg leuchtete. Die Schüler folgten ihm mit gemischten Gefühlen. Im Schein des Stabes wanderten sie an großen glitzernden Stalagmiten und Kristallen vorbei, die links und rechts ihren Pfad säumten. Die ganze Szenerie wirkte so unwirklich und fremd. Rakin blinzelte.

»He Alex!«

»Was ist?«

»Zwick mich!«

»Hä? Warum das denn?«

»Mach einfach!«

Alex schüttelte seufzend den Kopf und kniff Ra kräftig in den Hintern.

»Aua! Spinnst du?«

»Was hast du erwartet? Du hast nicht gesagt, wo ich dich kneifen soll ...«

»Das kriegst du zurück«, brummte Ra verdattert und rieb sich dabei seinen schmerzenden Po.

»Ich hoffe, ich konnte dich zumindest davon überzeugen, dass das hier kein verrückter Traum ist«, lachte Alex amüsiert und schloss zu den anderen Schülern auf.

»He, warte auf mich!« Ra eilte ihm flugs hinterher, um nicht wieder das Schlusslicht zu bilden. Besonders die Mädchen der Gruppe schienen sich sehr zu fürchten. Der Pelzgnom hielt für einen Moment inne.

»Wieso Angst haben? Nicht vertrauen Xyris? Xyris euch bringen bald ans Ziel. Bald, bald ...«

»Der hat gut reden«, flüsterte Lara misstrauisch zu ihren beiden Freunden.

»Wir haben schließlich keine andere Wahl als uns auf diesen Wicht zu verlassen. Ich hoffe nur, seinem Zauberstab geht hier unten nicht irgendwann die Batterie aus ...«, fügte sie scherzhaft hinzu.

»Mach dich lieber nicht über ihn lustig, wer weiß wie gut er mit seinen Riesenohren hören kann«, flüsterte Alex nervös zurück. Immer tiefer ging es ins Innere des Berges hinein, bis sie eine ausladende Höhle erreichten, in der Kristalle wie riesige Säulen bis zur Decke wuchsen. In der Mitte ragte ein runder, goldener Torbogen mit fremdartigen Symbolen auf. Er fasste eine bläulich fluoreszierende, wasserartige Substanz ein, die den gesamten Raum in sanft schimmerndes Licht tauchte.

»Da-da! Horen freundlich, keine Angst haben«, brummte Xyris und wies mit seinem Finger auf das Tor, bevor er plötzlich in seiner Euphorie innehielt und sich am Kopf kratzte.

»Oh, Moment! Vergessen ich haben! Bevor rufen Horen, Xyris Sprache in Enakrion Sprache wandeln!«, erklärte er knapp. Frau Kuon wandte sich an die Gruppe, um einen Tumult zu verhindern.

»Was er euch mitteilen möchte ist, dass er eure Sprache in die Landessprache von Enakrion synchronisieren wird. Dies dient dem gegenseitigen Verständnis mit den Bewohnern eurer neuen Heimat. Keine Sorge, es geht ganz schnell.«

Sie nickte Xyris zu, der daraufhin seinen Stock in die Höhe hob, aus dessen Spitze ein gleißend-blauer Lichtblitz kam, der die Höhle für einen Augenblick bis in die kleinste Ecke mit Licht flutete. Rakin fühlte sich für einen Moment schwindelig im Kopf, bevor sich alles wieder normalisierte. Doch der Gnom ließ ihnen keine Zeit, um nachzudenken.

»So, reichen das sollte«, quiekte er mit spitzbübischem Grinsen, das weitere stumpfe Zähne entblößte. Aufgeregt watschelte er zum Portal und berührte mit seinem Stock mehrere Runen, die in die goldene Einfassung eingelassen waren. Sie glühten feurig auf, bevor die wässrige Masse wild zu brodeln begann. Rakin kniff angestrengt die Augen zusammen, als zwei riesige Funken die blubbernde Wasserfläche durchbrachen und wie verzauberte Sternschnuppen durch die Halle wirbelten. Unter den staunenden Ausrufen der Schüler verwandelten sich die Lichtfunken in etwas, das Rakin im ersten Moment als zwei in der Luft schwebende, riesige Fische bezeichnet hätte. Ihre langgestreckten Körper funkelten wie tausend

Sterne und ihre Flossen, die wie schillernde Schleier um sie herumwirbelten, schienen aus purem Licht zu bestehen. Der Eine leuchtete in magischem Saphirblau, der Andere in irisierendem Gelborange. Verblüfftes Raunen ging durch die Menge, bis jedes der faszinierenden Wesen an einer Seite des Portals Stellung bezog. Rakin erstarrte, als er den Klang von zwei Stimmen direkt aus dem Inneren seines Kopfes vernahm. Anhand der verwirrten Gesichtsausdrücke seiner Mitschüler, stellte er fest, dass sie es auch hören mussten.

»Seid gegrüßt, Anwärter der Arkana. Wir sind die Hüter des himmlischen Wolkenwassers und des Zeitenwechsels. Mein Name ist Thallo.« »Ich bin Auxo.«

Mit vor Erstaunen weit aufgerissenen Augen beobachtete Ra, wie sich erst das gelborange Fischwesen und dann das Blaue vor den Schülern zum Gruß leicht verneigte.

»Jeder von euch muss sich unserer Prüfung unterziehen, bevor ihr das Tor passieren könnt. Der Weg wird sich für diejenigen öffnen, die frei von schädlichen Absichten gegenüber den Arkana sind.«

»Äh? Wo Carpo? Sie nicht sein mit euch sie ist?«, platzte Xyris ganz entrüstet in die zeremonielle Begrüßung.

»Sie muss eine wichtige Aufgabe erfüllen und kann heute nicht hier sein«, erhielt er als schlichte Antwort, bevor sich die Lichtwesen erneut an die Schüler wandten.

»Lasst die Prüfung beginnen.« Sie wirbelten aufgeregt mit ihren funkelnden Brustflossen, während Frau Kuon die Schüler dezent darauf aufmerksam machte, dass sie eine Reihe bilden sollten. Rakin spürte, wie sein Herz raste. Vor ihm waren drei Jungs, danach würde er an die Reihe kommen. Fiel das Verschweigen der Tatsache, ein versiegelter Maniyokai zu sein, etwa auch unter „schädliche Absichten gegenüber den Arkana“? Mit flauem Magen beobachtete er, wie der Erste in der Reihe sich zögernden Schrittes zu den Wesenheiten aufmachte. Vor dem Portal angekommen, hielten sie ihre riesigen Brustflossen seitlich über ihn, die den Jungen wie ein Paravent verhüllten. Es dauerte nur wenige Augenblicke, bis seine Prüfer im Chor »bestanden!« riefen. Fasziniert beobachtete Rakin, wie sie ihn zum Tor begleiteten, dessen brodelnde Wasseroberfläche den Neuankömmling gierig verschluckte. Auch die anderen beiden Jungs bestanden die Prüfung. Nun war er an der Reihe. Er schwitzte aus jeder Pore und seine Beine wollten sich nicht bewegen, als die Fischwesen ihm aufmunternd zulächelten. Dabei entblößten sie eine Reihe spitzer, feiner Zähne, die bei Rakin das komplette Gegenteil bewirkten.

»Auf-auf!«, hörte er Xyris, bevor er von dessen Stock ein wenig zu enthusiastisch vorwärts geschoben wurde. Rakin stolperte fast. Verunsichert drehte er sich zu seinen Freunden um, die ihn mit gerecktem Daumen bestärkten, weiterzugehen. Mit angehaltenem Atem blieb er wie seine Vorgänger zwischen den Wesen stehen und wurde von ihrem gleißenden Licht geblendet.

»Hab keine Angst« »Entspann dich«, hörte er sie in seinem Kopf wispern. Ein seltsames Flüstern aus allen Richtungen schwoll um ihn herum an. Gleichzeitig fühlte es sich an, als versuchte jemand, nach seinen Gedanken zu greifen. Jede Muskelfaser in ihm verspannte sich. Rakin spürte, wie das Ziehen in seinem Kopf immer stärker wurde. Doch je massiver die Kraft, desto vehementer stemmte er sich dagegen.

»Lass los...« »Du musst loslassen!«, hörte er die Stimmen seiner Prüfer eindringlich durch das Geistergeflüster, das inzwischen zu einem tosenden Orkan angeschwollen war. Seine Angst pumpte das Adrenalin in Überdosen durch seinen Körper. Er spürte, wie etwas in seinem Inneren zerbrach. War es sein Widerstand? Einen Atemzug später fand er sich am Boden kniend zwischen den Wächterfischen wieder, die ihn aus verblüfften Augen anstarrten.

»Du besitzt eine beeindruckende Willensstärke, Junge. Wie ist dein Name?«

Ra zögerte, spürte jedoch, wie die Worte förmlich aus ihm herausgesogen wurden.

»Rakin ist mein Name«, antwortete er widerwillig.

»Sei unbesorgt, dein Geheimnis ist bei uns sicher«, versicherte Thallo und schüttelte seine gelborange Nackenflosse.

»Steh auf, du hast bestanden. Du magst vielleicht einige ungewöhnliche Geheimnisse hüten, aber du hast ein gutes Herz«, pflichtete ihm Auxo bei und schob Ra behutsam in Richtung des Portals. Dann ging alles so schnell, dass Rakin kaum begriff was passierte. Die kühle Flüssigkeit schien nach ihm zu greifen und katapultierte ihn mit Lichtgeschwindigkeit ins Innere.

AUFWÜHLENDE ZEILEN

Finn lag auf ihrem Bett und starrte Löcher in die fade Decke ihres Zimmers. Seitlich von ihr döste Aoi in der schwülen Hitze, die sich in dem kleinen Raum staute. Sie hatte das Fenster weit geöffnet, damit etwas frische Luft von draußen hereinwehen konnte. Was wohl Lara, Alex und Ra gerade machten? Inzwischen sollten sie angekommen sein, schätzte Finn und träumte von Abenteuern in einer fernen Dimension. Nur sie war hier gefangen und konnte nichts weiter tun, als auf den Tag zu warten, an dem man ihr Gedächtnis löschen würde. Bevor sie in ihren trüben Gedanken versinken konnte, klopfte es an der Tür.

»Hallo Finn? Darf ich reinkommen?«, hörte sie eine vertraute Stimme von draußen.

»Serafin?«

Überrascht sprang Finn auf und flitzte zur Tür.

»Komm rein. Gibt es schon Neuigkeiten von Ra und den Anderen?«

Ihr Besucher setzte sich zu ihr an den kleinen Tisch und kratzte sich nachdenklich am Hinterkopf.

»Also, ich hab nicht gehört, dass irgendwer das Portal nicht passieren durfte. Daher gehe ich davon aus, dass alles gut gelaufen ist.

Allerdings fürchte ich, dass es eine Weile dauern wird, bis die drei ein wenig Zeit finden, um sich bei uns zu melden.«

»Schade.«

»Nur Geduld. Wie geht es dir heute? Hat sich dein Knöchel beruhigt, den du dir gestern verstaucht hast?«

»Passt schon wieder.« Finn verschränkte die Arme im Nacken und zog eine Schnute.

»Ich könnte echt ein bisschen Abwechslung gebrauchen. Weißt du, alle anderen haben jetzt Ferien, nur ich sitz hier drin fest«, seufzte sie.

»Es ist ja nicht mehr lange. In spätestens einer Woche bist du auch hier raus ...«

»Und dafür dann im Heim«, unterbrach ihn Finn miesepetrig.

»Vielleicht wird es ja gar nicht so schlimm, wie du jetzt-«, versuchte Serafin ihr Mut zu machen, als sein Mobiltelefon klingelte.

»Sorry, ist dienstlich«, erklärte er, bevor er den Anruf annahm.

»Hallo? Guten Tag Herr Professor! Gibt es neue Anweisungen?«

»... Aha ... Ich habe verstanden. Dann in fünf Minuten in ihrem Büro?«

»... Gut ... bis gleich!«

Sobald er das Gespräch beendet hatte, stupste ihn Finn beleidigt von der Seite an.

»Heißt das, du musst gehen?«

»Ich fürchte, ja«, gestand Serafin kleinlaut.

»Tut mir leid, so war das nicht geplant ...« Er kramte drei leicht zerknitterte Umschläge aus seiner Tasche und reichte sie Finn.

»Schau mal, die soll ich dir von deinen Freunden überreichen. Eigentlich wollte Luin sie dir vorbeibringen, aber ihm ist etwas Wichtiges dazwischen gekommen.«

»... Freibad?«, fragte Finn ironisch mit hochgezogenen Augenbrauen.

»Nein, du Gurke! Frag ihn doch das nächste Mal selber, wenn er kommt ... Willst du nicht lieber schauen, was dir deine Freunde zum

439

Abschied geschrieben haben, bevor du hier die beleidigte Leberwurst spielst?«

»Klar, aber die Briefe laufen mir schließlich nicht weg, im Gegensatz zu meiner vermummten Nanny.«

»Du Frechdachs!«

Serafin piekste Finn mit dem Zeigefinger zwischen die Rippen, was sie zum Quieken und Kichern brachte. Allerdings rief das Aoi auf den Plan, der bisher friedlich auf Finns Bett gedöst hatte. Fauchend landete er auf Serafins Schulter und zwickte ihm ins Ohr.

»Autsch! Der verdammte Ohrenzwicker ist wieder da!«, fluchte er und versuchte Aoi vergeblich loszuwerden, bis Finn ihn von dem zappelnden Reptil befreite.

»Aua ...«, jammerte Serafin beleidigt, während er sein knallrotes Ohrläppchen massierte. Aois Zahnabdrücke waren deutlich sichtbar.

»Pass mal besser auf deinen fiesen Winzling auf«, brummte er, bevor er einen erschrockenen Blick auf seine Uhr riskierte.

»Shit! Ich muss los!«, rief er und stürmte Richtung Ausgang.

»Ja-ja! Bis später!«

Die Tür fiel zu und Finn war wieder allein. Sie seufzte und warf sich mit ihren Briefen aufs Bett. Deprimiert schloss sie für einen Moment die Augen und hielt inne, bevor sie zunächst Laras und Alex Nachrichten öffnete. Beide hatten ihr aufmunternde Zeilen geschrieben und versprochen, sich bei der nächstmöglichen Gelegenheit zu melden. In Laras Umschlag war sogar ein silbernes Armband mit einem hübschen, vierblättrigen Glücksklee-Anhänger, auf dessen Vorderseite „Friends forever" eingraviert stand. Ihre Freunde hatten all ihr Taschengeld dafür zusammengelegt. Bei näherer Betrachtung entdeckte Finn auf der Rückseite, dass jedes der vier Kleeblätter einen Namen trug. Neben Lara, Alex und Rakin fand sie auf dem vierten Blatt auch ihren eigenen Namen. Finn wischte sich die Tränen aus den Augen, als sie die beiden gelesenen Briefe zur Seite legte und das Armband an ihrem rechten Handgelenk befestigte. Sie versuchte, das zermürbende Gefühl in ihrer Magengegend zu vertreiben, doch es war verdammt hartnäckig. **Zur Ablenkung griff sie nach dem letzten Briefumschlag**, zögerte jedoch, ihn zu öffnen. Rakins Name auf dem Kuvert schien förmlich zu ihr zurück zu starren. Wachsende Unruhe machte sich in ihr breit und ihre Hände begannen zu schwitzen. Sie schüttelte den Kopf, um sich von ihren lächerlichen Gedanken zu befreien. Mit einer schnellen Bewegung riss sie den Umschlag auf und überwand ihre anfängliche Scheu. Überrascht blinzelte sie, als zunächst ein abgegriffenes Lederband daraus hervorkam. Melancholisch betrachtete sie Diegos ehemaliges Hundehalsband. Es roch immer noch nach ihrem geliebten Vierbeiner. Sie hielt für einen Moment den Atem an, bevor sie Ras Brief entfaltete.

Liebe Finn,

ich weiß nicht, wo ich zuerst anfangen soll. Sicher hast du von Lara und Alex bereits zur Genüge gehört, dass wir dich alle vermissen. Da ich die Aufnahme an der Akademie in letzter Sekunde noch geschafft habe, bin ich wahrscheinlich schon weg, wenn du diesen Brief liest. Ich wünschte wirklich, du hättest mit uns kommen können, dann müsste ich mir keine Sorgen um dich machen. Bitte sei vorsichtig, sobald es dunkel wird. Wer weiß, ob der Seelenfresser weiterhin hinter dir her ist. Aber keine Angst, Serafin hat versprochen, dass er ein Auge auf dich haben wird. Und was die Beerdigung deiner Eltern angeht, tut es mir immer noch leid, dass ich mich voll daneben benommen habe. Das war alles nicht geplant! Du warst so traurig, dass ich dich einfach trösten wollte. Hoffentlich hast du keinen falschen Eindruck von mir. Ich sollte jetzt Schluss machen, bevor ich mich um Kopf und Kragen schreibe ... Pass auf dich auf und lass dich nicht hängen, egal was passiert. Ich versuche, zu schreiben, sobald es geht. Du wirst schon sehen, wenn ich von der Akademie zurückkomme, werde ich in der Lage sein, dich zu beschützen!

Rakin

Finn spielte nervös mit dem Halsband in ihren Händen. Waren das wirklich die Worte des gemeinen Herumtreibers, der ihr vor wenigen Monaten noch das Leben zur Hölle gemacht hatte? Sie spürte, wie ihre Wangen glühten.

»Shit!«

Aufgewühlt zog sie sich die Decke über den Kopf und zappelte mit den Füßen.

DER GESCHMACK VON
WAHRHEITSSERUM

Der Stuhl, auf dem Finn Platz nehmen musste, war kalt. Ihr ganzer Körper zitterte vor Nervosität. Die anwesenden Arkana, die die Vernehmung mit dem Wahrheitsserum durchführten, schenkten ihr allesamt mitleidige Blicke. Schließlich setzte sich ein groß gewachsener Mann in fortgeschrittenem Alter ihr gegenüber an den schlichten, leeren Tisch, auf dem neben einem Aufnahmegerät ein Glas Wasser für sie bereitstand. Er trug einen eleganten Anzug, der gut zu seinen dunklen, leicht graumelierten Haaren passte, die er akkurat zurückgekämmt hatte. Die anderen Personen, die Finn hier her gebracht hatten, zogen sich diskret aus dem kahlen, leeren Raum zurück. Das Vernehmungszimmer sah so trostlos aus, wie man es aus Krimis im Fernsehen kannte.

Während Finn sich noch verunsichert umsah, ordnete ihr Gegenüber seine Unterlagen und ergriff das Wort.

»Hallo Finn. Mein Name ist Professor Edwin Goldstein. Ich bin der Leiter dieser Einrichtung«, stellte er sich vor. Seine grau-blauen Augen musterten sie von Kopf bis Fuß.

»Ha-hallo...«, stammelte Finn mit heiserer Stimme, nachdem sie ihm flüchtig in die Augen gesehen hatte. Nervös trank sie einen Schluck Wasser.

»Hör zu, du musst keine Angst haben. Schau her.«

Goldstein zog eine kleine gläserne Ampulle mit einer klaren, grünlich schimmernden Flüssigkeit aus seiner Tasche und hielt sie ihr gut sichtbar hin.

»Das hier ist Wahrheitsserum. Es sieht vielleicht etwas gewöhnungsbedürftig aus, aber es ist absolut harmlos und schmeckt ein bisschen wie Rhabarber. Willst du es mal versuchen?«

Finn fand die Situation grotesk, als er ihr das seltsame Mittel schmackhaft zu machen versuchte. Aber ihr blieb keine Wahl. Serafin hatte ihr bereits einen Tag zuvor anvertraut, dass man ihr das Präparat notfalls auch gegen ihren Willen einflößen würde, wenn sie sich weigerte. Nervös nahm sie das Fläschchen entgegen und schraubte den Deckel ab. Überrascht stellte sie fest, dass es tatsächlich ein wenig nach Rhabarber roch. Trotzdem sträubte sich alles in ihr dagegen. Finn holte tief Luft, schloss die Augen und kippte den Inhalt der Ampulle in einem Zug hinunter. Es hatte einen komischen Beigeschmack und fühlte sich seltsam an, als es den Weg durch ihre Kehle bis in ihren Magen zurücklegte. Von dort schien es sich rasend schnell in ihrem Körper auszubreiten. Finn bemerkte entsetzt, wie sich ihre Finger- und Zehenspitzen taub anfühlten und sich der Raum um sie herum an einigen Stellen verrückt auszudehnen schien. Bevor ihr Verstand kapitulierte und ihr Kopf zur Seite kippte, wurde ihr klar, dass die halluzinogene Wirkung des Wahrheitsserums eingesetzt haben musste.

Wie in Trance wiegte sich der Kopf des Mädchens vor ihm langsam hin und her und ein abwesender Ausdruck lag in ihren Augen. Sie wirkte wie eine willenlose Marionette, die all seine Fragen ohne zu zögern beantwortet hatte. Aufgewühlt wippte Edwin Goldstein mit seinem Fuß, während er fassungslos das Aufnahmegerät anstarrte. Finns Antwort auf seine letzte Frage hallte immer noch wie ein leeres Echo in seiner Erinnerung wieder. Eigentlich hatte er darauf abgezielt, Kamons Verfehlungen zu entlarven. Dass auch Elrayo in das Ganze verwickelt war, traf ihn hart. Der junge Arkana war einer seiner besten Männer.

»Verdammt!«, fluchte er und schlug wütend mit der Faust auf den Tisch, bevor er mit einer Hand seine Brille abnahm und mit der anderen Hand den schmalen Übergang zwischen Stirn und Nase massierte. Als er sich wieder etwas beruhigt hatte, holte er tief Luft und ließ sie langsam aus seinen Lungen entweichen.

»Schluss für heute. Ich habe genug gehört«, knurrte er mit Blick zu seinen Kollegen hinter dem Spiegelglasfenster. Niedergeschlagen erhob er sich von seinem Platz und schaltete das Aufnahmegerät ab.

»Bringen Sie das Mädchen zurück in ihr Zimmer, solange sie in diesem Zustand ist.«

Ein Assistent betrat den Raum und nickte.

»Wird erledigt, Direktor Goldstein.«

»Danke. Sie sagten heute Vormittag, der Junge mit den Fähigkeiten der Gedächtnislöschung würde einen Tag früher als geplant hier ankommen?«

Sein Assistent checkte kurz den Nachrichtenverlauf auf seinem Tablet.

»Ja, er wird voraussichtlich in einer knappen Stunde hier eintreffen.«

»In Ordnung. Sagen Sie mir Bescheid, sobald er da ist. In der Zwischenzeit werde ich mich auf das Gespräch mit Elrayo und Kamon vorbereiten.«

Eine dunkle Limousine passierte die Sicherheitsschleuse des Hauptquartiers. Vier Männer in schwarzen Anzügen stiegen aus dem Wagen und begleiteten einen asiatischen Jungen zum Hauptportal. Goldstein nahm die kleine Delegation in Empfang.

»Guten Tag, Professor. Das hier ist Sai. Er wird die Gedächtnislöschung durchführen. Leider spricht er kein Deutsch, aber Igarashi wird für ihn dolmetschen. Wir sind heute erst aus Osaka angereist«, erklärte der Anführer der Gruppe mit leichtem Akzent und deutete auf den teilnahmslos wirkenden Jungen in ihrer Mitte.

»Ich freue mich, Sie alle hier begrüßen zu dürfen. Bitte folgen Sie mir. Darf ich Ihnen etwas zu Essen anbieten?«, erwiderte Goldstein.

»Das ist sehr freundlich, aber wir haben bereits am Flughafen gegessen. Wenn es geht, würden wir den Termin so schnell wie möglich hinter uns bringen. Wir haben im Anschluss noch einen weiteren Auftrag zu erledigen.«

Goldstein nickte.

»In Ordnung. Ich bringe sie gleich zu dem Mädchen.«

Während er die Gruppe anführte, wandte er sich an seinen Assistenten.

»Ist Elrayo inzwischen hier?«

»Er ist gerade eingetroffen und wartet zusammen mit Arthur Kamon in Ihrem Büro«, erklärte er.

»Gut. Sagen sie den beiden, ich werde gleich da sein.«

Goldstein strich sich angespannt eine Strähne aus der Stirn, als sie das Zimmer erreichten, in dem Finn auf ihr ungewisses Schicksal wartete. Mit schweißnasser Hand drückte er den Knauf der Türklinke. Sie saß zusammengesunken auf einem Stuhl mitten im Raum und blickte starr zu Boden, während ihr Tränen von den Wangen kullerten. Das Wahrheitsserum hatte inzwischen seine Wirkung verloren. Sie musste schreckliche Angst haben. Goldstein biss sich schmerzhaft auf die Unterlippe und kämpfte gegen das schlechte Gewissen. Doch er konnte nichts tun. Ihm waren die Hände gebunden. Zu seiner Überraschung schob sich Sai an ihm vorbei und ging vor Finn in die Hocke, um weniger bedrohlich zu wirken. Mit beruhigender Stimme begann er mit ihr zu sprechen. »shinpai shinai de kudasai.«

»Was meint er?«, fragte Goldstein verblüfft.

»Er sagt, sie soll sich keine Sorgen machen«, übersetzte Igarashi. Er hatte das letzte Wort noch nicht ausgesprochen, als Sai sich erneut an ihn wandte.

»Der Junge bittet um ein bisschen Zeit, um sich vorzubereiten. Damit nichts schief geht, muss er seine Gedanken fokussieren. Das funktioniert am besten durch Meditation«, erklärte Igarashi, bevor er das Wort an alle richtete.

»Bitte alle Handys auf lautlos.«

Zusammen mit den anderen Männern zückte Goldstein sein Gerät, bevor er sich an den Dolmetscher wandte.

»Kein Problem. Wie viel Zeit braucht er zur Vorbereitung?«

»Etwa eine halbe Stunde.«

»Schicken Sie meinen Assistenten zu mir, sobald Sie mit der Löschung fertig sind. In der Zwischenzeit werde ich mich um etwas anderes kümmern«, erklärte Goldstein.

»In Ordnung. Machen Sie sich keine Sorgen. Der Junge hat wochenlang hart trainiert, um seine Kräfte zu beherrschen. Er wird es schaffen, vertrauen Sie mir.«

»Hoffen wir das Beste.«

Goldstein nickte zum Gruß und verschwand eilig aus dem Zimmer.

Serafin war vor Nervosität furchtbar angespannt, als er flankiert von zwei Wachposten in das Büro des Hauptquartierleiters eskortiert wurde. Sein Herz raste wie verrückt, während seine Gedanken darum kreisten, was man ihm vorwerfen würde und welche Strafe er wohl zu befürchten hatte. Bevor er weiter darüber nachdenken konnte, erreichten sie das Büro des Direktors, in dem man ihm einen Platz vor dem massiven Schreibtisch zuteilte. Direkt daneben saß Arthur bereits auf einem Stuhl.

»Hast du es dabei?«, flüsterte sein alter Freund mit kreidebleichem Gesicht.

Serafin nickte unauffällig.

»Hey, keine Kommunikation untereinander!«, knurrte einer der Wächter, der sich mit seinem Kollegen hinter den beiden aufgebaut hatte. Das Geräusch der aufschwingenden Tür kündigte die Ankunft des Professors an, der sich mit starren Gesichtszügen an seinen Schreibtisch setzte. Verstimmt blätterte er in ihren Personalakten, bevor er aufsah und die beiden mit enttäuschtem Blick musterte.

»Guten Tag, meine Herren! Ich wünschte, ich könnte uns dieses Gespräch ersparen, aber ich fürchte, das ist leider nicht möglich. Wie Sie wissen, fand heute Finns Befragung unter Einfluss von Wahrheitsserum statt. Ich will die Sache nicht länger als nötig hinauszögern oder um den heißen Brei herumreden. Es kam heraus, dass Sie beide gegen den obersten Grundsatz der Geheimhaltung verstoßen haben. Laut unserem Gesetz erwarten Sie einschneidende Strafmaßnahmen, wie Sie sicher wissen.«

Die beiden schrumpften auf ihren Plätzen zusammen.

»Kamon«, fuhr Herr Goldstein mit bebender Stimme fort.

»Ihnen wird zur Last gelegt, einer nicht mit den Arkana in Verbindung stehenden Person die Geheimnisse unserer Organisation preisgegeben zu haben. In Anbetracht Ihrer zweifelhaften Vorgeschichte, die einen zwangsmäßigen Vorruhestand nach sich zog, gibt es für Sie leider nur noch eine Strafmaßnahme, die angemessen ist. Hiermit erwirke ich die vollständige Annihilation ihres ehemaligen Würdenträgertitels und ordne die Auslöschung Ihres Namens aus dem Register der Arkanamitglieder an. Sie sind somit von der Organisation ausgeschlossen, was eine Gedächtnislöschung nach sich zieht, die gleich im Anschluss vollstreckt wird. Des Weiteren verlieren Sie damit auch jegliches Recht, einen Nachfolger auszuwählen. Das hat zur Folge, dass Ihrem Adoptivsohn Rakin Kamon die Ausbildungserlaubnis an der Arkan Akademie entzogen wird. Sobald er zurück ist, steht dem Jungen ebenfalls eine partielle Gedächtnislöschung bevor.«

Arthur wirkte zunächst starr vor Entsetzen und schien seine Sprache verloren zu haben, während Serafin die Luft scharf einsog. Er fühlte sich, als hätte man ihm mit der Faust hart in die Magengegend geschlagen. Der Leiter des Hauptquartiers fackelte nicht lange und schien die Sache so schnell wie möglich hinter sich bringen zu wollen.

»Serafin Elrayo«, fuhr er fort.

»Ihnen wird ebenfalls die unerlaubte Weitergabe von vertraulicher Information an eine organisationsfremde Person in einem milderen Fall vorgeworfen. Allerdings kommt Ihnen Ihre bisher tadellose Führung und Ihr außergewöhnliches Talent zugute. Als Strafe werden Sie für drei Jahre in Ihrer leitenden Position vom Dienst suspendiert. Eine passende Strafmission werde ich mir noch überlegen.«

Serafin ließ deprimiert den Kopf hängen. Er hatte nichts zu seiner Verteidigung zu sagen. Umso überraschter war er, als Arthur sich plötzlich entschlossenen Blickes aufrichtete.

»Nicht so voreilig, Elyssar!«, sprach er und brachte damit sein Gegenüber für einen Moment aus der Fassung.

»Dass ich Finn Geheimnisse über die Arkana anvertraut habe, hatte seinen Grund und seine Legitimität«, erklärte er mit fester Stimme. Serafin blinzelte verwirrt zu ihm hinüber. Was zur Hölle hatte er vor?

»Ich wüsste nicht, wie Sie Ihren Hintern aus dieser Misere noch retten könnten, aber ich bin gespannt auf Ihre Erklärung«, erwiderte Goldstein mit hochgezogener Augenbraue.

»Serafin, würdest du bitte ...?«

Arthur stupste seinen verdatterten Freund von der Seite an.

»Was ... was meinst du?«

»Das Dokument, um das ich dich gebeten hatte«, wiederholte Arthur mit nervösem Unterton.

»Ich dachte, du hast es gefunden ...«, flüsterte er mit gesenkter Stimme.

»Äh ... ja ... Einen Moment! Ich musste ewig suchen, bis ich das beschriebene Versteck in deinem Verhau entdeckt habe.«

Serafin durchforstete hektisch die Innentasche seiner Weste.

»Hier ist es ...«

Nervös überreichte er Arthur den versiegelten Brief, den er unter erschwerten Bedingungen für ihn aufgetrieben hatte. Erleichterung breitete sich auf Arthurs Gesicht aus, als er das vergilbte Kuvert an sich nahm. Er schien mit sich zu ringen, bevor er es Professor Goldstein übergab.

»Was ist das?«, fragte er entgeistert.

»Sehen Sie selbst«, war Arthurs schlichte Antwort.

Angespannt brach der Professor das Siegel und entfaltete das Dokument. Seine Augen verengten sich zu schmalen Schlitzen, als er es hastig überflog. Er tastete nach der Brille auf seinem Schreibtisch, ohne dabei den Blick von dem Schriftstück zu nehmen. Serafin hielt die Luft an. Es herrschte Totenstille im Raum, bis ihr Gegenüber einen seiner Assistenten herbeirief.

»Lassen Sie das hier schnellstmöglich auf Echtheit überprüfen...«, drängte er, bevor er sich an Arthur und Serafin wandte.

»Sie beide bleiben hier und rühren sich nicht vom Fleck, bis ich Gewissheit darüber habe, dass dieser Wisch auch keine Fälschung ist!«, befahl er, bevor er gehetzt von seinem Platz aufsprang und fluchtartig den Raum verließ. Verdattert schaute Serafin zu Arthur hinüber.

»Was genau hast du ihm da gegeben?«

»Hab noch ein bisschen Geduld. Das wirst du bald sehen.«

DIE WAHRHEIT HINTER DER WAHRHEIT

Professor Goldstein rannte, so schnell ihn seine Beine trugen. Dank der vorherigen Stummschaltung erreichte er niemanden der fremden Delegation telefonisch. Er hoffte, dass er nicht zu spät kam, um die Gedächtnislöschung zu verhindern. Allerdings bestand kaum Hoffnung, dass die schwierige Prozedur nicht schon längst vorbei war. Als er den Raum erreichte, lehnte nur einer der Männer vor der Tür im Gang und war in sein Handy vertieft.

»Wo sind die anderen?«, fragte er atemlos.

»Psst, leise! Igarashi ist bei Sai und dem Mädchen. Der Rest ist rauchen gegangen. Wenn Sie da jetzt reinplatzen, könnten Sie den Jungen aus der Fassung bringen – Fehlergarantie inklusive.«

»Aber ich MUSS das stoppen!«

Goldstein zögerte keine Minute länger. Er holte tief Luft, bevor er so leise wie möglich den Türknauf betätigte.

Finn saß zusammengesunken auf ihrem Stuhl und beobachtete heimlich den Jungen, der sich in der gegenüberliegenden Ecke des

Raumes im Schneidersitz auf dem Boden niedergelassen hatte. Er versuchte, sich verbissen zu fokussieren, stellte sie beunruhigt fest. Bis auf einen hatten alle Männer auf Sais Wunsch hin den Raum verlassen, damit er sich besser konzentrieren konnte. Schließlich erhob er sich und schien bereit für das komplizierte Unterfangen zu sein, das er bei ihr durchführen musste. Sichtlich nervös näherte er sich ihr von der Seite. Finn konnte die Unsicherheit in seinen Augen sehen. Sie schauderte, als er im Begriff war, nach ihrer Hand zu greifen. Der junge Maniyokai brauchte direkten Hautkontakt, um die Verbindung für die Gedächtnislöschung herzustellen, hatte einer der Männer ihr zu Beginn kurz erklärt. Doch bevor er ihre Hand berühren konnte, bemerkte Finn eine blitzschnelle Bewegung im Ärmel ihres Pullovers. Ihr Herz fühlte sich an, als würde es für einen Augenblick aussetzen, während der Moment wie in Zeitlupe an ihr vorbei zog. Sie versuchte noch vergeblich, den kleinen Drachen aufzuhalten, doch er schnellte bereits wie eine schwarze Mamba fauchend aus ihrem Ärmel hervor und attackierte Sais Hand. Erschrocken sog der Junge scharf die Luft ein und taumelte rückwärts.

»Aoi! Nein!«

Finn erwischte ihn gerade noch an seiner Schwanzspitze, um ihn davon abzuhalten, weiter für Chaos zu sorgen. Genau in diesem Moment platzte Professor Goldstein ins Zimmer. Finn versuchte verzweifelt, Aoi vor den Blicken der Männer zu verbergen, doch es war längst zu spät. Ihr Herz fühlte sich an, als würde es explodieren. Nun würde man ihr neben ihren Erinnerungen auch noch Aoi wegnehmen. In Erwartung einer schlimmen Strafpredigt schloss sie für einen Moment die Augen. Zu ihrer Verblüffung war es plötzlich ganz still im Raum geworden. Sie blinzelte und entdeckte Sai zwischen den paralysiert wirkenden Männern. Er hielt die Hände der beiden und schien sich enorm zu konzentrieren. Goldstein und Igarashi starrten aus glasigen Augen ins Leere, während Finn einen leisen, ätherischen Ton wahrnahm, feiner wie das Klingen einer zarten Glocke. Es war fast so, als könnte sie dieses Geräusch nur in ihrem Kopf hören. Wenige Sekunden später war der Zauber vorbei. Sai entspannte sich und ließ die Hände der Männer los. Hastig stopfte Finn Aoi unter ihren Pullover und ging in Abwehrhaltung. Wenn sie ihr den kleinen Kerl schon wegnahmen, würde sie es ihnen zumindest nicht leicht machen. Doch entgegen ihren Erwartungen, blieb es zunächst völlig ruhig im Raum. Sie blinzelte verwirrt und beobachtete, wie in die regungslosen Körper der beiden Männer allmählich wieder Leben einkehrte.

»... Hä ...?«, murmelte Goldstein und fasste sich nachdenklich an die Stirn.

»Was ... Was ist passiert ...? Ich wollte gerade kommen, um die Gedächtnislöschung aufzuhalten ...«, stammelte er zerstreut.

»... Bin ich etwa zu spät?«, fragte er Igarashi, der Sai ratlos vor sich fixierte. Ihm schien es ganz ähnlich zu gehen.

»Ich glaube nicht ...«, entgegnete er, bevor er dem Jungen die neuen Gegebenheiten auf japanisch übersetzte.

»Hai!« Sai deutete mit seinem Kopf eine leichte Verbeugung in Richtung des Hauptquartiersleiters an, bevor er sich mit einem amüsierten Grinsen kurz zu Finn umdrehte und ihr unauffällig zuzwinkerte.

»Finn, ist wirklich alles in Ordnung mit dir?«, fragte ihre Betreuerin besorgt, als sie Finn musterte, die ihre Hand auf ihre Magengegend presste.

»Ja, ich hab nur ein wenig Bauchschmerzen«, log sie mit schmerzhaft verzogener Mimik. Aoi zappelte wie ein Verrückter unter ihrem Pullover und kratzte ihr fast die Haut auf. Sie versuchte weiterhin, ihn möglichst unauffällig mit der Hand an Ort und Stelle zu fixieren, bevor er irgendwelche Dummheiten anstellen konnte.

»Könnte ich mich vielleicht nur für ein paar Minuten in meinem Zimmer ausruhen, bevor wir in Herrn Goldsteins Büro gehen?«, fragte sie vorsichtig.

»Aber natürlich! Ich bin wirklich froh, dass man dir diese Prozedur erspart hat«, erwiderte Frau Lys erleichtert, als sie das Mädchen auf ihr Zimmer begleitete. Finn hatte noch immer nicht ganz begriffen, was da gerade passiert war. Verrückterweise war keiner der beiden Männer mehr in der Lage gewesen, sich an Aoi zu erinnern, nachdem Sai sie berührt hatte. Erst viel zu spät war bei ihr der Groschen gefallen, dass er offensichtlich ihr Gedächtnis manipuliert haben musste, bevor er samt seiner Eskorte wieder verschwunden war. Sie hatte sich nicht einmal bei ihm bedankt! Seufzend drückte sie sich durch den Türspalt ihres Zimmers.

»Ich komme in etwa zehn Minuten zurück. So lange kann Herr Professor Goldstein schon warten«, rief ihr Frau Lys hinterher, bevor die Tür ins Schloss fiel.

Erleichtert lockerte Finn die Hand auf ihrem Bauch, unter der sie Aoi eingeklemmt hatte, um ihn ruhig zu stellen. Sofort nutzte er die Gelegenheit zur Flucht und krabbelte zurück in ihren Ärmel, aus dem er etwas zerknautscht herauslinste.

Missmutig betrachtete Finn die zum Teil leicht blutigen Kratzer auf ihrem Bauch.

»Du bist manchmal ein echter Rüpel«, brummte sie.

Im Gegenzug bedachte er sie mit einem gekränkten Blick.

Finn verzog die Lippen zu einem schiefen Lächeln und stupste ihn vorsichtig mit dem Zeigefinger an.

»Ist ja schon gut mein Junge, es ist alles in Ordnung. Ich verstehe ja, dass du mich nur beschützen wolltest.«

Langsam kam er aus ihrem Ärmel gekrochen und rollte sich zufrieden in ihrer linken Handfläche zusammen. Vorsichtig holte Finn die schwarze Tasche, die sie auf der Beerdigung ihrer Eltern getragen hatte, und ließ ihn behutsam ins weich ausgepolsterte Innere gleiten. Dort hatte er sich bereits am Tag des Begräbnisses aus Taschentüchern ein gemütliches Nest gebaut. Erleichtert hängte Finn die Tasche in ihren Schrank. Hier sollte Aoi fürs Erste sicher sein, solange sie in das Büro des Direktors zitiert wurde.

DAS ERBE DES FEUERS

Professor Goldstein massierte sich abgespannt seine Schläfen, während er auf die Ankunft von Finn wartete. Irgendetwas in seinem Kopf fühlte sich komisch an, aber er konnte nicht sagen, was es war. Er versuchte, den Gedanken zu verscheuchen und sich auf das Wesentliche zu konzentrieren. Die Echtheit von Arthurs mysteriösem Dokument war inzwischen zweifellos bestätigt worden. Neugierig lehnte er sich in seinem Sessel zurück und musterte die beiden aufmerksam. Dabei schien Elrayo offensichtlich der Unschuldigere von ihnen zu sein. Er sah so aus, als würde er absolut keinen Plan davon haben, was hier vor sich ging. Arthur dagegen wirkte in sich gekehrt und aufgewühlt.

»Sie hätten allen eine Menge unnötigen Ärger ersparen können. Was zur Hölle haben Sie sich nur dabei gedacht, Kamon?«, knurrte der Professor. Sein Gegenüber schüttelte müde den Kopf.

»Ich hatte bis zuletzt gehofft, ihre Identität schützen zu können, aber selbst das blieb mir schließlich verwehrt. Das einzig Gute an der Sache ist, dass wir jetzt zumindest rein rechtlich alle aus dem Schneider sind«, antwortete Kamon.

»Ich ernenne Finn hiermit offiziell durch ihr ererbtes Geburtsrecht zu meiner legitimen Nachfolgerin.«

»So etwas Ähnliches hatte ich mir bereits gedacht«, lachte Goldstein trocken. Er wirkte wie ein Schachspieler, der von einem alten Rivalen besiegt worden war.

»Hä?«

Serafins Blicke pendelten fragend zwischen den beiden hin und her.

»Kann mir jemand erklären, was hier gespielt wird?«

Arthur holte gerade Luft, um zu einer Antwort anzusetzen, als es an der Tür klopfte und Finn den Raum betrat. In der allgemeinen Begrüßungsrunde ging Serafins Frage leider unter. Elyssar Goldstein räusperte sich, um sich Gehör zu verschaffen.

»Hallo Finn, setz dich bitte. Es gibt ein paar Dinge, die wir mit dir besprechen müssen. Du brauchst nicht nervös zu sein.«

Sie nickte schüchtern und tat, was man ihr aufgetragen hatte. Als sie neben Arthur Platz genommen hatte, fuhr der Professor fort. »Du wirst dich sicher fragen, warum die Gedächtnislöschung letztendlich aufgehoben wurde. Das liegt daran, dass dein Großvater dich nach langem Ringen zu seiner legitimen Nachfolgerin bestimmt hat.«

»Aber ich habe doch gar keine Großeltern mehr ...«, lenkte Finn kopfschüttelnd ein.

»Da wäre ich mir an deiner Stelle nicht so sicher.«

Er reichte ihr ein vergilbtes Dokument über den Schreibtisch, das sie mit zusammengekniffenen Augen überflog. Als sie die Tragweite des Inhalts realisierte, schlug sie überrascht die Hand vor den Mund.

»Heißt das, du bist mein Großvater?«, fragte sie Arthur mit Tränen in den Augen.

»Wie ist das möglich?«

»Komm her, lass dich in den Arm nehmen, meine Kleine«, schniefte er in ähnlich emotionalem Zustand.

Serafin, dem es allmählich zu bunt wurde, schnappte sich das Dokument, während die beiden ihre Family-Reunion feierten.

Allein an der Überschrift erkannte er, dass es sich um eine Geburtsurkunde handelte. Gleich darunter entdeckte er den Namen des Kindes: Finn Kamon, weiblich.

Er blinzelte verwirrt und las weiter.

Mutter: Sarah Kamon, geborene Kamon,

Vater: unbekannt

»Das ist ja ein dickes Ding! Du bist das Kind von Arthurs verschollener Tochter?«, fragte er fassungslos, bevor er begriffsstutzig seinen alten Freund ins Visier nahm.

»Und du hast es die ganze Zeit über verheimlicht?«

Leider wurde er auch diesmal ignoriert.

»Bedeutet das, ich wurde zur Adoption freigegeben? Warum bin ich nicht bei meiner leiblichen Mutter aufgewachsen? ... Und wieso hast du mir nie was davon gesagt?«, warf Finn Arthur vor. Ihre zitternde Stimme klang völlig aufgelöst.

»Ich wollte dich immer nur beschützen und um jeden Preis verhindern, dass dir das gleiche Schicksal blüht wie deiner Mutter. Es ist das verfluchte Blut, dass in unseren Adern fließt!«

Ein vorsichtiges Klopfen an der Tür unterbrach ihre Diskussion. Einer von Goldsteins Assistenten streckte den Kopf herein.

»Entschuldigen Sie die Störung, Herr Professor. Ein wichtiger Gast ist eingetroffen und wünscht, Sie zu sprechen«, stammelte der junge Mann verlegen.

»Sagen Sie ihm, ich komme gleich«, stöhnte sein Vorgesetzter und erhob sich mürrisch von seinem Platz. Als er verschwunden war, startete Arthur einen neuen Anlauf.

»Bitte hör mir zu Finn, ich kann dir alles erklären-«

»Auch warum ich von meiner leiblichen Mutter - *Deiner Tochter* - einfach abgegeben wurde? Oder weshalb ich nicht bei dir aufgewachsen bin? ... Wolltest du mich nicht?«, schluchzte sie.

»Ich weiß, dass das alles ganz schön viel für dich ist und dass ich gerade wie der herzloseste Mensch der Welt dastehe, aber ich hatte keine andere Wahl ... genauso wie deine Mutter ...«

Arthur war inzwischen weiß wie die Wand, als er endlich mit der ganzen Geschichte herausrückte.

»Meine Tochter Sarah war kein einfaches Mädchen. Schon mit vier Jahren zeigte sich ihre außergewöhnliche Begabung, Drachen zu bändigen. Seitdem stand sie ständig im Mittelpunkt. Du musst wissen, dass in den Adern unserer Familie Drachenblut fließt. Jeder von Rang und Namen versuchte Sarah auf seine Seite zu ziehen. Sie war so jung und naiv. Eines Tages verschwand sie im Alter von 16 Jahren spurlos von der Arkan Akademie. Niemand hatte etwas gesehen – sie war wie vom Erdboden verschluckt ...«

Arthur putzte sich lautstark die Nase, bevor er fortfuhr.

»Meine Frau und ich waren damals vollkommen verzweifelt. Wir setzten alle Hebel in Bewegung, suchten selbst in den dunkelsten Winkeln nach ihr und folgten jeder noch so leisen Spur. Doch sie blieb vermisst und wurde nie wieder gesehen ...« Arthurs Stimme bebte. Tränen liefen ihm über die Wangen.

»Ich ... Ich verstehe nicht ...«, stammelte Finn. Die ganze Sache wurde allmählich immer mysteriöser. Endlich hatte sich Arthur wieder etwas unter Kontrolle und setzte seine Geschichte fort.

»Eines Abends, vor 14 Jahren, klingelte es an meiner Haustür. Es war tiefster Winter. Als ich öffnete, fand ich nur ein mit Decken ausgestopftes Weidenkörbchen samt einem Brief, einer Geburtsurkunde und einem Baby darin. Und dieses Baby, Finn, das ...«

»... Das war ich?«, kam sie ihm verblüfft zuvor.

»Aber ... was ist mit meiner Mutter passiert?«

»Genau die gleiche Frage stelle ich mir bis heute. Ich fand einen Abschiedsbrief, in dem Sarah andeutete, dass sie verfolgt wurde und fliehen musste. Vor wem, lässt sich bisher nur vermuten.«

»Aber warum ist sie nicht zur Polizei gegangen?«, schluchzte Finn und schüttelte fassungslos den Kopf.

»Das ist eine komplizierte Geschichte. Um ehrlich zu sein, bin ich vollkommen erschöpft und du siehst auch völlig fertig aus, nach all den Strapazen. Lass uns morgen weiterreden.«

Finn ließ enttäuscht die Schultern hängen, sah aber letztendlich ein, dass sein Vorschlag sinnvoll war. In ihrem Kopf drehte sich alles und sie wünschte sich nichts sehnlicher, als sich eine Weile unter ihrer Bettdecke zu verkriechen.

Finn konnte sich kaum vom nächtlichen Alpenpanorama und den vereinzelten Lichtpunkten lösen. Es war ein regnerischer Abend. Sie seufzte und lehnte ihre Stirn gegen die kühle Scheibe der Gondel, die gemächlich ihren Weg bergauf fortsetzte.

»Finn, es gibt etwas, das ich dir erklären muss ... Unsere Familie trägt das Erbe des Feuers in ihrer Blutlinie«, hörte sie Arthurs Worte vom Tag nach seiner Beichte immer noch nachklingen, als würde er direkt neben ihr stehen.

»... Es ist die Gabe, Drachen zu beherrschen, aber nicht jeder aus unserem Clan besitzt automatisch diese Fähigkeit. Wir werden erst wissen, ob du die Kräfte deiner Mutter geerbt hast, nachdem man dich getestet hat. Viele einflussreiche Leute unter den Arkana werden ab sofort ein gesteigertes Interesse an dir haben. Sie werden alles dafür tun, um deine Gunst zu erlangen, oder gar versuchen, dich unter ihre Kontrolle zu bringen. Deine Mutter hatte damals eine Menge falscher Freunde, die ständig versuchten, sie zu manipulieren. ...Und ich konnte nichts dagegen tun! Aus Angst, du würdest wie sie schon von Kindesbeinen als lebende Marionette für die Interessen anderer missbraucht werden, gab ich dich als Baby an ein befreundetes Ehepaar ab, das keine Kinder bekommen konnte. Ich habe mir so sehr gewünscht, dass du eine schöne Kindheit hast, fernab von zwielichtigen Gestalten und dem Einfluss der Arkana. Versteh mich nicht falsch, Finn. Die Arkana an sich sind grundsätzlich keine schlechten Leute, aber ich befürchte, unter ihnen gibt es ein paar sehr mächtige Männer, die nur darauf gewartet haben, dich in ihre schmutzigen Finger zu bekommen. Versprich mir, dass du vorsichtig bist ...«, hörte sie den Nachhall seiner eindringlichen Worte, die ihr nicht mehr aus dem Kopf gehen wollten. Gedankenverloren spielte sie in ihrer Tasche mit dem druckfrischen Ausweis, der ihre neue Identität als Finn Kamon bestätigte. Sie musste sich an diesen Namen erst noch gewöhnen.

»Hey Finn, wir müssen gleich aussteigen«, hörte sie Serafins Stimme.

»Ja ... Ich komme.«

Hastig wandte sie sich von der regennassen Scheibe der Gondel ab, durch die sie das mit Lichtern gefüllte Tal beobachtet hatte. Es fiel ihr schwer, ihre Heimat zu verlassen, aber vielleicht lag das auch einfach nur daran, dass alles so überstürzt entschieden worden war. Sie warf einen flüchtigen Blick auf Aoi, der als blinder Passagier gemütlich in ihrer Umhängetasche schlief. Beruhigt gesellte sie sich zu Serafin, der als Strafe für seinen Fehltritt von Professor Goldstein zu ihrem persönlichen Bodyguard degradiert worden war.

»Hier, Mylady«, scherzte Serafin und drückte ihr einen Regenschirm in die Hand.

»Den wirst du gleich brauchen.«

Überrascht musterte Finn die Eskorte aus fremdländisch wirkenden Männern in Roben, die draußen vor der Gondel mit Fackeln auf sie warteten. Bevor sie sich in Bewegung setzten, holte Serafin zwei rötlich schimmernde Phiolen hervor und stieß mit Finn an.

»Auf Ex! Cheers!«

»Igitt, was ist das für ein Zeug?«

»Dein Eintrittsticket.«

Serafin zwinkerte ihr zu und schüttete die Flüssigkeit in einem Zug hinunter. Finn wollte gegen ihn nicht wie ein Feigling wirken und tat es ihm gleich. Danach fühlte sie sich wie berauscht. Wenig später nahm sie zum ersten Mal die Wusler wahr, die ihnen wie eine Horde Schafe folgten und ihre Koffer trugen.

»Was sind das denn für Viecher?«, rief sie entsetzt.

»Keine Sorge, die gehören zu den Guten«, erklärte Serafin, der sie zur Eile antrieb.

»Los, weiter! Hier oben ist es ganz schön ungemütlich, wenn es gewittert.« Prompt zuckte ein riesiger Blitz über den Himmel, gefolgt von einem markerschütternden Donner. Die Männer um sie herum wurden plötzlich unruhig. Als Finn sich umdrehte, bemerkte sie den

Grund. Aus der bedrohlich dunklen Gewitterwolke über den Bergen tauchte eine mächtige, gelblich leuchtende Schnauze auf. Der Himmel vibrierte von einem Geräusch, das dem singender Wale recht nahekam. Nach der Schnauze folgte ein gewaltiger Kopf und ein gigantischer, langgezogener Leib mit Schuppen, die gelblich fluoreszierten. Das Wesen war größer als ein mehrstöckiges Hochhaus, stellte sie fest. Bei Finns Begleitern brach die blanke Panik aus.

»In Deckung! Finn, komm hier rüber!«, hörte sie Serafin brüllen, bevor der massige Leib des Drachen mit eleganten Bewegungen vom Himmel hinabglitt. Seine Augen taxierten Finn neugierig, bis er unter wildem Schütteln seiner goldenen Mähne abdrehte und Blitze über dem ganzen Himmel verteilte. Mit weichen Knien blickte sie der mächtigen Kreatur hinterher, die sich zwischen den Gipfeln hindurchschlängelte und so schnell verschwand, wie sie gekommen war.

»Wow, das war abgefahren! Ich habe noch nie zuvor einen Himmelsdrachen gesehen«, stammelte Serafin, als er sich vom ersten Schock erholt hatte. Finn stand noch immer der Mund offen.

»Einfach unglaublich! Warum können normale Menschen diese Kreaturen nicht sehen?«

»Das liegt daran, dass viele Wesenheiten und Orte, die es auf der Erde gibt, auf einer anderen Energiefrequenz schwingen. Man kann sie erst sehen, wenn die eigene Wahrnehmung erweitert ist, was in unserem Fall dieses kleine Fläschchen für uns erledigt hat. Sobald du auf der Arkan Akademie angekommen bist, wirst du lernen, wie du deine Sinne auch ohne ein Elixier erweitern kannst. Aber dazu müssen wir erst mal ankommen.«

In flottem Tempo legte die Gruppe zügig den Weg bis zu ihrem ersten Ziel, einem knubbligen Felsbrocken vor einem glatten Felsmassiv zurück. Zu Finns Erstaunen verwandelte sich der Fels in einen brummigen Gnom, der ihnen den Weg in den Berg öffnete. Nach weiteren zwanzig Minuten Fußmarsch erreichte die Gruppe endlich das Portal, vor dem die Hüter, Thallo und Auxo auf sie warteten. Finn war fasziniert von den eleganten Fischwesen, die sie herzlich begrüßten.

»Es ist uns eine Ehre, die letzte Erbin des Feuers auf ihrem Weg begleiten zu dürfen«, raunten sie im Chor und neigten leicht ihre Häupter.

»Was sind das für Wesen?«, flüsterte Finn Serafin leise zu, doch bevor er ihr etwas entgegnen konnte, erhielt sie die Antwort auf ihre Frage direkt von Auxo selbst, der amüsiert seine saphirblau-funkelnden Flossen schüttelte, als würde er lachen.

»Wir sind die Hüter des himmlischen Wolkenwassers.«

»Wir sind alles und wir sind nichts, mein Kind«, fügte Thallo hinzu, bevor sie mit einer eleganten Drehung durch die Luft wirbelte und sich dabei in tausend winzige Lichtkugeln auflöste, die sich im Anschluss zu einem graziösen Vogel zusammensetzten, bevor auch diese Form wieder zerstob. Am Ende verwandelte sich Thallo in ihre ursprüngliche Fischform zurück und grinste ihre Gäste aus spitzen Zahnreihen an. Finn rutschte kurz das Herz in die Hose. Sie taumelte einen Schritt rückwärts, bevor sie sich wieder gefangen hatte.

»Keine Angst, wir beißen nicht«, scherzte Auxo mit seiner ätherischen Stimme, die Finn nur in ihrem Kopf wahrnehmen konnte.

»Es wird Zeit mit deiner Prüfung zu beginnen.«

Mit eifrigem Wedeln seiner linken Brustflosse lud er sie ein, vorzutreten. Finn schenkte Serafin einen skeptischen Seitenblick. Nachdem er ihr aufmunternd zugenickt hatte, nahm sie ihren gesamten Mut zusammen und setzte sich in Bewegung. Doch entgegen ihrer Befürchtung ging alles ganz schnell.

»Bestanden!«, riefen die Portalhüter im Chor, bevor sie auch Serafin erfolgreich überprüften.

»Gute Reise, das Portal steht euch nun offen«, erklärten die leuchtenden Wesenheiten feierlich und schwebten ein wenig zur Seite, dass Serafin und Finn passieren konnten.

»Vielen Dank.«

Finn winkte ihnen lächelnd zu, als sich Serafin neben sie gesellte.

Sie glaubte für einen Moment, den goldenen Glanz seiner Schuppen im gleißenden Licht des Portals durch seine Maske hindurch wahrzunehmen. »Bereit für einen Dimensionswechsel?«, fragte er augenzwinkernd.

»Keine Ahnung, ich bin furchtbar aufgeregt!«

»Das macht nichts. Wir gehen zusammen, okay? 3 – 2 – 1 und LOS!«

EPILOG

Es war kalt an diesem Abend und am wolkenverhangenen Himmel zeigten sich nur an wenigen Stellen Sterne. Die Geräusche der alten Spelunke, in der zu dieser Zeit noch mächtig was los war, überdeckten das leise Röcheln im dunklen Hinterhof. Kleidung raschelte, bevor das Flackern eines Sturmfeuerzeugs die Umgebung kurz erleuchtete. Nur für einen Moment hob sich der Umriss eines hageren, dunkel gekleideten Mannes und seines monströsen Begleiters von der Schwärze der Nacht ab, als er sich eine Zigarette ansteckte. Gierig sog er das Nikotin in sich hinein.

»Wenn ich gewusst hätte, wie einfach es sein würde, die Informationen aus ihm herauszupressen, wäre ich allein gekommen.« Er seufzte und nahm erneut einen tiefen Zug. Sein Blick wanderte nach oben zum Himmel, wo die Wolkendecke allmählich aufriss und den glitzernden Sternenhimmel freigab.

»Wie aufregend, eine neue Drachenbluterbin, was? Nyx wird ausflippen. Bin gespannt, wie lange es diesmal dauert, bis er sie in seinen Fingern hat.«

Er leckte sich über die zu einem Grinsen verzogenen Lippen, bevor er sich zu seinem Begleiter umdrehte.

»Los, Argao, lass uns von hier verschwinden.«

Das massige Geschöpf gab ein schauriges Grunzen von sich, während es die letzten Seelenreste in sich hinein sog. Als sein Opfer sich nicht mehr bewegte, ließ es von dem leblosen Körper ab und folgte seinem fröhlich pfeifenden Herrn in die nächtliche Dunkelheit.

DANK

Schon seit Kindesbeinen träume ich davon, mein eigenes Buch zu schreiben und bin wahnsinnig stolz, dass dieser Traum Wirklichkeit wird. Dabei habe ich das große Glück, Menschen um mich zu haben, die trotz den vielen Aufs und Abs in meinem Leben unerschütterlich an mich glauben.

Ganz besonders möchte ich hier Manu danken, der immer mit einem Augenzwinkern betont, dass er sich das erste signierte Exemplar meiner Reihe wünscht, in der Hoffnung, dass es irgendwann mal verfilmt wird und im Wert exorbitant ansteigt ;)

Auch meinen Eltern gebührt ein riesiges Dankeschön und eine dicke Umarmung für ihr Verständnis, den Rückhalt und ihre Unterstützung bei all meinen verrückten Projekten.

Natürlich dürfen meine lieben Testleser Bibi, Patrick, Michaela Sala, Peter und explizit meine Ma (sie ist ein Fehler-Terrier mit Passion) hier nicht zu kurz kommen. Ihr habt unermüdlich mein Manuskript gelesen und wart immer für Tipps, Ideen und Diskussionen rund um den Storyplot zu haben. Danke, dass ihr euch so viel Zeit für mich genommen habt und immer ein offenes Ohr hattet.

Weiter geht es mit Frank von Wunderbar Media. Ohne dich und deinen unerschütterlichen Glauben an mein Projekt weiß ich nicht, ob ich so weit gekommen wäre. Tausend Dank für den initiativen Kickstart, deine vielen tollen Ideen und dein wertvolles Know-How aus der Buchbranche.

Ein weiterer Herzensmensch, der wirklich großartige Arbeit beim

Buchsatz und grafischen Innen-Design, sowie dem Buchschnitt-Design geleistet hat, ist Marco von der Buchtüte. Danke für deine unkomplizierte Art, die nette Zusammenarbeit und so manche "Kleinigkeit", die du mit einem Augenzwinkern einfach so gemacht hast, ohne etwas zu verrechnen. Bist ein echter Schatz!

Wo Marco ist, ist auch Lara nicht weit: Lektorin, Social-Media-Unterstützung und Ratgeber in allen Lebenslagen rund ums Buch. Deine Ehrlichkeit und vielen wertvollen Feedbacks haben die Geschichte noch mal auf ein anderes Level gehoben, auch wenn es manchmal weh getan hat, wenn du den Rotstift angesetzt hast. Aber sind wir mal ehrlich, ohne dich wäre Manipura nur halb so gut.

Ein herzliches Dankeschön auch an Christin Lumpe, die sich um das Korrektorat gekümmert hat.

Viele fragen mich, wer dieses geniale Cover gezaubert hat. Hier kommt die liebe Nina Hirschlehner von NH-Buchdesign ins Spiel: Vielen, vielen Dank für deine tolle, kreative Arbeit und deine Geduld mit mir, trotz nachträglicher Änderungen.

Daneben möchte ich mich auch bei allen bedanken, die mich durch ihre Neugier an meiner Arbeit und ihre geteilte Begeisterung für mein Projekt in meinem Tun bestärkt haben.

Und - last but not least - einen Riesendank an Tom Peter. Du hast mich wieder auf die Beine gestellt und neu eingeordnet, als es mir richtig mies ging und mein innerer Kompass keine Richtung mehr zeigte. Durch dich habe ich die Kraft in mir gefunden, um weiterzumachen und meinen eigenen Weg zu gehen. Das werde ich dir nie vergessen.

ÜBER DIE AUTORIN

Stefanie Leilani Airen wurde 1988 in Günzburg geboren und wuchs ländlich, umgeben von Wald und Natur, auf. Neben ihrer Verbundenheit zur Natur war das Ausdenken und Schreiben von Geschichten seit Kindesbeinen ein fester Bestandteil ihres Lebens. Im Herbst 2006 landete sie durch ein Freiwilliges Ökologisches Jahr in Garmisch-Partenkirchen. Die Liebe zu diesem Ort und den Bergen spiegelt sich in der Handlung ihres ersten Buches wieder. Nach ihrem

Fachabitur studierte sie Forstingenieurwesen und arbeitete in verschiedenen Berufen, verlor ihre kreative Ader aber nie aus den Augen. Mit der Jugend-Fantasy-Saga »MANIPURA - Das Geheimnis der Seelenjuwelen« feiert sie ihr Debüt als Autorin und verwirklicht sich einen Lebenstraum. Stefanies Schreibstil zeichnet sich aus durch liebenswerte, eigensinnige Charaktere mit Ecken und Kanten, ungewöhnliche Wendungen und Spannung vom Anfang bis zu Schluss. Wer die sympathische Träumerin etwas näher kennen lernen möchte, kann sie auf ihrer Webseite, Youtube oder auf Instagram besuchen.

StefanieLeilaniAiren.de
Instagram.com/stefanie_leilani_airen/
Youtube/Stefanie Leilani Airen